Bibliothèque des Histoires

JEAN-CLAUDE SCHMITT

LE CORPS, LES RITES, LES RÊVES, LE TEMPS

ESSAIS D'ANTHROPOLOGIE MÉDIÉVALE

GALLIMARD

Les chapitres III, V à IX, XI, XIII et XV
ont été publiés dans *Religione, folklore e società*
nell'Occidente medievale (Rome et Bari, Laterza, 1988).

PRÉFACE

Ce livre est un recueil d'articles. Habituellement, un livre d'histoire marque l'aboutissement d'une recherche et d'une réflexion. De celles-ci, à l'inverse, un recueil d'articles rappelle les étapes, remet en lumière quelques-uns des jalons. Pour l'historien, le fait de réunir et d'ordonner un certain nombre de ses publications antérieures tient un peu de l'autobiographie, tout en lui donnant l'occasion de comprendre à quel point son parcours ne fut pas seulement personnel, mais accompli avec bien d'autres chercheurs, à l'égard desquels il n'a cessé d'accumuler les dettes de sa reconnaissance. Le recueil prend ainsi des allures de témoignage sur une petite tranche d'historiographie, vingt-cinq ou trente ans de vie partagée pour l'histoire.

Rétrospectivement, je mesure la chance que j'ai eue d'entamer, vers 1970-1975, mon « métier d'historien » (on comprendra bientôt la raison de cette référence initiale à Marc Bloch[1]). Dans l'euphorie conquérante des sciences sociales triomphait alors une historiographie en plein renouvellement : en 1974, les trois volumes de *Faire de l'histoire* traçaient la carte d'un monde à découvrir, fait de « nouveaux problèmes », de « nouvelles approches » et de « nouveaux objets »[2], un programme

1. Marc BLOCH, *Apologie pour l'histoire ou métier d'historien*, Paris, Armand Colin, 1964. Je cite cet ouvrage, comme ceux qui suivent, dans les éditions où je les ai découverts.

2. *Faire de l'histoire*, sous la direction de Jacques LE GOFF et Pierre NORA, Paris, Gallimard, 1974, 3 vol.

ouvert à l'intelligence et propre à mettre en question toutes les certitudes acquises. Le rapprochement de l'histoire et de l'ethnologie ou de l'anthropologie sociale et culturelle était l'une des principales lignes de force de ce programme, du moins tel que je le compris. L'essor de l'« anthropologie historique » — dans les années suivantes, l'expression s'impose et envahit rapidement le jargon des historiens[1] — tint à des tendances profondes et bien antérieures de l'historiographie. Mais le fait nouveau, qui décida de son succès, fut sans doute sa rencontre avec l'évolution de notre société et de notre culture à ce moment-là. La prise de conscience de la relativité des systèmes de valeurs et des modes d'organisation des sociétés occidentales rendait plus attentif aux sociétés étudiées par les anthropologues ou, du moins, aux travaux que ceux-ci leur consacraient. L'industrialisation et l'urbanisation amenaient simultanément à se pencher non sans nostalgie sur la « beauté du mort[2] », la culture paysanne, les rythmes campagnards, le « folklore ». Les « retours à la terre » ou le mouvement de défense du Larzac dans les années qui suivirent 1968, de même que la consécration par le grand public du musée des Arts et Traditions populaires (qui devait lutter contre l'oubli vingt ans plus tard) illustrent quelques-unes des facettes les plus visibles de ce moment. Du côté des historiens, le triomphe éditorial de *Montaillou, village occitan*, d'Emmanuel Le Roy Ladurie[3], témoigne bien de la rencontre entre un « phénomène de société » diffus et une recherche historique ouvertement inspirée par l'ethnologie et volontairement conduite, jusque dans la forme de l'écriture, pour répondre à son « horizon d'attente ».

Je ne saurais trop dire la dette que je contractais, dans ces mêmes années, à l'égard de Jacques Le Goff : mieux que d'autres, il sut adopter les apports de l'anthropologie sans rien renier des exigences de l'historien, sans céder au « folklorisme »

1. J'ai évoqué cette percée dans ma contribution à *L'Ogre historien. Autour de Jacques Le Goff*, Textes rassemblés par Jacques REVEL et Jean-Claude SCHMITT, Paris, Gallimard, 1998, p. 27.

2. Dominique JULIA et Jacques REVEL, « La beauté du mort : le concept de culture populaire », *Politique aujourd'hui*, décembre 1970, pp. 3-23.

3. Emmanuel LE ROY LADURIE, *Montaillou, village occitan, de 1294 à 1324*, Paris, Gallimard, 1975.

atemporel du XIXe siècle, sans vouloir non plus dégager des « structures » affranchies du moment historique et du rapport idéologique qui les ont fait naître et qui en expliquent l'émergence dans la documentation des siècles passés : on se reportera à cet égard à l'étude qu'il a consacrée, avec Pierre Vidal-Naquet, à « Lévi-Strauss en Brocéliande »[1]. À cette condition, il pouvait sans crainte se mettre en chasse d'une « culture folklorique » dans les textes hagiographiques mérovingiens ou — à propos du thème de Mélusine[2] — dans les légendes chevaleresques du XIIe siècle, pour analyser des conflits et une dynamique historiques dont l'acteur principal était l'Église, avec son monopole sur la culture lettrée. Du reste, il me semble que sur ce point les anthropologues ont eux aussi retiré un profit du contact avec les historiens : en écho au souci anthropologique de ces derniers, n'ont-ils pas été de plus en plus gagnés par le souci d'histoire — l'histoire de leur propre discipline et l'histoire des peuples qu'ils étudiaient ?

Le principal bénéfice d'une formation intellectuelle, c'est de donner une certaine tournure d'esprit, le goût pour des objets et des thèmes de prédilection. Avant même d'entamer une recherche personnelle, on apprend à choisir ses lectures et à se les approprier. Les livres qu'on a faits siens dans ces années-là, on les garde avec soi toute la vie, ils ne cessent de vous guider comme de petites étoiles. Je pense, pour ma part, en les glanant dans la liste beaucoup plus longue des livres qui ont le plus compté pour moi, aux admirables articles de Robert Hertz (tué au front pendant la Grande Guerre)[3], à *La Tarasque*

1. « Lévi-Strauss en Brocéliande. Esquisse pour une analyse d'un roman courtois », étude écrite en collaboration avec Pierre VIDAL-NAQUET et publiée d'abord dans *Critique* (juin 1974) ; reprise dans Jacques LE GOFF, *L'Imaginaire médiéval*, Paris, Gallimard, 1985, pp. 151-187.

2. « Mélusine maternelle et défricheuse », étude publiée en collaboration avec E. LE ROY LADURIE dans *Annales. E.S.C.*, 1971, et reprise dans Jacques LE GOFF, *Pour un autre Moyen Âge. Temps, travail et culture en Occident : 18 essais*, Paris, Gallimard, 1977, pp. 307-331.

3. Robert HERTZ, *Sociologie religieuse et folklore*, Avant-propos de Marcel Mauss, Préface de Georges Balandier, Paris, P.U.F., 1979, en particulier : « Contribution à une étude sur la représentation collective de la mort », « La prééminence de la main droite. Étude sur la polarité religieuse » et « Saint Besse. Étude d'un culte alpestre ».

de Louis Dumont[1], au *Rabelais* de Mikhaïl Bakhtine[2], à la *Morphologie du conte merveilleux* de Vladimir Propp[3], à *La Raison graphique* de Jack Goody[4], plus tard à *Façons de dire, façons de faire* d'Yvonne Verdier[5], chef-d'œuvre incomparable d'ethnologie européenne. À côté de ces livres, pour ne citer qu'un historien, je placerai *Les Rois thaumaturges* de Marc Bloch[6], livre pionnier de l'anthropologie politique. Nourri, entre autres, de ces lectures, je me sentis moins attiré par des sujets d'étude particuliers que par un champ de recherche aux contours mal définis, mais que j'identifiais peu à peu, sans qu'il me soit aisé de faire la part, dans mon orientation, du goût personnel, de la sensibilité, de l'éducation ou de l'analyse plus objective des problèmes scientifiques. J'ai pensé un temps que l'« histoire religieuse » allait être le cadre général de mes recherches, mais je me suis vite convaincu des limites de l'expression : autant elle habille trop large, puisque tout, au Moyen Âge, touche au christianisme, autant elle risque de conduire inversement à une vision étriquée des problèmes, si elle se consacre seulement à des objets que nous qualifions aujourd'hui de « religieux ». Les séminaires de Michel Mollat, à la Sorbonne, m'introduisirent à une appréhension ouverte, généreuse, sensible, du christianisme médiéval, où les laïcs et surtout les humbles avaient autant de place que les clercs, et où les pratiques caritatives et la piété collective retenaient plus

1. Louis DUMONT, *La Tarasque. Essai de description d'un fait local d'un point de vue ethnographique*, Paris, Gallimard, 1951.

2. Mikhaïl BAKHTINE, *L'Œuvre de François Rabelais et la culture populaire au Moyen Âge et sous la Renaissance*, Paris, Gallimard, 1970.

3. Vladimir PROPP, *Morphologie du conte* suivi de *Les Transformations du conte merveilleux*, Paris, Éd. du Seuil, 1970. De cette œuvre diverse, j'ai donné avec Daniel Fabre un aperçu dans notre préface à Vladimir J. PROPP, *Les Racines historiques du conte merveilleux*, Paris, Gallimard, 1983.

4. Jack GOODY, *La Raison graphique. La domestication de la pensée sauvage*, Paris, Éd. de Minuit, 1979.

5. Yvonne VERDIER, *Façons de dire, façons de faire. La laveuse, la couturière, la cuisinière*, Paris, Gallimard, 1979.

6. Marc BLOCH, *Les Rois thaumaturges. Étude sur le caractère surnaturel attribué à la puissance royale particulièrement en France et en Angleterre* (1924), Paris, Armand Colin, 1961, rééd. avec une préface de Jacques Le Goff, Paris, Gallimard, 1983.

l'attention que le dogme : il devenait évident qu'il n'y avait pas, en la matière, d'autre histoire possible qu'une histoire sociale du religieux. Il existait une continuité évidente entre ce séminaire et celui de Jacques Le Goff, que je fréquentais simultanément, à partir de novembre 1968. J'y étais frappé par la différence et la nouveauté du regard anthropologique, et par l'exigence sans cesse rappelée de la méthode, contre l'empire délétère de l'empirisme historiographique. Je me passionnais pour les problèmes de taxinomie posés par l'enquête sur la ville et les ordres mendiants, puis pour les rapports entre l'oral et l'écrit, tels que les *exempla*, ces historiettes dont les prédicateurs faisaient un usage massif dans leurs sermons, permettaient de les appréhender. C'est par les *exempla* que je m'initiais concrètement à l'étude historique du folklore et à l'ethnologie.

Plus je découvrais de nouvelles facettes à mon champ d'intérêt, plus il semblait urgent de resserrer la réflexion sur les concepts et les méthodes de l'historien anthropologue. Le débat qui fit rage dans les années 1970 autour de la notion de « religion populaire » mettait en cause la légitimité exclusiviste d'une certaine « histoire religieuse » largement pratiquée par des hommes d'Église ou des historiens catholiques — un Raoul Manselli en Italie, le chanoine Étienne Delaruelle en France[1], John Van Engen aux États-Unis[2] —, tous admirables érudits au demeurant, mais voyant avec inquiétude dans l'approche anthropologique de l'histoire de la chrétienté une

1. J'eus le privilège de pouvoir encore connaître Raoul Manselli et discuter amicalement de ces problèmes avec lui. Je n'ai connu le chanoine Delaruelle qu'à travers ses travaux, notamment Étienne DELARUELLE, *La Piété populaire au Moyen Âge*, Avant-propos de Philippe Wolff, Introduction de Raoul Manselli et André Vauchez, Turin, 1975, ouvrage dont j'ai rendu compte dans « Religion populaire et culture folklorique », *Annales. E.S.C.*, 1976, pp. 941-953.

2. John VAN ENGEN, « The Christian Middle Ages as an Historiographical Problem », *The American Historical Review*, 91/3, juin 1983, pp. 519-522, fort critique à l'égard de Jean Delumeau, Jacques Le Goff et moi-même. J'ai répondu à cet article dans l'introduction de mon recueil d'articles en italien *Religione, folklore e società nell'Occidente medievale*, Rome et Bari, Laterza, 1988, pp. 1-27 (nouv. éd. 2000), reprise en anglais dans *Debating the Middle Ages. Issues and Readings*, édité et présenté par Lester K. LITTLE et Barbara H. ROSENWEIN, Oxford, Blackwell, 1998, pp. 376-387.

manière de banalisation, voire de profanation des valeurs — ou de la valeur en soi — du christianisme. Un colloque de Fanjeaux (haut lieu, près de Toulouse, de l'histoire de l'ordre dominicain et de son fondateur), consacré en juillet 1975 à la « religion populaire », porta à son comble la tension entre ces deux approches[1]. Le débat se poursuivit dans les années 1980, notamment sous l'influence des travaux de Peter Brown sur le culte des saints dans l'Antiquité tardive[2].

Mais il fallait porter la critique plus loin encore : la notion même de « religion » est-elle justifiée quand l'historien s'applique à rendre compte des représentations et des pratiques rituelles, collectives et individuelles, ayant trait à la représentation du divin dans l'Europe médiévale ? « Religion » : voilà un mot qui semble venir tout droit des « siècles de foi » du Moyen Âge. Il pourrait justifier à lui seul que l'« histoire religieuse » du Moyen Âge s'établît sur des définitions strictes, avec un programme de travail précisément délimité. Pourtant, *la* religion, telle que nous la définissons aujourd'hui, est une invention de date récente de notre culture. Elle ne remonte pas plus haut que les Lumières du XVIIIe siècle. Au Moyen Âge, *la* religion n'existe pas. Le mot *religio* existe, mais il désigne avant tout un « ordre religieux » ou le lien que consacre le vœu religieux. Mieux vaut donc, pour éviter toute confusion, employer d'autres mots et parler plutôt, comme les anthropologues, de systèmes symboliques — ou, d'une manière moins stricte, de « dimensions symboliques » —, c'est-à-dire de croyances, de mythes, de rites qui innervent l'ensemble des représentations

1. *La Religion populaire en Languedoc du XIIIe siècle à la moitié du XIVe siècle*, *Cahiers de Fanjeaux* 11, Toulouse, Privat, 1976. André Vauchez se souvient sans doute d'avoir rattrapé par la manche le regretté Yves Dossat, qui avait quitté avec fracas la salle quand il m'entendit parler d'anthropologie. Dans le débat houleux qui suivit, le médiéviste américain Patrick Geary, que je ne connaissais pas encore, m'apporta un précieux appui. De cette rencontre tumultueuse date notre amicale complicité.

2. Peter BROWN, *Le Culte des saints. Son essor et sa fonction dans la chrétienté latine*, Paris, Cerf, 1984. L'étude de Michel LAUWERS, « Religion populaire, culture folklorique, mentalités. Notes pour une anthropologie culturelle du Moyen Âge », *Revue d'histoire ecclésiastique*, 82, 1987, pp. 228-258, met à mes yeux un point final au débat.

et des pratiques sociales, parmi lesquelles nous n'avons que trop tendance aujourd'hui à distinguer, avec un égal anachronisme, l'« économie », la « politique » ou la « religion ».

Ce qui fonde cette critique, c'est le comparatisme anthropologique et historique. Le chantier a été ouvert, entre autres, par Marc Bloch dès sa fameuse conférence d'Oslo de 1928 et dans son étude des sociétés rurales de la France et de l'Angleterre médiévales[1]. Il est probable que, si Marc Bloch avait survécu à la Seconde Guerre mondiale, il aurait développé, comme il en avait l'intention, son projet d'une « histoire comparée des sociétés européennes ». Lui-même avait identifié un comparatisme historique plus ambitieux encore, plus difficile à mener sans doute, mais peut-être plus fécond que celui qu'il prônait avant tout : un comparatisme qui prît en compte des sociétés et des cultures historiques n'ayant eu aucun contact objectif dans l'espace ni dans le temps et aucune influence directe les unes sur les autres. C'est autour de Jean-Pierre Vernant, au centre Louis-Gernet d'histoire comparée des sociétés anciennes, que s'est développée cette réflexion, et c'est là que j'ai trouvé une autre manière, plus fondamentale, de réfléchir sur ce qu'est le divin, ou la personne, ou la croyance, ou l'image, dans des systèmes idéologiques aussi différents les uns des autres que la Grèce antique et l'Inde brahmanique ou, pour moi, l'Occident médiéval. C'est seulement par de tels contrastes que peut s'éclairer la spécificité d'une culture. C'est par ce détour chez l'autre — le radicalement autre — que l'historien prend conscience de la relativité de ses objets comme de ses propres concepts et de son vocabulaire. Or, cette conscience critique est d'autant plus nécessaire dans le cas de l'historien « occidentaliste » qu'il étudie des stades antérieurs de sa propre civilisation. La continuité apparente, celle de la langue avant tout, entre ce passé de l'Europe et le présent de l'historien,

1. Marc BLOCH, « Pour une histoire comparée des sociétés européennes » (1928), repris, avec d'autres essais sur le comparatisme, dans ID., *Histoire et historiens*, Textes réunis par Étienne Bloch, Paris, Armand Colin, 1995, pp. 94-123. Voir *Marc Bloch aujourd'hui. Histoire comparée et sciences sociales*, Textes réunis et présentés par Hartmut ATSMA et André BURGUIÈRE, Paris, École des hautes études en sciences sociales, 1990, p. 255 et suiv.

devient une source d'errements si l'on n'y prend pas garde : les mots, comme on l'a vu pour « religion », restent en partie les mêmes, mais leur contexte social et idéologique et, par suite, leur sens se transforment dans le cours de l'histoire. C'est en acceptant la mise à distance anthropologique et le comparatisme que l'historien peut tenter d'éviter le piège.

Dans ces considérations, comme dans les articles qu'on va lire, je ne parle guère de « mentalités » et moins encore, je crois, d'« histoire des mentalités ». Jacques Le Goff lui-même a noté que l'expression avait servi plutôt à dessiner l'horizon de nouvelles curiosités historiographiques, à évoquer un style de recherche, voire à donner un signe de ralliement, qu'à désigner un objet de recherche clairement identifiable. L'« ambiguïté » de la notion de mentalité — de Lucien Febvre à Georges Duby et à Jacques Le Goff — a fait sa force conquérante dans le champ des études historiques, mais elle a dissuadé de trop l'utiliser, soit dans le titre d'un ouvrage, soit même comme instrument heuristique[1]. Dans le concret de la recherche, le terme « mentalités » a sans doute rendu plus de services à la démarche impressionniste d'un Philippe Ariès, à propos de l'histoire du sentiment de l'enfance ou de la mort[2], qu'aux analyses serrées de Georges Duby ou de Jacques Le Goff, même si ceux-ci s'en sont faits les avocats les plus éloquents[3]. Du reste, on peut se demander si l'« histoire des mentalités », en dépit de ses immenses acquis, est bien allée jusqu'au bout de ses prémisses : puisqu'elle a tiré de la psychologie son intérêt pour le « mental », on aurait pu s'attendre à ce qu'elle contribuât à fonder une véritable psychologie collective historique, qui n'a pas

1. Voir, toutefois, la riche synthèse d'Hervé MARTIN, *Mentalités médiévales. XIe-XVe siècle*, Paris, P.U.F., « Nouvelle Clio », 1996, et la tentative de « réhabilitation » d'Alain BOUREAU, « Propositions pour une histoire restreinte des mentalités », *Annales. E.S.C.*, 1989, 6, pp. 1491-1504.

2. Philippe ARIÈS, « L'histoire des mentalités », dans *La Nouvelle Histoire*, sous la dir. de Jacques LE GOFF, Roger CHARTIER et Jacques REVEL, Paris, Retz, 1978, pp. 402-423.

3. Georges DUBY, « L'histoire des mentalités », dans *L'Histoire et ses méthodes*, sous la dir. de Ch. SAMARAN, Paris, Gallimard, 1961, pp. 937-966, et Jacques LE GOFF, « Les mentalités : une histoire ambiguë », dans *Faire de l'histoire*, *op. cit.*, III, pp. 76-94.

vu le jour[1]. La psychanalyse n'a pas trouvé chez les historiens la place à laquelle elle aurait pu prétendre, malgré les explorations, trop tôt interrompues, de Michel de Certeau et de Louis Marin[2]. L'invocation des « mentalités » a servi à désigner toutes sortes d'approches, mais les plus rigoureuses relèvent, en fait, de l'histoire des idéologies — comme *Les Trois Ordres* de Georges Duby — ou de l'histoire de l'imaginaire — comme *La Naissance du purgatoire* de Jacques le Goff[3] et, plus généralement, d'une histoire fondée sur le dialogue avec l'anthropologie.

De ce dialogue témoigne, par exemple, l'histoire des structures de parenté, qui, sous l'influence des anthropologues, a marqué une avancée décisive par rapport à ce qu'on appelait traditionnellement l'« histoire de la famille ». Pour les médiévistes français de ma génération, le choix fait par Georges Duby, au début des années 1970, de consacrer son séminaire du Collège de France à l'histoire des structures de parenté fut absolument décisif. Il a permis la réception des travaux menés en Allemagne, depuis Gerd Tellenbach, sur le lignage aristocratique[4]. Il a permis surtout, chaque semaine, un inoubliable brassage des médiévistes et des anthropologues qui, tels Maurice Godelier ou Françoise Héritier, venaient rappeler la relativité à travers le monde des règles de l'alliance et du vocabulaire de la parenté. Georges Duby a lui-même dit sa dette à l'égard des anthropologues dans sa préface à la traduction française de

1. Jacques LE GOFF et Jean-Claude SCHMITT, « L'histoire médiévale », *Cahiers de civilisation médiévale*, 39, 1996, pp. 9-25.

2. L'un des livres qui m'a paru à cet égard très important est — écrit ensemble par un historien et un psychanalyste — *Martin l'Archange*, de Philippe BOUTRY et Jacques NASSIF (Paris, Gallimard, 1985), qui expose avec clarté et honnêteté les difficultés de l'utilisation par l'historien des méthodes psychanalytiques. Il conclut à l'impossibilité de cette utilisation hors de la société bourgeoise où la psychanalyse est née. Il me paraît pourtant possible, à tout le moins, de s'inspirer de certaines des hypothèses freudiennes dans d'autres contextes, y compris la société médiévale, comme j'ai essayé de le montrer à propos de la notion de « travail de deuil » dans *Les Revenants. Les vivants et les morts dans la société médiévale*, Paris, Gallimard, 1994, ou, ci-dessous, à propos des rêves. Voir aussi Alain BESANÇON, *Histoire et expérience du moi*, Paris, Flammarion, 1971.

3. Deux ouvrages parus respectivement en 1978 et en 1981.

4. Collaboration consacrée par le colloque international tenu à Paris en 1974, *Famille et parenté dans l'Occident médiéval*, sous la dir. de Georges DUBY et Jacques LE GOFF, Rome, École française de Rome, 1977.

l'ouvrage de l'anthropologue britannique Jack Goody sur l'évolution de la famille et du mariage en Europe[1]. Insistant sur le rôle de l'Église médiévale dans la régulation des alliances, la réflexion de Goody a engagé les médiévistes à s'interroger sur le rôle et l'importance, dans la société médiévale, de la « parenté spirituelle » nouée par le baptême chrétien[2]. Il est significatif qu'un échange particulièrement fécond se soit établi avec cet anthropologue, qui est, dans sa spécialité, l'un des chercheurs les plus attachés à la perspective historique : de même que les historiens et, en particulier, les médiévistes avaient, grâce à lui, appris préalablement à réfléchir sur les variations historiques de la « raison graphique », ils pourraient en apprendre beaucoup encore sur l'inégale présence des mêmes valeurs esthétiques dans les sociétés humaines, sur la « culture des fleurs » et le statut ambivalent des représentations[3].

On pourrait évoquer bien d'autres domaines encore, où les recherches se développent et se renouvellent, tel le domaine de l'« anthropologie juridique », dans lequel les médiévistes américains se sont particulièrement distingués ces dernières années. Avec d'autres, ils ont su ouvrir l'étude des droits médiévaux (civil, canonique, coutumier) à des interrogations neuves sur le fonctionnement et les fonctions sociales des pratiques normatives, par exemple dans la résolution des conflits, la « guerre privée » et la paix de Dieu[4], ou encore dans la réflexion univer-

1. Jack GOODY, *L'Évolution de la famille et du mariage en Europe*, Paris, Armand Colin, 1985 (1re éd. anglaise, 1983).

2. Voir la contribution d'Anita GUERREAU-JALABERT à Jacques BERLIOZ et Jacques LE GOFF, « Anthropologie et histoire », in *L'Histoire médiévale en France. Bilan et perspectives*, Préface de Georges Duby, Textes réunis par Michel Balard, Paris, Éd. du Seuil, 1991, pp. 269-304 (pp. 273-278) et de nombreux articles du même auteur. Également Jérôme BASCHET, *Le Sein du père*, Paris, Gallimard, 2000.

3. Jack GOODY, *La Culture des fleurs*, Paris, Éd. du Seuil, 1994, et ID., *Representations and Contradictions. Ambivalence Towards Images, Theatre, Fiction, Relics and Sexuality*, Oxford, Blackwell, 1997. J'ai commenté l'apport de l'œuvre de J. Goody à la réflexion des médiévistes dans « Les images en fleurs » (à paraître dans le volume d'hommages offert à Jack Goody).

4. Voir Jacques CHIFFOLEAU, « Droit(s) », *in* Jacques LE GOFF et Jean-Claude SCHMITT (sous la dir. de), *Dictionnaire raisonné de l'Occident médiéval*, Paris, Fayard, 1999, pp. 290-308.

sitaire[1]. Je suis pour ma part persuadé que bien d'autres voies sont encore à découvrir sous l'emprise des sollicitations du présent : il est hors de doute que les sciences de l'information et les sciences de la nature, qui tirent l'ensemble des progrès scientifiques de notre époque, ne tarderont pas à avoir de fortes répercussions sur l'orientation des recherches historiques et, plus particulièrement, de l'histoire médiévale.

On parle beaucoup, chez les historiens, de « crise de l'histoire ». Outre le fait que l'expression et le sentiment qu'elle traduit ne sont sans doute pas chose nouvelle, mais ont plutôt un caractère récurrent, on peut estimer que le doute critique, pour un scientifique, n'est pas une attitude si déplorable. Mieux vaut cela que les fausses certitudes trop haut proclamées. Il ne faut pas se dissimuler, il est vrai, l'émiettement parfois excessif des objets, ni les effets de la perte des modèles explicatifs plus ou moins universels (marxisme, structuralisme) et, moins encore, l'incertitude induite par la relativisation — en soi positive — du savoir et du discours historiques. L'historien peut-il encore prétendre aujourd'hui énoncer une part de la « vérité » du passé ? Il est frappant, quand on relit *Apologie pour l'histoire ou métier d'historien* — écrit entre 1942 et 1944 —, de constater à quel point Marc Bloch, qu'on ne pourrait soupçonner pourtant d'avoir jamais cédé aux illusions de l'histoire positiviste, était éloigné de pareils doutes. Pour lui, la probité du chercheur, la complémentarité et la rigueur sans faille des méthodes mises en œuvre, l'interrogation permanente sur le caractère relatif du témoignage et du point de vue du témoin devaient aider l'historien à parvenir à l'adéquation la moins mauvaise possible entre son raisonnement et les réalités du passé[2]. Incontestablement, le scepticisme est plus fort aujourd'hui. Mais comment se résoudre à réduire l'histoire au « discours » des historiens, à affirmer que ce discours se repro-

1. Je pense notamment aux travaux menés par Alain Boureau et Charles de Miramont.

2. Cette place centrale de l'éthique dans la méthode de Bloch est soulignée avec raison par Gérard NOIRIEL, « Le statut de l'histoire dans *Apologie pour l'histoire* », *Cahiers Marc Bloch*, 5, 1997, et *Sur la « crise » de l'histoire*, Paris, Belin, 1996, cité par Olivier DUMOULIN, *Marc Bloch*, Paris, Presses de la F.N.S.P., 2000, p. 148 et suiv.

duit suivant ses propres règles et les seuls présupposés intellectuels et idéologiques de son époque, voire de son auteur, à estimer que les objets historiques se diluent sans jamais opposer de résistance aux « fictions » de l'historien ? Il est vrai que toute la stratégie de l'« histoire problème », déjà enseignée par les fondateurs des *Annales*, amène à s'interroger sur les déterminations de toutes natures qui pèsent sur la formulation par l'historien de ses hypothèses et, par suite, sur les interprétations auxquelles il peut parvenir. Mais, justement, ces interprétations ne sont jamais définitives, elles procèdent d'approximations qui cernent l'objet de plus en plus près, mais sans jamais en épuiser le sens de « document-monument » nécessairement tenaillé entre passé et présent.

Ce problème n'est autre que celui du rapport de l'histoire à la « vérité ». Il est donc central et il n'est pas d'historien qu'il n'obsède. À sa suite s'enchaîne toute une série de questions non moins fondamentales : quelle différence faire, d'un côté, entre le récit donné par l'historien, qui se veut récit d'autorité (telle est, entre autres, la fonction des notes en bas de page[1]), et le récit qui s'avoue de pure fiction ? De l'autre côté, quel est le statut scientifique de l'histoire au regard des sciences de la nature ? La discussion, trop souvent, pèche doublement : en s'enfermant dans une alternative sans issue (histoire ou fiction ?) et en manquant paradoxalement de recul historiographique, comme si cette question n'avait pas d'histoire, alors qu'elle participe de la genèse et de la possibilité même du genre historique. Une alternative sans issue : pour les uns, l'histoire ne consisterait qu'à découvrir et ordonner en un récit des *faits*, comme si ceux-ci existaient pour eux-mêmes indépendamment des significations nouvelles et divergentes dont ils ont été chargés au cours du temps. Souvent attribuée à Leopold von Ranke (1795-1896), cette conception du « fait historique » comme « ce qui s'est réellement passé » *(was eigentlich gewesen)* trouve périodiquement de nouveaux défenseurs[2], face à ceux qui, à l'inverse,

1. Krzysztof POMIAN, *Sur l'histoire*, Paris, Gallimard, 1999, p. 29 et suiv.

2. Richard J. EVANS, *In Defence of History*, Londres, 1997 ; Werner PARAVICINI, « Rettung aus dem Archiv ? Eine Betrachtung aus Anlass der 700-Jahrfeier der Lübecker Trese », *Zeitschrift des Vereins für Lübeckische Geschichte und Altertumskunde*, 78, 1998, pp. 11-46.

assurent que le discours historique serait, à l'insu des ses auteurs, totalement autoréférentiel : l'histoire n'est que la *représentation* de l'histoire et la forme de son discours commande jusqu'à son contenu (le « contenu de la forme[1] »). C'est à vouloir choisir entre les termes, tout aussi radicaux, de cette alternative que l'historien s'égare. En réalité, c'est la tension entre ces deux termes qui constitue le discours historique, dans le paradoxe fondamental d'une référence nécessaire à un objet qui, par définition, échappe à l'observation directe, puisqu'il est *passé*. L'historien n'accède donc à lui que par une chaîne de médiations, constituée de toutes les représentations, depuis celles qu'expriment les documents jusqu'aux siennes propres, qui le séparent de ce passé.

Cette interrogation étant constitutive de l'histoire, les historiens font mine de la redécouvrir à chaque génération, dans des termes à la fois nouveaux et permanents. Or, elle a une histoire, qui traverse chacune des histoires que nous écrivons sur des objets particuliers. C'est ce que rappelle Otto Gerhard Oexle quand il retrace depuis le XIXe siècle, de Nietzsche à Droysen et aux fondateurs de la sociologie et des sciences sociales (Max Weber, Georg Simmel, Émile Durkheim), la généalogie de la relativité de la connaissance historique[2]. Du reste, si cette question est particulièrement sensible dans le cas de l'histoire et des historiens, elle concerne l'ensemble des sciences sociales, voire — et cela n'avait pas échappé aux fondateurs des *Annales* — les sciences de l'observation directe et de l'expérimentation.

1. Hayden WHITE, *The Content of the Form. Narrative Discourse and Historical Representation*, Baltimore et Londres, The Johns Hopkins University Press, 1989. Voir les mises en garde de Roger CHARTIER, *Au bord de la falaise. L'histoire entre certitude et inquiétude*, Paris, Albin Michel, 1988.

2. Otto Gerhard OEXLE, « Im Archiv der Fiktionen », *Rechtshistorisches Journal*, 18, 1999, pp. 511-525 (cet article est largement une réponse à l'article précité de W. Paravicini). Voir aussi du même auteur « Marc Bloch et la critique de la raison historique », dans Hartmut ATSMA et André BURGUIÈRE (éd.), *Marc Bloch aujourd'hui. Histoire comparée et sciences sociales*, Paris, Éd. de l'École des hautes études en sciences sociales, 1990, pp. 419-433.

*

Volontairement, j'ai retenu des articles de nature très différente pour ce recueil. Ils ont en commun, presque tous, de répondre à des sollicitations extérieures, venues souvent de l'étranger, à l'occasion de colloques et de tables rondes où ils ont été discutés. Ces textes n'ont pas été écrits dans la solitude et pour la seule satisfaction de l'érudit. Le débat, parfois vif, les sous-tend. Ce sont des propositions nourries de dialogue et parfois de polémique. En ce sens, ces textes sont représentatifs de la manière dont je conçois et mène mes recherches, dans un échange où s'estompent les limites entre l'exploration individuelle et la réflexion collective. J'ajoute que ces rencontres et ces débats, je ne les ai pas eus seulement avec des historiens. J'ai toujours recherché et privilégié, au contraire, le dialogue avec des représentants des autres sciences sociales, des psychologues (ici à propos de l'individu), des sociologues (à propos de la guérison) et, bien sûr, des anthropologues (à propos du corps). La plupart de ces textes sont donc repris de publications assez peu familières aux médiévistes. Trois d'entre eux paraissent pour la première fois en français, après avoir été publiés en anglais ou en italien.

De tous ces articles, trois mettent d'entrée de jeu en question certains des concepts de l'historien, des concepts qui engagent, qu'il le veuille ou non, l'orientation donnée à sa recherche et les interprétations auxquelles il parviendra. Comme je l'ai déjà dit, dénoncer les frontières de l'« histoire religieuse » et la possibilité même de réfléchir au Moyen Âge en termes de « religion » me semble un préalable. Élargir l'enquête au questionnement anthropologique et comparatiste, comme je le propose à propos de la notion de « sacré », éclaire l'ensemble de ma posture méthodologique. Dans un troisième article, je refuse, avec Peter Brown, le modèle « à deux niveaux » qui privilégie la seule influence de la culture ecclésiastique sur la culture populaire[1]. Je suggère de réfléchir, à l'inverse, sur la culture médié-

1. P. Brown, *Le Culte des saints*, *op. cit.*

vale en termes de pôles multiples et de relations complexes, d'une façon que je crois plus proche des réalités concrètes du tissu social : il n'y a pas *une* culture ecclésiastique, ni *une* culture paysanne, ni *une* culture urbaine, mais des théâtres locaux d'ambitions et de conflits qui mettent en jeu tel ou tel segment de la société, ici les prétentions d'un lignage chevaleresque, là le rôle de la prédication des religieux mendiants dans les paroisses, ailleurs encore la volonté d'affranchissement d'une commune urbaine.

Un deuxième groupe d'articles présente le même caractère de généralité, mais en circonscrivant des champs de recherche particuliers. Aucune de ces études ne prétend épuiser son sujet. Leur finalité est plutôt de déplacer vers l'anthropologie des questionnements historiques traditionnels, par exemple — d'une manière qui n'est pas exempte d'esprit polémique — en s'interrogeant sur la présence du « mythe » dans la chrétienté médiévale. Ou bien, s'ils reprennent des questions historiographiques plus classiques, ils tentent d'en donner une autre formulation : je fais se succéder une étude sur les usages du *Credo* au Moyen Âge et un questionnement beaucoup plus large sur la « croyance » comme problème des sciences sociales. L'article sur la question de l'individu est particulièrement représentatif de ce déplacement. Je l'aborde par le biais de l'historiographie, en tentant de dépasser le schéma évolutionniste qui, depuis Jakob Burckhardt, pousse les historiens à s'interroger sur la « découverte de l'individu »[1]. Il faut, me semble-t-il, complexifier la question, distinguer plusieurs notions — personne, individu, sujet — qui n'ont pas, dans une même société, la même portée ni la même histoire. La première de ces notions renvoie, dans la société chrétienne, à la conception des rapports entre l'âme et le corps, une relation binaire qui nous paraît tellement « naturelle » que nous en oublions son caractère des plus relatifs : or, il s'en faut de beaucoup que toutes

1. Ont paru depuis : Caroline W. BYNUM, « Did the Twelfth Century Discover the Individual ? » (1980), repris dans *Jesus as Mother. Studies in the Spirituality of the High Middle Ages*, Berkeley, Los Angeles et Londres, University of California Press, 1982, pp. 82-109, et Aaron J. GOUREVITCH, *La Naissance de l'individu dans l'Europe médiévale*, Paris, Éd. du Seuil, 1997.

les cultures aient une même représentation de ce qui fait un être humain et, dans la culture chrétienne elle-même, les choses sont plus complexes et se sont modifiées dans le temps. On y parle certes d'âme et de corps, mais aussi d'esprit et de chair, suivant un autre schéma binaire, pour glisser parfois, dans d'autres contextes et selon d'autres enjeux, vers des schémas de type ternaire (âme, esprit, chair). Pour sa part, la notion d'individu me paraît renvoyer à une valeur sociale objective, souvent liée à la revendication d'un statut supérieur, par exemple chez l'artiste de la Renaissance (selon Burckhardt) ou déjà de l'architecte de l'âge gothique, tel Pierre de Montreuil, l'architecte de Saint-Denis, que l'inscription de sa pierre tombale proclame *doctor lathomorum*, « docteur ès pierres »[1]. La notion de sujet est encore différente : elle suppose une réflexivité, voire une capacité d'introspection, cultivée d'abord par les moines, qui peut entrer en conflit avec la notion d'individu : dans sa méditation et l'exercice de la pénitence, le moine se découvre « sujet chrétien », sujet d'une relation privilégiée avec Dieu. Mais la règle de saint Benoît lui interdit toute distinction sociale : par ses gestes, son habit, son emploi du temps, il est identique à tous ses « frères ». Il est un sujet chrétien, pas un individu. À la même époque, le chevalier, au contraire, cherche à se singulariser, arbore fièrement son blason dans la bataille et, pour sa seule gloire, pousse son cheval au contact de l'ennemi. Il n'a que faire de l'introspection du moine : il est un individu, pas un sujet.

Les questions du corps, du rêve, du temps sont d'autres lieux privilégiés du travail interdisciplinaire. Du reste, elles ne se laissent pas dissocier des autres. Ainsi celle du rêve a-t-elle partie liée avec celle du sujet : ce que la psychanalyse a pour la première fois sondé de manière systématique n'avait pas échappé, à cet égard, aux moines du Moyen Âge. En interprétant leurs rêves, les moines, puis les clercs, puis les laïcs pensaient qu'ils avaient conclu durant leur sommeil une relation privilégiée et

1. Roland RECHT, *Le Croire et le Voir. L'art des cathédrales, XIIe-XVe siècle*, Paris, Gallimard, 1999, p. 188. On peut d'ailleurs remonter à cet égard jusqu'au XIIe siècle, où nombre de sculpteurs ont laissé leur nom sur leur œuvre : Jean WIRTH, *L'Image à l'époque romane*, Paris, Cerf, 1999, p. 313.

directe avec le divin, une relation libérée non seulement des entraves des sens (dans le rêve, on voit avec les « yeux de l'âme », pas avec ceux du corps), mais de toutes les médiations sociales, rituelles, sacramentelles qui président d'ordinaire au rapport entre le sujet chrétien et Dieu. Dans les années même où le confesseur tend à s'interposer comme un intermédiaire obligé qui recueille l'aveu des péchés et ordonne autoritairement une pénitence propre à réconcilier les pécheurs avec Dieu et l'Église, le rêve permet d'accéder *seul* (mais non sans le risque, dit l'Église jalouse de ses prérogatives, de tomber sous l'emprise des « illusions diaboliques ») à la révélation immédiate des secrets du ciel. Le rêve, c'est le théâtre surnaturel de la subjectivité chrétienne. Le rêve permet aussi d'anticiper sur la connaissance du temps à venir et de connaître ce qui apparaît alors comme l'essentiel : l'heure de sa mort, son sort dans l'au-delà. De fait, la question du temps, ou plutôt des diverses formes sociales de temporalité, s'impose à l'historien. Elle présente elle aussi de multiples facettes, que j'ai tenu à esquisser dans l'espoir de susciter de nouvelles recherches : l'expression linguistique du temps, la mesure du temps comme enjeu des rapports entre niveaux de culture, l'articulation de formes cycliques ou périodiques (dans les travaux des mois ou le calendrier liturgique) et de formes plus linéaires du temps (dans la conception eschatologique de l'histoire du Salut) et, enfin, la prédiction du futur dans une idéologie chrétienne qui croyait savoir, grâce à l'Apocalypse, ce qui devait advenir, mais qui en ignorait l'« heure » : pour l'individu, l'heure de sa propre mort et, pour tous les hommes, le *Dies irae*, le jour du Jugement dernier. Je montrerai donc, pour finir, comment les hommes du Moyen Âge ont tenté d'arracher ce secret à Dieu, ont cherché à empiéter sur la connaissance des *futura*, se sont « approprié le futur ».

Ces articles de caractère général, méthodologique ou programmatique, s'entrecroisent avec un troisième groupe d'articles plus monographiques, qui illustrent à partir de dossiers très précis les propositions faites antérieurement : une étude d'un des plus anciens témoignages sur la danse des « chevaux jupons », pratiquée dans les rituels folkloriques jusqu'à nos jours. Un autre article porte sur un récit un peu marginal dans l'hagiographie de saint Dominique, mais qui me permet d'autant mieux de poser la question du rapport entre tradition orale et écriture. L'ambiguïté des relations entre le saint et le diable se retrouve dans les mascarades, part sauvage de la culture médiévale. Enfin, avec le moine Guibert de Nogent, nous verrons précisément comment l'expérience onirique et la réflexion du sujet chrétien sur ses rêves furent intimement liées, dès les XIe-XIIe siècles, à l'écriture autobiographique.

Il n'y a donc pas de solution de continuité entre ces trois types d'études que j'ai volontairement mêlés et qui, du général au particulier, donnent à ce volume une sorte de respiration traduisant assez bien, je crois, le rythme même de la recherche, où l'exploration fine des dossiers alterne avec les prises de recul. Du « macro » au « micro » et inversement, on aura filé la métaphore photographique et parlé de « changement de focale »[1]. L'essentiel est que ces avancées d'une amplitude variée suivent des axes qui se croisent et ainsi cernent et peu à peu révèlent un peu de sens, sans que jamais s'épuise la matière infinie d'une recherche.

*

Que placer au croisement de ces axes qui, sans être la « clef » de tout un système social et idéologique, permette d'en mieux comprendre la spécificité et la dynamique ? Je soutiendrais volontiers que la question du corps a nourri à partir du Ve siècle l'ensemble des aspects idéologiques et institutionnels de l'Europe médiévale. Bien évidemment, elle n'est pas propre à cette culture, et l'Antiquité grecque, pour ne citer qu'elle, a su donner au corps — sans parler de ses usages — une valeur esthétique que le Moyen Âge a longtemps méconnue ou repoussée. Ce qui constitue ici le nœud du problème, c'est l'incarnation du divin : du moment que la croyance — mieux encore le dogme — affirme que le Fils de Dieu a pris corps d'homme, l'homme devient le lieu de réalisation du divin. Dans la figure

1. *Jeux d'échelles. La micro-analyse à l'expérience,* Textes rassemblés et présentés par Jacques REVEL, Paris, Éd. du Seuil et Gallimard, 1996.

du Christ, l'homme et Dieu sont indissociables. Historiquement, ce caractère propre au christianisme l'a prémuni contre toute tentation de la transcendance absolue, à l'inverse des autres religions du Livre, le judaïsme et l'islam. Il lui a interdit toute adhésion au dualisme, défendu au contraire par ceux que l'Église refoulera dans l'hérésie. Il a permis enfin d'éviter la séparation radicale des « deux cités », d'imposer au contraire l'idée de l'unité profonde de la « Cité de Dieu » : celle-ci est décrite par saint Augustin comme comportant *simultanément* deux volets solidaires et fortement ancrés dans l'histoire. De fait, la croyance en l'Incarnation, son dogme bouleversent les conditions de la médiation entre l'homme et le divin, problème crucial dans toute culture, mais qui n'est jamais posé et résolu dans les mêmes termes.

La solution « incarnationnelle » chrétienne a eu trois conséquences. D'abord, une transformation radicale des conceptions de l'histoire et du temps. Certes, le judaïsme ancien se pensait déjà dans une histoire linéaire du salut, conforme au plan de Yahvé, échappant donc à l'arbitraire du destin, mais fondée sur l'attente du Messie. Pour les chrétiens, cette attente n'a plus cours. L'histoire ne trouve plus seulement son origine dans le mythe de la Genèse, mais dans ce qui est déjà un moment d'histoire, à la jonction de l'Ancienne Loi et de la Nouvelle, en ce moment de refondation que Tertullien a nommé le « gond » *(cardo)* du temps : l'Incarnation. Mais si Dieu est entré dans l'histoire, on peut dire aussi qu'il n'en est pas ressorti : même après l'Ascension du Christ, l'éternité de Dieu se mesure à l'aune du temps des hommes. En témoigne la liturgie, qui reprend dans le cycle de l'année les étapes de la vie terrestre du Christ, qui reste ainsi quotidiennement présent parmi les hommes. Le temps merveilleux de l'au-delà est une parcelle d'éternité qui se mesure en proportion du temps plus modeste régissant l'ici-bas : les voyages dans l'au-delà (on le verra sur un exemple précis), comme la comptabilité des messes pour les morts et le commerce lucratif des indulgences, sont fondés sur de telles correspondances proportionnelles : un instant de purgatoire a pour équivalent mille ans sur terre. Enfin, l'eschatologie ecclésiastique affirme que le « millenium » annoncé par l'Apocalypse n'est autre que le temps de l'Église, l'histoire présente qui, au Jugement dernier, basculera enfin dans la pure éternité.

Une seconde implication du paradigme de l'Incarnation fut la légitimation du charnel, du matériel, du sensible, qu'aucune tendance spiritualiste et dualiste ne parviendra jamais ensuite à contrecarrer durablement. Car non seulement Dieu a pris corps, mais il a enseigné aux hommes comment, tous les jours et partout, refaire Dieu, rituellement, dans l'eucharistie. Quand le prêtre dit : « Ceci est mon corps, ceci est mon sang », les chrétiens *voient* la Présence réelle sur l'autel, que le prêtre vient de façonner. Dès lors, le paradigme du corps commande toutes les représentations, à commencer par celles du corps physique de l'homme. Sans doute la tradition ascétique se figure-t-elle le corps comme la « prison de l'âme », mais de plus en plus le corps est valorisé comme instrument du salut, jusque dans les macérations, le jeûne et les gestes de la prière. La règle de saint Benoît, diffusée dans tout l'Occident, recherche un subtil équilibre entre le travail manuel et l'oraison. Le corporel, c'est aussi le visuel : si Yahvé et Allah restent invisibles et donc infigurables, le fait que le Fils de Dieu ait pris figure humaine a fait de son *vultus* le modèle légitimant de toute l'imagerie chrétienne. Le Mandylion, la Véronique *(Vera Icona)*, le Volto Santo sont ces images « achéiropoiètes » — « non faites de main d'homme » — qui tout en même temps témoignent de la vérité de la Passion et du désir de Dieu de se montrer en images. « Représenter », c'est rendre effectivement présent, c'est un acte créateur. Dieu, selon Genèse, I, 27, a « créé l'homme à son image ». La voie est désormais ouverte pour que l'homme artiste crée Dieu *à son image*[1].

Le corps, c'est enfin l'institution « incorporée » et, au premier chef, l'Église comme « corps mystique du Christ ». Elle est garante du dogme. Plus généralement, elle est garante du l'*ordo*, de l'ordre hiérarchique de la société chrétienne[2], qui connaît

1. Les présentes considérations sont développées dans un autre recueil, à paraître.
2. Dominique IOGNA-PRAT, *Ordonner et exclure. Cluny et la société chrétienne face à l'hérésie, au judaïsme et à l'islam, 1000-1150*, Paris, Aubier, 1998.

une double tension : d'une part, les clercs tendent à s'identifier à l'Église tout entière, mais leur prétention se heurte, à partir du XIe siècle, aux revendications des laïcs (par exemple dans le mouvement des patarins milanais) ; d'autre part, la suprématie que les clercs accordent au pouvoir spirituel sur le pouvoir temporel se heurte à la résistance de l'empereur et des rois. Là encore, la *via media* l'emportera sur les extrêmes qui s'opposent : ni la théocratie rêvée par le pape Grégoire VII ni le césaropapisme de la tradition constantinienne[1] n'ont fait souche en Occident. L'avenir appartenait à l'équilibre et au compromis. Au-delà des péripéties de la « querelle des Investitures », il faut tenir le « concordat » de Worms (qui, en 1122, accorda au pape l'investiture spirituelle « par l'anneau » des évêques de l'Empire et à l'empereur leur investiture temporelle « par le bâton ») pour la charte de la modernité politique et sociale de l'Occident. Ce compromis est emblématique d'une série d'autres compromis et d'équilibres entre le spirituel et le temporel, c'est-à-dire, pour l'essentiel, entre les clercs et les laïcs (dont les rôles complémentaires dans la « Cité de Dieu » sont également reconnus) : aux uns le célibat, l'interdit de la sexualité, la tonsure et les joues glabres, en échange du monopole du sacerdoce, de l'insigne privilège de pouvoir faire et manipuler le *Corpus Christi*. Aux autres, les mâles barbus et leur épouse légitime, la génération sexuelle, encadrée dans un ensemble de règles et d'« empêchements de mariage » plus contraignant que jamais. Byzance n'a pas suivi ce modèle : là, en dépit de conflits récurrents et des différences au sein du clergé entre le patriarche et les moines, les deux pouvoirs ont maintenu une tradition de collaboration, sinon de complicité qui a, d'une certaine manière, perduré jusqu'à aujourd'hui dans les pays orthodoxes. Et il n'est pas moins caractéristique que, dans cette partie de l'Europe, les popes portent la barbe et soient mariés.

La séparation, par la Réforme grégorienne, des clercs et des laïcs suivant le critère de la sexualité a eu pour effet la confiscation par les clercs (et les mâles) du savoir lettré et du sacré.

1. Gilbert DAGRON, *Empereur et prêtre. Étude sur le « césaropapisme » byzantin*, Paris, Gallimard, 1996.

Mais elle a favorisé aussi l'éclosion de formes culturelles profanes et vernaculaires d'une exceptionnelle richesse, dont le roman arthurien et la lyrique « courtoise » représentent les sommets. La Quête du Graal est bien un mythe rival du grand légendaire eucharistique orchestré par l'Église. Cependant, la séparation grégorienne a aussi contraint l'Église à développer son apostolat en milieu laïc et, spécialement, dans les paroisses urbaines. Les ordres mendiants se sont faits les propagateurs de cette « nouvelle parole », en développant une véritable industrie du sermon en langue vernaculaire. Celle-ci, par le moyen des *exempla*, fit une place, suivant une dialectique subtile de la condamnation et de l'apprivoisement, aux traditions orales et à l'observation des coutumes des simples laïcs. À terme, elle a créé les conditions de l'affranchissement de la piété laïque de la tutelle des clercs, dans les confréries de charité et de prière, plus tard dans les élites de la *devotio moderna*. En attendant la Réforme protestante.

L'évolution ne fut pas différente au niveau supérieur du pouvoir. Face au sacré de l'Église, les royaumes cherchèrent dans la sainteté dynastique (principalement dans l'Europe du Nord et du Centre), dans l'usage de *regalia* d'origine céleste (la sainte ampoule du sacre de Reims) et jusque dans la thaumaturgie du roi nouvellement sacré (en France et en Angleterre) un moyen de se ménager un accès direct à Dieu, en s'affranchissant d'une part, au moins, de la médiation du clergé. La naissance simultanée des « conjurations » et « communes » urbaines — *communio, communia* : ces mots n'ont-ils pas une résonance eucharistique ? — montre comment les villes aussi prétendirent former à leur tour un « corps mystique » et conclure à l'instar des évêques une alliance sacrée avec l'Épouse, Notre-Dame, dont l'effigie en majesté figure sur leur sceau[1].

À la charnière du XIIe et du XIIIe siècle naît aussi le *studium*, l'Université, qui s'affirme comme un « troisième pouvoir » venant se glisser entre le *regnum* et le *sacerdotium*. La *théologie* — le mot est une nouveauté de l'époque — couronne

1. J. WIRTH, *L'Image à l'époque romane*, *op. cit.*, p. 441.

l'ensemble des études universitaires. Mais depuis que saint Anselme, au XIIe siècle, a démontré par la raison la nécessité de l'Incarnation, depuis que les maîtres parisiens du milieu du XIIIe siècle ont fait de la théologie une « science »[1], ce « parler sur Dieu » porte en germe la mort de Dieu, ce qui n'est pas le moindre paradoxe qu'offre l'évolution de la culture cléricale. Et cela aussi est à mettre au compte de la « modernité » de l'Occident médiéval.

« Modernité » ? Le mot, s'agissant d'une époque dont le nom est synonyme, pour beaucoup de nos contemporains, d'obscurantisme (l'Inquisition !), de violence (la féodalité !), d'asservissement (les seigneurs !) peut surprendre. En l'employant, je n'entends pas soutenir contre l'évidence que pour tous la vie fut rose à cette époque (mais qui soutiendrait qu'elle l'est à la nôtre ?), ni que le Moyen Âge a tout inventé, même si on lui doit des inventions aussi peu négligeables que celles, entre autres, du moulin à vent, de l'université, de la lettre de change ou de l'« amour courtois ». L'orientation donnée de longue date à mes recherches m'a rendu sensible à un problème crucial de cette époque : comment est devenu possible, au sein même d'une culture dominée par l'Église, ce que Paul de Lagarde appelait jadis, d'un terme anachronique et faux, « la naissance de l'esprit laïc » ? Les formes diverses et complémentaires de l'humanisation du dieu et de la divinisation de l'homme, qui caractérisent la culture chrétienne du Moyen Âge et qui me semblent s'être renforcées à partir du XIIe siècle, ont été, sans nul doute, les prémisses du « désenchantement du monde » et de l'autonomisation de la raison humaine. Le scientifique comme le citoyen — le « métier » d'historien, c'est d'être l'un et l'autre en même temps — ont tout lieu de s'en réjouir.

1. On ne saurait trop insister sur l'importance pour les médiévistes des travaux de Marie-Dominique Chenu, rappelée lors d'une table ronde du centre Thomas-More en 1995 : « Le père Marie-Dominique Chenu médiéviste », *Revue des sciences philosophiques et théologiques*, 81/3, 1997, pp. 369-437. Voir aussi Alain BOUREAU, *Théologie, science et censure au XIIIe siècle. Le cas de Jean Peckham*, Paris, Les Belles Lettres, 1999.

Les articles que je viens d'introduire esquissent des axes, balisent un champ de recherche. Ils n'en épuisent pas la matière. Je souhaite qu'ils illustrent seulement le souci d'une certaine manière de faire de l'histoire et de la penser, qui n'est pas étrangère aux leçons de Marc Bloch. Elles se résument dans l'ouverture aux autres sciences sociales, dans le dialogue entre le présent et le passé, et dans le désir de faire partager le bonheur d'être historien.

AVERTISSEMENT

Les articles qui suivent ont paru initialement à des dates variables. Pour les plus anciens d'entre eux, j'ai ajouté dans les notes quelques références d'ouvrages qui ont paru depuis, mais en me limitant aux titres qui m'ont semblé les plus importants. En effet, donner une bibliographie exhaustive eût inutilement alourdi ce recueil et en aurait changé la nature.

I

Des croyances et des rites

I

UNE HISTOIRE RELIGIEUSE DU MOYEN ÂGE EST-ELLE POSSIBLE ?

Le titre de cette communication, en dépit de sa forme interrogative, peut à bon droit étonner ou provoquer. Comment mettre en doute la possibilité d'une histoire religieuse du Moyen Âge, quand des livres particuliers ou des chapitres entiers de livres plus généraux y sont explicitement consacrés ? Comment douter de la légitimité de telles approches, quand la période médiévale semble justement s'identifier à la force du sentiment religieux qui aurait caractérisé ces « siècles de foi » ?

Sans doute l'évidence massive du christianisme médiéval ne peut-elle être niée. Mais un double effort critique paraît nécessaire à l'historien de la « religion » médiévale.

— Le concept de « religion », tel que nous l'employons communément aujourd'hui, est-il le plus approprié pour rendre compte du christianisme médiéval ?

— Une démarche anthropologique affranchie des catégories de pensée héritées de la culture chrétienne n'est-elle pas nécessaire pour rendre compte de l'histoire de cette même culture ? Le recul qui s'impose à l'anthropologue étudiant une société autre que la sienne n'est-il pas plus indispensable encore pour

Repris de « Une histoire religieuse du Moyen Âge est-elle possible ? Jalons pour une anthropologie historique du christianisme médiéval », *in* Fernando LEPORI et Francesco SANTI (éd.), *Il mestiere di storico del medioevo*, Spolète, Centro italiano di studi sull'alto medioevo, 1994, pp. 73-83.

l'historien, dont l'objet d'étude est la tradition à laquelle il appartient[1] ?

Notre concept de religion est récent. En gros, il date de l'époque des Lumières, du moment où le christianisme, miné dans son statut d'idéologie toute-puissante, devint l'objet d'une réflexion critique et démystifiante. La « religion » fut conçue comme une sphère autonome et le résultat d'un libre choix de la conscience individuelle. Cette mutation culturelle de première importance ne peut être séparée de l'ensemble des changements sociaux et politiques qui marquent la fin de l'Ancien Régime[2].

Sur un mode à la fois scientifique et polémique, cette mutation a inspiré la naissance, au XIXe siècle, de la « science des religions ». Celle-ci, largement conçue comme une arme contre l'Église, a scellé la perte, pour le christianisme, de son caractère de référence absolue : du même mouvement furent affirmées l'universalité du fait religieux (car il n'y a pas de société humaine qui ignore quelque forme d'expérience religieuse) et sa diversité : les expériences humaines sont relatives, aucune — fût-ce le christianisme — ne peut prétendre bénéficier d'un statut privilégié.

Cette évolution des attitudes revêt, dans le cas de la France, un relief particulier, en raison des relations de l'Église et de l'État : en 1867, Renan publie sa *Vie de Jésus*, qui soumet l'existence du Christ à l'enquête historique. Elle fait scandale et vaut à son auteur d'être privé de sa chaire du Collège de France. Après avoir rendu son enseignement à Renan, la IIIe République crée en 1880, pour Albert Réville, une chaire d'histoire des religions dans le même établissement. En 1886 est fondée la section des Sciences religieuses de l'École pratique des hautes études. Enfin, si l'on tient Émile Durkheim pour le véritable initiateur de l'école sociologique française, il faut souligner, avec *Les Formes élémentaires de la vie religieuse*

1. Marcel DETIENNE, « Les Grecs ne sont pas comme les autres », *Critique*, 1975, XXXI, 332, pp. 3-24.

2. Alain GUERREAU, « Fief, féodalité, féodalisme. Enjeux sociaux et réflexion historienne », *Annales. E.S.C.*, 1990, I, pp. 137-166.

(1912), la place éminente donnée, dans la nouvelle discipline, aux questions touchant à la religion[1].

En somme, au moment même où, dans les sociétés industrielles « déchristianisées » et dans l'État laïque, la religion paraît se replier dans la sphère du privé et perd son assise institutionnelle traditionnelle comme son caractère d'obligation sociale, la sociologie et l'anthropologie naissantes des « sociétés primitives » découvrent le caractère fondateur du lien religieux et sa nature de « fait social total ».

Cependant, à l'observation de l'Autre, les sciences sociales apprennent aussi que les valeurs universelles qui étaient attribuées au christianisme n'avaient en fait qu'une portée relative, limitée, au regard de toutes les expériences humaines qui varient à l'infini dans l'espace et dans le temps. Elles s'aperçoivent que les mots qui, dans nos langues, parlent du religieux ont été forgés par une tradition religieuse unique et ne sauraient donc convenir *a priori* à l'intelligence de traditions entièrement différentes.

Prenons un exemple : sous-jacente à la culture chrétienne, la culture gréco-romaine nous aide, en apparence, à concevoir la possibilité d'une pluralité de dieux. Mais, ce faisant, même si nous n'assimilons plus le *polythéisme* à l'*idolâtrie*, avec tous les jugements de valeur négatifs que ce mot appelait traditionnellement, nous continuons d'en parler comme l'Église en a toujours parlé, c'est-à-dire par référence au monothéisme judéo-chrétien[2]. Nous tendons spontanément à « personnaliser » les dieux des autres, par exemple ceux de la Grèce antique, alors que ceux-ci n'étaient nullement perçus comme des « personnes » comparables aux « personnes » de la Trinité. L'idée de *transcendance*, que nous associons également à notre conception du divin, était pareillement absente des représentations antiques. Au-delà, nous avons du mal à concevoir des religions, en Afrique par exemple, qui ne connaissent pas de « dieux » du tout, mais

1. B. Pulman, « Aux "origines" de la Science des Religions. Lorsque le savoir prend chair(e) », *Cahiers Confrontation*, 14, 1985, pp. 7-24.

2. F. Schmidt (éd.), *L'Impensable Polythéisme. Études d'historiographie religieuse*, Paris, Éditions des archives contemporaines, 1988.

des puissances ayant bien d'autres modes d'existence et d'intervention[1].

On mesure, par ces quelques remarques, les difficultés et les exigences critiques auxquelles l'anthropologue ou l'historien des autres religions se trouvent confrontés. Pour l'historien du christianisme, la difficulté est peut-être plus grande encore, puisqu'il lui faut se défaire des continuités apparentes qui, dans l'espace, le temps et toutes les catégories de la pensée, le relient plus ou moins intimement à son objet. Or les pièges sont nombreux : ils tiennent à la continuité institutionnelle et culturelle entre l'Église d'Ancien Régime (avec ses fonctions d'enseignement et même d'érudition) et l'Université moderne ; ils tiennent à l'histoire même du discours historique, à ses origines cléricales (qu'on pense, entre autres, à l'œuvre des Bénédictins ou à l'abbé Migne), à la prégnance d'un vocabulaire et de concepts d'origine cléricale qui nous sont si familiers que nous omettons d'en faire la critique préalable. Par exemple, chacun sait ou croit savoir ce qu'est un *saint* : mais essayons un instant de nous mettre dans la position d'un anthropologue qui, sans idée préconçue, découvrirait la société chrétienne médiévale et en chercherait les structures essentielles : peut-être, sans isoler *a priori* « le culte des saints », ou sans faire de celui-ci un chapitre particulier de « la religion », s'intéresserait-il plutôt aux relations entre les vivants et les morts (dont les saints apparaîtraient comme une classe particulière) ou aux composantes corporelles de la personne humaine (et ainsi découvrirait-il la question des reliques).

L'historien de la religion grecque ou l'anthropologue travaillant en Afrique ou en Amazonie doivent éviter de réduire les phénomènes qu'ils observent aux catégories et aux mots de la tradition chrétienne. L'historien du christianisme doit, quant à lui, se défaire de l'illusion qu'il pourrait analyser son objet avec les mots de cet objet même, sans reproduire un discours tautologique qui n'explique rien et le mène au contraire dans autant d'impasses.

1. Jean-Pierre VERNANT, *Mythe et religion en Grèce ancienne*, Paris, Éd. du Seuil, 1990, et Marc AUGÉ, *Génie du paganisme*, Paris, Gallimard, 1982.

Contre ces risques, la vigilance à l'égard des mots et des concepts est une première défense. Les débats sur la « religion populaire » ont déjà fourni d'utiles mises en garde[1]. Aucun médiéviste ne parlera plus de « superstitions » sans assortir ce mot de guillemets qui signalent que l'historien ne peut faire siens les jugements de valeur de l'Église traditionnelle : ce sont au contraire ces jugements de valeur qui doivent devenir des objets historiques[2]. Il en va de même du mot « magie », légué par le vocabulaire traditionnel de l'Église *(magicus)* à l'anthropologie religieuse, qui, toutefois, remet aujourd'hui en cause l'opposition traditionnelle entre « magie » et « religion »[3].

Autre exigence : il faut se souvenir que les mots ont une histoire. Pas plus que le christianisme ils ne sont immuables : il ne saurait y avoir d'adéquation entre le concept moderne de « croyance » et les significations, changeantes dans le temps, de l'idée de « croire »[4]. Est-il légitime de tracer une histoire de la « spiritualité » tout au long du Moyen Âge, quand ce mot appartient plutôt aux expériences mystiques du XVIIIe siècle et n'est guère attesté au Moyen Âge[5] ?

Portons plus loin encore la critique : peut-on parler de « la religion » chrétienne médiévale, alors que le mot *religio* n'avait pas, au Moyen Âge, le sens que nous donnons au mot « religion », mais celui de vœu ou d'ordre monastique ? Le mot avait à cette époque, selon une étymologie revue à l'aube de la culture chrétienne, le sens fondamental de *lien (religere)* entre

1. Michel LAUWERS, « "Religion populaire", culture folklorique, mentalités. Notes pour une anthropologie culturelle du Moyen Âge », *Revue d'histoire ecclésiastique*, vol. LXXXII, 1987, 2, pp. 15-258.

2. Jean-Claude SCHMITT, « Les superstitions », dans Jacques LE GOFF et René RÉMOND (éd.), *Histoire de la France religieuse*, vol. I, Paris, Éd. du Seuil, 1988, pp. 417-551.

3. Marc AUGÉ, « Dieux et rituels ou rituels sans dieux », dans John MIDDLETON, *Anthropologie religieuse. Les dieux et les rites. Textes fondamentaux. Présentation de Marc Augé*, Paris, Larousse, 1974, pp. 9-36.

4. Jean WIRTH, « La naissance du concept de croyance (XIIe-XVIe siècle) », dans *Bibliothèque d'humanisme et de Renaissance. Travaux et documents*, XLV, 1983, pp. 7-58.

5. Comme le remarque André VAUCHEZ dans *La Spiritualité du Moyen Âge occidental, VIIIe-XIIe siècle*, Paris, P.U.F., 1975, p. 5.

Dieu et son *fidèle*[1] ; il en vint à désigner en effet une sorte de contrat, tel le vœu monastique : il s'apparenta à la *fides* médiévale, c'est-à-dire à un acte de *foi*, mais moins au sens moderne de la *foi du croyant* qu'au sens du contrat « de main et de bouche » liant un seigneur et son « fidèle ». La « religion », répétons-le, ne consiste pas en la conviction privée d'un croyant : c'est un imaginaire social qui contribue, par la *représentation* (mentale, rituelle, imagée) d'un ailleurs qu'on peut nommer le divin, à ordonner et à légitimer les relations des hommes entre eux.

Pour déjouer les ruses du vocabulaire ou l'appréhension spontanée d'une religion faussement familière, pour garder face à celle-ci la vertu d'étonnement et le recul critique de l'anthropologue, il faudrait ne plus considérer le christianisme médiéval tel qu'il nous est livré par toute la tradition savante, cléricale ou érudite. Puisque dès le mot « religion » toute approche semble biaisée, ne faut-il pas éviter un vocabulaire et un ordre d'exposition qui ne font que reproduire ceux de la doctrine ou du dogme ? La solution, peut-être, est de ne pas partir des *contenus* de la doctrine chrétienne et de l'organisation explicite qu'elle en propose (en commençant par la Trinité, l'Incarnation, la Vierge, les saints, en continuant avec l'Église, l'organisation ecclésiastique, l'encadrement des fidèles, etc.), mais des *relations* qui donnent places et fonctions à ces contenus dans l'*ensemble* de la pensée et des actions des hommes.

En effet, il n'y a pas, dans la société médiévale, à l'inverse de notre société contemporaine, d'activité humaine qui ne soit concernée par la « religion ». Dans la société médiévale, comme dans les sociétés qu'étudient les anthropologues, on ne peut parler de « religion » au sens contemporain du terme, mais d'un vaste système de représentations et de pratiques symboliques grâce auquel les hommes de cette époque ont donné un sens et un ordre au monde, c'est-à-dire, simultanément, à la nature, à la société et à la personne humaine. C'est par le recours imaginaire au « divin » qu'ils ont, dans des mythes et des rites, noué ensemble ces trois ordres de réalité.

1. Émile BENVENISTE, « Religion et superstition », dans *Le Vocabulaire des institutions indo-européennes*, Paris, Éd. de Minuit, 1969, vol. II, pp. 265-279.

Des mythes et des rites. Mais, là encore, méfions-nous des habitudes et des valeurs de notre propre culture. Toute la tradition nous invite en effet à placer les pensées, les croyances, les paroles au-dessus des actions, des gestes, des objets qu'ils manipulent. Mais ce postulat ne résiste pas à l'analyse anthropologique, qui révèle au contraire la force des rituels, la manière dont les corps, les gestes, les objets symboliques, les images, l'espace et le temps des rituels, non seulement expriment les pensées et les mythes, mais les organisent et les font exister[1].

DES RITES

Rituel ou liturgie ? Le vocabulaire, une fois encore, doit retenir l'attention : le mot savant *liturgie* me semble trahir une confiscation ecclésiastique tardive du rituel. Préférons-lui le mot médiéval *ordo*, qui exprime tout à la fois les idées d'ordonnancement du spectacle des corps, de mise en ordre idéologique du terrestre et du céleste, d'ordination, c'est-à-dire de consécration des auteurs, des lieux, des objets du rituel.

Toujours, le rituel se joue entre deux pôles extrêmes : d'une part la société et les groupes sociaux qui la composent, de l'autre des individus[2].

La société, puisque le rituel souligne dès l'abord et sacralise les grandes divisions de l'humanité : le baptême, par exemple, sépare les chrétiens des non-chrétiens ; d'autres rituels (le mariage, l'ordination sacerdotale) tracent la limite entre les hommes et les femmes ou entre les clercs et les laïcs. Il s'en faut de beaucoup que cette dernière division soit le fait de toutes les religions : dans le christianisme médiéval, elle s'impose particulièrement à partir de la « réforme grégorienne », en même

1. Jean-Claude SCHMITT, *La Raison des gestes dans l'Occident médiéval*, Paris, Gallimard, 1990.
2. M. AUGÉ, *Génie du paganisme, op. cit.*

temps que s'affirment la hiérarchie de l'Église, les contraintes du dogme, la prééminence de l'écriture. Autour, d'une part, du mariage réservé aux laïcs, d'autre part, du sacerdoce promis à l'élite des clercs, s'opposent ainsi deux rôles distincts et complémentaires que sanctionnent, notamment dans les corps, les vêtements ou la sexualité, des droits, des interdits et des valeurs symboliques qui diffèrent ou même s'inversent.

Toute la dynamique du fonctionnement social reposait sur de tels partages et notamment celui-là. Il permettait, par exemple, que s'instaure tout un système d'échanges entre les clercs et les laïcs : des terres, des rentes, des enfants (les oblats) étaient échangés contre des prières et des messes pour les parents défunts. Ces échanges resserraient les relations entre les Églises et l'aristocratie laïque, mais ils étaient aussi l'occasion pour celle-ci d'organiser et de renforcer ses propres réseaux de parenté (notamment au moyen de la *laudatio parentum* requise pour chaque donation)[1].

Ne faut-il pas voir aussi dans la distinction et la complémentarité des clercs et des laïcs l'un des grands principes dynamiques du fonctionnement du pouvoir dans l'Occident médiéval ? L'opposition du *regnum* et du *sacerdotium* fut, bien plus qu'une péripétie « politique », une donnée structurelle, dans une théocratie[2]. Ce trait distingue la Chrétienté occidentale de la Chrétienté orientale ou de l'Islam. Sans jamais permettre que se confondent les rôles politiques et religieux, l'Occident a toujours limité, au contraire, le pouvoir de l'Église sur les affaires temporelles et, inversement, le pouvoir temporel sur les affaires religieuses. D'où la possibilité d'une émergence précoce, dans le discours religieux lui-même, d'une certaine forme d'« esprit laïque » et de critique du fonctionnement *idéologique* du discours religieux.

1. D. WHITE, *Customs, Kinship and Gifts to Saints. The Laudatio Parentum in Western France (1050-1150)*, Chapel Hill et Londres, University of North Carolina Press, 1988. Voir les remarques suggestives que consacre à ce livre Anita GUERREAU-JALABERT, *Annales. E.S.C.*, 1990, I, pp. 101-105.

2. Jean-Claude SCHMITT, « Problèmes religieux de la genèse de l'État moderne », dans *État et Église dans la genèse de l'État moderne*, Madrid, Casa de Velázquez, 1986, pp. 55-62.

Cependant, le rituel n'implique pas seulement la société dans son ensemble ou les divers groupes sociaux, mais les acteurs singuliers : chacun d'eux, participant au rituel, se réalise comme membre d'un groupe (moine, confrère, chevalier, etc.) et, plus profondément encore, comme *personne*. Cette dernière notion aussi est relative à chaque culture. Chacune a sa propre définition de la personne, sa propre représentation de ce qui la compose. Dans la chrétienté médiévale, ce qui fait la personne, c'est l'association d'un *corps* et d'une *âme*. Aussi les rituels du baptême, de la maladie et de la guérison, de la possession et de l'exorcisme, de la conversion et de la mort n'ont-ils de cesse de révéler et d'agir sur ces composantes de la personne : la personne, par son *corps*, est plongée dans la matière et dans l'histoire ; par son *âme*, elle est projetée au contraire dans l'éternité. Cette représentation est fondamentale, puisque la double dimension de la personne, son double destin de mort et d'éternité sont la matrice de la représentation chrétienne du divin. La personne du Fils a une double nature : comme Fils de l'Homme, il participe de l'histoire et du monde ; comme Fils de Dieu, il vit dans l'éternité. Mais ici nous atteignons le mythe, centré sur la personne du Christ.

DES « MYTHES »

Dans le christianisme, une multitude de récits et de gloses sur ces récits se présente comme un ensemble d'intrigues, diverses et complémentaires, dont la trame est une *histoire*, orientée dans le temps, depuis les origines (la Genèse) jusqu'à la fin du monde (l'Apocalypse). L'Écriture en livre le noyau fondamental, amplifié et démultiplié dans les apocryphes, dans l'hagiographie et dans une foule de récits merveilleux, depuis les relations de voyage en Terre sainte (à la recherche des traces matérielles de l'histoire originelle) jusqu'aux *exempla*, aux bestiaires ou à la littérature romanesque en langue vernaculaire (le *Conte du Graal*, par exemple).

Cette mythologie chrétienne foisonnante a, entre autres caractéristiques, de se donner en même temps que son propre commentaire, sous les formes de l'exégèse, des moralisations, de la typologie. Ces commentaires ont deux fonctions au moins. Ils fournissent, par un jeu de correspondances et d'analogies symboliques, une certaine cohérence à l'ensemble de ces récits divers : tel est le principe de la *typologie* qui, dans les textes, mais aussi dans les images (on pense à la Bible moralisée ou au retable de Nicolas de Verdun), rapproche du Christ un personnage de l'Ancien Testament ; tel est aussi le principe des *similitudines* qui comparent le Christ ou un saint ou des éléments de leur biographie aux éléments de la nature et à leurs qualités (pierre précieuse, agneau, phénix, etc.) connus par les bestiaires ou les fables[1]. En somme, la culture chrétienne a elle-même établi des correspondances entre différents niveaux de signification de ses mythes, anticipant sur l'un des principes de l'analyse structurale, même si elle n'en comble pas toutes les exigences.

Ces commentaires témoignent aussi de la présence, dans ce système de pensée, d'une fonction de rationalisation et de critique que je nomme la « raison théologique ». Celle-ci est l'apanage d'un groupe social particulier, celui des clercs, et elle s'appuie sur les instruments intellectuels propres à une culture de l'écrit *(literacy)*, largement monopolisée par eux.

Cependant, cette réflexion s'exerce sur des propositions qui, pour la plupart, sont des défis opposés à la raison humaine : naissance d'un Homme-Dieu fils d'une Vierge, présence « réelle » du Fils de Dieu dans les espèces du pain et du vin, interruptions miraculeuses du cours de la nature, etc. Ici, le mythe se fige dans un dogme, dont il n'est pas question, pour les clercs, de douter.

De ces vérités intangibles, néanmoins, la scolastique entend donner raison et fournir des preuves logiques. Ce faisant, elle ouvre des brèches. C'est donc au cœur même du champ reli-

1. Jean-Claude SCHMITT, « Problèmes du mythe dans l'Occident médiéval » (1988), voir *infra*, pp. 54-77, et J.-P. ALBERT, « Destins du mythe dans le christianisme médiéval », *L'Homme*, 113, 1990, XXX (I), pp. 53-72.

gieux que la « raison théologique » — c'est-à-dire le *logos* propre à cette culture — est portée à dépasser le discours du mythe — le *muthos* chrétien : la « foi en quête d'intelligence » (c'est-à-dire l'intelligence face à la foi) d'un saint Anselme ou le « questionnement » scolastique du miracle conduisent à inventer, à définir et donc à délimiter la catégorie du « surnaturel », un espace d'intervention divine miné par les empiétements conjugués de la nature et de l'individu.

Dieu n'est plus maître de tout l'espace ni de tout le temps : c'est le sens de la nouvelle doctrine du purgatoire. Le réaménagement de la logique, l'avènement du nominalisme entre le XIIe et le XIVe siècle marquent un tournant essentiel dans la maîtrise de la totalité du sens par le langage humain, c'est-à-dire dans la naissance de la modernité.

Ces quelques lignes ne visent pas à définir un programme de travail. D'autres angles d'attaque sont sans doute concevables. J'ai seulement voulu rappeler quelques exigences de méthode qui devraient conduire l'historien du christianisme médiéval à garder plus de distance par rapport à son objet. Cela suppose d'abord une critique du vocabulaire et des concepts, à commencer par celui de « religion », ensuite une sorte de « déchristianisation » des thèmes de recherche, une mise en ordre différente des questions, une démarche plus anthropologique : le christianisme médiéval est une culture singulière, mais on peut en dire autant de toute culture. Les chrétiens sont « comme les autres ».

II

LA NOTION DE SACRÉ ET SON APPLICATION À L'HISTOIRE DU CHRISTIANISME MÉDIÉVAL

1. La notion de « sacré » et le couple « sacré/profane » sont chez les historiens d'un usage courant, mais pas toujours bien réfléchi. Or, ce sont des concepts qu'il faut utiliser avec prudence et après en avoir examiné l'histoire. Comme F.-A. Isambert l'a bien montré[1], la notion de sacré s'est répandue dans le champ des sciences sociales il y a un siècle environ, plus précisément depuis les travaux de W. Robertson Smith (*Religion of the Semites*, Londres, 1889) et, à leur suite, ceux d'Émile Durkheim. Son émergence coïncide avec la mise en question par la sociologie et les « sciences des religions » du monopole culturel de la pensée chrétienne. Le christianisme subit, comme les autres religions, la loi du relativisme et du comparatisme qui, au-delà des caractères contingents de chaque civilisation (y compris la civilisation chrétienne), entend dégager des régularités universelles. Dans ces conditions, Henri Hubert et Marcel Mauss furent parmi les premiers à faire de « sacré » et de « profane » des substantifs, qui désignent deux pôles extrêmes de l'activité et de la pensée religieuses dont le sacrifice assure la

1. Dans *Le Sens du sacré. Fête et religion populaire*, Paris, Éd. de Minuit, 1982. Voir aussi la réflexion contemporaine d'Alphonse DUPRONT, dans *Du sacré. Croisades et pèlerinages. Images et langages*, Paris, Gallimard, 1987.

Repris de « La notion de sacré et son application à l'histoire du christianisme médiéval », *Cahiers du Centre de recherches historiques*, n° 8, octobre 1991, pp. 15-20.

médiation. D'autres théoriciens ont moins mis l'accent sur l'expression rituelle du sacré que sur ses contenus psychologiques : Rudolf Otto a voulu analyser l'expérience subjective du « numineux »[1], tandis que Roger Caillois a tenté d'élaborer une grammaire des expériences sacrées en distinguant le « sacré de respect » (contraint par l'ordre social) du « sacré de transgression » (notamment dans la fête)[2]. Allant plus loin encore, c'est dans la participation cosmique aux hiérophanies que Mircea Eliade a situé l'expérience du sacré[3]. Sans entrer dans chacune de ces théories, résumons quelques points fondamentaux :

— le sacré est ce qui est séparé, interdit, frappé de tabou ; on retrouve ces notions un peu partout, mais sous des formes diverses, par exemple dans l'islam avec les notions de *baraka* et de *haram*[4] ;

— le sacré est à la fois protégé par l'interdit et doué d'une puissance active qui l'oppose au profane. Subordonné, celui-ci n'en a pas moins, en retour, une puissance désacralisante, profanatrice[5] ;

— on peut parler légitimement avec Freud *(Totem et Tabou)* d'*ambivalence* du sacré, qui à la fois fascine et terrifie, attire et repousse. Cette ambivalence est très claire dans la Rome antique, où est désigné comme *sacer* celui qui commet un crime contre la cité, ce qui signifie qu'il peut être tué sans que son meurtrier encoure l'accusation de parricide. Autre exemple, qui vaut pour bien des cultures : celui des interdits qui frappent la femme menstruée. Ici, la relation sacré/profane se conjugue avec la relation pur/impur : l'impureté se ligue avec le sacré puisque la femme impure (durant ses menstrues ou entre une naissance et le rituel de « purification » des nouvelles mères) est censée

1. *Das Heilige. Über das Irrationale in der Idee des Göttlichen und sein Verhältnis zum Rationalen*, Munich, C. H. Beck, 1917 ; trad. fr., *Le Sacré*, Paris, Payot, 1949.

2. Dans *L'Homme et le Sacré*, Paris, Gallimard, 1950.

3. Par exemple dans *Le Sacré et le Profane* (1re éd. 1917), trad. fr., Paris, Gallimard, 1965.

4. Christian DÉCOBERT, *Le Mendiant et le Combattant. L'institution de l'islam*, Paris, Éd. du Seuil, 1991, p. 159.

5. Voir Roger BASTIDE, *Le Sacré sauvage*, Paris, Payot, 1975.

posséder une force sacrée, néfaste, qui justifie son exclusion des espaces sacrés[1].

2. Paradoxalement, la théologie chrétienne contemporaine a parfaitement assimilé la réflexion sur le sacré et le profane venue des sciences des religions[2]. Il est vrai que la sociologie naissante avait, à l'égard du catholicisme, une position ambiguë : il est aisé de reconnaître dans la définition durkheimienne de la religion comme « administration du sacré » et comme ensemble de « croyances obligatoires » une influence de l'Église catholique après le concile de Vatican I et la proclamation du dogme de l'infaillibilité pontificale[3].

La critique de notions aussi largement admises n'est donc pas venue des théologiens, mais plutôt du terrain ethnologique et de l'érudition philologique. Dans les deux cas, les enquêtes concrètes et précises ont révélé que des notions autochtones plus nombreuses et des réalités plus complexes se laissaient difficilement enfermer dans les théories *a priori* et la terminologie trop simple, universelle et fixiste, des fondateurs de la sociologie.

Pour la Grèce antique, Jean Rudhardt a montré comment à notre notion de sacré correspondait non un seul terme, mais une grande diversité de notions se recouvrant partiellement : *hieros* désigne la qualité des objets consacrés, *hosios* signifie ce qui est juste et vrai dans les relations entre hommes et dieux, *hagios* qualifie ce qui est retranché du commun des hommes[4]. Jean-Pierre Vernant dénonce lui aussi l'opposition tranchée sacré/profane et propose de parler plutôt de degrés et de modalités de sacré[5].

Pour la Rome antique (dont le vocabulaire juridico-religieux a directement inspiré les pionniers de la sociologie), deux mots

1. Mary DOUGLAS, *De la souillure. Essai sur les notions de pollution et de tabou*, trad. fr., Paris, Maspero, 1981 : Yvonne VERDIER, *Façons de dire, façons de faire. La laveuse, la couturière, la cuisinière*, Paris, Gallimard, 1979.

2. G.-L. MÜLLER, s.v. « Le sacré », *Dictionnaire de spiritualité*, XIV, Paris, 1990, col. 37-45.

3. Dans *Le Sens du sacré*, *op. cit.*, p. 266.

4. Dans *Notions fondamentales de la pensée religieuse et actes constitutifs du culte dans la Grèce classique. Étude préliminaire pour aider à la compréhension de la piété athénienne au IVe siècle*, Paris, Droz, 1958.

5. Dans *Religions, histoires, raisons*, Paris, Maspero, 1979.

voisins entretiennent, entre autres, des relations complexes : *sacer* et *sanctus*[1]. Leur racine est commune, mais ils ont des sens différents : est *sacer* ce qui relève publiquement de la propriété des dieux, ce qui met en relation avec eux et se trouve à ce titre garanti par la *res publica. Sanctum* est défini négativement, comme ce dont la négation entraîne une « sanction » (*sanctus* n'est autre que le participe passé de *sancire*). C'est pourquoi les tribuns de la plèbe sont appelés *sacro-saints* : leurs meurtriers sont aussitôt mis à mort, sans jugement[2].

Tout en se maintenant, ce vocabulaire a vu son sens modifié par le christianisme[3]. Les Pères de l'Église, tout en rejetant le paganisme, furent contraints d'utiliser les mots du grec et du latin pour traduire la Bible (Septante et Vulgate). Il leur fallait notamment trouver une équivalence pour le mot hébreu *qâdôs*, qui désigne la pureté rituelle et la participation à la divinité. Parmi les mots grecs et latins, *hieros* et *sacer* suscitaient la plus grande méfiance, parce qu'ils semblaient trop marqués par le paganisme. Pour Tertullien, les *sacra* sont les rites païens[4]. En revanche, on note la promotion, avec des sens nouveaux, respectivement de *hagios* et de *sanctus*. Déjà, la Vulgate marque une nette préférence pour *sanctus* : *sacer* n'y a que vingt-neuf occurrences dans l'Ancien Testament et deux seulement dans le Nouveau. Mais les dérivés de *sacer*, à défaut du mot lui-même — *sanctuarium, sanctificare* et surtout *consecrare* —, font leur chemin dans le nouveau langage religieux. Naturellement, ces

1. Voir Émile BENVENISTE, *Le Vocabulaire des institutions indo-européennes*, vol. 2, *Pouvoir, droit, religion*, Paris, Éd. de Minuit, 1969 ; H. FUGIER, *Recherches sur l'expression du sacré dans la langue latine*, Paris, 1963 (Publications de la faculté des lettres de Strasbourg. fasc. 146).

2. Voir Yan THOMAS, « *Sanctio.* Les défenses de la loi », *L'Écrit du temps*, 19, *Négations*, automne 1988, pp. 61-84 ; R. SCHILLING, « Sacrum et profanum. Essai d'interprétation », *Latomus*, 30, 1971, pp. 953-969, repris dans *Rites, cultes, dieux de Rome*, Paris, 1979, pp. 54-70 ; John SCHEID, *Religion et piété à Rome*, Paris, La Découverte, 1985 ; et aussi *Les Écrivains et le Sacré. La vigne et le vin dans la littérature* (Actes du XIIe congrès de l'association Guillaume-Budé, Bordeaux, 17-21 août 1988), Paris, Les Belles Lettres, 1989.

3. André WARTELLE, « Sur le vocabulaire du sacré chez les Pères apologistes grecs », *Revue des études grecques*, CII, pp. 485-486, janvier-juin 1989, pp. 40-57.

4. R. BRAUN, « Sacré et profane chez Tertullien », dans H. ZEHNACKER (éd.), *Hommages à R. Schilling*, Paris, 1983.

glissements lexicaux traduisent de profondes ruptures sémantiques, pour commencer parce que toute notion de sacré est désormais subordonnée à la relation entre les hommes et un Dieu unique, seule source du *mysterium tremendum.* Tout le « débat sur le sacré » qui, selon Peter Brown, caractérise ces siècles fondateurs (IIe-IIIe siècle) tourne autour de cette question.

3. Pour aborder la question du sacré dans le christianisme médiéval, il faut avant tout souligner la nouveauté radicale que représente, tant par rapport au paganisme qu'au judaïsme anciens, l'existence d'une « institution du sacré » pourvue d'un clergé et d'un dogme : l'Église. L'existence de l'Église comme médiatrice entre Dieu et les hommes, légitimée par la tradition apostolique, impose de considérer la question du sacré d'une tout autre manière. Sans doute le projet totalisant (sinon totalitaire) de l'Église dans la société médiévale a-t-il empêché que s'y développe jamais une sphère du profane totalement autonome. Il n'en est pas moins essentiel de souligner la tendance à la constitution d'une telle sphère autour d'activités que les contemporains qualifiaient de « séculières », « mondaines », « temporelles », « extérieures » (*profanum* gardant souvent pour sa part le sens de « païen »). Ainsi se constituait la légitimité propre de ce qui n'appartenait qu'au monde d'ici-bas, au temps bref de l'histoire (par opposition au temps cyclique de la liturgie et au temps long de l'eschatologie) ou encore aux deuxième et troisième fonctions de la société (même si le système complet des *ordines*, défini par les clercs de la première fonction, exprimait un *ordo* social et cosmique tout entier sacré). Mais les activités des marchands, « profanes » s'il en est, étaient limitées par le caractère sacré du calendrier des dimanches et jours de fête chômés ou par l'interdiction de l'usure comme contraire à la loi divine ; de plus, elles se cherchaient elles-mêmes une dimension sacrée positive, dans la participation aux confréries de métier ou dans le culte d'un saint patron. Il y avait donc moins une opposition terme à terme du sacré et du profane que deux pôles entre lesquels de telles notions n'avaient de cesse de se chevaucher : d'un côté, la morale des marchands se dégageait imparfaitement de l'éthique religieuse, de l'autre,

il arrivait que des objets aussi sacrés que les reliques (telle la Couronne d'épines) fissent l'objet de transactions commerciales.

Dans le christianisme médiéval, il paraît donc difficile de parler de sacré « en soi » :

a) d'abord parce que l'Église, dont on a dit la nouveauté et la centralité dans la culture et la société, tendait par fonction à réduire le sacré à des actes de *consécration* : ceux-ci transmettaient (ou retiraient) un caractère de sacralité à des personnes ainsi arrachées à l'ordre profane (tels les ministres du culte et, par extension, tous les clercs), à des objets (les espèces sacramentelles et, par extension, tous les objets du culte), à des lieux (églises, cimetières), à des temps (dimanches et fêtes chômés, carême, etc.). Dans ces conditions, le sacré n'existait pas en soi : il était donné, souvent temporairement, parce que destiné à être consommé (les espèces consacrées — le corps du Christ — étaient consommées par le prêtre et les fidèles ou ne demeuraient qu'un temps bref dans la réserve eucharistique du tabernacle) ou à être légitimement rendu à la sphère profane : ainsi pour les vases liturgiques, dont le métal précieux, une fois fondu, retrouvait sa valeur marchande.

b) De même, ce (con)sacré n'était-il pas diffus (selon un modèle panthéiste ou même polythéiste), mais tendait à se *concentrer* dans des *loci* (lieux de pèlerinages, sanctuaires) ou des *loculi*, c'est-à-dire des reliquaires, où s'établissait une relation privilégiée et active entre les hommes et Dieu ; ou encore dans des personnes consacrées, dont les plus sacrées étaient les « amis de Dieu » dont parle Peter Brown, les *saints* qui, vivants puis morts, incarnaient, au sens propre, la *virtus* divine. En eux le sacré manifestait toute son ambivalence : eux-mêmes ou leur corps faisaient des miracles de guérison ou de châtiment, et, inversement, celui qui portait la main sur eux était aussitôt châtié, miraculeusement. Lieux, temps, personnes consacrés étaient aussi protégés du sacrilège par un droit spécifique (le droit canon) qui fixait l'étendue du droit d'asile (trente, quarante ou soixante pas autour de l'église) ou les pénitences frappant le blasphème, la pollution des lieux saints (notamment en cas d'effusion de sang), la violence contre les clercs. Quant à ces derniers, des signes distinctifs rappelaient leur sacralité et les privilèges qui en découlaient (et dont certains laïcs cherchaient à bénéficier frauduleusement) : la tonsure, l'absence de barbe, la robe, les interdits corporels (prohibition des relations sexuelles, interdiction de faire couler le sang). Bien sûr, la concentration du caractère sacré suscitait en retour une angoisse d'autant plus grande face aux risques de profanation : profanation (en anglais : *desecration*) de l'hostie, fantasmes de pollution des lieux saints ou des espèces consacrées par le sang menstruel et le sperme (à Montaillou, une femme qui ne croit pas à la Présence réelle dit qu'elle ne peut pas voir l'hostie sans penser à la *turpitudo* qui sort du corps d'une femme qui accouche)[1].

c) Il y avait aussi une hiérarchie du (con)sacré, disposée en cercles *concentriques* d'intensité croissante : on le voit dans les objets (les *Libri carolini*, au IXe siècle, établissent ainsi une hiérarchie entre les vases liturgiques, les reliques, la croix et enfin l'eucharistie) comme dans les personnes (avec la hiérarchie des clercs, des ordres mineurs aux ordres majeurs, garantissant une participation de plus en plus complète aux mystères du culte, jusqu'au prêtre et à l'évêque investi par l'onction). Historiquement, ces hiérarchies ne sont pas restées immuables. Elles furent aussi affirmées de manière de plus en plus consciente, explicite. Au XIIe siècle, on se mit à distinguer les sept *sacramenta* de l'Église (et les objets consacrés dépendant de certains d'eux : saintes espèces, saint chrême, etc.) des simples *sacramentalia* (bénédictions, exorcismes, etc.)[2]. Au tournant du XIIe au XIIIe siècle, le liturgiste parisien Jean Beleth introduit, à propos des cimetières, une distinction fort intéressante entre trois sortes de lieux[3] ; la simple sépulture est « lieu religieux » *(locus religiosus)*, entendons : digne de respect religieux ; la consécration épiscopale fait des cimetières des « lieux sacrés » *(loca*

1. M. RUBIN, *Corpus Christi. The Eucharist in Late Medieval Culture*, Cambridge, Cambridge University Press, 1991.

2. A. FRANZ, *Die kirchlichen Benediktionen in Mittelalter*, Fribourg, 1909, 2 vol. ; *s.v.* « Sacramentaux » et « Sacramentum », *Dictionnaire de théologie catholique*, XIV, I, col. 465 sq.

3. JEAN BELETH, *Summa de ecclesiasticis officiis*, éd. H. DOUTEIL, Turnhout, Brepols (Corpus Christianorum, Continuatio Mediævalis, t. XLI), 1976, pp. 5-6. Sur les efforts de sacralisation du cimetière par l'Église entre le XIe et le XIIe siècle, voir la thèse de Michel LAUWERS, *La Mémoire des ancêtres, le souci des morts. Morts, rites et société au Moyen Âge (Diocèse de Liège, XIe-XIIIe siècles)*, Paris, Beauchesne, 1997.

sacra), au sens que l'Église donne avant tout à cet adjectif : est sacré ce qu'elle-même a *consacré* ; enfin, les lieux autour des monastères bénéficiant de l'immunité ecclésiastique sont des « lieux saints » *(loca sancta)*, cet adjectif étant à prendre dans un sens juridique et s'attachant à un territoire plus vaste qui englobe le « noyau » le plus sacré. Durant la même période, le culte grandissant des images (souvent jugées miraculeuses) permit à celles-ci de rejoindre le cercle de sacralité dont elles avaient été fermement exclues par les *Libri carolini*. En Occident, les saintes images — beaucoup plus récentes et très différentes à tous points de vue des icônes byzantines — n'étaient pas rituellement consacrées (comme les saintes espèces) ni même bénies (comme les cloches), mais tiraient leur légitimité et leur vénérabilité d'une légende, d'un premier miracle, voire d'un sacrilège. Elles n'étaient en principe que le signe visible, objet de respect mais pas d'adoration, du divin. Les théologiens ne laissaient sur ce point aucun doute : « Nous ne vénérons pas l'image du crucifix ou de toute autre chose pour la présence sacrée que ces objets contiendraient eux-mêmes » *(neque pro numine colimus)*[1]. Mais l'image en trois dimensions ou même en deux dimensions de la Vierge ou d'un saint (comme la statue reliquaire de sainte Foy de Conques) ou encore l'*imago crucifixi* ne pouvaient pas être assimilées à des signes abstraits du divin, car elles donnaient à celui-ci un visage et un corps (et, du reste, contenaient souvent une relique) : d'où l'ambiguïté de leur *adoratio*, terme qu'on hésite à traduire tantôt par « vénération », tantôt par « adoration ». Avec l'image, le sacré de consécration, délégué, éphémère, si important dans le christianisme médiéval, tendait donc bien vers un sacré « en soi » de l'objet, *incarnant* le divin au milieu des hommes. L'image chrétienne était en ce sens une forme limite du sacré chrétien.

Si la hiérarchie des cercles de sacralité n'était pas figée, elle pouvait aussi s'inverser : c'est ce que montre le thème, très fréquent dans la littérature pénitentielle et le merveilleux chré-

1. *Hermanus quondam Iudaeus. Opusculum de conversione sua*, éd. G. NIEMEYER, Weimar, 1963 (Monumenta Germaniae Historica, Quellen zur Geistesgeschichte des Mittelalters, 4).

tien, du pénitent coupable d'un si grand péché que ni le prêtre, ni l'évêque, ni même le pape n'osent l'absoudre ; seul un pauvre ermite au fond de la forêt peut finalement recevoir sa confession. Ainsi, l'existence de l'institution (le pouvoir et la richesse) pouvait être une entrave à l'exercice du sacré dont elle avait la charge : figure de l'inversion et du ressourcement au « désert » de la forêt, l'ermite possédait une réserve de sacré plus efficace, dans certains cas, que celle du successeur de Pierre. De tels récits n'étaient pas étrangers au débat récurrent sur la dignité des clercs, quand les hérétiques contestaient le droit des prêtres concubinaires ou simoniaques à délivrer les sacrements. C'est toute la question de l'origine du sacré qui était ainsi posée : trouvait-il sa source dans la dignité morale du prêtre et l'exercice direct de la grâce de Dieu, ou bien — réponse de l'Église — dans la consécration sacerdotale, dans l'institution ?

d) L'« institution du sacré » (l'Église) ne pouvait prétendre maîtriser toutes les formes du sacré dans le christianisme. Au-delà de la figure de l'ermite, il faudrait prendre la mesure d'un sacré « sauvage », échappant plus encore au contrôle ecclésiastique : celui, si l'on veut, de l'arbre aux fées de Jeanne d'Arc, emblématique de tout un folklore que les clercs ont soit diabolisé (c'est-à-dire rejeté dans le pôle négatif du sacré, lui aussi caractéristique du christianisme[1]), soit assimilé, converti, reconsacré à leur manière (comme dans le cas des sources attribuées tardivement au patronage d'un saint local). Mais cette relation, qui introduit dans le champ du sacré une différenciation socioculturelle, n'était pas à sens unique : la « culture populaire » aussi a su s'approprier à ses propres fins les objets ou les lieux consacrés par l'Église, non pour les « profaner » (comme le prétendaient les clercs en revendiquant le monopole exclusif du sacré), mais pour les investir d'une autre forme de sacré : à en croire les diverses versions d'un récit fameux (que les prédicateurs ne manquèrent pas d'utiliser pour renforcer la croyance en la Présence réelle), certains paysans conservaient en cachette l'hostie dans leur bouche pour la déposer ensuite dans une ruche ou

1. F. A. Isambert, *Le Sens du sacré, op. cit.*, p. 251.

une étable avec l'espoir d'augmenter leur production de miel ou de lait.

Il faut enfin faire la place qui lui convient à une autre forme de sacré, distincte et parfois en contradiction avec le sacré ecclésiastique : le sacré royal. Il invite à deux interprétations qui ne sont pas totalement inconciliables : l'une, frazérienne, invoque la tradition très ancienne et universelle de la « royauté sacrée » que représenteraient encore les *reges criniti* mérovingiens. L'autre, plus dynamique, souligne au contraire l'affirmation d'une sacralité royale dans une subtile rivalité avec la sacralité ecclésiastique. Les étapes en sont connues, depuis le VIIIe siècle (apparition du sacre et de l'onction du roi franc sur le modèle de l'onction davidique), le XIIIe siècle (institution régulière du « miracle royal[1] », canonisation de Saint Louis), la fin du Moyen Âge (définition, sur le modèle du droit romain, du crime de lèse-majesté, sacralisation du « corps mystique » du roi[2]), jusqu'à l'absolutisme moderne (avec, par exemple l'assimilation des levers et couchers royaux à ceux du soleil...). La sacralité du roi rayonne sur les lieux où s'incarnent sa puissance (le palais, la chambre) et sa mémoire (la nécropole : voir l'Escorial) comme sur les officiers qui le servent.

À la conception d'une histoire linéaire de la « désacralisation » (avatar de la « déchristianisation ») ne faut-il pas substituer ainsi l'idée de différentes formes de sacré plus ou moins rivales, l'avancée de l'une compensant le retrait progressif de l'autre ? Ce qui vaut pour les rapports entre sacré ecclésiastique et sacré royal vaut aussi, ultérieurement, pour les rapports entre ce dernier et un sacré national. On peut tenir en effet le patriotisme ou le nationalisme pour des formes laïcisées d'un sacré contemporain. Ernst Kantorowicz a bien analysé cette mystique de la patrie, qui compte ses martyrs, « morts pour la patrie », ses monuments aux morts et son Panthéon, ses fêtes

1. Voir Marc BLOCH, *Les Rois thaumaturges. Étude sur le caractère surnaturel attribué à la puissance royale particulièrement en France et en Angleterre* (1re éd., 1924), rééd., Paris, Gallimard, 1983, avec une préface de Jacques Le Goff.

2. Cf. Ernst KANTOROWICZ, *Mourir pour la patrie et autres textes* (trad. fr.), Paris, P.U.F., 1984.

nationales, ses hymnes et ses drapeaux. Il est aisé de souligner l'insistante prégnance de ce vocabulaire religieux désignant un sacré qui, pour être d'une nature différente des formes traditionnelles du sacré, continue de démontrer son efficacité.

4. Le schéma d'une évolution historique se réduisant à un progressif « désenchantement du monde[1] » est à l'évidence trop simple. Du reste, l'actualité est là aussi pour nous convaincre que la « perte du sacré », à l'échelle des nations comme à celle des individus, n'a rien d'irréversible. Les explications proposées ne peuvent être elles-mêmes trop complexes. Pour en rester à la chrétienté médiévale, il me semble que c'est dans l'Église médiévale, paradoxalement, qu'il faut chercher des facteurs décisifs d'une *désacralisation* de la culture et de la société. Héritière de la langue et d'une part de la culture antiques, l'Église avait en fait, dès l'origine, vocation à la critique rationnelle du monde et de toute forme de pensée. L'exégèse biblique, avec ses quatre niveaux de sens, concourait à la désacralisation du Livre sacré. Les clercs réfléchissaient-ils, dans les écoles du XIIe siècle, sur les sacrements et la notion de miracle ? C'était réduire d'autant les possibilités d'action du surnaturel et le pouvoir de Dieu sur terre. Ce que l'on voit ainsi se préciser dès les Pères de l'Église (quand Augustin définit le sacrement comme « signe d'une chose sacrée ») et se précipiter à l'âge scolastique, c'est la reconnaissance d'une sphère *limitée* du sacré, le partage de plus en plus net entre sacré et profane et la naissance de la *religion* au sens des Lumières, comme ensemble de croyances et de pratiques suscitant l'adhésion individuelle de fidèles. Autrement dit, le « désenchantement du monde » ne se réduit pas à un empiétement croissant du profane sur le sacré. Il résulte au moins autant d'une critique interne du religieux par lui-même, d'une limitation du sacré par la rationalité propre à ce que le père M.-D. Chenu a appelé la « théologie comme science »[2].

1. Marcel GAUCHET, *Le Désenchantement du monde. Une histoire politique de la religion*, Paris, Gallimard, 1985.

2. M.-D. CHENU, *La Théologie au XIIe siècle* (1re éd., 1956), 3e éd., Paris, Vrin, 1976.

III

PROBLÈMES DU MYTHE DANS L'OCCIDENT MÉDIÉVAL

Il y a plusieurs manières d'entendre le mot « mythe ». La plus courante, qui est aussi la plus vague, retient l'idée d'un savoir collectif, imaginaire et fallacieux remplissant une fonction sociale de mobilisation : la critique non seulement « démythifiante », mais « démystifiante » d'un tel mythe peut seule détromper ses victimes. Mythe et idéologie sont donc ici des notions très proches, et notre époque — qui reconnaît d'autant mieux ses idéologies qu'elle en proclame périodiquement la mort — est très riche en mythes : mythes racistes affirmant la supériorité d'une race humaine ou d'un peuple sur les autres ; mythes politiques annonciateurs d'une société sans classes ou d'autres « lendemains qui chantent » ; mythes mercantiles qui imposent à chacun les vertiges de la consommation, les mirages de l'argent ou la fascination de l'automobile. Cette acception du mot « mythe » met l'accent sur les fonctions sociales plus que sur une forme narrative.

En revanche, le mot « mythe » peut être entendu aussi dans un sens plus restreint, plus technique ; un mythe est un type de récit, souvent transmis oralement avant d'être éventuellement consigné par écrit et exprimant les vérités essentielles d'une société ; il parle des dieux, des origines du monde et des raisons de l'organisation sociale, il énonce le fondement des coutumes

---

Repris de « Problèmes du mythe dans l'Occident médiéval », *Razo, Cahiers du Centre d'études médiévales de Nice*, 8, 1988, pp. 3-17.

et des activités des hommes. Telle est la notion du mythe pour les sciences religieuses, l'anthropologie, l'histoire de l'Antiquité.

Pris dans ce deuxième sens, le mythe paraît absent de notre société contemporaine. Nous pensons que l'expression des vérités essentielles de notre culture passe par d'autres canaux ; par le discours de la science, principal facteur de « démythification » de l'explication religieuse du monde ; par la philosophie, discours réflexif sur tous les autres savoirs. Le fait n'est d'ailleurs pas nouveau : dès le Ve siècle avant J.-C., l'émergence du *logos* s'accompagne de la mise à distance critique du *muthos*. Ce processus aurait été achevé par la science et la philosophie modernes, depuis les XVIIe et XVIIIe siècles.

Mais si la cause paraît entendue pour la Grèce antique ou l'époque des Lumières (et aussi, par contraste, pour les « sociétés sans écriture »), qu'en est-il de l'« âge théologique » de l'histoire européenne, où les catégories de religion, de science et de philosophie semblent beaucoup plus mêlées ? Comment se pose la question du mythe dans la chrétienté médiévale ?

Plusieurs traits fondamentaux me semblent caractériser la question du mythe dans l'Occident médiéval.

1) Le christianisme y constitue bien une mythologie, à tous les sens du mot. *Mutatis mutandis*, il est l'équivalent, pour cette société, des mythologies des « sociétés sans écriture » ou des mythes d'Homère ou d'Hésiode.

2) Mais en même temps, la culture chrétienne savante n'a jamais cessé de tenir sur ses « mythes » un discours critique qui la rapproche, dans une certaine mesure, de la philosophie grecque.

3) Loin d'être donnée une fois pour toutes, la mythologie chrétienne n'a jamais cessé de se développer au cours des siècles, la littérature apocryphe, l'hagiographie et les légendes chrétiennes venant compléter, amplifier le noyau originel du mythe chrétien.

4) À l'inverse de ce que l'anthropologue découvre dans les « sociétés sans écriture » ou de ce que l'historien de l'Antiquité observe en Grèce, la chrétienté n'a pas eu une mythologie unifiée, homogène, mais plutôt une nébuleuse mythique dont il faudra analyser les composantes et les relations internes.

LA MYTHOLOGIE CHRÉTIENNE

1) Le christianisme a tous les traits d'une mythologie. Il présente de longs récits, connus parfois par plusieurs versions différentes (tels les quatre Évangiles) disant tout de l'origine du monde, de l'homme, des puissances invisibles, de l'ordre social et commandant dans la chrétienté toutes les actions individuelles (voir le thème du péché) ou collectives (par exemple l'institution de la royauté ou du sacerdoce).

L'Ancien Testament se prête avant tout à cette définition : depuis longtemps ont été reconnus dans les récits de la Genèse, du Déluge ou de la tour de Babel, des schémas mythiques partagés par les civilisations anciennes du Proche-Orient[1].

Le Nouveau Testament lui-même n'échappe pas à la science des mythes : comment ne pas reconnaître dans l'histoire du Fils de Dieu né d'une vierge, mis à mort, ressuscité, un schéma mythique assez commun ? Du reste, le Christ parlait par paraboles, inscrivant ainsi lui-même la présence du mythe dans son histoire.

Il n'y a donc rien d'étonnant à ce que, depuis le XIXe siècle, la science du folklore, avec par exemple Paul Saintyves[2], ait recherché dans les Écritures, y compris le Nouveau Testament, des schémas mythiques également attestés dans d'autres cultures.

Aujourd'hui, cette reconnaissance d'une « mythologie chrétienne » peut être proposée sans esprit polémique ; elle procède

1. Voir, pour une approche d'ensemble, la contribution de Maurice SZNYCER sur les Sémites occidentaux dans le *Dictionnaire des mythologies* (sous la direction d'Yves BONNEFOY), 2 vol., 1981, Paris, Flammarion, t. II, pp. 421-429. Plus anciennement, voir l'ouvrage classique de James George FRAZER, *Folklore in the Old Testament : Studies in Comparative Religion, Legend and Law*, Londres, MacMillan, 1920 (trad. fr. partielle d'après la version abrégée de 1923, *Le Folklore dans l'Ancien Testament*, Paris, Paul Geuthner, 1924). En dernier lieu : Edmund R. LEACH, *Genesis as Myth and Other Essays*, Londres, Cape, 1969, et Edmund R. LEACH et D. Alan AYCOCK, *Structuralist Interpretations of Biblical Myth*, Cambridge, Cambridge University Press, 1983.

2. *Essais de folklore biblique. Magie, mythes et miracles dans l'Ancien et le Nouveau Testament*, Paris, E. Nourry, 1922.

seulement d'une démarche anthropologique qui, se détournant de l'« ethnocentrisme » traditionnel de la culture occidentale, accepte de voir dans le christianisme un système religieux parmi d'autres, sans que rien ne lui soit enlevé de sa spécificité. Il y a une quarantaine d'années, un théologien, Rudolf Bultmann, proposa même, non sans provoquer quelques remous, de « démythologiser » *(Entmythologisierung)* les Évangiles ; sous l'influence de Heidegger, il lui semblait nécessaire de retrouver l'essence vraie de la Révélation, son *kerugma*, sous l'enveloppe du *muthos* de l'histoire du Christ[1].

2) Cependant, exception faite de son évolution récente, le christianisme s'est toujours défendu d'être une mythologie ; dès les temps apostoliques, puis chez les Pères de l'Église, il s'est défini au contraire par opposition au mythe. Pour lui, le mythe était la vérité des autres, c'est-à-dire l'erreur, la fable.

Cette attitude négative concernait avant tout le paganisme gréco-romain. Les dieux antiques furent assimilés à des démons (*« omnes dii gentium daemonia »*, dit saint Augustin), à des personnifications des astres et des forces de la nature ou, encore — selon l'antique théorie évhémériste reprise par les auteurs chrétiens —, à des hommes divinisés en raison de leurs mérites : *« Quos pagani deos asserunt, homines olim fuisse produntur »*, dit Isidore de Séville[2]. Les païens étaient aussi accusés d'avoir copié et falsifié les vérités révélées de l'Ancien Testament, antérieures à tout paganisme[3].

1. « Neues Testament und Mythologie », dans *Kerygma und Mythos*, éd. H. W. BARTSCH, I, Hambourg, 1948, p. 22, cité par Marcel DETIENNE, « Le mythe en plus ou en moins », *L'Infini*, 6, 1984, pp. 27-41 (p. 29, note 1).

2. ISIDORE DE SÉVILLE, *Etymologiae*, VIII, 11, *De diis gentium*, dans *P. L.* (82), col. 314.

3. Jean PÉPIN, « Christianisme et mythologie. Jugements chrétiens sur les analogies du paganisme et du christianisme », dans *Dictionnaire des mythologies, op. cit.*, t. I, pp. 161-171. La thèse de l'antériorité et du vol a joui d'une remarquable longévité : pour Jules CORBLET (*Parallèles des traditions mythologiques avec les récits bibliques*, Beauvais, 1845), elle vaut pour toutes les religions du monde, y compris la chinoise ou l'hindoue : « Toutes les mythologies prennent leur source dans la tradition judaïque que les peuples anciens ont travestie au point de la rendre presque méconnaissable » (p. 1).

Dans la latinité païenne déjà, le mot *fabula* avait été retenu comme équivalent du grec *muthos* ; traduction qui renforçait l'idée péjorative d'un récit fictif et vain. Pour Macrobe, seule une minorité de *fabulae narrationes* était digne de nourrir la réflexion du philosophe[1].

Dans le Nouveau Testament, les cinq occurrences de *fabula* (ou de *muthos* dans la Bible grecque) ont toutes une connotation péjorative en attribuant aux juifs et aux païens les « fables ineptes que racontent les vieilles femmes » et les « mythes artificieux »[2]. À ces mythes s'oppose l'événement unique, « qui n'a eu lieu qu'une fois », « une fois pour toutes » dit saint Paul (Hébr., VII, 27 et IX, 26), de la Passion rédemptrice du Christ. Pour les chrétiens, l'Incarnation ne saurait être un mythe. À notre époque encore, pour le théologien Oscar Cullmann, cet événement unique est le noyau dur de l'histoire du salut qui échappe à toute interprétation mythologique[3].

Au haut Moyen Âge, les *Étymologies* d'Isidore de Séville rejettent, elles aussi, les *fabulae* du côté de la fiction dont il faut se méfier : « Les poètes ont nommé les fables d'après le verbe *fari*, parce qu'elles ne sont pas des faits réellement arrivés, mais seulement des fictions du langage. » Isidore cite par exemple les fables d'Ésope, qui déjà constituaient la catégorie inférieure des *fabulae* distinguées par Macrobe, celle des fictions qui n'ont d'autre but que de distraire et que le philosophe doit abandonner aux nourrices.

1. MACROBIUS, *Commentary on the Dream of Scipio*, éd. W. H. Stahl, New York et Londres, Columbia University Press, 1952.

2. Toutes ces occurrences appartiennent à des épîtres :

— I Tim., I, 4 : « *Neque intenderent fabulis et genealogis* ».

— I Tim., IV, 7 : « *Ineptas autem et aniles fabulas devita* ».

— I Tim., IV, 4 : « *Et a veritate quidem auditum avertent, ad fabulas autem convertentur* ».

— Tite, I, 14 : « *Non intendentes Judaicis fabulis et mandatis hominum* ».

— II Pet., I, 16, « *Non enim doctas fabulas secuti…* » Traduction du grec : « *sesophismenoi muthoi* ».

3. Oscar CULLMANN, « Le mythe dans les écrits du Nouveau Testament », dans K. BARTH (sous la direction de), *Comprendre Bultmann. Un dossier*, Paris, Éd. du Seuil, 1979, pp. 15-31. Cf. Henri-Charles PUECH, « Temps, histoire et mythe dans le christianisme des premiers temps » (1951), repris dans *En quête de la Gnose*, I, *La Gnose et le temps*, Paris, Gallimard, 1978, pp. 1-23.

À la *fabula*, Isidore oppose l'*historia*, qui est « le récit des faits accomplis permettant de connaître les actions du passé[1]. » *Historia* contre *fabula* : cette opposition est pour l'essentiel celle de la vérité et de l'erreur, du christianisme ou du judéo-christianisme et du paganisme. Pour Isidore, repris par toute la tradition des encyclopédistes médiévaux — par exemple par Vincent de Beauvais au XIIIe siècle —, Moïse fut le premier, *« apud nos »*, à écrire des « histoires »[2]. L'« Histoire sainte » ne saurait être un mythe.

À quoi, bien sûr, nous pouvons aujourd'hui répondre : il n'y a aucune raison pour ne pas considérer l'« Histoire sainte » comme le mythe fondamental de la société chrétienne. Mais c'est un mythe particulier, qui se distingue d'autres mythologies par sa dimension historique. Il se déploie en effet dans un temps finalisé depuis les origines du monde (la Genèse) jusqu'aux fins dernières (le Jugement dernier de l'Apocalypse), de part et d'autre d'un instant crucial que marque une inversion de la chronologie : l'incarnation du Fils de Dieu. Non seulement la chrétienté n'est pas une « société froide », pour reprendre ici les termes du vieux débat entre histoire et structuralisme, mais c'est une « société chaude » qui a eu pleinement conscience de sa nature historique. À l'inverse, par exemple, de l'hellénisme, sa pensée d'un temps finalisé informe tout son mythe[3].

3) En revanche, à l'instar de la philosophie grecque, toute une part de la culture chrétienne — son niveau savant — a toujours accompagné l'expression du mythe chrétien d'un discours « distancié » et « démythologisant » sur ce mythe ; ce discours est, dès les Pères de l'Église, celui de l'exégèse biblique[4].

1. ISIDORE DE SÉVILLE, *Etymologiae*, I, 40, dans *P. L.* (82), col. 121-122.
2. VINCENT DE BEAUVAIS, *Speculum doctrinale*, III, cap. CXIII.
3. H.-Ch. PUECH, « Temps, histoire et mythe dans le christianisme des premiers temps », art. cité.
4. Voir la synthèse toujours fondamentale de Beryl SMALLEY, *The Study of the Bible in the Middle Ages*, Notre Dame, Ind., Univ. of Notre Dame Press, 1re éd., 1952. Pierre RICHE et Guy LOBRICHON, *Le Moyen Âge et la Bible*, Paris, Beauchesne, 1984.

Au Moyen Âge, la fonction « démythifiante » de l'exégèse concernait avant tout l'Ancien Testament. L'Ancienne Loi était en effet réduite par l'Incarnation, sinon au rang du mythe, du moins à celui d'une préfiguration du Nouveau Testament qui seul était pleinement et à la lettre l'*historia.* La vérité de l'Ancien Testament ne pouvait être déchiffrée que sous le voile des images, qui sont justement le propre des mythes. C'est ce qu'explique Origène dans *Contre Celse* (II, 4) : « Aux Juifs ayant une intelligence d'enfant, la vérité était encore proclamée sous forme de mythe[1]. » D'où le statut ambigu de l'Ancien Testament : il est déjà l'« Histoire sainte », mais sans que sa signification vraie en soit clairement donnée ; comme le mythe, il doit être interprété par l'exégèse chrétienne qui se distingue de l'exégèse rabbinique par son refus de s'en tenir à une interprétation littérale de l'Ancien Testament.

Ce faisant, la culture chrétienne savante a forgé à propos du texte biblique des instruments d'analyse et d'interprétation qu'elle saura utiliser aussi dans un autre domaine : celui, comme on le verra, de la mythologie gréco-romaine.

Ce discours « démythifiant » du christianisme sur son propre mythe religieux a connu un essor considérable aux XIIe-XIIIe siècles, quand se sont affirmées dans les écoles urbaines, puis à l'Université, les méthodes de la théologie scolastique. La logique d'un Abélard ou les règles de la *disputatio* universitaire cherchaient à réduire les contradictions et refusaient l'ambivalence caractéristique du symbole et du mythe. La raison théologique s'affirmait contre la raison du mythe, elle portait en elle la condamnation de cette dernière. Avec Platon, la cité grecque avait connu une évolution analogue et qui n'a pas peu pesé sur l'histoire particulière de la rationalité chrétienne : quand on commence à parler *du* mythe, il devient de plus en plus difficile de parler *par* mythes.

1. Cité par Marcel DETIENNE, « Le mythe en plus ou en moins », *L'Infini*, 6, 1984, pp. 27-41.

LE DÉVELOPPEMENT DU MYTHE CHRÉTIEN

Si la Bible est le réceptacle de mythes, elle fut aussi le point de départ d'une foule de traditions plus ou moins légitimes, apocryphes et parfois même hérétiques, que le christianisme (comme déjà le judaïsme) n'a cessé d'engendrer. Du vaste corpus des textes apocryphes, l'Église a peu à peu distingué les textes qu'elle jugeait « authentiques ». Ceux qui étaient officiellement rejetés n'en ont pas moins inspiré très fortement, tout au long du Moyen Âge, la littérature pieuse et l'art religieux ; ils appartiennent pleinement à la mythologie chrétienne.

La partie apocryphe de la mythologie chrétienne a pu se développer d'autant mieux qu'elle n'était pas enfermée dans les canons étroitement surveillés du dogme. Complétant les textes légitimes, les amplifiant, comblant leurs lacunes apparentes, reprenant des apocryphes juifs antérieurs au christianisme (comme le *Livre d'Énoch*), la littérature apocryphe s'est attachée particulièrement à éclairer les épisodes obscurs de la vie du Christ, les origines du Mal et les fins dernières de l'humanité.

Ainsi les Évangiles sont-ils presque entièrement silencieux sur les douze premières années de la vie du Christ ; au contraire, les *Évangiles de l'Enfance* ont cherché à combler cette lacune. À la fin du Moyen Âge, une sensibilité plus grande à l'égard de l'enfance a assuré la fortune de leurs thèmes réalistes et parfois assez drôles[1].

Le silence est presque complet aussi sur le temps écoulé entre la mort du Christ et sa résurrection : trois textes canoniques font une brève mention de la résurrection du Christ

1. *L'Évangile de l'Enfance. Rédactions syriaque, arabe et arménienne*, Paris, 1914. Sur la littérature apocryphe, voir C. de TISCHENDORF, *Evangelia apocrypha*, 2e éd., Leipzig, 1876, et depuis, *Écrits apocryphes chrétiens*, I (sous la direction de François BOVON et Server J. VOICU), Paris, Gallimard, Bibl. de la Pléiade, 1997, pp. 107-140 *(Évangile de l'Enfance du Pseudo-Matthieu)* et pp. 191-204 *(Histoire de l'enfance de Jésus).*

« d'entre les morts »[1]. L'apocryphe *Évangile de Nicomède* développe au contraire le récit de la « Descente aux Limbes », qui a joui d'une faveur considérable à partir du XIIe siècle[2].

D'origine orientale, les récits apocryphes de la vie et de la mort du Christ ne sont pas restés, une fois traduits en Occident, une littérature morte ; pendant tout le Moyen Âge, ils n'ont cessé d'être augmentés et enjolivés par des légendes hagiographiques et l'immense littérature des pèlerinages et voyages en Terre sainte[3]. À partir du XIIIe siècle, le récit de voyage de Jean de Mandeville — dont l'auteur n'a peut-être jamais quitté la ville de Liège où il était médecin[4] — fut la source de nombreux récits qui se répétèrent jusqu'à la fin du XVIe siècle au moins. En Palestine, dans le Sinaï (au monastère Sainte-Catherine) et même en Égypte, les chrétiens venaient mettre leurs pas dans les empreintes toujours visibles du Christ, de la Vierge ou des saints des premiers temps. Chacun des lieux marqués par l'« histoire sainte » — Bethléem, Cana, le Golgotha, le Saint-Sépulcre ou, plus loin, l'arbre de la Vierge à Matarieh — avait son trésor de récits merveilleux et édifiants. Au-delà s'ouvraient d'autres espaces encore, que l'imaginaire peuplait de païens et de races monstrueuses : c'est ce qu'affirmait la littérature de fiction, comme la légende d'Alexandre ou la *Lettre du prêtre Jean*, et que venaient confirmer d'authentiques relations de voyageurs. Une minorité d'entre elles seulement — comme le récit de Guillaume de Rubrouck[5] — témoigne d'un véritable sens de l'observation.

1. Matth. XXVII, 64, et XXVIII, 7 ; Act. II, 31 ; Éph., I, 20.
2. En dernier lieu Jacques LE GOFF, « Les Limbes », *Nouvelle revue de psychanalyse*, XXXIV, *L'Attente*, automne 1986, pp. 151-173.
3. Voir l'étude classique de Maurice HALBWACHS, *La Topographie légendaire des Évangiles en Terre sainte. Étude de mémoire collective*, 2e éd., Préface de Louis Dumont, Paris, P.U.F., 1971.
4. Malcolm LETTES, *Mandeville's Travels*, Londres, 1953.
5. Jacques LE GOFF, « L'Occident médiéval et l'océan Indien : un horizon onirique » (1970), rééd. dans *Pour un autre Moyen Âge. Temps, travail et culture en Occident, 18 essais*, Paris, Gallimard, 1977, pp. 280-298. GUILLAUME de RUBROUCK, *Voyage dans l'Empire mongol*, trad. et commentaire de Claude et René KAPPLER, Paris, Payot, 1985, et l'étude de M.-F. AUZEPY, « Guillaume de Rubrouck chez les Mongols », *L'Histoire*, 100, mai 1987, pp. 114-124.

À l'intérieur de la culture chrétienne des XIIIe-XIVe siècles, toutes ces traditions forment un ensemble remarquable par son ampleur et aussi sa cohérence. Dans une étude pionnière de la mythologie chrétienne des aromates et, plus particulièrement, des représentations concernant la quête du saint chrême, Jean-Pierre Albert a dégagé récemment la structure mythique de tout ce corpus de textes — récits de voyage, hagiographie, bestiaire, liturgie, etc. La symbolique, les usages liturgiques (onction du baptême, des prêtres, des malades) et les mythes relatifs au saint chrême — fruit supposé du baumier de Matarieh que les gouttes de sueur de l'Enfant Jésus avaient fait pousser alors que la Vierge se reposait à cet endroit lors de la fuite en Égypte — permettaient quotidiennement à l'Occident de renouer avec la mémoire du mythe christique et le rêve de la Terre sainte[1].

Un autre ensemble de mythes concernait les fondements de l'histoire humaine et les origines du Mal : on le trouve dans les récits concurrents, orthodoxes ou hérétiques, de la chute des anges.

Un premier mythe prend racine dans l'un des épisodes les plus étranges de la Genèse (VI, 1-4) : les « fils de Dieu » — en qui la tradition verra les anges déchus — vinrent sur terre s'unir aux « fils des hommes ». De leur union sont nés les géants. Partant de cet épisode, le *Livre d'Énoch* explique que Dieu châtia les hommes par le Déluge et enferma les anges coupables dans les ténèbres pour qu'ils y restent jusqu'au Jugement dernier. Quant aux géants, ils ont donné naissance aux démons qui, depuis le Déluge, ne cessent de tourmenter les descendants de Noé.

Un deuxième mythe, déjà présent dans les apocryphes juifs du Ier siècle avant J.-C., place la chute des anges avant la création de l'homme. Saint Augustin (*Cité de Dieu*, VIII et XIV) et Grégoire le Grand (*Morales sur Job*, XXX) l'ont repris à leur compte : pour eux, Satan est le premier « ange de lumière »

1. Jean-Pierre ALBERT, *Odeurs de sainteté. La mythologie chrétienne des aromates*, Paris, Éd. de l'E.H.E.S.S., 1990.

qui, saisi d'orgueil, voulut égaler son Créateur. Il fut donc précipité au plus bas avec ses complices. Cette chute est le début de l'histoire humaine, puisque Dieu créa les hommes pour qu'ils aillent occuper au paradis les sièges laissés vacants par les anges déchus. Mais, après la Création, Satan, pour se venger de Dieu, revient sous la forme du serpent de la Genèse tenter les premiers hommes.

Il est intéressant de rapprocher ce dernier mythe de l'origine du Mal de sa version cathare, qui est conforme à l'idée de l'antagonisme des deux principes du Bien et du Mal. Ève est ici la créature de Satan, qui l'utilise pour séduire les esprits de Dieu. Par un trou, ceux-ci s'enfuient du paradis. Quand Dieu s'en aperçoit, il met son pied sur le trou, mais il est trop tard, et les esprits sont presque tous partis. Toutefois, ces esprits fugitifs gardent auprès de Satan la nostalgie de la gloire céleste qu'ils avaient d'abord connue. Pour la leur faire oublier, Satan leur donne un corps, qui est donc une création du Mal, et non de Dieu. À la mort du corps, l'âme passe dans un autre corps, celui d'une bête ou celui d'un homme, d'un « parfait » dans le meilleur des cas. À la mort de celui-ci, si le rite de l'*endura* a été respecté, l'âme purifiée est définitivement arrachée à la matière.

L'élucidation des fins dernières fut un autre facteur de développement du mythe chrétien. L'Écriture était ici un guide plus explicite, grâce à l'Apocalypse de Jean, qui avait seule échappé à la condamnation frappant les eschatologies apocryphes. Mais son interprétation a vu l'opposition de plus en plus radicale de deux courants : l'eschatologie orthodoxe, soucieuse de ne retenir que le sens spirituel de l'Apocalypse, de réduire celle-ci à un enseignement pour le salut de l'âme, et le millénarisme, qui à partir de Joachim de Flore, à la fin du XIIe siècle, a inspiré la plupart des hérésies populaires du Moyen Âge finissant. Pour ce courant, il s'agissait de faire du mythe historique une histoire réelle et de convertir l'annonce du royaume des Justes en projet d'édification d'un royaume terrestre conquis dans le sang contre les alliés de l'Antéchrist : les seigneurs de l'Église.

Ce qu'on atteint ici, au point extrême de développement du mythe, c'est l'utopie[1]. Elle met en cause l'ordre social et religieux établi. On le voit dans le cas des utopies hérétiques ou révolutionnaires du bas Moyen Âge, contre lesquelles se liguèrent les puissances temporelles et spirituelles — l'Église romaine d'abord, mais aussi Luther, lors de la guerre des Paysans. On le voit aussi dans le cas de l'utopie folklorique du pays de Cocagne, monde d'inversion de toutes les valeurs du renoncement et du jeûne imposées par l'Église médiévale[2].

MYTHOLOGIE INDO-EUROPÉENNE ET FOLKLORE

Une caractéristique de la mythologie de l'Occident médiéval est sa complexité ; elle ne forme pas un ensemble homogène, mais elle est composée de traditions diverses qui s'intègrent plus ou moins bien dans le plan général de l'« Histoire sainte ». Il y a à cela deux raisons : la culture chrétienne, loin d'être isolée dans le temps et l'espace, s'est approprié de nombreux héritages culturels (judaïsme, paganisme gréco-romain, traditions autochtones celtiques ou germaniques, etc.). Elle était par ailleurs la culture d'une société complexe, dans laquelle une minorité de clercs — *litterati* détenteurs de l'écriture et du monopole de l'interprétation des Écritures — se distinguait d'un « peuple » d'*illitterati* dont la culture resta longtemps exclusivement orale. À société complexe culture et mythologie complexes.

1. Voir à ce sujet F. GRAUS, « Social Utopias in the Middle Ages », *Past and Present*, 38, 1967. Sur le mythe et l'utopie : Pierre VIDAL-NAQUET, « Esclavage et gynécocratie dans la tradition, le mythe et l'utopie », *Recherches sur les structures sociales dans l'Antiquité classique*, Paris, C.N.R.S., 1970, pp. 63-80, repris dans *Le Chasseur noir. Formes de pensée et formes de société dans le monde grec*, Paris, Maspero, 1981, pp. 267-288.

2. G. COCCHIARA, *Il paese di cuccagna* (rééd.), Turin, Boringhieri, 1980.

Les traditions indo-européennes et la mythologie gréco-romaine sont les deux ensembles mythiques que le christianisme, tant bien que mal, dut assimiler.

1) On sait à quel point l'œuvre centrale de Georges Dumézil a inspiré d'importantes recherches sur la réapparition, dans l'Occident des XIe-XIIe siècles, du schéma trifonctionnel indo-européen d'organisation sociale. Mais les documents généralement étudiés, telle la lettre fameuse d'Adalbéron de Laon au roi Robert le Pieux, expriment seulement une représentation idéologique de la société, sans la dimension narrative caractéristique du mythe[1].

Il faut donc en distinguer les récits historiques ou les œuvres littéraires plus développés qui semblent livrer, jusque dans la chrétienté médiévale, des versions de l'ancienne mythologie indo-européenne. C'est ce qui a été démontré récemment à propos de la chronique polonaise de Gallus Anonymus (vers 1117)[2] et, de façon plus inattendue, dans le cas d'une chanson de geste tardive, la *Chanson des Narbonnais*, écrite vers 1210, et de son adaptation italienne, *I Narbonnesi*, due à Andrea da Barberino vers 1410.

Joël H. Grisward a rapproché la trame de cette épopée de l'histoire de Yayàti dans l'épopée indienne du Mahābārata[3]. Le comte de Narbonne Aymeri a sept fils, dont le plus jeune, Guibert, reste auprès de lui et hérite du comté paternel ; à lui seul — comme de façon plus générale, tout monarque féodal — le comte incarne l'ensemble des fonctions indo-européennes. Celles-ci, en revanche, se distribuent entre les six autres frères,

1. Georges DUBY, *Les Trois Ordres ou l'Imaginaire du féodalisme*, Paris, Gallimard, 1978 ; Jacques LE GOFF, « Les trois fonctions indo-européennes et l'Europe féodale », *Annales. E.S.C.*, 1979, pp. 1187-1215 ; O. NICCOLLI, *I sacerdoti, i guerrieri, i contadini. Storia di un immagine della società*, Turin, Einaudi, 1979.

2. Jacek BANASZKIEWICZ, « Note sur le siège triparti ; Capitole, Narbonne et Glogow », *Annales. E.S.C.*, 1984, pp. 776-782.

3. Joël H. GRISWARD, *Archéologie de l'épopée médiévale. Structures trifonctionnelles et mythes indo-européens dans le cycle des Narbonnais*, Paris, Payot, 1981.

tous obligés de s'expatrier pour aller s'établir sur d'autres fiefs ou entrer au service de l'empereur :

— parmi les trois premiers, Beuve, à l'ouest, devient *roi* de Gascogne (première fonction, de souveraineté) ; Aïmer, au sud, va *combattre* les Sarrasins (deuxième fonction, militaire) ; Garin, à l'est, possédera les *richesses* de Lombardie (troisième fonction, de fécondité) ;

— les trois derniers frères — Bertrand, Guillaume et Hernaut — iront à Aix-la-Chapelle, au nord, obtenir respectivement auprès de Charlemagne les charges de *conseiller* (première fonction), de *gonfalonnier* (deuxième fonction) et de *sénéchal* (troisième fonction).

Abstraction faite du jeune Guibert, chacune des trois fonctions indo-européennes est donc représentée par deux frères distincts ; un des principaux intérêts de l'analyse de Joël Grisward est de montrer comment chaque paire de frères incarne les deux modalités distinctes de chacune des trois fonctions indo-européennes. Ainsi, pour la fonction guerrière, Guillaume représente l'idéal de la guerre ordonnée, de la « bataille », tandis qu'Aïmer incarne celui des escarmouches et des embuscades, menées par les petites troupes de « jeunes bacheliers ». Avec raison, Joël Grisward rapproche cette image des formes du combat des « jeunes » dans la société féodale (étudiées naguère par Georges Duby), du thème de la guerre sauvage dans la mythologie germanique et aussi de la Chasse sauvage, de l'armée des morts ou mesnie Hellequin, qui connaît à l'époque féodale un développement sans précédent.

L'influence des structures mythiques indo-européennes a dû s'exercer aussi sur la littérature médiévale par l'intermédiaire de ses sources celtiques et, plus particulièrement, galloises. On sait que les trois romans de Chrétien de Troyes, *Perceval ou le Conte du Graal, Yvain ou le Chevalier au lion* et *Érec et Énide* se rattachent aux trois récits gallois de Pérédur, Owain et Geraint. Or, pour certains spécialistes de la littérature galloise ancienne, chacun de ces trois récits semble illustrer une des trois fonctions indo-européennes. Sans qu'elle puisse prétendre rendre compte de toute leur signification, l'hypothèse mérite donc d'être étendue aux œuvres littéraires françaises qui s'inspirent de la « matière de Bretagne ». Dans le récit de Pérédur, « les serments, les prophéties et les destinées jouent le rôle décisif[1] » ; la faute du héros, comme plus tard de Perceval, est de ne pas demander la signification de la lance qui saigne ; s'il avait posé la question, le roi son oncle eût été guéri et son royaume eût retrouvé la paix. Le second, Owain, se distingue par ses exploits guerriers ; ils lui permettent de gagner la main de la Dame de la Fontaine, dont il a tué le mari ; comme Yvain, il délivre également un lion qui devient son fidèle compagnon. Enfin, Geraint perd sa valeur de guerrier et de chasseur en s'attardant aux festins de la cour et à la compagnie des femmes ; ce sera aussi la mésaventure d'Érec, héros, comme lui, de la troisième fonction.

Si toutes ces œuvres littéraires peuvent se rattacher à des systèmes mythiques antérieurs et plus vastes, elles doivent leur cohérence à leur inscription dans la société féodale, ses structures du pouvoir, ses hiérarchies et ses valeurs. Ainsi, lorsque Jacques Le Goff voit dans la légende médiévale de Mélusine l'expression de la troisième fonction indo-européenne de fécondité et d'abondance matérielle, il souligne aussi le lien entre l'émergence de cette légende au XIIe siècle et les ambitions contemporaines des lignages de *milites* soucieux de se donner, par de tels emprunts à la culture folklorique, une justification idéologique face à la culture officielle des clercs et à celle de la grande noblesse[2].

2) C'est à propos des traditions orales du folklore que les historiens et les folkloristes ont parlé le plus volontiers de « mythologie » ; en 1835, la *Deutsche Mythologie* des frères Grimm a donné l'exemple et en 1949, plus d'un siècle plus

1. Brinley REES, « Arthur et les héros arthuriens au pays de Galles », dans *Dictionnaire des mythologies, op. cit.*, t. I, pp. 78-80.

2. Jacques LE GOFF, « Mélusine maternelle et défricheuse », *Annales. E.S.C.*, 1971, pp. 587-603, repris dans *Pour un autre Moyen Âge, op. cit.*, pp. 307-334. Pour Claude LECOUTEUX (*Mélusine et le chevalier au Cygne*, Paris, Payot, 1982), Mélusine est le dernier avatar d'une lignée de « déesses » de la troisième fonction, d'origine celtique, et du type Epona, Ryanon ou Macha ; Lohengrin en est l'équivalent masculin, mais procède de la mythologie scandinave et germanique : il s'apparente aux dieux Freyer et Njordr.

tard, lui fit écho la *Mythologie française* d'Henri Dontenville. Tenant de l'« école celtique », ce dernier rattache au héros de Rabelais, Gargantua, tous les grands personnages légendaires du Moyen Âge : le roi Arthur, la fée Morgane, le magicien Merlin, la femme-serpent Mélusine, le cheval Bayart, la Tarasque, etc. Il y a donc bien chez cet auteur la volonté de reconstituer la totalité d'une mythologie, de ses personnages, de ses lieux (du mont Saint-Michel au mont Gargan en Italie du Sud) et de leur inscription calendaire. Plus récemment, un projet comparable — mais dans une aire géographique qui ne se veut plus strictement nationale — anime la recherche de Claude Gaignebet sur la « religion du Carnaval » et, plus particulièrement le folklore chez Rabelais[1].

On peut s'interroger cependant sur le degré d'autonomie de cette « mythologie populaire » et sur ses rapports avec la mythologie chrétienne. Faut-il, comme Claude Gaignebet, soutenir l'hypothèse d'une « religion calendaire » transhistorique dans laquelle les fêtes et le symbolisme chrétiens ont dû, après d'autres, se couler ? Ou doit-on penser, au contraire, avec Nicole Belmont, que « le système folklorique (français) n'eut pas besoin de se constituer en véritable mythologie, puisqu'il se forma et se développa en s'appuyant sur le mythe chrétien[2] » ? Suivant cette hypothèse, le christianisme joua le rôle de principe organisateur et les contes et légendes du folklore, disparates et de portée plus limitée, vinrent s'y rattacher secondairement et subirent une christianisation plus moins rapide et profonde.

Dire que le folklore ne se « constitua pas en mythologie », c'est, on le voit, établir une distinction et une hiérarchie entre divers « genres » narratifs : mythes, contes, légendes. Georges Dumézil disait pourtant ne pas percevoir entre les contes et les mythes de différence notable ; dans les uns et les autres, selon Claude Lévi-Strauss, se retrouvent les mêmes jeux d'oppositions et d'homologies, mais, dans le cas des contes, ils se pré-

1. Claude GAIGNEBET, *Le Carnaval. Essais de mythologie populaire*, Paris, Payot, 1974.

2. Nicole BELMONT, *Mythes et croyances de l'ancienne France*, Paris, Flammarion, 1973, pp. 10-11.

sentent sous une forme « affaiblie »[1] ; en outre, le contexte des contes est passé, alors que celui des mythes est présent ; le mythe explique l'état présent de la société des hommes, du monde des dieux et de la nature. Cependant, Claude Lévi-Strauss prend aussi position sur la question de la genèse des contes et, par conséquent du folklore ; contre Vladimir Propp, qui recherchait dans des mythologies très anciennes, sinon préhistoriques, les « racines du conte merveilleux[2] », l'anthropologue affirme que le rapport des contes et des mythes est d'un autre ordre : il se trouve, en effet, des sociétés qui ont à la fois des contes et des mythes ; les premiers ne sont pas issus des seconds, mais ils ont des fonctions et des formes différentes. Dans certaines conditions historiques, il arrive que les mythes disparaissent et que seuls les contes demeurent ; telle serait la situation du conte en Europe.

Mais faut-il s'enfermer dans une typologie aussi stricte des genres narratifs ? Prenons, par exemple, le domaine immense et mouvant de la légende hagiographique, dans lequel Paul Saintyves reconnaissait non sans raison une « mythologie chrétienne » riche en thèmes venus soit du folklore, soit de la mythologie gréco-romaine[3]. *La Légende dorée* de Jacques de Voragine constitue bien une sorte de « théogonie » chrétienne, fondée sur la récurrence des mêmes « mythèmes » légués par treize siècles de tradition hagiographique et organisée suivant le cycle annuel des célébrations liturgiques[4].

Dans bien des cas — pour légitimer un pèlerinage, une fête ou des origines dynastiques —, la légende hagiographique fonctionne pleinement comme un mythe. Il arrive aussi qu'elle

1. « La structure et la forme. Réflexions sur un ouvrage de Vladimir Propp » (1960), rééd. dans *Anthropologie structurale*, II, Paris, Plon, 1973, pp. 139-173 (en particulier p. 154).

2. Vladimir J. PROPP, *Les Racines historiques du conte merveilleux* [1946], trad. fr., Paris, Gallimard, 1983, préface de Daniel Fabre et Jean-Claude Schmitt.

3. Dans *Les Saints successeurs des dieux. Essais de mythologie chrétienne*, I, Paris, 1907, et *En marge de la Légende dorée. Songes, miracles et survivances. Essai sur la formation de quelques thèmes hagiographiques*, Paris, 1931.

4. Alain BOUREAU, *La Légende dorée. Le système narratif de Jacques de Voragine († 1298)*, Paris, Cerf, 1984.

fonde dans un même récit des traditions d'origines diverses, savantes et folkloriques ; ainsi contribue-t-elle à l'intégration de la société chrétienne au moyen d'une mythologie chrétienne qui tend à s'unifier.

LA MYTHOLOGIE GRÉCO-ROMAINE

En dépit de l'opposition du christianisme au paganisme, à aucun moment la culture gréco-romaine n'a été complètement oubliée par la culture chrétienne médiévale. Celle-ci a trouvé en elle tout à la fois les instruments linguistiques et conceptuels lui permettant de penser la question du mythe et un trésor inépuisable d'images et de figures mythiques propres à enrichir ses propres mythes.

1) La mythologie antique a pesé tout au long du Moyen Âge et à la Renaissance sur l'ensemble de la culture chrétienne et des arts[1]. Le rejet des dieux païens n'a pas interdit la « christianisation » plus ou moins consciente de figures et de récits de la mythologie gréco-romaine. Paul Saintyves a même pu risquer jadis une formule très parlante, si elle n'est pas tout à fait juste : les saints seraient les « successeurs des dieux ». Le folkloriste voyait par exemple dans le mythe d'Œdipe la matrice de la légende de saint Julien l'Hospitalier. Ces influences ont particulièrement fécondé l'essor de deux domaines de la culture du Moyen Âge central ; la mythologie politique et la réflexion philosophique et scientifique.

La constitution d'une mythologie politique, dynastique et nationale fut inséparable de la construction des monarchies européennes. Cette mythologie politique a puisé à plusieurs sources, notamment hagiographiques ; c'est le cas, en France, pour la légende de saint Denis, qui confondait en un même

1. Voir, avant tout, le grand ouvrage de Jean SEZNEC, *La Survivance des dieux antiques. Essai sur le rôle des traditions mythologiques dans l'humanisme et dans l'art de la Renaissance* [Londres, 1940], rééd. Paris, Flammarion, 1980.

personnage Denys l'Aréopagite converti par saint Paul, un Denis évêque de Paris au IIIe siècle et l'auteur prestigieux de la *Hiérarchie céleste*, le Pseudo-Denys. C'est le cas aussi pour la légende du baptême de Clovis par saint Remi, qui aurait oint le roi d'une huile surnaturelle apportée par la colombe du Saint-Esprit : cette légende devint la justification de l'onction royale des rois de France, qui resta en vigueur jusqu'à la fin de la monarchie au XIXe siècle.

Cependant, dans tous les pays, le prestige de l'Antiquité a exercé une fascination particulière. Toutes les nations naissantes ont voulu, sur le modèle romain illustré dans l'*Énéide* de Virgile, se donner une origine troyenne. C'est ce qu'expriment les chroniques (depuis celle de Frédégaire au VIIe siècle dans le royaume des Francs jusqu'aux *Grandes Chroniques de France* du XIIIe siècle), les libelles politiques, les œuvres littéraires.

Le point de départ de ces mythes est le récit de la prise de Troie par les Grecs, dans la tradition homérique[1]. Pour les Troyens survivants aurait commencé alors un long exode qui les conduisait les uns en Germanie, les autres en Angleterre, d'autres encore en France. À vrai dire, d'un auteur et d'une époque à l'autre, d'importantes variantes apparaissent dans le mythe, en raison de la diversité des sources comme des nécessités de l'utilisation politique du mythe. Pendant tout le Moyen Âge central, il fut entendu qu'une partie des Troyens était allée s'installer sur le Danube, à Sycambria. Plus tard, refusant de se soumettre aux Romains — d'où le nom de Francs qu'ils prirent comme signe de leur liberté —, ils seraient arrivés en Gaule.

Au XVe siècle, comme l'a bien montré Colette Beaune, cette tradition fut de plus en plus remise en question ; à la fois parce que la connaissance de l'Antiquité — et notamment de l'histoire de la Gaule — par les humanistes refoulait progressivement la reconstruction mythique du passé, et parce que l'idée d'un peuple franc envahisseur s'accordait mal avec la volonté de donner à la nation française un lien originel avec son territoire.

1. Voir, sur tout ce qui suit, Colette BEAUNE, *Naissance de la nation France*, Paris, Gallimard, 1985, pp. 19-54.

D'où une réécriture du mythe qui culmine vers 1500 dans l'œuvre de Jean Lemaire des Belges, les *Illustrations de Gaule et singularités de Troie.*

L'accent principal est mis désormais sur les Gaulois, rattachés à la descendance d'un des fils de Noé, Japhet[1]. Pour Lemaire des Belges, une partie des Gaulois quitta anciennement le pays pour aller fonder Troie. Les Francs Troyens étaient donc les ancêtres des Gaulois, et non des envahisseurs ; ils retrouvèrent en Gaule leurs lointains parents et l'alliance des uns et des autres sanctionna l'attachement du peuple réunifié à sa terre.

Ce mythe d'autochtonie satisfaisait pleinement à l'exigence d'une inscription territoriale de l'idée naissante de nation à la fin du Moyen Âge. Il permettait de repousser l'idée que les Francs étaient des envahisseurs, qui n'auraient donc eu sur le sol qu'un droit fragile de conquête. On voit ici toute la différence entre ce mythe médiéval et le mythe aristocratique qui s'imposera au XVIIe siècle et qui opposera les nobles, descendants de la race guerrière et conquérante des Francs, au peuple soumis, descendant des Gaulois vaincus. Au XVe siècle, le

1. Des deux autres fils, Sem passait pour être à l'origine de la « race » juive, et Cham de celle des Africains, puis, par extension, au XVIe siècle, des Indiens du Brésil ; voir à ce sujet les conjectures de JEAN DE LÉRY, *Histoire d'un voyage fait en la terre du Brésil*, La Rochelle, 1578, chap. XVI (rééd. Paris, Éd. Plasma, 1980, pp. 196-197) : « Il reste maintenant pour la fin à traiter la question qu'on pourrait proposer : d'où peuvent être descendus ces sauvages ? À quoi je dis, en premier lieu, qu'il est bien certain qu'ils sont sortis d'un des fils de Noé ; mais il est bien malaisé d'affirmer lequel, d'autant que cela ne se pourrait prouver par l'Écriture sainte, ni même je crois par les histoires profanes. Il est vrai que Moïse, faisant mention des enfants de Japhet, dit que les îles furent habitées par eux ; mais (comme tous l'exposent), il est parlé, à cet endroit, des pays de Grèce, Gaule, Italie et autres régions par-deçà, que Moïse appelle les Îles, parce que la mer les sépare de la Judée ; il n'y aurait donc pas grande raison de l'entendre ni de l'Amérique ni des terres qui y touchent. Semblablement, je crois que nul ne consentira à dire qu'ils sont venus de Sem, duquel est issue la semence bénite et les Juifs [...]. Il me semble donc qu'il y a plus d'apparence de conclure qu'ils sont descendus de Cham. » Jean de Léry imagine que les Chananéens, descendants de Cham, chassés par Josué du pays de Chanaan, s'embarquèrent pour l'Amérique, mais il conclut prudemment : « Toutefois, parce qu'on pourrait faire beaucoup d'objections là-dessus, je n'en veux ici rien décider, et je laisserai croire à chacun ce qui lui plaira. »

mythe d'autochtonie permettait aussi de réfuter les prétentions hégémoniques des nations voisines, en particulier de l'Angleterre ; dans le concert des nations européennes de plus en plus rivales, il était donc un instrument de politique étrangère.

2) Le christianisme s'est approprié non seulement des mythes ou des figures mythiques de l'Antiquité, mais des modes d'interprétation allégorique des mythes qui avaient déjà cours chez les anciens mythographes. La mythologie païenne est en effet parvenue au christianisme par l'intermédiaire de ses commentateurs néoplatoniciens (Chalcidius, traducteur latin de Platon, Proclus, Plotin) ou des mythographes de la basse Antiquité (Macrobe, Martianus Capella, Fulgence). Le christianisme a reçu en même temps les mythes antiques et leur mode d'emploi.

Les auteurs chrétiens ont seulement infléchi la lecture des mythes dans le sens d'une « moralisation » chrétienne. Ce faisant, ils ont poursuivi l'œuvre de « démythologisation » commencée avant eux et produit, sur le double fondement de la mythologie antique et du savoir chrétien, de nouveaux mythes philosophiques et scientifiques.

Une de leurs sources était le *Commentaire du Songe de Scipion* de Macrobe, qui n'était lui-même que l'aboutissement d'une tradition de réflexion sur le mythe qui, par l'intermédiaire de Cicéron, remontait jusqu'au mythe d'Er, au dixième livre de la *République* de Platon.

Les *Mythologies* de Fulgence (qui fut peut-être chrétien) constituaient une autre source importante. Leur prologue a une tonalité autobiographique : la muse de la poésie, Calliope, apparaît à l'auteur pour l'aider, avec Philosophie et Uranie (la Physique) à allégoriser les mythes grecs. Fulgence utilise largement Ovide (les *Métamorphoses*), Cicéron (*De natura deorum*, le *Songe de Scipion*) et d'autres auteurs plus tardifs[1].

1. *Fulgentius the Mythographer*, trad. L. G. Whitbread, Ohio State University Press, 1971 (éd. du texte latin par R. Helm, Leipzig, Teubner, 1898).

Cette tradition d'allégorie du mythe traverse toute la culture latine et chrétienne du haut Moyen Âge : on la retrouve chez Boèce au VIe siècle, chez les « mythographes du Vatican » au VIIe, dans le *Liber monstrorum de diversis generibus*, au VIIIe siècle, chez Jean Scot Érigène au IXe siècle. Mais elle fleurit surtout à partir du XIIe siècle.

À cette époque, la réappropriation du mythe antique caractérise les écoles urbaines. Elle se fait autour du mot *involucrum*, qui désigne le « revêtement » de la vérité par les « voiles » du mythe et de l'allégorie[1]. Le principe de « dévoilement », c'est-à-dire d'interprétation, n'était pas absent de la culture chrétienne puisqu'il commentait traditionnellement l'interprétation du sens « spirituel » des Écritures, par opposition au sens « littéral ». Mais, à présent, il s'agissait, sur de tout autres textes, de lever les voiles de l'allégorie pour créer une philosophie et une science chrétiennes. Ce fut l'œuvre des commentateurs chartrains du *Timée* de Platon (Bernard de Chartres, Guillaume de Conches, Jean de Salisbury) et de Bernard Silvestre, à Tours.

Pour ne prendre qu'un exemple, soigneusement étudié par Brian Stock, la *Cosmographia* de Bernard Silvestre, écrite vers 1143-1148, se présente à la fois comme « un mythe dramatique plein des actions d'un groupe de personnifications allégoriques », un modèle d'ordre universel fondé sur le commentaire néoplatonicien de Chalcidius et mettant en relation le macrocosme et le microcosme, et une œuvre scientifique utilisant les derniers enseignements de la médecine et de l'astronomie arabes[2]. Dans la première partie, consacrée au macrocosme, Nature se plaint en larmes à *Nous* (la Providence divine) de la confusion de la matière primordiale *(hulê)* et elle la supplie d'instaurer l'ordre du monde. Nature s'exécute en créant l'harmonie stable des quatre éléments. Puis l'*anima mundi (endelichia)* descend du ciel comme une émanation et *Nous* procède

1. M.-D. CHENU, « *Involucrum.* Le mythe selon les théologiens médiévaux », *Archives d'histoire doctrinale et littéraire du Moyen Âge*, 22, 1955, pp. 75-79.

2. Brian STOCK, *Myth and Science in the Twelfth Century. A Study of Bernard Silvester*, Princeton, Princeton University Press, 1972.

à l'union du corps et de l'âme du monde. Bernard Silvestre décrit ensuite toutes les parties de l'univers et justifie son caractère d'éternité.

La seconde partie de l'ouvrage est consacrée au microcosme, c'est-à-dire à la création de l'homme. Cette création est conçue à la fois à partir du texte de la Genèse et de celui du *Timée* : l'effort de synthèse des traditions scripturales et philosophiques est éloquent. La création de l'homme est à la fois un problème d'Intelligence — c'est pourquoi c'est *Nous* qui y préside — et un problème de Nécessité : elle est réalisée par Nature, assistée d'Uranie et de Physis.

De telles élaborations allégoriques n'ont pas eu que des partisans au XIIe siècle ; Guillaume de Saint-Thierry, Daniel de Morlay s'y sont montrés hostiles. En revanche, au tournant du XIIIe siècle, l'*Anticlaudianus* d'Alain de Lille marque un sommet de cette tradition reprise aux XIIIe et XIVe siècles par le *Roman de la Rose*, puis par *La Divine Comédie* de Dante. Celui-ci a donné en outre, dans le *Convivio*, une théorie de la lecture allégorique des mythes tirée des commentateurs antiques[1].

*

À l'aube de la Renaissance, le rapport entre le mythe chrétien et la mythologie gréco-romaine, laquelle jouit d'un prestige croissant, est prêt à se modifier une nouvelle fois. Simultanément se renforce le processus de « démythologisation » du mythe chrétien à l'œuvre dans la culture cléricale elle-même depuis ses origines et surtout depuis l'émergence, au XIIe siècle, d'une raison théologique. Cette critique conduit même à dénoncer le caractère mystificateur des mythes : lorsque Machiavel dit de Numa qu'il imposa aux Romains la discipline de croyances dont il n'ignorait pas la fausseté, il s'en faut de peu que l'argument ne soit aussitôt retourné contre le christianisme.

1. Voir Augustin RENAUDET, *Dante humaniste*, Paris, Les Belles Lettres, 1952.

Ce travail de sape n'aboutit pourtant qu'au XVIIIe siècle, lorsque paradoxalement la sacralisation des mythes, si longtemps méprisés, des « bons sauvages » ou même des anciens Barbares de l'Europe — on découvre Ossian, les bardes celtes et l'*Edda* scandinave — conduit à voir dans le christianisme une mythologie comme les autres. On peut admettre ainsi que le long processus de « démythologisation » entamé par Platon au Ve siècle avant J.-C. porte enfin ses fruits, face au christianisme, à l'époque des Lumières[1]. Mais l'histoire n'est jamais linéaire, et celle des mythes pas plus que les autres ; en concentrant ici l'éclairage sur le Moyen Âge, on aura voulu montrer au contraire la complexité du problème du mythe et les variations de sa chronologie.

1. Jean STAROBINSKI, « Le mythe au XVIIIe siècle », *Critique*, 366, 1977, pp. 975-997.

IV

LA CROYANCE AU MOYEN ÂGE

À qui se préoccupe de reconstituer une histoire de la croyance, la période médiévale semble offrir le modèle accompli d'une adéquation idéale entre un corps social et un système de représentations auquel tous les « croyants » adhèrent. Le Moyen Âge passe pour être par excellence « l'époque de la foi », une foi à « déplacer les montagnes » ou qui, du moins, aurait permis d'édifier les cathédrales. L'époque contrasterait ainsi d'une part avec le ritualisme de la religion civique de l'Antiquité gréco-romaine, de l'autre avec l'agnosticisme moderne qui pointe à la Renaissance, quand Lucien Febvre peut s'interroger par exemple sur l'« incroyance » ou l'« athéisme » d'un Rabelais[1].

Sur de telles bases, certains, nostalgiques, déplorent la perte irrémédiable de ce paradis de la croyance d'antan et d'autres dénoncent au contraire l'empire de la « crédulité » et des « superstitions » médiévales, fonds de commerce de toutes les aliénations. Ces jugements, apparemment antagonistes, se rejoignent, en fait, par leur caractère également réducteur : ils sous-estiment toutes les nuances que l'historien, qui se

1. Dans *Le Problème de l'incroyance au XVIe siècle. La religion de Rabelais*, Paris, Albin Michel, 1942 ; rééd. 1968.

Repris de « La croyance au Moyen Âge », *Raison présente*, n° 113, 1995, pp. 15-22.

refuse à confondre l'objet affirmé de la croyance (Dieu, le diable, l'enfer, etc.) et les modalités changeantes du croire (qu'est-ce, au juste, que croire au diable ?), peut apporter à un tableau par trop massif. Comme l'a écrit Michel de Certeau, nous ne réduisons à des objets que les croyances auxquelles nous ne croyons plus, incapables que nous sommes de débusquer des opérations de croyance tout aussi subtilement contraignantes dans nos propres pratiques[1]. Sans même parler du « retour du religieux », qui souvent s'opère en marge des Églises établies, comment ne pas voir que la croyance ou, plutôt, certains types de croyance sont aujourd'hui au cœur du fonctionnement de la société de consommation, des médias, du Loto, de la spéculation boursière ou encore de la vie politique ?

Entre le passé et le présent, des différences s'imposent pourtant au regard. Sans doute concernent-elles les relations entre la croyance et la religion, d'une part, la raison et la science, d'autre part. Quelle que soit la part de la croyance dans tout savoir, jusqu'au cœur de la démarche scientifique elle-même (par exemple lorsqu'une hypothèse vient à être formulée), il est hors de doute que le rationalisme moderne et le développement des sciences exactes ont fait reculer tout un front, au moins, de l'empire des croyances, partout, notamment, où l'illusion religieuse peuplait de figures surnaturelles l'invisible qui échappe à l'observation directe et à l'entendement. Gardons-nous, pourtant, d'une vision linéaire du progrès de la raison et d'un recul inexorable des croyances. L'historien observe plutôt des déplacements des champs de la croyance, des changements de ses contenus et l'apparition de nouvelles formes sociales d'encadrement et de production du croire.

1. « Croire : une pratique sociale de la différence », dans André VAUCHEZ (éd.), *Faire croire. Modalités de la diffusion et de la réception des messages religieux du XIIe au XVe siècle*, Rome, École française de Rome, 1981.

LES CADRES SOCIAUX DE LA CROYANCE AU MOYEN ÂGE

On ne peut parler de la croyance au Moyen Âge sans rappeler d'entrée de jeu le rôle central de l'Église dans la définition des objets de croyance (le christianisme), l'obligation de croire (l'orthodoxie), la pédagogie de la croyance (l'apostolat). De plus, toute approche des croyances médiévales est largement dépendante du témoignage des clercs, dont la fonction était d'exalter et de diffuser les croyances légitimes : à cette fin, ils furent longtemps les seuls à écrire. Toutefois, pour les clercs médiévaux eux-mêmes, la question de la croyance ne se limite pas à la foi religieuse, mais englobe bien d'autres objets et manières de croire, qu'il s'agisse de croire à un récit ordinaire, aux propos anodins de son voisin, à tel présage apparent ou à son propre destin…

Dans la langue cléricale latine du Moyen Âge, comme déjà dans le latin classique dont elle est issue, l'essentiel du champ de la croyance est couvert par deux mots. D'une part, le verbe *credere*, qui signifie au sens propre « faire crédit », attendre en retour l'équivalent de ce qu'on a prêté[1]. La croyance suppose donc une relation avec autrui, que celui-ci soit un homme ou un être divin. D'autre part, le substantif *fides*, qui désigne la confiance, la fidélité et, par extension, la foi religieuse. Dans tous les cas, ces mots s'appliquent à l'ensemble des activités sociales. De manière significative, la « foi », la « fidélité » sont les mots clefs de tout un système sociopolitique, celui de la féodalité. L'idée de contrat, inhérente aux notions de croire et de fidélité, s'applique aux relations nouées par le « fidèle » tant avec son seigneur qu'avec son Dieu, lui aussi nommé *dominus* : dans les deux cas s'établissent des relations de confiance

1. Voir Émile BENVENISTE, « Créance et croyance », dans *Vocabulaire des institutions indo-européennes*, t. I, Paris, Éd. de Minuit, 1969, pp. 171-179, et Jean POUILLON, « Remarques sur le verbe *croire* », dans Michel IZARD et Pierre SMITH (éd.), *La Fonction symbolique. Essais d'anthropologie*, Paris, Gallimard, 1979, pp. 43-51.

mutuelle, dans un cadre hiérarchique bien affirmé et dans une durée destinée à permettre la réciprocité des bienfaits attendus d'un contrat (protection du seigneur et aide du vassal, hommage du croyant à son Dieu et promesse du salut dans l'au-delà).

Si le cadre linguistique a peu changé depuis l'Antiquité, la spécificité médiévale n'en est pas moins nette. Elle tient aux nouveaux contenus sociologiques et religieux de ces notions et, plus particulièrement, s'agissant du christianisme, à la mise en place d'un système religieux radicalement différent.

La singularité de la croyance chrétienne tient d'abord à l'exclusivisme de la nouvelle religion, qui contraste avec l'accueil que la religion civique faisait à Rome aux dieux étrangers, tant que leur culte, du moins, ne menaçait pas les fondements de l'Empire (d'où, justement, la persécution des chrétiens)[1]. Le monothéisme chrétien exclut d'autant plus fortement toute compromission avec les autres cultes qu'il se donne progressivement, au cours des premiers siècles, un corps de croyances strictement défini, un dogme. Le concile de Nicée de 325 résume celui-ci dans la formule du *Credo*. Moins d'un siècle plus tard, saint Augustin en légitime les formules dans le *De doctrina christiana*. Ce qui fonde l'obligation de la croyance chrétienne à l'exclusion de toute autre, c'est le caractère révélé de la Vérité, telle que les Écritures l'énoncent. Pourtant, contre tout enfermement dans *un* texte et lui seul, la porte est aussitôt ouverte à une attitude plus souple à l'égard de la Vérité : d'entrée de jeu, il n'y a pas un Évangile, mais quatre, qui sans doute s'accordent sur l'essentiel, mais l'expriment dans des termes différents et parfois même présentent de réelles variantes, tout en laissant dans l'ombre bien des aspects de la Promesse. Ainsi le texte sacré, qui déploie sous la forme de plusieurs récits les énoncés de la croyance obligatoire, appelle-t-il tout à la fois un commentaire et d'autres récits. Tout en distinguant entre statuts et degrés de légitimité différents, la croyance et, plus

1. M. Linder et John Scheid, « Quand croire c'est faire. Le problème de la croyance dans la Rome ancienne », *Archives de sciences sociales des religions*, 81, 1993, pp. 47-62.

généralement, le crédible engloberont ainsi bien plus que le noyau strict des Écritures : tout ce qui constitue la tradition produite par l'institution de croyance qu'est l'Église, soit au plan doctrinal (depuis les écrits des Pères jusqu'aux décisions des conciles), soit au plan narratif (c'est-à-dire tout le légendaire chrétien, des Vies de saints aux récits de miracles et aux *exempla* des prédicateurs).

Cependant, quelle que soit l'autorité à laquelle elle prétende, la tradition ne se confond jamais complètement avec la Vérité révélée. Elle ne peut faire oublier qu'elle est l'œuvre des hommes, même si ces derniers sont *autorisés* par la sacralité de leur statut et la sainteté de l'institution qu'ils servent : du reste, les hérétiques et plus tard les réformés se chargeront de le rappeler. Mais, pour l'heure, ce qui pourrait être une faiblesse est retourné en avantage, car la croyance se trouve ainsi rapprochée des fidèles, rendus familiers d'une multitude de paroles et de figures (l'Enfant Jésus, la Sainte Parenté, les saints, le Jugement dernier, etc.) surgies dans l'entre-deux de l'humain et du divin et d'autant plus aptes à tenir ensemble tout le corps social qui repose, comme le vocabulaire le montre, sur un réseau complexe de « créances » homologues.

Un autre trait spécifique est l'universalisme d'une croyance offerte et ouverte à tous les hommes, quel que soit leur statut social (les esclaves aussi bien que les hommes libres), sans distinction d'État (le christianisme ne s'est jamais identifié à la religion d'une seule cité ni d'un seul empire), sans restriction ethnique (virtuellement tous les hommes composent le peuple élu). Le Christ n'a demandé qu'une chose aux hommes, le suivre. C'est un des aspects les plus révolutionnaires de son message et ce fut le gage évident du succès rapide et de l'expansion du christianisme.

Mais ce trait avait deux implications : d'une part, la nécessité d'un appareil ecclésial fort, palliant l'absence de toute autre attache institutionnelle permanente. Ce qui caractérise le christianisme, comparé notamment aux religions de l'Antiquité, du judaïsme et de l'islam, c'est bien l'existence d'une Église forte et de plus en plus centralisée, avec ses prêtres, ses clercs, son administration, son immense richesse matérielle, ses universités, etc. On ne saurait analyser la croyance médiévale et son efficace indépendamment du rôle déterminant de cette institution de croyance, l'Église, qui était tout à la fois productrice de croyance, instrument du faire croire et, en tant que référence obligée de l'*auctoritas*, objet de croyance.

Une deuxième implication de l'universalisme du christianisme est l'insistance sur le caractère d'acquis individuel d'une croyance qui ne peut jamais seulement s'hériter passivement. Le christianisme en appelle toujours à la conversion : conversion externe à la foi nouvelle, sur le modèle de saint Paul, ou conversion interne et jamais achevée, qui commande, par exemple, la prise d'habit monastique. D'emblée, la culture chrétienne semble ainsi privilégier les caractères d'intimité, d'intériorité, de liberté individuelle de la croyance et le lien personnel entre l'homme et Dieu (par exemple les *Confessions* de saint Augustin). Mais, on le verra, il ne faut pas sous-estimer non plus les manifestations d'extériorité individuelles et collectives de la croyance, y compris dans le cadre religieux. Enfin, si nos conceptions modernes de la croyance individuelle doivent sans doute beaucoup à la culture chrétienne ancienne, il faut se garder de tout anachronisme puisque traditionnellement, pour le chrétien, il est entendu que le moteur premier de la conversion chrétienne n'est pas le libre arbitre seul, mais la Grâce, le souffle de l'Esprit que l'enfant reçoit lors de son baptême.

LIMITES DE LA CROYANCE ?

L'importance de l'Église et de la foi chrétienne ne doivent pas masquer l'extrême diversité des comportements, ni les débats médiévaux concernant les contenus et les degrés de la croyance. Y a-t-il, dans cette culture religieuse en apparence si unanime, une place pour l'incroyance ? Qu'en est-il, en outre, à côté ou contre les croyances légitimes, des « fausses croyances » rejetées par l'Église ? Enfin, comment se pose, à l'arrière-plan de ce débat, la question de la croyance au « vrai » ou au « faux » dans la culture médiévale ?

La question de l'incroyance est sans doute, en raison des sources dont nous disposons, l'une des plus difficiles à poser. Lucien Febvre l'a tenté, pour conclure à l'impossibilité même de l'incroyance au Moyen Âge. Comme Jean Wirth l'a montré[1], il est nécessaire aujourd'hui de nuancer de telles conclusions, ce que je ferai en me situant sur deux plans différents. D'une part, il serait souhaitable de s'interroger autrement qu'on ne l'a fait jusqu'à présent sur les très nombreux témoignages dont nous disposons, notamment dans la littérature hagiographique, les récits de miracles, les récits des prédicateurs, sur des comportements jugés par les clercs sacrilèges ou blasphématoires et qui mettaient en cause, de manière agressive ou narquoise, la réalité de tel miracle, la matérialité de la Présence réelle, le caractère sacré du sacerdoce, le pouvoir de consécration ou de malédiction des prêtres, la faculté de tel saint de guérir un malade. Si l'on fait la somme de toutes ces critiques, de ces attaques, de ces plaisanteries parfois salaces, on s'aperçoit de l'extrême diffusion de comportements qui, sans doute, n'expriment pas de la part de simples « fidèles » un agnosticisme de principe, mais plutôt une défiance au coup par coup dénotant une grande latitude dans la réception du discours orthodoxe des clercs.

Il faut tenir compte, par ailleurs, d'un autre phénomène, cette fois au niveau le plus savant de la vie intellectuelle : l'effort incessant de rationalisation du religieux. Il est aussi ancien que le commentaire des Écritures *(sacra pagina)*, mais il connaît une étape décisive avec la scolastique, quand, selon l'expression du père Chenu, la théologie devient une « science ». Celle-ci affirme d'emblée une audace extrême à l'égard de la croyance : c'est par la dialectique que saint Anselme entend démontrer la nécessité de l'Incarnation. Et par les mêmes procédés logiques, Abélard soumet la tradition doctrinale à la

1. Jean WIRTH, « La naissance du concept de croyance (XIIe-XVIe siècle) », *Bibliothèque d'humanisme et de Renaissance. Travaux et documents*, XLV, 1983, pp. 7-58.

critique du vrai et du faux *(Sic et Non)*. De telles démarches expriment une remarquable liberté à l'égard du Texte, conformément au précepte selon lequel « l'esprit vivifie et la lettre tue ». À terme, comme le montrent bien jusqu'à nos jours les mises en garde récurrentes adressées aux théologiens par le magistère, elles n'en étaient pas moins vouées à miner les fondements même de la croyance chrétienne, à dégager l'espace d'une pensée désacralisée et profane, à relativiser la portée historique du message religieux. La « mort de Dieu » (qui s'est avérée bien après le Moyen Âge il est vrai) n'a pas tant frappé l'Église de l'extérieur qu'elle n'a été préparée, dès l'époque médiévale, en son sein.

Il reste que le débat médiéval essentiel ne passe pas entre la croyance religieuse et l'agnosticisme, mais bien entre « vraie » et « fausse » croyance. La croyance est confrontée pour les clercs aux deux grandes catégories antagonistes du vrai et du faux. Entre elles, l'opposition est explicite : la *veritas* est l'objet même de la Révélation, le cœur de la croyance obligée. Elle s'oppose à la *falsitas*, c'est-à-dire, par définition à tout ce qui n'est pas elle. Or la « fausseté » s'incarne dans des types sociaux et culturels qui prennent une place considérable dans le discours de l'Église.

Il s'agit d'abord de la croyance des païens, nommée de façon générique l'« idolâtrie », dont les mythes sont dénoncés comme autant de paroles vaines, de *fabulae*.

Il s'agit ensuite des juifs, avec qui, pourtant, les relations sont différentes, puisque l'Ancien Testament garde sa valeur d'annonce de l'Incarnation : aussi l'interprétation typologique des clercs permet-elle de lire dans les épisodes de l'Ancienne Loi la préfiguration ou les leçons morales de la Nouvelle. Mais en tant que croyance, caduque et incomplète, de juifs actuels, le judaïsme est relégué au rang de la *superstitio*, soit, au sens étymologique, d'un témoin qui, faute d'avoir reconnu le Messie, survit d'une manière anachronique et de plus en plus mal tolérée.

Le terme de *superstitio* s'applique aussi aux « croyances populaires » que l'Église, en dépit de sa très grande faculté d'adaptation, n'a pas su ou pas voulu fondre dans ses propres croyances et pratiques. La langue allemande les nomme *Aberglaube*, c'est-à-dire, étymologiquement, « non-croyance ». Entendons par là tout un folklore mal contrôlé dans lequel dominent les pratiques de divination et les rites, bénéfiques ou maléfiques, ayant trait au corps, à la maladie, à la mort[1]. Pour les clercs du Moyen Âge de même que, plus tard, pour les érudits et les folkloristes, ces croyances sont perçues comme des « survivances » hétéroclites, les *membra disjecta* de l'antique idolâtrie, au sein du christianisme et de la majorité illettrée de la population. Mais la notion de « survivance » ne parvient pas à rendre compte pleinement de ces croyances, qui s'intègrent, en réalité, à la dynamique même de l'histoire. De fait, l'Église n'a jamais cessé d'alimenter elle-même les « superstitions » en rejetant de son sein « autorisé » des pratiques et des croyances qu'elle a cessé d'admettre au cours du temps. Or ces mêmes « observances », détournées de leur premier usage, connaissent dans le « peuple » une nouvelle faveur. Par exemple, des pratiques divinatoires qui avaient cours sans difficulté au haut Moyen Âge pour confirmer l'élection d'un nouvel évêque ne sont plus tolérées par les autorités ecclésiastiques au XIIIe siècle, tout en se poursuivant pourtant dans les paroisses et les maisons. Comment ne pas faire des observations analogues, sur une durée plus longue encore, à propos de la croyance au diable, qui était digne de la plus haute spéculation pour un saint Thomas d'Aquin, avant d'être réduite de nos jours au rang d'un aimable folklore ou de ne plus jouer qu'un rôle métaphorique ? L'historicité du christianisme est au principe de ce qu'on pourrait appeler le retraitement permanent des croyances, les unes se trouvant légitimées de manière nouvelle, tandis que d'autres perdent au contraire leur légitimité mais, transformées et folklorisées, restent vivaces. Loin d'être un système de croyance clos et fixé une fois pour toutes, le christianisme médiéval n'a jamais cessé de se modifier, d'innover (en inventant entre autres la croyance au purgatoire), de s'adapter et de retrancher : dès

1. Voir Jean-Claude SCHMITT, « Les "superstitions" », dans Jacques LE GOFF et René RÉMOND (éd.), *Histoire de la France religieuse*, Paris, Éd. du Seuil, t. I, 1988, pp. 417-551.

le XIIIe siècle, par exemple, le traditionnel *clamor* — la grève du service liturgique que les moines décrétaient contre leur saint patron qu'ils soupçonnaient de ne plus vouloir les protéger — est tombé en désuétude, mais on en retrouve bientôt la pratique plus ou moins clandestine et dénoncée par les clercs chez les simples fidèles.

Soyons certains que cette faculté d'adaptation a été l'un des secrets de la force et de la pérennité de l'Église, au point que les attaques portées directement contre elle et provoquant à chaque fois son rétablissement l'ont davantage confortée qu'affaiblie. Le principal danger résidait dans l'hérésie, définie comme la perversion de la croyance légitime. Elle semblait sans cesse renaître et accompagner les progrès de l'Église. Au message de cette dernière, les hérétiques opposent une interprétation « fondamentaliste » des Écritures, en refusant tous les ajouts et accommodements de la Tradition. À la conception souple de la croyance proposée avec succès par les clercs, les hérétiques (dont ceux que certains textes désignent à point nommé comme les *credentes*) opposent leur rigorisme doctrinal et moral et ils rejettent toute concession avec le monde. Plus encore que des croyances différentes (ce qui n'est vraiment le cas que pour les cathares et en partie seulement) s'opposent ainsi, sur le même terrain, deux conceptions de la croyance, l'une intransigeante et pour cela vouée à l'échec, l'autre tout en souplesse et pour cela promise au succès. L'Église a sans nul doute triomphé de ses adversaires en raison de sa force institutionnelle, politique et matérielle, mais aussi et peut-être surtout grâce à une conception plus souple de la vérité, qui fut pour elle, en toutes circonstances, un facteur décisif d'adaptation, voire d'utile compromission.

La question de la vraie et de la fausse croyance ne fait pas qu'opposer l'Église et les adversaires qu'elle désigne et se propose de convaincre ou de condamner. Elle se pose aussi au cœur des croyances et des comportements jugés légitimes. Car la vérité, pas plus que la fausseté, n'est donnée *a priori* : toujours elle fait question. À la limite, la fausseté peut être même nécessaire à la vraie croyance.

En témoignent les usages faits au Moyen Âge de la figure du diable, le maître de toute fausseté, de toutes les croyances illusoires, désignées par l'adjectif *fantasticus.* Les « fantasmes » sont les vains désirs et les images de rêve qui, suivant les conceptions de l'époque, ne naissent pas seuls dans l'esprit des hommes, comme nous le pensons aujourd'hui, mais y sont introduits subrepticement par le diable à la faveur de la nuit, du sommeil et du rêve. Il faut donc prendre garde aux rêves, ne pas « y croire » précipitamment, se fier plutôt à ce qu'en disent les personnes « autorisées », les clercs, qui par leur sagesse et la vertu de leur *ordo* sont aptes à distinguer le rêve « vrai » (envoyé par Dieu et ses anges) du rêve « faux » (d'origine diabolique), ou encore les « bons esprits » (les anges, les âmes) des « esprits mauvais » (les démons qui en prennent l'apparence) : du charisme de la *discretio spiritum*, les clercs ont fait un ministère réservé, celui de l'exorciste. Une fois de plus, l'institution s'érige en garant de la croyance en imposant sa médiation entre les hommes et le surnaturel, à la fois pour dire le vrai et le faux et pour mettre le second au service du premier. Car si le diable est la fausseté même et la source des fausses croyances, il est indispensable à leur salut que les hommes croient en lui et en ses pouvoirs. C'est pourquoi, en chaire, les prédicateurs ne se privent pas de conforter par leurs récits la croyance au diable et de tirer profit des angoisses qu'elle inspire.

La distinction du vrai et du faux est donc l'objet de perpétuels et difficiles réajustements. Certes, elle peut dans certains cas être tranchée de manière nette et certains clercs médiévaux n'ont pas attendu la critique positiviste moderne pour dénoncer ici la fraude, là l'erreur coupable. On sait par exemple comment le moine Guibert de Nogent, au début du XIIe siècle, entreprit de démontrer que la prétention de certaines églises de posséder des reliques corporelles du Christ (une dent de lait, le prépuce, l'ombilic, etc.) entrait en contradiction avec le dogme de la résurrection du Sauveur. Mais, dans la plupart des cas, la « vérité » d'objets qui, à nos yeux, sont évidemment « faux » ne faisait et ne pouvait faire aucun doute du moment qu'en dépendaient le statut social et la légitimité de ceux qui les possédaient, qu'il s'agît d'une charte attestant d'anciens privilèges, d'une des innombrables reliques de la Vraie Croix ou encore du corps prétendu d'un saint conservé simultanément dans plusieurs sanctuaires. Pour leurs heureux détenteurs, moines ou chanoines le plus souvent, la vérité de ces précieux objets, attestée par la tradition ou la force du témoignage, faisait d'autant moins de doute qu'elle participait au minimum à une sphère du *vraisemblable* qui, en deçà de toute vérification positive ou démonstration rationnelle, délimitait à la satisfaction de tous l'horizon des croyances recevables. Après tout, si la relique avait la réputation d'être efficace contre la maladie et si l'antiquité supposée d'un monastère était une composante de son éminente dignité, pourquoi aurait-il fallu ne pas « y croire » ?

En somme, la flexibilité de la croyance était le meilleur gage de son fonctionnement efficace. Alain Boureau l'a bien montré à propos des récits produits par la culture cléricale du Moyen Âge, tout autour du récit fondateur de la Révélation[1]. Il a proposé de distinguer divers « régimes de véridiction » permettant de classer hiérarchiquement ces récits, suivant leurs usages (depuis la liturgie jusqu'à la dispute argumentée, par exemple contre les docteurs juifs ou contre les hérétiques, en passant par les *exempla* des prédicateurs) et suivant leurs sources : en haut de l'échelle se trouvent les récits évangéliques, expression de la vérité révélée, noyau dur, bien que non univoque, de la croyance obligée. Puis vient la vérité « autorisée », celle que les Pères de l'Église ont énoncée d'une manière qui pour l'Église reste irréfutable. Vient ensuite la vérité « authentifiée » par le narrateur lui-même, qui ne cite plus une « autorité » (Augustin, Grégoire le Grand, Bède, etc.), mais son propre témoignage, en prenant soin d'écrire : « j'ai vu », « j'ai entendu ». D'ordinaire, il nomme son informateur, un homme « digne de foi », et donne les raisons de sa fiabilité : sa sagesse, ses bonnes mœurs, son « intention dévote », son appartenance à un ordre religieux,

1. Dans *L'Événement sans fin. Récit et christianisation au Moyen Âge*, Paris, Les Belles Lettres, 1993 ; voir aussi du même auteur *La Papesse Jeanne*, Paris, Aubier, 1988.

surtout si celui-ci est le même que celui du narrateur. Ajoutons que dans ces cas de vérité « authentifiée », qui concernent en fait une très grande partie du corpus narratif médiéval, la croyance tend à nourrir la croyance, dans la mesure où le récit mis par écrit et déclaré conforme aux critères de vérité tend à monter d'un cran dans l'échelle de la vérité en devenant à son tour une « autorité » : on le voit bien dans les recueils d'*exempla* des XIIIe-XIVe siècles où des récits récents, attribués avec plus ou moins de raison à un prédicateur célèbre (par exemple Jacques de Vitry), deviennent la source « autorisée » de nouveaux récits.

Le dernier degré de l'échelle est l'« allégué », étayé d'un simple *fertur, dicitur.* On parvient là à la simple rumeur ou à ce que les textes plus théoriques qualifient par prudence d'« opinion ». S'il n'y a pas à se prononcer sur la forme exacte du récit, celui-ci, pour le fond, reste admissible dans la mesure où il ne contrevient pas à la vérité. Du vrai nettement affirmé, on est passé là, imperceptiblement, à un vraisemblable légitime auquel il ne nuit pas, bien au contraire, de croire. Un grand nombre de récits prodigieux, de *mirabilia,* concernant la nature ou des événements surprenants relèvent de cette catégorie : apparitions étranges et inexpliquées, présence supposée de monstres en tel lieu, histoires féeriques, etc. L'attention qu'on leur prête et le crédit qu'on leur apporte ne sont pas seulement à mettre au compte de la « crédulité » de cette époque. Il faut voir plutôt, du moins de la part des clercs qui ont consigné ces prodiges, une immense curiosité pour des phénomènes « merveilleux » qui leur semblaient échapper au cadre familier des « miracles » traditionnels et qui pouvaient apporter sur le monde et les hommes des connaissances inédites. La croyance aux fées et aux « pierres de foudre » tombées du ciel a peut-être nourri les premiers balbutiements d'un esprit scientifique de type moderne.

Cependant, pour bien comprendre le fonctionnement de la croyance, il ne faut pas seulement prendre en compte les diverses marques de véridiction qui introduisent de tels récits, mais aussi les preuves matérielles énoncées dans l'intrigue elle-même. Dans bien des récits de conversion, la manifestation souvent dramatique d'une preuve matérielle de la vérité provoque le retournement du sceptique ou l'illumination soudaine du cœur de l'endurci : frappé du châtiment divin, soudain plié en deux par la douleur sous l'effet de la malédiction d'un saint ou, au contraire, miraculeusement libéré d'une maladie jugée incurable, l'homme est aussitôt convaincu de croire. Il y a donc un temps de la conversion, qui se prépare plus ou moins lentement et soudain se précipite, et aussi une conception de la croyance qui, contrairement à ce que nous pourrions attendre, relève moins d'un cheminement intérieur, d'une psychologie sans doute anachronique, que d'un comportement public obéissant à des modalités convenues et rituelles et marquant avec bruit l'adhésion à une vérité qui n'est autre que la norme sociale. Plus que l'intériorité, la croyance médiévale participerait ainsi de l'extériorité, celle des comportements publics et rituels et celle des preuves matérielles qui tout à la fois nourrissent et illustrent la croyance.

Ainsi, dans bien des récits faisant intervenir le surnaturel, par exemple l'apparition du Christ, de la Vierge, du diable ou d'un mort, l'appel à la nécessité de croire suppose des garanties matérielles que les textes nomment habituellement des *signa*. La croyance ne se satisfait pas d'être seulement affirmée ou sollicitée, il lui faut des preuves tangibles et durables. Certes, la foi, la croyance à la Révélation, est censée se passer de « signes » : le Christ n'a-t-il pas reproché à Thomas d'avoir voulu toucher sa plaie avant de croire à la résurrection ? Mais dans la foule des récits qui n'ont cessé de prolonger et d'amplifier le drame de l'origine, les *signa* sont la règle, sous des formes variées. Ce sont des preuves matérielles, mais aussi des preuves immatérielles, comme l'évocation d'un souvenir ou une prédiction dont la reconnaissance entraîne la croyance ; par ailleurs, les « signes » se disposent sur l'axe du temps, qu'ils soient antérieurs, exactement contemporains ou postérieurs à l'événement surnaturel qui est objet de croyance. Ainsi le diable peut-il laisser, sur le corps du dormeur auquel il est apparu durant son sommeil, les traces visibles et douloureuses des coups qu'il lui a donnés et dont celui-ci avoue avoir rêvé. Autre cas, l'évocation d'un souvenir que seuls les protagonistes sont à même d'identifier : un revenant rappelle à son frère une aventure de jeunesse qu'ils avaient été seuls à partager. Dans un célèbre miracle de saint Mercure, le témoignage *a posteriori* d'un pèlerin permet de comprendre que c'est le saint en personne qui, très loin de là, a tué au combat Julien l'Apostat, au moment même où les armes du saint disparaissaient de l'église où elles étaient conservées. Enfin, il n'est pas rare que l'être surnaturel prédise la mort de celui à qui il est apparu, et la réalisation de cette prédiction funeste tient lieu pour les témoins incrédules de preuve de la vérité du fait.

Naturellement, la reconnaissance de ces « signes » et de leur valeur de preuve suppose un déchiffrement du réel et une interprétation du temps et du destin qui appartiennent au même monde religieux de la croyance. Les signes sont muets pour ceux qui ne savent pas les relier entre eux et aux détails même infimes de l'existence : leur accorder de l'importance, leur donner le statut de preuve, cela suppose de concevoir une histoire sans hasard et un monde dont la part invisible commande à la part visible. Mais vivre dans un tel monde ne signifie pas pour autant l'asservissement au destin, sans possibilité de le maîtriser, ou à l'empire d'une crédulité qui ignorerait le doute et la critique des « signes ».

LES MODALITÉS DU CROIRE

Au-delà des catégories savantes dans lesquelles les croyances furent pensées et classées, il faut donc tenter, pour finir, de s'approcher des modalités vécues de l'acte individuel du croire, du balancement entre ce qui est donné comme sûr, bien que présentement hors d'atteinte (je crois à la miséricorde du roi, à la vie éternelle, etc.) et le doute qui mine inévitablement toute affirmation de cet ordre (oui, je crois, mais...). Or il n'est pas aisé pour l'historien de percer les consciences du passé, ni même d'interpréter les « signes » extérieurs de la croyance dont nous avons parlé. Par exemple, si l'ampleur et souvent la beauté des témoignages artistiques et architecturaux de la civilisation du Moyen Âge peuvent, pour une part, passer à nos yeux pour l'expression des croyances religieuses de cette époque, de leur authenticité et de leur force, comment aller au-delà et connaître les contenus, les nuances, voire les doutes qui constituent la totalité du « croire » des individus eux-mêmes ?

Certains témoignages mériteraient d'être examinés avec plus d'attention qu'on ne l'a fait jusqu'à présent. Je suis frappé, par exemple, par la fréquence des images du diable qui, non seulement dans des lieux publics, aux portails des cathédrales par exemple, mais également dans les miniatures des manuscrits, ont été systématiquement et sans nul doute intentionnellement effacées ou défigurées. L'emplacement de telles images mutilées jusque dans des livres inaccessibles à un large public montre que ces comportements n'étaient pas réservés aux laïcs, mais pouvaient aussi être ceux de clercs. Ne peut-on interpréter ces mutilations ou destructions comme la trace d'une peur de ces images et du pouvoir que le regard du diable était censé receler jusque dans d'obscures miniatures ?

Il faudrait pareillement rechercher tous les témoignages explicites des auteurs médiévaux sur leurs croyances personnelles. La liste en est longue depuis les *Confessions* d'Augustin. L'autobiographie chrétienne connaît un renouveau à partir des XIe-XIIe siècles, ce qui rend possible une telle recherche, même limitée à une infime minorité de personnes, moines et clercs qui seuls étaient capables d'écrire. Mais ces auteurs, par exemple les moines Otloh de Saint-Emmeran ou Guibert de Nogent, étaient familiers de l'introspection, de l'analyse des mouvements de l'âme, des résistances de la raison, des doutes qui assaillent celle-ci face à la puissance divine, des tentations qu'ils attribuent aux embûches du diable, des rêves et des visions personnels qu'ils se remémorent et dont ils se demandent avec angoisse s'ils sont « vrais » ou « faux ». J'ai étudié toute une série de ces récits, dans le cas, très privilégié pour ce qui nous occupe ici, de la « croyance aux revenants »[1].

1. Dans *Les Revenants, les vivants et les morts dans la société médiévale*, Paris, Gallimard, 1994.

L'idée qui prévaut habituellement chez les historiens est que les « hommes du Moyen Âge » vivaient dans une familiarité immédiate avec les morts, qui étaient censés leur apparaître fréquemment en rêve ou même durant la veille pour les terrifier ou, plus paisiblement, pour quêter leurs « suffrages » afin d'être plus vite libérés des épreuves du purgatoire. Telle est, en effet, l'impression que l'on retire de la lecture des innombrables récits d'apparition qui émaillent notamment les sermons et les recueils d'*exempla*. J'appelle ces récits de vision des récits rapportés, parce qu'ils ressortissent pour la plupart au régime de véridiction qualifié plus haut d'« authentifié » : un prédicateur compose un *exemplum* à partir d'un récit d'apparition qu'il dit tenir de la bouche d'un confrère « digne de foi », lequel a pu certifier l'authenticité de son récit recueilli dans des circonstances ne permettant, d'après lui, aucun doute. De tels récits, pris à la lettre, illustreraient, dit-on, la « croyance aux revenants » : celle-ci serait donnée *a priori*, avant le récit dont la fonction consisterait simplement à l'exprimer.

Il me semble, au contraire, que la prétendue possibilité pour les revenants d'apparaître en plein jour à leurs parents vivants et bien éveillés ne renvoie pas à une croyance toute faite, mais à tout le processus de son énonciation. L'objectivation de la figure du revenant est inséparable de la socialisation du récit, qui passe par sa transmission et son authentification et intéresse tout un ensemble de personnes : non seulement le narrateur, mais ses informateurs, d'autres témoins éventuels, ses auditeurs et lecteurs immédiats et virtuels. Ce que nous atteignons de la sorte, ce n'est pas une « croyance », mais l'acte social du « croire » : ni plus ni moins que dans une « histoire de revenant » (ou d'ovni) racontée aujourd'hui sur le petit écran et qui est ensuite colportée, transformée et de plus en plus solidifiée comme s'il s'agissait d'une assertion indubitable.

Cette analyse est corroborée *a contrario* par les témoignages autobiographiques, puisque ceux-ci, à des rares exceptions près, ne font jamais référence à la vision éveillée d'un revenant, mais toujours à son apparition dans un rêve du narrateur. Celui-ci rêve des morts qu'il a connus et aimés, raconte son rêve et réfléchit sur lui, tout comme nous pourrions le faire nous-mêmes après avoir rêvé, particulièrement si nous sommes en proie aux épreuves du deuil. Or, dans ce cas, à l'inverse du précédent, l'auteur insiste sur ses doutes et ses propres craintes et sur l'apparence fugitive, immatérielle et fantomatique de la figure qui lui est apparue.

Sans doute la condition de possibilité de tous ces récits est-elle bien au départ la croyance à une certaine forme de survie de l'âme après la mort et au maintien d'une relation active, par-delà le trépas, entre les vivants et les morts. Mais cet *a priori* nécessaire ne préjuge en rien les modalités précises du croire et du faire croire, qui dépendent des conditions sociales d'énonciation et des fins visées par chaque narrateur.

Ainsi, si nous admettons que la croyance est avant tout un processus, un croire, plus qu'un objet, ne faut-il pas la débusquer ailleurs que dans le seul corpus de ses énoncés explicites ? Les penseurs scolastiques eux-mêmes s'en étaient avisés, puisqu'ils distinguaient entre la croyance « explicite », celle des clercs ou *majores* aptes à entendre et commenter les mystères divins, et la croyance « implicite », celle des *minores* ou simples laïcs seulement requis de connaître le *Credo*, le *Pater Noster* et l'*Ave Maria*, même s'ils ignoraient toutes les implications des formules qu'ils récitaient[1]. Une telle concession faite aux nécessités de l'évangélisation supposait d'une part que le *Credo*, d'affirmation solennelle de l'orthodoxie chrétienne, devînt une prière parmi les autres. Et, d'autre part, en confirmation de ce qui a été dit plus haut, que la croyance ne fût pas distincte de son énoncé, mais qu'elle dépendît étroitement des paroles qui la disaient : soit la reconnaissance de l'efficacité pédagogique ou d'autosuggestion de la parole (à force de dire que je crois, je crois), ou même de l'efficacité magique d'une formule latine dont le sens précis échappe, mais dont on s'accorde à dire, par exemple, qu'elle repousse les démons ou la mort subite. On peut en conclure que la récitation de telles formules et toute la performance gestuelle et rituelle qui l'accompagnait étaient porteuses et même créatrices d'énoncés de croyance d'autant plus efficaces peut-être qu'ils étaient largement implicites...

1. Voir ici même chapitre V, « Du bon usage du *Credo* », pp. 97-126.

Or cette observation ne saurait concerner seulement les « croyances populaires » des *minores.* Il faut considérer au contraire que toute la vie religieuse médiévale, pour les ministres du culte au moins autant que pour les fidèles, dans les monastères, dans les chapitres des cathédrales, parce qu'elle était rythmée à longueur de journée par le chant des heures monastiques ou canoniales, par les gestes rituels des prêtres administrant les sacrements et sacrifiant quotidiennement le corps du Christ, par les processions et bénédictions diverses, le flamboiement des cierges, l'odeur de l'encens, le bruissement et les couleurs des vêtements liturgiques, était une formidable machine à produire du croire en même temps que du faire croire, indépendamment même des formules explicites qui les énonçaient. En ce sens, la « croyance médiévale », en dépit de ses traits spécifiques, présente bien des analogies avec ce qu'on a pu dire de la croyance dans la religion civique ritualisée de la Rome antique. Mais au fait, ne se rapproche-t-elle pas aussi de tous les modes de production du croire que nous avons connus ou connaissons à l'époque contemporaine, depuis les techniques de mobilisation des foules par les régimes totalitaires jusqu'à la publicité et aux médias mis au service de la société du spectacle ?

*

Parlant de la croyance au Moyen Âge, l'historien est en permanence tenté de souligner les différences par rapport à son époque et, simultanément, d'établir des analogies. Une différence essentielle réside, bien sûr, dans les contenus religieux qui ont informé très largement la culture et la société médiévales. Ces contenus de croyance sont inséparables de l'encadrement institutionnel et social, historiquement daté, de l'Église médiévale : c'est en ce sens qu'un chrétien du Moyen Âge diffère profondément d'un « croyant » aujourd'hui, même si, pour l'essentiel, ils croient à la même Révélation. Ce qui était croyance universelle, officielle, largement partagée et pour une part obligatoire, est devenu un choix individuel, considéré à ce titre comme inviolable et relevant de la liberté de conscience.

Cependant, au-delà du statut de la croyance religieuse, l'analyse des modalités du croire et de sa production fait ressortir des analogies avec notre époque et révèle le cadre d'une problématique de la croyance en général : les termes principaux en sont la plasticité de la croyance et de la vérité elle-même, le débat entre la raison et la croyance, la dialectique entre croyance individuelle et croyance collective, le rapport entre la dimension intérieure et « psychologique » et les manifestations extérieures, rituelles et publiques du croire, les usages et manipulations possibles de la crédulité. Ces termes caractérisent à leur manière les croyances médiévales, mais aussi le fonctionnement des croyances en général, celles auxquelles nous ne croyons plus et celles, nouvelles, auxquelles nous croyons sans toujours le savoir.

V

DU BON USAGE DU *CREDO*

Avant d'étudier les moyens par lesquels l'Église a cherché à « faire croire » au Moyen Âge, et particulièrement au XIIIe siècle, nous devons constater que l'objet même de notre interrogation était désigné à l'époque considérée, au cœur du système des croyances religieuses, par la formule fondamentale : « je crois » *(Credo)* ; et que la culture chrétienne médiévale a eu non seulement un canon de la croyance, mais une théorie de la croyance, et même une théorie du « faire croire », mises en forme au XIIIe siècle par les théologiens.

Dans ces conditions, il paraît légitime de s'interroger d'abord sur cette théorie de la croyance et sur la théorie de la pratique de ceux qui faisaient profession de « faire croire » les autres, pour définir ensuite le contenu et les modalités, puis les limites subies ou volontaires, de leur action[1].

1. Je remercie le P. Pierre-Marie Gy d'avoir accepté de discuter longuement avec moi de ce travail, qui s'est enrichi de ses nombreuses suggestions.

Repris de « Du bon usage du *Credo* », *in* André VAUCHEZ (éd.), *Faire croire. Modalités de la diffusion et de la réception des messages religieux du XIIe au XVe siècle*, Rome, École française de Rome, 1981, pp. 337-361.

LE MINIMUM DE CROYANCE « *EXPLICITE* »

1. La théologie du XIIIe siècle possédait une définition de la croyance. Dans la ligne de la tradition augustinienne, cette définition était donnée au chapitre *De fide* des commentaires du troisième livre des *Sentences* de Pierre Lombard : la croyance est « l'argument de ce qui n'est pas évident » ; c'est un mode de connaissance *(cognoscere)* et de compréhension *(intellectus)*, intermédiaire entre la *scientia* — fondée sur des certitudes objectives — et l'*opinio*, qui comporte un doute : il s'agit en effet de croire à des choses invisibles, ce qui requiert à la fois une *adhesio* ferme et une *cogitatio*, c'est-à-dire une « agitation » de l'esprit face à un donné pouvant être mis en doute[1].

Cette définition renvoie comme en négatif à une théorie de la connaissance selon laquelle la perception par les cinq sens, et avant tout par la vue, est le fondement du savoir objectif du réel. La croyance est au contraire le savoir de l'invisible.

Cette définition mettait moins l'accent sur le sujet ou même sur l'objet de la croyance que sur l'opération de la croyance : c'était une définition de la croyance *en général*, indépendamment de tout objet précis de la croyance, même si le contexte dans lequel elle était donnée faisait surtout référence à la croyance en Dieu.

Cette description de l'opération de la croyance affirmait qu'il existe entre « croyance » et « science » un rapport dialectique, et non une exclusion mutuelle ; ainsi la croyance est-elle un savoir, de même que la science n'ignore pas le doute. Cette définition se conformait de la sorte à toute la tradition philosophique occidentale ; mais en associant étroitement l'*intellectus* à la croyance, elle illustrait aussi un moment précis de l'histoire de la théologie : celui où la foi, depuis saint Anselme, était définie « en quête d'intelligence » *(fides quaerens intellectum)*.

1. THOMAS D'AQUIN, *Summa theologica*, IIa IIe, Q. 2, art. A : « Croire, est-ce cogitation ou adhésion ? »

Cette formule marque un moment fondamental de l'évolution de la pensée théologique. Elle n'était pas moins lourde de signification dans la pratique sociale consistant à « faire croire », car elle invitait à distinguer les hommes dans leur croyance selon qu'ils étaient en possession de plus ou moins de « raison ».

2. La croyance n'était pas opposée comme aujourd'hui à l'*incroyance*. Une véritable théologie de l'incroyance se développe même sous nos yeux dans l'Église depuis quelques années[1]. Cette opposition de l'incroyance et de la croyance n'est guère concevable que depuis le XVIe siècle[2]. Au Moyen Âge, les théologiens ne laissaient pas de place à l'incroyance : ils pensaient que seuls les fous pouvaient nier l'existence de Dieu[3]. En revanche, ils distinguaient divers degrés qualitatifs de la croyance, de la « vraie croyance » ou foi *(fides)* aux formes variées dans le temps et l'espace de l'*infidelitas*. Le préfixe *in-* ne signifiait pas l'absence de foi, mais l'adhésion à un autre système de croyances religieuses (au sens où les musulmans étaient désignés comme « Infidèles »). Ainsi, quoique la vraie foi fût donnée comme vérité absolue par l'Église, elle était relativisée par l'*infidelitas* : celle-ci était toujours présente à l'horizon de la *fides*, sur les marges géographiques de l'Occident ou, sous la forme de déviances ou de refus divers, au sein même de la chrétienté ; ces deux points de fixation de l'« infidélité » justifiaient des actions différentes, mais complémentaires et souvent synchroniques, pour « faire croire » : croisades ou missions d'un côté, inquisition ou catéchèse de l'autre.

1. Où l'*incroyance* apparaît presque comme le concept premier : cf. J.-F. SIX, *L'incroyance et la foi ne sont pas ce qu'on croit*, Paris, Éd. du Centurion, 1979, pp. 85-89 ; et du même auteur, en collaboration avec M.-D. CHENU, *L'Esprit qui nous parle à travers l'incroyance*, Paris, Cerf, 1976.

2. La thèse de Lucien FEBVRE, *Le Problème de l'incroyance au XVIe siècle. La religion de Rabelais*, Paris, Albin Michel, 1942 (rééd. 1968), selon laquelle l'incroyance était inconcevable au XVIe siècle, est aujourd'hui assez largement mise en doute ; voir, en dernier lieu, Jean WIRTH, *La Jeune Fille et la Mort. Recherches sur les thèmes macabres dans l'art germanique de la Renaissance*, Genève, Droz, 1979, pp. 137-140.

3. GUILLAUME PERAULT, *Summa virtutum et vitiorum*, Cologne, 1614, p. 34 et suiv., cap. VI : l'« erreur » de ceux qui nient l'existence de Dieu *« non solum est insipientia, imo insania »*. Ils sont *« stulti et superbi »*, dit saint Thomas dans *Opusculum in symbolum apostolorum...* (éd. de Parme, t. XVI, p. 136).

3. Le mot même de *fides* était essentiel au XIIIe siècle : il désignait l'allégeance faite à une personne, mais aussi l'échange, le crédit, la « créance » contractée avec elle, que cette personne fût le seigneur temporel, Dieu, ou bien le diable, à qui les magiciens étaient réputés faire hommage et avec qui les sorcières passaient pour avoir conclu un pacte.

S'agissant de la reconnaissance de Dieu, la croyance pouvait revêtir différentes formes : les théologiens établissaient une hiérarchie entre ceux qui, tels les gentils, se contentent de croire que Dieu existe *(credere Deum)*, ceux qui croient à ce que dit Dieu, mais qui mènent une vie immorale *(credere Deo)*, et les seuls vrais chrétiens qui croient « en Dieu » *(credere in Deo)* avec amour[1].

Le même verbe « croire » servait ainsi à définir plusieurs formes de croyance ou à les énoncer *(credere quod)*. Cette polysémie ne va pas de soi, elle est un fait culturel : analysant des systèmes de croyance étrangers au christianisme, les anthropologues découvrent en effet que les diverses acceptions de notre verbe « croire » y sont exprimées par des mots très différents[2]. Mais cette situation linguistique va de pair avec une conception et une pratique de la « religion » très différentes des nôtres. Dans la civilisation occidentale, l'affirmation d'une foi unique, seule légitime, par une Église usant de son « autorité » pour définir par rapport à elle toutes les formes de la croyance, n'est sans doute pas étrangère à la richesse sémantique du verbe « croire ». Et cette remarque vaut aussi bien pour le substantif « foi » qui lui correspond.

4. La « bonne croyance » est en effet la foi. Selon les théologiens, la foi elle-même connaît des degrés qualitatifs : elle peut être *viva* ou *mortua* (selon les dispositions morales qui l'accom-

1. THOMAS D'AQUIN, *op. cit.*, art. 2 : « Convient-il de faire des distinctions dans l'acte de foi en ceci qu'il y a : croire à Dieu, croire Dieu et croire en Dieu ? » La question a été souvent commentée, par exemple par les prédicateurs : voir Jourdain de Pise, O.P. († 1311) ; cf. Dom Giuseppe DE LUCA (éd.), *Scrittori di religione del Trecento. Testi originali*, Turin, Einaudi, 1977, I, pp. 13-17.

2. Jean POUILLON, « Remarques sur le verbe *croire* », dans Michel IZARD et Paul SMITH, *La Fonction symbolique. Essais d'anthropologie*, Paris, Gallimard, 1979, pp. 43-51, et ID., « Vous croyez », *Nouvelle revue de psychanalyse*, 18, *La Croyance*, 1978, pp. 29-34.

pagnent), *formata* ou *informis* (cette dernière est la foi des infidèles ou la foi contrainte des démons qui croient à Dieu malgré eux), *non ficta* ou *ficta* (les hérétiques qui feignent de croire en Dieu), *magna* ou *modica*[1], et surtout *explicita* ou *implicita*, distinction fondamentale sur laquelle nous allons revenir. Mais les formes jugées imparfaites de la foi n'en participent pas moins de celle-ci. La notion de foi, sous toutes ses formes, se caractérise donc par sa très grande extension ; *fides* est d'ailleurs, dans la culture chrétienne, le principal substantif du verbe *credere*[2].

5. Cette extension de la notion de foi me paraît liée à la visée à la fois eschatologique et universaliste qui caractérise le christianisme, dont le but ultime est le salut pour *tous* les hommes. Or la foi est nécessaire au salut avant même les œuvres, car « sans la foi il est impossible de plaire à Dieu[3] ». Mais si la foi est d'abord connaissance *(cognitio)* de la vérité, comment concilier la nécessité du salut pour tous et l'exigence de la Révélation, dont tous les hommes, historiquement, n'ont pu bénéficier ? Cette question fondamentale a été d'abord posée en termes historiques, puis en termes sociologiques. La réponse, dans les deux cas, était la même : le minimum de foi nécessaire et suffisant pour être sauvé *varie* selon l'époque et la condition des personnes.

Historiquement, il était inconcevable que la possibilité d'être sauvé n'ait pas été donnée aux hommes qui vécurent avant le Christ. « Il a [donc] fallu » dit saint Thomas, « que ce

1. Par exemple GUILLAUME PERAULT, *op. cit.*, cap. XXIX : *De diversitate fidei.*

2. Comme le souligne Émile BENVENISTE *(Le Vocabulaire des institutions indo-européennes*, t. I, Paris, Éd. de Minuit, 1969, chap. XV) : « Créance et croyance », pp. 171-179, remarquant que *fides* est surtout devenu le substantif de *credere* sous l'influence du christianisme. *Credulitas* peut avoir le même sens, mais désigne de préférence la croyance en général (croire un homme, un récit...) à l'inverse de *fides.* Voir l'usage différent de ces deux mots comme rubriques de l'*Aphabetum narrationum*, recueil *d'exempla* du XIVe siècle, édition critique par Colette RIBAUCOURT et Jacques BERLIOZ (à paraître aux éditions Brepols).

3. Saint PAUL, Hébr., XI, 6, *Sine fide impossibile est placere Deo*, développé, parmi bien d'autres, par saint Thomas dans son sermon sur le *Credo*, dont le P. Mandonnet a pensé qu'il avait été prêché en 1273, à Naples, durant le carême : *Opusculum in symbolum apostolorum* (éd. de Parme, t. XVI, p. 135) ; cf. P. MANDONNET, *Le Carême de saint Thomas d'Aquin à Naples (1273), Miscellanea storico-artistica*, Rome, 1924, pp. 195-212.

mystère de l'Incarnation du Christ, en quelque manière, ait été cru à toute époque chez tous les humains. » Mais avant l'Incarnation, les hommes ne pouvaient avoir que la « prescience » de celle ci, ce qui suffit à leur salut. Au temps de la Loi, ce seuil minimum fut élevé à la « prescience de la Passion et de la Résurrection[1] ». Enfin, au temps de la Grâce « il faut », dit Pierre Lombard, « croire tout ce qui est contenu dans le Symbole »[2].

Mais constatant l'incapacité de certains à satisfaire cette exigence, l'auteur des *Sentences* et, plus encore, ses commentateurs du XIIIe siècle établirent une double distinction entre *majores* et *minores*, entre « foi explicite » et « foi implicite ». Cette distinction leur semblait déjà légitime au temps de la Loi, où Moïse et Abraham comptaient parmi les *majores*. Elle concernait surtout la situation présente de l'Église[3] : les *majores* y sont les clercs, tenus d'adhérer « explicitement » ou « distinctement » à toutes les croyances de l'Église, dont ils doivent, en raison de leur *officium docendi et praedicandi*, expliquer l'essentiel aux *minores* ou *simplices*. Ceux-ci sont les laïcs, dont Pierre Lombard constate déjà qu'ils sont incapables de *« distinguere et assignare »* les articles du Symbole. Aussi ont-ils une foi « voilée » *(velata)*, se contentant d'adhérer à l'enseignement des *majores*. Selon Job (I, 14), ils sont comparés aux ânes qui paissent à côté des bœufs qui labourent et à qui sont assimilés les clercs. Les *minores* du temps présent ont donc, pour l'essentiel, une foi « implicite », comme les *minores* de l'Ancien Testament : mais, contrairement à eux, ils ont le privilège de vivre au temps de la Grâce : aussi doivent-ils avoir un *minimum* de foi « explicite », que leur assure l'enseignement de l'Église et qu'ils ont en

1. THOMAS D'AQUIN, *Summa theologica*, II^a^ IIe, Q. 2, art. 7.

2. Cette dernière phrase est le point de départ de la Distinction XXV du livre III des *Sentences*, qui a fait l'objet des commentaires ultérieurs *De Fide* (*Ad Claras Aquas*, II, éd. de 1916, pp. 665-670).

3. R.-M. SCHULTES, *Fides implicita. Geschichte der Lehre von der Fides implicita und explicita in der katholischen Theologie*, I, Ratisbonne, 1920. Voir surtout en dernier lieu : Pierre-Marie GY, « Évangélisation et sacrement au Moyen Âge », dans C. KANNENGIESSER et Y. MARCHASSON (éd.), *Humanisme et Foi chrétienne. Mélanges scientifiques du centenaire de l'Institut catholique de Paris*, Paris, Beauchesne, 1976, pp. 564-572.

commun avec les clercs. Les théologiens du XIIIe siècle s'efforcèrent de déterminer quel était ce minimum.

Pour justifier cette recherche, saint Thomas prend le cas limite de l'homme sauvage *(« aliquis natus in silvis, vel etiam inter lupos »)* que l'annonce de l'Évangile n'aurait pu toucher au fond des bois. Privé de croyance explicite en la vraie foi, il sera pourtant sauvé, si, du moins, il se laisse guider vers le bien par sa « raison naturelle », car Dieu, considérant sa bonne volonté, ne manquera pas de l'éclairer « soit par une inspiration intérieure, soit par une révélation, soit par l'envoi d'un missionnaire »[1].

Les laïcs ordinaires sont dans une situation assez comparable : si pour être sauvés, dit saint Bonaventure, il leur était nécessaire de retenir tous les articles de la foi *« distincte et implicite »*, « peu seraient sauvés, ce qui est bien cruel à dire »[2].

Mais, à l'inverse, une foi entièrement implicite ne serait pas suffisante, et les laïcs n'auraient pas d'excuse à ignorer l'enseignement de l'Église cherchant à « expliciter » à leur profit une part au moins de la croyance.

Sur cette part, nécessaire aux laïcs, de foi « explicite », saint Bonaventure et saint Thomas étaient d'accord : les laïcs doivent croire explicitement à l'unité et à la trinité des personnes divines, à l'Incarnation, à la Passion, à la Résurrection et, ajoute saint Bonaventure, à la rémission des péchés ; autrement dit, à tout ce qu'énonce le *Credo* — comme l'affirme au début du siècle Jacques de Vitry[3] — ou, du moins, selon les théologiens du milieu du XIIIe siècle peut-être moins exigeants, à la Trinité et aux mystères du Christ.

1. THOMAS D'AQUIN, *Questiones disputatae* [...] *de veritate*, Q. XIV, *De Fide*, 11, obj. 1, et autres occurrences dans l'œuvre de saint Thomas (cf. *Index Thomisticus*, s. v. *« silvis »*). Voir L. CAPERAN, *Le Problème du salut des infidèles. Essai théologique*, Paris, 1912, pp. 193-199, et surtout P.-M. GY, *op. cit.*

2. BONAVENTURE, *Sent. Lib. III*, Dist. XXV, art. 1, q. 3 (éd. Quaracchi, III, pp. 543-544).

3. JACQUES DE VITRY, sermon *Ad Viduas et Continentes*, Th. s. ex Cant. I, 9, *Pulchre sunt gene tue sicut turturis, collum tuum sicut monilia* (B.N.F., ms. lat. 17509, ff^os^ 142 v°-145 v°) : *« In novo autem testamento oportet explicite credere omnes articulos principales sicut in Symbolo continentur. »* Je remercie Mme Marie-Claire Gasnault d'avoir bien voulu me communiquer le texte de ses transcriptions des sermons *ad status* de Jacques de Vitry.

Saint Bonaventure a aussi indiqué par quels moyens les laïcs peuvent retenir ces rudiments de foi explicite : 1) en écoutant la *praedicatio* des *majores*, 2) en suivant l'*ecclesiasticus usus et consuetudo* : par exemple, en faisant le signe de croix, « au nom du Père, du Fils et du Saint-Esprit », ils se souviendront de l'unité et de la trinité des personnes divines ; en suivant les grandes fêtes célébrées par l'Église, et les « actes des prêtres », ils retiendront la Nativité, la Passion, la Résurrection et la rémission des péchés.

Position d'enseigné et conformisme rituel étaient donc les garants de la foi des laïcs : la *devotio* devait pallier chez eux les faiblesses de la *cognitio*. Cela était plus vrai encore dans le cas de leur foi « implicite », qui consistait pour les *minores* à s'en remettre à la foi que seuls les *majores* ont explicitement (Pierre Lombard, saint Thomas) ou « à croire de façon générale ce que croit la très sainte mère l'Église » (saint Bonaventure).

6. En théorie au moins, les conditions de *majores* et *minores* n'étaient pas figées, puisque « la succession des temps » semblait marquée par une explicitation croissante de la foi : là encore le modèle, emprunté à Grégoire le Grand (Homélie sur Ézéchiel : « *Per successiones temporum crevit divinae cognitionis augmentum* »), était d'abord historique, mais il s'appliquait au progrès de la foi dans la vie d'un seul homme (« *profectus unius hominis in fide per successionem temporum* »)[1]. Cette conception « progressiste » de la foi ne pouvait qu'encourager les efforts apostoliques de l'Église du XIIIe siècle.

FAIRE CROIRE OU FAIRE DIRE ?

Le Symbole de la foi était au cœur même de la définition de la « bonne croyance », et son acquisition (« tenir et croire le Symbole ») était le but déclaré de l'enseignement religieux. Depuis longtemps, sa « simplicité », sa « brièveté » et sa « pléni-

1. THOMAS D'AQUIN, *Questiones disputatae* [...] *de veritate, op. cit.*, Q. XIV, 11.

tude »[1] le vouaient à être le point fort de l'apostolat de l'Église. Sa version la plus ancienne, le *Credo*, passait d'ailleurs pour avoir été composée par les douze apôtres.

Certes, le Symbole de la foi n'était pas le tout de la croyance : il comportait des « tenants » et « aboutissants », comme le disait saint Bonaventure[2], mais il était, comme le prêchait aussi Maurice de Sully, le « fondement » de toute la « fabrique » de la vie spirituelle et morale du chrétien[3].

1) La plus ancienne version du Symbole, et la plus en usage au XIIIe siècle, était le *Credo*. Les versions du Symbole composées plus récemment dans la défense de la vraie foi face à l'hétérodoxie (Symboles de Nicée en 325, de Constantinople en 381, Symbole « *Quicumque vult* », composé au Ve siècle, bien qu'attribué à Athanase, évêque d'Alexandrie, un siècle plus tôt) étaient également connues au XIIIe siècle, mais étaient d'un usage liturgique plus limité[4] et n'avaient aucune place dans la catéchèse.

Originellement, le *Credo* était la formule baptismale du catéchumène[5]. Jamais ce lien du *Credo* et du baptême ne fut oublié[6], mais en raison du passage progressif, entre le IXe et le XIe siècle selon les régions, du baptême des adultes au baptême

1. PSEUDO-AUGUSTIN, Sermon CCXLI *De Symbolo*, in *P.L.* (39), col. 2190.

2. BONAVENTURE, *Sent. Lib. III.* Dist. XXV, art. 1 (éd. Quarrachi, III, p. 537) : « *Multa sunt credenda, quae in Symbolo non continentur* [...], *verum est de antecedentibus, sicut est hoc quod est Deum esse, et de consequentibus, sicut sunt multa alia* [...]. »

3. MAURICE DE SULLY, *Hodie, carissimi nobis sancte et individue Trinitatis*, etc., Paris, B.N.F., ms. lat. 14937, f° 59 v°b.

4. Le Symbole de Nicée était chanté aux messes solennelles de toutes les fêtes ayant un rapport avec l'un de ses articles : Trinité, Noël, Circoncision, Épiphanie, Pâques, Ascension, etc. Cette liste déjà longue fut étendue à d'autres grandes fêtes, à leurs octaves, etc. Cf. GUILLAUME DURAND, *Rationale Divinorum Officiorum*, Naples, 1859, pp. 206-212.

5. Qui devait le réciter, ainsi que le *Pater Noster*, lorsqu'il avait satisfait aux trois « scrutins » préliminaires : cf. J. CORBLET, *Histoire* [...] *du sacrement de baptême*, I, Paris, Bruxelles et Genève, 1881, pp. 461-465.

6. JEAN BELETH expliquait par exemple que le *Credo* est chanté à la messe « *ad neophitorum in articulis fidei instructionem* » (*De ecclesiasticis officis*, éd. J. DOUTEIL, Turnhout, Corpus Christianorum, Continuatio Mediaevalis XLI A, 1976, p. 214 [101]). Si saint Thomas d'Aquin a prêché sur le *Credo*, en 1273 à Naples, *durant le carême*, le fait peut être interprété dans le même sens. Cf. J. A. WEISHEIPL, *Friar Thomas d'Aquino, His Life, Thought and Works*, Oxford, 1975, p. 401, n. 86.

des enfants, l'obligation de connaître le *Credo* fut imposée désormais aux parrains et marraines et non plus aux baptisés eux-mêmes[1]. En inversant l'ordre chronologique de la profession de foi et de l'administration du baptême, cette évolution modifia peut-être la signification théologique du rapport entre foi et sacrement : concrètement, elle posa aussi le problème, fondamental au XIIIe siècle, de l'éducation religieuse des jeunes enfants déjà baptisés.

Le *Credo* intervenait de deux manières dans la liturgie :

— aux offices des heures canoniques, marqués traditionnellement par la lecture de psaumes, pour ceux du moins (moines, clercs, puis laïcs cultivés, notamment en milieu urbain) qui savaient lire le latin ; les simples fidèles incapables de lire devaient pendant ce temps réciter un certain nombre de *Pater Noster* et, à partir du XIIe siècle, d'*Ave Maria*[2]. De plus, à « prime » et à « complies », c'est-à-dire matin et soir, clercs et laïcs devaient réciter à voix basse le *Credo*[3]. Cette coutume était de règle dans les rituels des XIIe et XIIIe siècles (Jean Beleth, Guillaume Durand) et l'ordre des Prêcheurs y était plus que tout autre attaché[4] ;

— lors de la messe dominicale, où le *Credo* était expliqué aux fidèles, en langue vulgaire, entre l'homélie et l'eucharistie, c'est-à-dire durant les « prières du prône », qui constituaient la seule partie en langue vulgaire de la liturgie de la messe[5].

1. En 803-811, Charlemagne et l'évêque Gerbald de Liège interdisaient à ceux qui ignorent le *Pater* et le *Credo* de tenir les enfants sur les fonts baptismaux ; cf. *Capitularia Regum Francorum*, Legum Sectio II, t. I, Hanovre, 1883, pp. 241-242.

2. Pierre-Marie GY, « L'office des Brigittines dans le contexte général de la liturgie médiévale », dans H. SLOTT, *Nordiskt Kollokvium II, 1. Latinsk Liturgiforskning (12-13 mai 1972)*, Institutionen för Klassiska Sprak vid Stockholms.

3. J. A. JUNGMAND, *Pater Noster und Credo in Breviergebet. Eine altchristliche Tauferinnerung*, rééd. dans *Gewordene Liturgie*, Innsbruck et Leipzig, 1941, p. 167.

4. HUMBERT DE ROMANS, *Expositio super constitutiones fratrum praedicatorum*, I, XLIII, *De Symbolo*, éd. J.-J. BERTHIER, Rome, 1889, pp. 141-144 : *« Sic ergo patet quare pluries Symbolum divinus quam alii multi*, etc. »

5. Les « prières du prône » sont « l'ensemble d'une ou plusieurs invitatoires indiquant au peuple des intentions de prière qu'il écoutait assis, et de prières proprement dites qui se récitaient debout ou à genoux, le tout lié au sermon de messe dominicale » (cf. J. B. MOLIN, « L'*oratio communis fidelium* au Moyen Âge en Occident du Xe au XVe siècle », dans *Miscellanea Liturgica* [...] *Giacomo Lercaro*, Rome, Paris, Tournai et New York, 1967, II, p. 321).

Dans le *Speculum Ecclesie*, Honorius Augustodunensis (début du XIIe siècle) montre comment le prêtre doit inviter les fidèles à dire le *Credo* avec lui et comment il doit leur en expliquer les mérites[1]. Bien mieux, le sermon lui-même pouvait porter intégralement[2] ou partiellement[3] sur le *Credo* et en donner une explication encore plus détaillée. L'enseignement du Symbole de la foi au « peuple », appelé de leurs vœux au même moment par les théologiens, apparaît ainsi comme une réalité, liée avant tout au renouvellement de l'homilétique au XIIIe siècle.

2) Dès le XIIe siècle et plus encore au XIIIe siècle se multiplièrent les statuts synodaux imposant l'enseignement du *Credo.* Ils paraissent avoir été particulièrement nombreux dans le midi de la France, en relation avec la lutte contre l'hérésie, et en Angleterre, sous l'influence des évêques réformateurs. Cet effort d'enseignement visait trois types de personnes :

— les clercs eux-mêmes, dont la foi n'était pas toujours aussi « explicite » qu'il convenait. L'ignorance du clergé paroissial en ce domaine avait déjà été largement dénoncée à l'époque carolingienne[4]. Cette préoccupation demeura au XIIIe siècle, tandis que l'épiscopat faisait preuve d'exigences accrues à l'égard de son clergé, surtout pour les prêtres, appelés à administrer les sacrements[5] ;

1. HONORIUS AUGUSTODUNENSIS, *Speculum Ecclesia*, dans *P. L.* (172), col. 823-824, et J. B. MOLIN, *op. cit.*, p. 344.

2. Celui déjà de MAURICE DE SULLY, *De Simbolo laicis dicendo. Credo in Deum, Patrem, etc. Nos creons la Sante Trinité*, etc., éd. C. A. ROBSON, *Maurice de Sully and the Medieval Vernacular Homily with the Text of Maurice's French Homilies from a Sens Cathedral Chapter Ms.*, Oxford, 1952, pp. 82-83 ; voir aussi son sermon sur la Trinité (cf. *supra*, p. 105, n. 3), les sermons déjà cités de saint Thomas et de Jourdain de Pise.

3. Deux modèles de sermons *ad status* de JACQUES DE VITRY, adressés l'un *Ad pueros et adolescentes* (B.N.F., ms. lat. 17509, f° 149 v°-151 v°), l'autre *Ad viduas et continentes* (cf. *supra*, p. 103, n. 3).

4. *Capitularia regum francorum, op. cit.*, consulter l'index, *s.v.* « *Symbolum* ». Voir en particulier l'*Admonitio Generalis* de Charlemagne, en 789, *ibid.*, pp. 61-62.

5. Cela apparaît surtout en Angleterre où, à chaque niveau de la hiérarchie ecclésiastique, étaient définis les devoirs d'éducation à l'égard des clercs du

— les laïcs adultes, à qui les curés durent exposer les articles du *Credo « simpliciter ac distincte »*, en langue vulgaire, les dimanches et jours de fête *(« domestico ydiomate inculcent »)*. Les laïcs étaient tenus de connaître trois « prières » : l'oraison dominicale, ou *Pater Noster*, dont les prêtres expliquaient les sept *peticiones* qui la constituent ; la salutation angélique, ou *Ave Maria* ; le *Credo*. Pris dans cette trilogie, ce dernier tendait à n'être plus considéré comme une profession de foi et à se détacher de son contexte liturgique : il devint l'une des trois oraisons caractéristiques de la dévotion quotidienne des simples gens[1] ;

— les enfants, tenus d'apprendre ces trois prières à partir de l'âge de sept ans, « âge de discrétion » faisant d'eux pleinement ces êtres de « raison » dont la foi était nécessaire au salut. Pour le P. Gy, qui fait siennes sur ce point les conclusions de Philippe Ariès, les enfants étaient considérés comme des « adultes en réduction »[2]. Cela est vrai, mais l'enseignement du *Credo* aux enfants ne reposait pas seulement sur l'idée que la foi leur était nécessaire *« a puericia »*, aux enfants aussi bien qu'aux adultes ; notons aussi l'observation, faite par Jacques de Vitry, que l'enfant est une « cire molle » à laquelle il est plus facile

---

niveau juste inférieur : des archevêques aux évêques, aux archidiacres, aux curés, aux prêtres, aux simples clercs. Les curés doivent connaître le Décalogue, les sept péchés capitaux, les sept sacrements, etc., et les Symboles *major* (c'est-à-dire de Nicée) et *minor* (c'est-à-dire le *Credo*), et le *Tractatus « Quicumque vult » qui quotidie ad Primam psallitur*, c'est-à-dire le Symbole dit d'Athanase. Cf. ROBERT GROSSETTESTE, *Epistolae*, éd. H. R. LUARD, Londres, 1861, pp. 154-166, ou les statuts synodaux de Norwich (1257), dans D. WILKINS, *Concilia Magnae Britanniae et Hiberniae*, Londres, 1737, I, pp. 731-732. Plutôt que de citer ici tous les statuts consultés, je renvoie aux études générales de John R. MOORMAN, *Church Life in England in the Thirteenth Century*, Cambridge, 1946 ; Olga DOBIACHE-ROJDESTVENSKY, *La Vie paroissiale en France au XIIIe siècle d'après les actes épiscopaux*, Paris, 1911 ; R. FOREVILLE, « Les statuts synodaux et le renouveau pastoral du XIIIe siècle dans le Midi de la France », dans *Le Credo, la morale et l'Inquisition* (*Cahiers de Fanjeaux*, 6), Toulouse, 1971 ; F. W. OEDINGER, *Über die Bildung der Geistlichen im späten Mittelalter*, Leyde, 1953, notamment p. 51.

1. Ainsi les statuts de Coventry (1237) imposent-ils à tout chrétien de dire « tous les jours » : sept *Pater Noster*, sept *Ave Maria* et deux *Credo*. Cf. J. D. MANSI, *Sacrorum conciliorum nova et amplissima collectio*, Florence et Venise, 1724-1733, t. XXIII, col. 432.

2. P.-M. GY, « Évangélisation et sacrement... », art. cité, p. 569, n. 31.

d'imprimer la marque de la religion qu'à un homme adulte : enseigner les enfants, c'était s'assurer pour l'avenir de bons adultes[1]. Par le biais de cette attention à la croissance de l'enfant, la spécificité de l'enfance tendait donc à être reconnue dès le début du XIIIe siècle, s'accordant à la vision « progressiste » de la foi au cours de l'existence de chaque homme.

Cette éducation des enfants se faisait d'abord à l'église, comme pour leurs parents, qui étaient invités à les y conduire les dimanches et jours de fête. Ils y recevaient par ailleurs un enseignement spécifique quand ils répondaient à la « convocation » des curés ; ces derniers étaient parfois tenus d'instruire particulièrement un ou deux enfants qui, à leur tour, instruisaient les autres enfants[2].

Le premier modèle de sermon *« Ad pueros et adolescentes »* de Jacques de Vitry permet de juger concrètement de ces méthodes d'enseignement et des résultats que le clergé en attendait : la « teneur » du sermon traite des relations entre les parents et leurs enfants, et pourrait tout aussi bien s'adresser aux premiers qu'aux seconds. Mais, dans le « prothème », Jacques de Vitry s'adresse directement aux enfants, en leur demandant pour commencer de faire le signe de croix, comme ils doivent prendre l'habitude de le faire au début de tout sermon ; puis il expose quels gestes et quelles prières doivent scander leur vie quotidienne : au lever, un signe de croix et un *Pater Noster* ; en se mettant à table, un *Pater*, et autant à la fin du repas ; au coucher, un signe de croix et un *Pater*, contre les cauchemars et les démons : un *Pater* aussi quand ils entendent la cloche de l'église ou traversent un cimetière ; quand ils entrent à l'église, un signe de croix, une génuflexion devant l'autel ou le crucifix et cinq actions de grâces en l'honneur des

1. JACQUES DE VITRY, *Sermo ad pueros et adolescentes, ex Proverb. XXII « Adolescens juxta viam suam, etc. », op. cit.*, début du prothème : « [...] *Valde sunt necessaria pueris et adolescentibus qui habiles sunt et ydonei ad suscipiendam doctrine eruditionem, sicut cera mollis et tenera facile suscipu sigilli impressionem. Sed pauci sunt aut nulli qui predicent illis et frangant eis panem doctrine* ».

2. Notamment d'après le synode de Salisbury, dès 1127 (MANSI, *op. cit.*, t. XXII, col. 1107) : *« pueros frequenter quoque convocent, et unum vel duos instruant, qui alios instruans in praedictis »*. Belle préfiguration, outre-Manche, de l'« enseignement mutuel » tant débattu au XIXe siècle.

cinq plaies du Christ ; puis une génuflexion devant la statue de la Vierge, et sept *Ave Maria* ; cela fait, il convient, pour finir, que l'enfant « offre sa foi à Dieu » en disant le *Credo*, puis en récitant « les autres prières que Dieu lui inspire ».

Mais l'éducation religieuse des enfants n'avait pas lieu qu'à l'église sous la responsabilité immédiate des prêtres ; ils devaient aussi être instruits dans la foi au sein de leur famille, par leurs parents, notamment leur mère lorsqu'elle était veuve : Jacques de Vitry s'adressait aux veuves en ce sens[1].

Tant pour les adultes que pour les enfants, les prêtres devaient s'assurer que cet enseignement avait été reçu. Ce contrôle ne se faisait plus seulement, comme à l'époque carolingienne, à l'occasion du baptême d'un enfant, mais lors de la confession, rendue obligatoire pour tout chrétien au moins une fois l'an, en 1215 : quoique la connaissance des articles de la foi ne fût pas nécessaire à l'administration du sacrement de pénitence, le confesseur devait s'assurer dès le début de son entretien avec le pénitent que celui-ci connaissait son *Credo*[2].

3) L'éducation de la foi reposait sur l'acquisition d'un *habitus* social, par la participation imposée aux rites ecclésiastiques (prédication, messe dominicale, confession et communion annuelles), par l'accomplissement de gestes plus ou moins automatiques (signes de croix, génuflexions), par l'usage de moyens mnémotechniques, fondés sur la répétition (les verbes qui toujours reviennent, *frequentari, inculcare*, sont révélateurs), sur des schémas numériques (il y a sept *peticiones* dans le *Pater Noster*, sept péchés capitaux, sept dons du Saint-Esprit, sept sacrements, et comme il y a douze apôtres, il y a aussi douze articles dans le *Credo*, dont on peut distinguer les quatorze vérités, sept sur la « divinité » et sept sur l'« humanité » du Christ, etc.), et enfin sur les rythmes de la métrique : ainsi deux hexamètres rappelaient-ils les sept articles concernant l'humanité du Christ :

1. JACQUES DE VITRY, *Sermo ad viduas et continentes* (cf. *supra*, p. 103, n. 3).
2. ROBERT GROSSETESTE, *op. cit.*, p. 157. Voir aussi, pour le midi de la France et la *Summula* de Bérenger FRÉDOL, Pierre MICHAUD-QUANTIN, « Textes pénitentiels languedociens au XIIIe siècle », dans *Le Credo, la morale et l'Inquisition, op. cit.*, pp. 168-169.

« *Nascitur, abluitur, patitur, descendit ad ima / Surrexit, scandit, veniet discernere cuncta*[1]. »

Cependant, cette formule ne pouvait valoir qu'en latin. En quelle langue les laïcs devaient-ils réciter le *Credo* ?

4) Le P. Gy a suggéré qu'au début du XVIe siècle se distinguaient au moins deux aires culturelles : d'un côté, les pays allemands où le *Credo* était communément récité en langue vulgaire par les laïcs à la fin du Moyen Âge ; de l'autre, les pays « latins », où les clercs, comptant peut-être sur la parenté des langues vulgaires et du latin, s'acharnaient à faire dire le *Credo* en latin par les fidèles[2]. Les documents du XIIIe siècle que je connais ne me permettent pas de répondre directement à cette question : si l'obligation faite aux clercs d'*expliquer* en langue vulgaire le sens des trois prières à leurs ouailles était constamment et partout réitérée, les textes ne précisent pas en quelle langue ces prières devaient être *récitées.* L'absence de précision sur ce point, qui contraste avec la répétition fréquente de l'ordre donné aux clercs d'expliquer le *Credo* en langue vulgaire, indique peut-être que l'obligation faite aux laïcs de réciter en latin leur *Pater* et leur *Credo* semblait aller de soi. D'autres indices renforcent cette hypothèse : dans le langage parlé, quand le nom des trois oraisons était cité, il l'était en latin[3]. Surtout, si Jacques de Vitry n'écartait pas pour les enfants ignorant le latin la possibilité de prononcer la salutation du Crucifix (« *Adoramus te Christe* », etc.) en langue vulgaire, il s'agissait là, de toute évidence, d'une dérogation exceptionnelle, dont il n'envisageait pas la possibilité pour les trois prières fondamentales du chrétien[4]. Citons, enfin, une

1. *Décrétales de Grégoire IX, Glose,* Lyon, 1553 (Lib. I, *De Summa trinitate et fide catholica*), p. 4.

2. P.-M. GY, « Évangélisation et sacrement… », art. cité, p. 568.

3. Par exemple, quand Jeanne d'Arc, le 21 février 1431, répond à son juge : « Et oultre dist que sa mere luy apprint le *Pater Noster, Ave Maria* et *Credo,* et que aultre personne que sadicte mere ne luy appris sa creance. » Cf. *Minute française des interrogatoires de Jeanne la Pucelle,* éd. P. DONCŒUR, Melun, 1952, p. 87.

4. JACQUES DE VITRY, *Sermo ad pueros et adolescentes, ex Proverb. XXII* « *Adolescens juxta viam suam,* etc. », *op. cit.* : « *Et si predictam crucifixi salutationem nesciatis dicere latine, dicatis lingua vulgari* ».

anecdote rapportée par Géraud de Frachet : un laïc compare devant Jourdain de Saxe les laïcs qui « ignorent la vertu » du *Pater Noster* et les clercs qui, en récitant cette prière, « savent ce qu'ils disent »[1] ; la dernière phrase laisse entendre que les laïcs ne comprenaient pas le sens de leur prière, peut-être justement parce qu'ils devaient la dire en latin.

Depuis le XIIe siècle, il existait pourtant, en langue vulgaire, et notamment en français et en langue d'oc, des traductions en prose ou des paraphrases en vers du *Credo*, de *l'Ave* ou du *Pater*[2]. Mais la plupart de ces textes datent de la fin du Moyen Âge : et, à ce titre, ils sont peut-être l'indice d'un progrès tardif de l'usage de réciter ces prières en langue vulgaire. Auteur d'une paraphrase en vers provençaux du *Credo* vers 1354, Peyre de Serras, marchand d'épices en Avignon, opposait clairement la récitation en latin, telle que lui-même, laïc cultivé, la pratiquait, à la récitation en langue vulgaire de « ceux qui n'entendent pas le latin » :

> *Credo in Deum* el mon seu
> Que devem dir premieyrament [...]
> Mas sel que non enten latin.
> Lo deurie dire en ayci :
> « En cre en Dieu lo glorios
> El payre trestot poderos » [...][3].

Cependant, la plupart du temps, le statut de ces versions du *Credo* écrites en langue vulgaire fait problème : certaines tra-

1. GÉRAUD DE FRACHET, *Vitae Fratrum Ordinis Praedicatorum*, éd. Reichert, Louvain (M.O.P.H.L.), 1896, p. 137, cap. 42 (cité par P.-M. GY, « Évangélisation et sacrement », art. cité, p. 567).

2. J'en compte plus d'une quinzaine en français entre le XIIe et le XVe siècle, dont les trois quarts aux deux derniers siècles, dans J. SONET, *Répertoire d'incipit des prières en ancien français*, Genève (Société des publications romanes et françaises, LIV), 1956, n° 290-294, 297, 788 à 797 ; B. WOLEDGE et H. P. CLIVE, *Répertoire des plus anciens textes en prose française depuis 842 jusqu'aux premières années du XIIIe siècle*, Genève (Société des publications romanes et françaises, LXXIX), 1964, p. 52. Il faut y ajouter le « *Credo* de Joinville », composé en 1250-1251 : L. J. FRIEDMAN, *Text and Iconography for Joinville's Credo*, Cambridge, Mass., The Mediaeval Academy of America, 1948.

3. P. MEYER, « Notice de quelques manuscrits de la collection Libri à Florence », *Romania*, XIV, 1885, pp. 485-548, plus particulièrement pp. 535-536.

ductions peuvent avoir servi à des clercs lisant à des laïcs qui ignoraient le latin la version française du *Credo* ou du *Pater*[1] ; mais ceux de ces textes qui apparaissent comme des instruments d'une piété individuelle ne venaient pas remédier à l'ignorance du latin : ils témoignent au contraire, comme dans le cas du *Credo* de Joinville, des ouvertures nouvelles d'une culture savante qui, rompue à l'usage des lettres latines, cherchait à élever la langue vernaculaire à la dignité de la littérature religieuse. Une preuve en est la présence, parmi ces textes, de versions en langue vulgaire du Symbole dit d'Athanase, dont la connaissance n'a jamais été exigée des simples laïcs[2].

De plus, ces textes étaient souvent insérés dans des livres d'heures ou des psautiers : or les psaumes n'étaient généralement pas récités de mémoire, comme les trois prières fondamentales, mais lus : ils supposaient donc déjà une certaine familiarité avec la culture savante[3]. On peut même se demander dans quelle

1. Ce fut peut-être le cas de la plus ancienne traduction française, qui pourrait avoir servi à l'éducation de convers cisterciens : cf. J. SONET, *op. cit.*, n° 793 : ce texte est contenu, avec un *Pater* en français, dans le manuscrit (perdu) de Charleville d'une règle cistercienne (XIIe siècle). Il n'y a aucun doute dans le cas du *Doctrinal des simples gens* (fin du XIVe siècle), « fait pour les simples gens qui n'entendent pas bien l'escripture sainte. Et aussi pour les simples gens qui n'entendent pas le latin », qui commence par le texte français du *Credo* et son commentaire (texte aimablement transmis par Mme M.-C. Gasnault).

2. Ainsi, dans le *Psautier de Cambridge* ou le *Psautier d'Oxford* : cf. B. WOLEDGE et H. P. CLIVE, *Répertoire des plus anciens textes..., op. cit.*, p. 52.

3. Une limite culturelle essentielle passait donc au XIIIe siècle entre ceux qui récitaient les trois prières et ceux qui, en plus, maîtrisaient le psautier : c'est le sens d'un *exemplum* d'ÉTIENNE DE BOURBON (*Anecdotes historiques, légendes et apologues...*, éd. A. LECOY DE LA MARCHE, Paris, 1877, p. 179, n° 206) montrant comment une *vetula* perdit le don des larmes et l'inspiration de l'Esprit (sous la forme d'une colombe) lorsque l'évêque, considérant avec quelle piété elle récitait le *Credo*, le *Pater* et *l'Ave (inculcans iterabat)*, voulut en plus lui « donner le Psautier ». Même ignorance chez une béguine parisienne, à laquelle s'adressait Guillaume d'Auxerre : *« Tu dices michi : "Certe, domine, nullos psalmos scio, quia non sum clericus vel clerica." Ad minus tu scis tuum Pater Noster, et Ave Maria, hoc scire teneris »* (cf. N. BÉRIOU, « La prédication au béguinage de Paris pendant l'année liturgique 1272-1273 », *Recherches augustiniennes*, XIII, 1979, p. 181, a. 232). Pourtant, en tant que groupe « intermédiaire » entre clercs et laïcs, les béguines se distinguaient souvent de ces derniers par la pratique du psautier ; JACQUES DE VITRY, *Sermo ad virgines et juvenculas, ex Cant. II, 1 « Ego flos campi,* etc. », disant pour défendre les béguines contre leurs détracteurs : *« Nonne libenter ad ecclesiam vadunt et psalteria sua frequenter legunt. »*

mesure certaines paraphrases du *Credo* en langue vulgaire n'ont pas été composées dans un but largement littéraire, dont témoignerait notamment le choix varié des rimes ; à ce titre, ces pièces s'inscriraient dans une longue tradition littéraire, qui conduit des « *Credo* épiques » des XIe-XIIe siècles au *Credo* de Dante au *Paradis*[1]. Enfin, s'il est vrai qu'à partir du XIVe siècle ces textes apparaissent parfois au service d'une piété laïque surmontant ainsi l'obstacle de la langue latine, les exemples en sont limités et tardifs, et ils supposaient de toute manière l'acquisition par ces laïcs d'un statut social et d'un bagage culturel hors du commun[2].

Sans pouvoir mieux préciser la « géographie » proposée par le P. Gy, ni confirmer de manière certaine son hypothèse, il est sûr qu'au XIIIe siècle, et dans le domaine linguistique roman au moins, l'Église n'a pas systématiquement appris aux laïcs à réciter le *Credo* dans leur langue maternelle ; elle dut préférer adopter une attitude plus nuancée, laissant paradoxalement l'usage de la langue vulgaire aux clercs lorsqu'ils expliquaient le sens des articles de la foi, mais tâchant d'exiger des laïcs la récitation du *Credo* en latin. Il est vraisemblable que, sur ce dernier point, une évolution eut lieu à la fin du Moyen Âge en France, la récitation du *Credo* en langue vulgaire ayant été alors mieux admise ici peut-être qu'en Italie, mais moins bien qu'en Allemagne.

5) Menés dans de telles conditions, les efforts déployés par l'Église pour « faire croire » les laïcs eurent sans doute des résultats limités : en témoignent la répétition inlassable des

1. Edmond-René LABANDE, « Le *Credo* épique, à propos des prières dans les chansons de geste », dans *Recueils de travaux [...] Cl. Brunel*, Paris, 1955, pp. 68-80 ; DANTE, *La Divine Comédie, Paradis*, XXIV, 130-154.

2. *Pater, Ave* et *Credo* en langue d'oc, rédigés vers 1354 ainsi que d'autres textes pieux, par PEYRE DE SERRAS déjà mentionné : cf. P. MEYER, « Notice de quelques manuscrits de la collection Libri à Florence », art. cité ; ou paraphrase du *Credo* en langue d'oc composée vers 1400 et insérée dans son livre de raison par JEAN DE BARBENTANE, procureur du chapitre d'une église d'Apt ; cf. C. CHABANEAU, « Paraphrase des litanies en vers provençaux », *Revue des langues romanes*, 1886, pp. 243-246.

mêmes prescriptions au bas Moyen Âge[1] ou, dès le XIIIe siècle, la manière dont l'Église a parfois ramené ses exigences en matière de « foi explicite » de l'ensemble du *Credo* à la seule croyance à la Trinité, que manifestait un geste — le signe de croix — à défaut d'une parole. Jacques de Vitry se scandalisait aussi au spectacle de vieillards incapables, en dépit de leur âge, de réciter le *Pater Noster* au-delà du mot *sanctificetur* ou du mot *debitoribus*[2].

Surtout, réduite à l'état d'une formule dont le sens était plus ou moins bien compris, la « prière » du *Credo* n'avait peut-être pas pour les laïcs le même sens que pour les clercs. Pour l'Église, la profession de foi avait une *virtus* spirituelle : récitée le matin, elle aidait à réaliser dans la journée les « bonnes œuvres » elles aussi nécessaires au salut : le soir, elle chassait les « tentations des démons ». Inversement, le défaut de foi favorisait l'agression démoniaque[3]. Étienne de Bourbon rapportait dans un *exemplum* qu'une « coutume » des Prêcheurs voulait qu'à l'agonie d'un frère les assistants « répètent le Symbole » pour « mettre en fuite les démons »[4]. Quelle que fût la signification qu'Étienne de Bourbon et les frères prêcheurs accordaient à cette dernière expression, il est vraisemblable que les auditeurs laïcs de cet *exemplum* se représentaient la déroute des démons d'une manière très réaliste. Comme pour les deux autres prières, auxquelles il s'est trouvé peu à peu associé, le *Credo* était en effet pour les laïcs une formule « magique », dont la *virtus* consistait à préserver dans l'instant contre l'agression des démons, la mort ou les angoisses nocturnes. Cette

1. Cf. P.W. OEDINGER, *op. cit.*, p. 51.

2. JACQUES DE VITRY, *Sermo ad pueros et adolescentes, ex Proverb. XXII « Adolescens juxta viam suam, etc. » : « Quidam tamen ita sunt rudes et bestiales quod vix semel in anno, quando debent communicare ad ecclesias vadunt, et nesciunt orare, neque "Pater Noster" vel "Ave Maria" aut "Credo in Deum" didicerunt. Unde quando adulti facti sunt, nunquam plene et integre possunt addiscere, sicut quidam senes rudes et facui dicunt quando queritur ab eis si sciunt "Pater Noster" ; respondent : "Scio usque ad 'sanctificetur' vel usque ad 'debitoribus' sed nunquam ultra potui transire"... »*

3. Voir, par exemple, *Liber exemplorum ad usum praedicantium*, éd. A. G. Little, Aberdeen, 1908, pp. 85-86, n° 142.

4. ÉTIENNE DE BOURBON, *Anecdotes historiques, légendes et apologues...*, éd. citée, p. 284, n° 334.

situation fut sans doute favorisée par la difficulté qu'avaient les laïcs à saisir le sens précis de ces formules. Mais si les clercs firent d'indéniables efforts pour les leur faire comprendre, ils semblent s'être accommodés aussi d'une conception « populaire » de la *virtus* qui n'était pas exactement la leur : au laïc qui s'inquiétait d'« ignorer la vertu » du *Pater*, à l'inverse des clercs qui « savent ce qu'ils disent », Jourdain de Saxe répondait que cette prière « vaut autant dans les deux cas, comme une pierre précieuse vaut autant dans la main de celui qui ignore sa vertu que dans celle de celui qui la connaît[1] ». Le *Pater* était-il réduit à l'état d'« objet magique » ? C'est bien ce qui apparaît dans un sermon de Jacques de Vitry enjoignant aux veuves d'apprendre les trois prières aux enfants : « S'ils ne comprennent pas bien la vertu des mots, ceux-ci leur sont néanmoins utiles ; de même que le serpent ne comprend pas la force du chant et de l'incantation dont les mots lui font pourtant du tort, la vertu (des mots de la prière) agit chez ceux qui ne les comprennent pas[2]. »

Ces citations suggèrent une réflexion et une hypothèse :

— sans nier l'éclosion d'une « spiritualité des laïcs » aux derniers siècles du Moyen Âge, il serait téméraire de généraliser, au-delà de certaines élites sociales et culturelles, l'idée d'une « intériorisation » de la foi trop souvent comprise comme le résultat d'une évolution linéaire et d'un évident « progrès » inspiré par l'Église ;

— le « magisme », qui passe corrélativement pour avoir été le frein principal de cette évolution en tant que « survivance » d'une mentalité archaïque[3], fut peut-être tout autant, et paradoxalement, le résultat de l'effort d'éducation des masses laïques entrepris par l'Église à partir du XIIIe siècle, ou plutôt de

1. Cf. *supra*, note 44.

2. Jacques de Vitry, *Sermo ad viduas et continentes, ex Cant. I, 9, « Pulchre sunt gene lue, etc. » : « Hec omnia compendiose debetis cogitare et filios vestros docere, qui si bene virtutem verborum non intelligunt, nichilominus eis prosunt, sicut serpens verbum carminationis et incantationis non intellegit, et tamen verba illa illi obsunt, et virtutem suam consequntur in illis qui ea non intellegunt. »*

3. Pour la critique plus détaillée de ces thèses, je me permets de renvoyer à mon article « Religion populaire et culture folklorique », *Annales. E.S.C.*, 1976, 5, pp. 941-953.

ses contradictions : au moment où l'Église cherchait à « expliciter » au profit de tous les chrétiens la foi nécessaire à leur salut, elle leur imposait des limites, notamment linguistiques, à une compréhension « orthodoxe » des prières qu'ils devaient réciter.

Quelles furent donc les raisons de cette attitude contradictoire ?

« NON CREDENDA »

Dans sa réflexion théologique comme dans sa pratique apostolique, l'Église du XIIIe siècle fit preuve de réalisme à l'égard de la foi des simples laïcs et toléra de leur part une très grande « ignorance »[1].

L'Église n'a-t-elle pas été tout naturellement contrainte d'adopter cette attitude, lorsqu'elle s'est trouvée confrontée à l'« inculture » des *illitterati*, étrangers à la culture cléricale, savante, écrite et latine ? Cette explication est sans doute insuffisante : le minimum de foi « explicite » exigé des laïcs a été fixé, de manière délibérée par l'Église, comme l'unique moyen de préserver les simples chrétiens de deux dangers : d'une part les croyances hérétiques, de l'autre les croyances « superstitieuses » du folklore. Les unes et les autres étaient en effet présentées par Maurice de Sully comme les deux types de croyance détournant le chrétien de la vraie foi[2]. Et venant de donner à son clergé du diocèse de Coventry un modèle de commentaire du *Credo* destiné à l'instruction du « peuple », l'évêque Roger de Weseham (1245-1256) opposait au Symbole les deux facteurs qui « détruisent, voilent et obscurcissent » la vraie

1. C'est également dans un sens plus laxiste que les théologiens du XIIIe siècle redéfinissaient le « péché d'ignorance » : cf. O. LOTTIN, « La nature du péché d'ignorance. Enquête chez les théologiens du XIIe et du XIIIe siècle », *Revue thomiste*, n. s., XV, 1932, pp. 634-652, 723-738.

2. MAURICE DE SULLY, Sermon *De sancta et individua Trinitate : « Hodie, carissimi, etc. »* (cf. *supra*, p. 105, n. 3), f° 59 v°b : *« Ita et nos, dilectissimi, abjecta omnium heretice pravitate et sortilegiis quibus illi christiani qui sanam non habent fidem utunrur et variis divinationibus in quibus credunt, etc. »*

foi : « En premier lieu les hérésies qui manifestement s'opposent aux articles de la foi [...]. Et d'autre part, ce qui tira son origine des arts magiques, que les démons inventèrent pour les transmettre aux hommes ; parmi ces derniers, certains, ayant été ainsi trompés, s'efforcent quotidiennement de tromper les autres[1]. »

1) La négation au moins partielle du Symbole de la foi était comprise dans la définition même de l'hétérodoxie. La composition des nouvelles versions du Symbole (Nicée, Constantinople, « *Quicumque vult* ») était historiquement liée à la réfutation de l'hérésie ou du schisme et les clercs du XIIIe siècle en avaient bien conscience : face au schisme, quand les Pères du deuxième concile de Lyon obtinrent en 1274 de Michel Paléologue une profession de foi propre à leur donner l'illusion passagère d'une prochaine réunion des Églises[2] ; face, surtout, à l'hérésie, puisque tous les synodes méridionaux réunis pour lutter contre les cathares encouragèrent en même temps les curés à enseigner le *Credo* aux fidèles ; et quand Innocent III réconcilia avec l'Église Durand de Huesca, ancien chef des vaudois d'Aragon, il lui imposa la récitation du *Credo* avant de l'autoriser à prêcher[3].

Or la « simplicité » même des *simplices* semblait soit les porter plus aisément à l'« erreur » s'ils prétendaient se mêler eux-mêmes de « subtilités », soit faire d'eux les proies faciles des hérétiques cherchant à les séduire. Face à ce danger, l'Église choisit de mieux instruire les fidèles, mais en même temps de prêcher la soumission des *minores* aux *majores*, réservant à ceux-ci la pleine *cognitio* de la foi et le devoir de l'enseigner, à ceux-là la *devotio* et le devoir d'obéissance à l'Église : chaque fois que l'*homo simplex* ou la *vetula* entendaient la prédication de quelque nouveauté, ils devaient s'assurer avant d'y adhé-

1. ROGER DE WESEHAM, *Instituta*, éd. C. R. Chency, *English Synodalia of the Thirteenth Century*, Oxford University Press, rééd. 1968, p. 152.

2. Cf. *1274, année charnière. Mutations et continuité* (Lyon et Paris, 30 septembre-5 octobre 1974), Paris, C.N.R.S. (Colloques internationaux du C.N.R.S., n° 558), 1977, pp. 137-207.

3. G. DUMEIGE, *Textes doctrinaux du magistère de l'Église sur la foi catholique*, Paris, 1969, p. 131.

rer que l'Église universelle « tenait » cette croyance ; et saint Bonaventure d'ajouter : pour les *simplices*, le principal remède à l'erreur est l'« instruction »[1].

Pour l'Église, confrontée depuis le XIe siècle à la menace des hérésies populaires, il fallait donc trouver un équilibre, difficile à tenir, entre deux buts contradictoires : l'instruction des laïcs et leur soumission aux clercs. Cette difficulté apparaît bien dans l'attitude de l'Église à l'égard de la langue vulgaire : au XIIIe siècle, les clercs en firent dans leur prédication un usage sans précédent[2] ; mais, plus que jamais, ils en contrôlèrent aussi l'emploi à des fins religieuses par les laïcs, car elle était la langue de l'hérésie. Certains hérétiques possédaient des versions écrites en langue vulgaire du *Credo*, du *Pater*, voir de l'*Ave*[3]. On comprend ainsi que seule une élite sociale et culturelle, le plus souvent cléricale d'ailleurs, ait pu faire de telles traductions impunément et que le nombre de celles-ci soit resté limité. Ainsi s'explique aussi l'attachement durable de l'Église à la récitation du *Credo* en latin par les laïcs.

Par peur de l'erreur doctrinale, l'Église a donc voulu limiter le raisonnement des « simples »[4]. Mais, du coup, elle dut réduire le plus possible leur *cognitio*, plaçant au plus bas le seuil de tolérance au-dessous duquel, disait saint Bonaventure, l'ignorance n'est plus excusable et révèle « négligence et mépris ». L'erreur

1. BONAVENTURE, *Sent. Lib. III*, Dist. XXV, art. 1, q. III (éd. Quaracchi, p. 545).

2. Michel ZINK, *La Prédication en langue romane avant 1300*, Paris, Honoré Champion, 1976.

3. À l'occasion de la condamnation des hérétiques amauriciens en 1210, l'archevêque de Sens, Pierre de Corbeil, ordonna que soient remis aux évêques « les livres théologiques écrits en roman [...], le *Credo in Deum* et le *Pater Noster* en roman, mais pas les vies de saints [...], découverts chez celui qui est réputé hérétique » ; cf. *Cartulaire de l'Université de Paris*, éd. DENIFLE-CHÂTELAIN, Paris, 1889, I, p. 70, n. 11 (cf. P.-M. GY, *op. cit.*, p. 569, n. 26). Des hérétiques lollards jugés par l'évêque de Norwich en 1428-1431 avouèrent posséder des livres écrits en *anglais* qui contenaient le *Pater Noster*, l'*Ave Maria* et le *Credo* ; cf. *Heresy Trials in the Diocese of Norwich 1428-31*, éd. N. P. TANNER, Londres (Camden Fourth Series, 201, 1977, pp. 69 et 73).

4. Voir, par exemple, parmi bien d'autres, ce que prêchait Humbert de Romans *« Ad omnes laicos : (Laici) non debent ascendere ad scrutandum secreta fidei quam tenent clerici, sed adhaerere implicite »*, cf. HUMBERT DE ROMANS, *De modo prompte cudendi sermones*, éd. M. de LA BIGNE, Lyon (Maxima Bibliotheca Veterum Patrum XXV), 1677, p. 491.

des « simples » était même excusable tant qu'elle n'était pas défendue avec l'obstination *(pertinacia)* caractéristique de l'hérétique[1]. Jacques de Vitry en donnait un exemple, en dénonçant « l'opinion détestable et diabolique » de ceux qui affirment qu'au Jugement dernier ou au paradis nul ne reconnaîtra son prochain, à l'exception des parrains et marraines qui seuls reconnaîtront leurs filleuls[2]. De toutes les erreurs que le prédicateur condamnait à la suite de son commentaire du *Credo*, celle-ci, concernant le Jugement dernier, était la seule à avoir un rapport direct avec l'un des articles de la foi. Pourtant, tout en la combattant, Jacques de Vitry ne parlait pas d'« hérésie », mais seulement d'« opinion ». Il est vrai que dans ce sermon il dénonçait surtout les « fausses croyances » des *vetule*, moins suspectes d'hérésie que de sortilèges.

2) De nombreux sermons consacrés au *Credo* et destinés au « peuple » opposent aux articles de la foi des croyances distinctes de l'hérésie, mais que le chrétien doit bannir avec la même énergie *(non credenda, stulta et falsa credulitas*, voire *infidelitas)* : croyances aux divinations et aux sortilèges, « sorceries et charaies » *(caracteres)*, pour employer les termes français de Maurice de Sully.

Celui-ci enjoignait aux « prêtres » de détourner leurs fidèles de « malvaise creance » au profit de « bone creance », qui est contenue dans le *Credo.* Jacques de Vitry, recommandant aux veuves d'éduquer leurs enfants dans la foi, leur ordonnait de les préserver et de se détourner elles-mêmes de ces croyances contraires. Trois types d'arguments peuvent être distingués dans son raisonnement, qu'illustre un grand nombre d'*exempla.*

— Il condamnait les femmes qui, pour connaître l'avenir ou découvrir des choses cachées, ont recours aux devins ; quand

1. THOMAS D'AQUIN, *In Lib. III Sent.*, Dist. XXV, q. II, *solutio* 3 : *« Ad primum ergo dicendum, quod non condemnantur simplices pro haereticis, quia nesciunt articulos, sed quia pertinaciter defendunt ea quae sunt contraria articulis : quod non facerent, nisi per haeresim fidem corruptam haberent ».*

2. JACQUES DE VITRY, *Sermo ad viduas et continentes, ex Cant. I, 9 « Pulchre sunt gene tue, etc. » : « Contra illos qui credunt quod in judicio vel in paradisio non cognoscent se nisi patrinus filiolum et e converso* [...] *».*

ceux-ci ne sont pas des charlatans juste bons à les tromper en abusant de leur « simplicité », ils disent parfois vrai, mais parce que le diable parle à travers eux ; ainsi ces femmes sont-elles doublement fautives à l'égard de Dieu : elles attendent des devins ou de présages la connaissance de l'avenir, alors que le temps futur n'appartient qu'à Dieu ; elles vouent aux démons, qui inspirent les devins, les honneurs dus à Dieu seul.

À ces croyances sont intimement mêlées des « observances vaines et curieuses » : don d'étrennes au nouvel an, projection de blé sur les nouveaux époux en signe de bon augure, etc. L'« idolâtrie » est aussi citée (mais non le mot « superstition ») à propos de ceux qui « placent leur foi dans des pierres ou des statues ».

— À plus forte raison, Jacques de Vitry condamnait les devins eux-mêmes, vrais ou faux, et les sorcières *(sortilege* et *malefice)*, qui utilisent les prières de l'Église dans les invocations qu'elles chantent *(carminationes)*, confectionnent avec l'hostie ou le saint chrême des philtres d'amour ou se rendent coupables de maléfices sexuels.

— Toutes ces condamnations avaient en commun la référence au diable et aux démons, dont les figures acquéraient ainsi une importance considérable et nouvelle au XIIIe siècle, mais dont les pouvoirs étaient aussi soigneusement précisés : le diable peut dévoiler les choses cachées, notamment les péchés, et prédire l'avenir ; il agit sur l'imagination des hommes *(diabolica suggestio, illusio diabolica)* et, par exemple, fait croire à une femme qu'elle vole la nuit ou à un homme que son épouse a été transformée en jument : il peut enfin prendre lui-même la forme *(forma, species)* d'un homme ou d'un animal. Ses pouvoirs très étendus ont pourtant une limite essentielle : comme l'enseignait déjà saint Augustin, le diable ne peut agir qu'avec « la permission de Dieu ».

En « démonologisant » des pans entiers de la culture folklorique, en lui appliquant la grille d'analyse et d'interprétation du système démonologique augustinien, en vulgarisant peut-être une partie de ce savoir et notamment l'obsession de Satan, l'Église a, aux XIIe et XIIIe siècles, fait connaître une indéniable promotion au diable et aux démons dans le système des croyances : parachevant le portrait de l'« Ennemi », elle n'a pas manqué, en réponse, sans doute, au dualisme des cathares, de rappeler qu'il était soumis à Dieu son maître et créateur ; mais elle a surtout, dans le contexte nouveau de son apostolat en milieu laïc, su faire du diable un précieux auxiliaire de sa propre action.

À condition de ne pas accorder au diable ce qui revient à Dieu, la croyance *au* diable devenait en effet un élément essentiel de la « vraie » croyance *en* Dieu et de la vie morale du chrétien : puisque les pouvoirs du diable sont à craindre en proportion des péchés que le diable suggère à l'homme puis dénonce par la bouche des devins, une existence vertueuse est la meilleure protection contre ses embûches ; qui néglige les sacrements et, surtout, omet de se confesser prête le flanc aux tentations diaboliques : voilà qui venait à point en renfort du canon *Omnis utriusque sexus* de 1215 imposant à tout chrétien de se confesser au moins une fois l'an ; enfin, la récitation fréquente de l'*Ave Maria* ou du *Credo* mettait en fuite les démons dans les moments désespérés. Ainsi s'éclaire bien ce que signifiait la *virtus* du *Credo* : elle remettait le diable à sa juste place dans un système de la « bonne croyance » où il jouait un rôle essentiel, quoique subordonné à celui de Dieu.

Mais la place du diable dans le système de la croyance était ambiguë : il s'agissait de croire au diable comme au trompeur par excellence *(delusor)*, qui « fait croire » ce qu'il « ne faut pas croire » *(non credenda)*, afin d'éviter sa tromperie même et parvenir au salut.

Parmi les tromperies traditionnellement attribuées à l'action du diable sur les esprits des « simples » et surtout des femmes figurait en première place la croyance au vol nocturne de certaines femmes dans le cortège de Diane ou d'Hérodiade. Traditionnellement, l'Église considérait que cette croyance était non seulement « infidèle » *(« a recta fide deviant »)*, mais fausse *(« hec omnino falsa esse »)* et inspirée par le Malin à l'esprit de ceux qui la tenaient pour vraie *(« a maligno spiritu talia fantasmata mentibus fidelium irrogari »)* : sa condamnation vers 900 par le *Canon Episcopi* (attribué à tort à un concile d'Ancyre du IVe siècle, mais cette antiquité renforçait encore son autorité) a été rappelée par Burchard de Worms, Yves de Chartres et surtout Gratien, dans son *Décret* au milieu du XIIe siècle[1] : le *Canon Episcopi*, déniant toute réalité objective au vol nocturne des sorcières, devint ainsi l'un des fondements de la démonologie du Moyen Âge central.

Or la croyance religieuse, tout autant que les techniques pour « faire croire », sont des phénomènes historiques, soumis au changement. Entre 1450 et 1470, les fondements de cette démonologie furent remis en cause : Jean Vineti, Nicolas Jacquier, Pierre Mamoris imposèrent l'idée que le vol nocturne des sorcières n'était pas une illusion suggérée par le diable, mais une réalité, et qu'il fallait croire à cette réalité avec la même ardeur qui, jusqu'à présent, avait servi à dénoncer l'illusion. Une telle inversion de la croyance officielle fondait la possibilité théorique du sabbat, dont le nom apparut et se répandit au même moment[2]. Elle allait permettre le début de la chasse aux sorcières.

Cette évolution très importante demanderait à être analysée et interprétée avec précision. Notons simplement comment l'Église s'est détachée de la croyance qu'elle professait depuis plusieurs siècles : elle ne déclara pas que sa croyance antérieure était fausse, ce qui, dans sa situation d'institution dont l'« autorité » se voulait absolue, eût été tout simplement inconcevable ; elle soutint que l'objet de la croyance avait changé, que les sorcières n'étaient plus les mêmes : autant les « anciennes sorcières » étaient victimes de vaines croyances, autant les

1. GRATIEN, *Decretum*, Pars II, Causa XXVI, Quaestio V, c. 12 (éd. Friedberg, I, col. 1030-1031).

2. Voir la remarquable synthèse de Franco CARDINI, *Magia, stregoneria, superstizioni nell'Occidente medievale*, Florence, La Nuova Italia Editrice, 1979, pp. 81-85. Voir, depuis, les nombreux travaux publiés à Lausanne sur les débuts du sabbat au XVe siècle dans l'arc alpin, en particulier : *L'Imaginaire du sabbat. Édition critique des textes les plus anciens (1430 c.-1440 c.)*, réunis par Martine OSTORERO, Agostino PARAVICINI-BAGLIANI, Kathrin UTZ TREMP en collaboration avec Catherine CHÈNE, Lausanne, Université de Lausanne (Cahiers lausannois d'histoire médiévale, 26), 1999, qui affinent et complètent : Carlo GINZBURG, *Les Batailles nocturnes. Sorcellerie et rituels agraires en Frioul, XVe-XVIe siècle*, Lagrasse, Verdier, 1980 (1re éd. ital., 1966). Voir aussi, du même, *Le Sabbat des sorcières*, Paris, Gallimard, 1992 (1re éd. ital., 1989).

« nouvelles sorcières » — dont le *Malleus maleficarum* situait l'apparition vers 1400[1] — concluaient volontairement avec le diable un « pacte exprès » pour s'envoler toutes ensemble au sabbat, se métamorphoser et transformer les autres en bêtes.

En apparence, la démonologie savante avait donc fini par faire sienne la croyance folklorique au vol nocturne des sorcières, depuis longtemps dénoncée sur la base du *canon Episcopi.* En fait, loin d'en reconnaître tardivement le bien-fondé, l'Église l'avait soumise à une rationalité positive et historisante, qui, écartant toute possibilité de doute et d'alternative, ruinait le fondement même de la croyance : il ne s'agissait plus pour elle d'une croyance, mais d'un fait objectif qu'elle garantissait de son autorité et qui justifiait la répression la plus sévère. Face à l'inquisiteur, la sorcière n'était pas coupable de « mal croire », mais d'avoir physiquement rejoint le sabbat et commis des crimes...

L'obsession du satanisme n'était pas aussi intense au XIIIe siècle. Les clercs, peut-être, cherchaient moins alors à dénoncer partout l'emprise du diable qu'à mettre la croyance au diable au service de la croyance en Dieu. Mais s'ils étaient bien armés pour établir de telles distinctions, les *minores* l'étaient moins, dès lors qu'il était fait officiellement vertu de leur « ignorance » ; l'on ne saurait par conséquent s'étonner que, de ces deux pôles constitutifs et inégaux de la « vraie croyance », ils aient parfois inversé le rapport, ruinant tout l'édifice du système ecclésiastique de la croyance ; c'est ainsi que le *Credo*, expression minimale de la seule foi « explicite » exigée des simples laïcs, put servir d'incantation aux sorcières[2]. Certains historiens de la « religion populaire » verraient là une forme pervertie de la religion officielle. J'y vois plutôt un trait caractéristique du fonctionnement de la culture folklorique, au contact de la culture dominante et au niveau précis où l'Église avait choisi

1. Henry INSTITORIS et Jacques SPRENGER, *Le Marteau des sorcières*, présentation et traduction par A. Danet, Paris, Plon, 1973, p. 341.

2. *Le Doctrinal des simples gens : Des sorceries et devinemens* [...] : « Nous ne disons pas que s'aucuns cueillent herbes medicinables en disant le *Credo* ou le *Pater Noster*, que ce soit pechie mortel, mais qu'il ne le face par sorcellerie ou par autre mauvaise entencion » (B.N.F., mss. fr. 1008, 1055 et 1846 ; texte transcrit par Mme M.-C. Gasnault).

de l'établir ; celui d'une « sainte ignorance » qu'atténuait à peine le minimum de croyance « explicite » qui était nécessaire au salut des plus « simples » et avait été exactement défini dans le souci d'exorciser à la fois le danger de l'hérésie populaire, en promouvant la *devotio* des laïcs, et celui de la magie, en donnant à ces derniers des rudiments de *cognitio*.

3) Inspirée par la crainte d'une double perversion de la foi, l'assignation d'une telle position culturelle et religieuse aux simples laïcs dans l'Église est bien illustrée par l'*exemplum* de la *vetula* habituée à dire le *Credo*, le *Pater* et l'*Ave*, et qui perdit le « don des larmes » quand, à l'instigation malheureuse de son évêque, elle y ajouta la lecture du psautier[1]. La nature même de ce récit, qui était un *exemplum* destiné à être prêché aux principaux intéressés, les laïcs, montre que l'Église a cherché à fixer de manière très consciente, et même « militante », cette position des laïcs, et qu'elle a voulu le faire le plus bas possible : l'évocation du don surnaturel des larmes servait à justifier l'impossibilité pour cette vieille femme de dépasser la limite culturelle qui était assignée à son état et qui la privait de l'usage de la lecture. Pour mieux souligner le bien-fondé de cette limite, les théologiens valorisaient parfois l'ignorance de la *vetula*, affirmant qu'en matière de foi elle en savait plus que les anciens philosophes[2]. Mais leur jugement était empreint d'une grande ambiguïté, puisqu'ils utilisaient le même mot pour dénoncer les sorcières[3].

Ainsi l'Église se contredisait-elle doublement :

— d'une part, en entretenant l'« ignorance » et la « simplicité » des laïcs, elle courait le risque de les laisser sans défense face aux erreurs dont elle cherchait au même moment à les détourner, soit qu'ils fussent séduits par les « nouveautés » et les « sub-

1. Cf. *supra*, p. 113, note 3.

2. Cf. *Index Thomisticus, s.v. vetula*, par ex. *Sermon pour les SS. Pierre et Paul : « Plus scit modo una vetula de his quae ad fidem pertinent, quam quondam omnes philosophi » (Opera omnia*, Parme, XXIV, 228 A), qui illustre l'idée d'un progrès linéaire de la foi dans l'histoire.

3. Sur les jugements portés par un prédicateur comme Étienne de Bourbon sur les *vetule*, voir Jean-Claude SCHMITT, *Le Saint Lévrier. Guinefort, guérisseur d'enfants depuis le XIIIe siècle*, Paris, Flammarion, 1979, pp. 56-57.

tilités » de l'hérésie, soit que leur « vanité » les poussât à consulter les devins. Le fait est que l'Église ne parvint jamais à éradiquer les « superstitions » qu'elle n'eut de cesse de condamner ;

— d'autre part, en voulant *fixer* cette position des laïcs, elle contredisait sa propre vision d'une « explicitation » progressive de la foi, dans la vie de chaque homme pris individuellement comme dans l'histoire de l'humanité. En effet, cette perspective mettait en cause, à terme, la supériorité des clercs sur les laïcs ; c'est cette hiérarchie que refusaient justement les hérétiques, en déniant la légitimité du sacerdoce et en revendiquant pour tous les laïcs le droit de prêcher. Pour l'Église, au contraire, la soumission imposée aux laïcs préservait la domination culturelle et sociale des clercs. Pour mieux démontrer le caractère immuable de cette hiérarchie, Humbert de Romans l'inscrivait dans un ordre biologique et lui donnait la rigidité de la pierre : il y a deux « races » d'hommes *(dua genera hominium)*, celle des clercs « qui sont supérieurs en dignité et plus intelligents par leur science » et celle des laïcs « qui abondent moins en ces choses » ; c'est pourquoi l'édifice de l'Église comprend « deux parties, le chœur, réservé aux clercs, et la nef, réservée aux laïcs »[1].

En théorie et, dans une large mesure, en pratique, un effort soutenu pour « faire croire » devait assurer à la foi un progrès continu. Mais l'idée même de ce progrès se heurtait à une limite idéologique, dont l'expression théologique résidait dans le rapport immuable et complexe entre croyance « explicite » et croyance « implicite », *majores* et *minores*, et dont la conséquence pratique était, en dépit d'échanges constants, le maintien d'une forte dichotomie entre la culture folklorique et ses croyances spécifiques vouées par l'Église à l'empire des démons, et la culture cléricale, en position dominante, dont l'accès était largement et délibérément interdit aux plus « simples ».

1. HUMBERT DE ROMANS, *De modo prompte cudendi sermones*, éd. citée, p. 491, modèle de sermon *Ad omnes laicos.*

II

Traditions folkloriques et culture savante

VI

LES TRADITIONS FOLKLORIQUES DANS LA CULTURE MÉDIÉVALE

La multiplication des recherches sur les « cultures populaires » de l'Europe traditionnelle, du Moyen Âge au XIXe siècle, est l'un des traits marquants de l'orientation des études historiques de ces dernières années. Pour expliquer cette orientation de la recherche, on invoque généralement des causes sociologiques générales, tel l'intérêt que les transformations rapides de la société contemporaine suscitent pour un « monde que nous avons perdu »[1]. Cette orientation s'appuie par ailleurs sur le développement de nouveaux domaines de l'histoire : l'étude de la civilisation matérielle et, surtout, l'anthropologie historique, qui permet à l'historien, en collaboration avec l'ethnologue, de mettre en œuvre de nouvelles méthodes et de découvrir de nouveaux objets (relations de parenté, systèmes symboliques, traditions orales, etc.)[2].

1. F.P. LASLETT, *Un monde que nous avons perdu. Famille, communauté et structure sociale dans l'Angleterre pré-industrielle*, Paris, Flammarion, 1969. Voir aussi Michel de CERTEAU, Dominique JULIA et Jacques REVEL, « La beauté du mort : le concept de culture populaire », *Politique aujourd'hui*, décembre 1970, pp. 3-23. D'un point de vue plus sociologique : G. POUJOL et R. LABOURIE (éd.), *Les Cultures populaires. Permanence et émergence des cultures minoritaires locales, ethniques, sociales et religieuses*, Toulouse, 1979.

2. André BURGUIÈRE, « Anthropologie et sciences historiques dans l'étude des sociétés européennes », dans *L'Anthropologie en France : situation actuelle et avenir*, Colloque international du C.N.R.S., n° 573 (Paris, 16-22 avril 1977), Paris, Éd. du C.N.R.S., 1979, pp. 105-122.

Repris de « Les traditions folkloriques dans la culture médiévale. Quelques réflexions de méthode », *Archives de sciences sociales des religions*, 52/1, 1981, pp. 5-20.

LES EXIGENCES DE L'HISTOIRE

Cette évolution touche divers pays[1], mais affecte surtout les pays anglo-saxons, l'Italie, la France et le Québec[2]. Sans doute la diversité des traditions nationales est-elle grande, mais certains regroupements méthodologiques et épistémologiques

1. Dans un pays comme l'Allemagne fédérale, la notion d'« anthropologie historique » semble plutôt s'orienter vers l'anthropologie physique et l'histoire de la médecine que vers l'ethnologie. Cf. H. SCHIPPERGES, E. SEIDLER, P.U. UNSCHULD (éd.), *Krankheit, Heilkunst, Heilung*, Veröffentlichungen des Instituts für historische Anthropologie E.V., Fribourg et Munich, I, 1978. En ex-U.R.S.S., il existe à l'évidence un fil conducteur, mais qui reste apparemment marginal, entre l'œuvre de Mikhaïl BAKHTINE, *L'Œuvre de François Rabelais et la culture populaire au Moyen Âge et sous la Renaissance* (Paris, Gallimard, 1970) et celle d'Aaron I. GOUREVITCH, « Le comique et le sérieux dans la littérature religieuse au Moyen Âge », *Diogène*, 90, avril-juin 1975, pp. 67-89. Du même auteur, voir surtout *Das Weltbild des mittelalterlichen Menschen*, Dresde, 1978. Pour la Pologne : Bronislaw GEREMEK (éd.), *Kultura elitarna a kultura masowa w Polsce poznego sredniowiecza*, Varsovie, Polska Akademia Nauk, Instytut Historii, 1978.

2. Dans les pays anglo-saxons, l'influence de l'anthropologie sociale sur l'histoire est assez précoce : ainsi les travaux de E. E. EVANS-PRITCHARD sur la sorcellerie chez les Azandé ont-ils marqué les nombreux travaux de Keith THOMAS, Alan MACFARLANE *et alii* sur la sorcellerie européenne. Cf. L. STONE, « The Disenchantment of the World », *The New York Review of Books*, 2 décembre 1971, vol. XVII, n° 9, pp. 17-25. De même, le succès des analyses des rituels par Victor TURNER, auprès d'historiens comme Natalie ZEMON DAVIS, *Society and Culture in Early Modern France. Eight Essays*, Stanford, Stanford University Press, 1975 (trad. fr. *Les Cultures du peuple. Rituels, savoirs et résistances au XVIe siècle*, Paris, 1979). Voir aussi Peter BURKE, *Popular Culture in Early Modern Europe*, New York University Press, 1978.

En Italie se rencontrent aujourd'hui deux traditions. D'une part les nombreuses études de la « religiosité populaire » : cf. G. DE ROSA, « Religione e religiosità popolare », dans *Ricerche di storia sociale e religiosa*, VI, 11, janvier-juin 1977. Pour le Moyen Âge, voir surtout Raoul MANSELLI, *La Religion populaire au Moyen Âge. Problèmes de méthode et d'histoire, conférence Albert le Grand* [1973], Montréal et Paris, Vrin, 1975 (cf. le compte rendu critique de Richard TREXLER dans *Speculum*, 52, 1977, pp. 1019-1022). D'autre part, les recherches plus anthropologiques, au contact de la jeune ethnologie italienne issue de l'enseignement d'Ernesto De Martino et nourrie de l'œuvre d'Antonio Gramsci (voir notamment A.M. CIRESE, *Intellectuali, folklore, instinto di classe. Note su Verga. Deledda, Scotellaro, Gramsci*, Turin, Einaudi, 1976). Parmi les ethnologues de la même tendance, citons, outre

peuvent être opérés d'un pays à l'autre. Distinguons, d'une manière volontairement schématique, d'une part les travaux d'histoire de la « religion populaire », d'autre part ceux qui relèvent de l'anthropologie historique.

Le procès de l'histoire de la « religion populaire » a été plu-

---

Cirese, Clara Gallini, Luigi Lombardi-Salriani, Vittorio Lanternari, Alfonso Di Nola, etc. Pour les historiens qui représentent ce courant, voir surtout C. Ginzburg, *I Benandanti. Stregoneria e culti agrari tra Cinquecento e Seicento*, Turin, Einaudi, 1966 (trad. fr. *Les Batailles nocturnes. Sorcellerie et rituels agraires en Frioul, XVI*e*-XVII*e* siècle*, Lagrasse, Verdier, 1980) ; « Folklore, magia, religione », dans *Storia d'Italia*, I, Turin, Einaudi, 1976 (trad. fr. : *Le Fromage et les Vers. L'univers d'un meunier du XVI*e* siècle*, Paris, Flammarion, 1980). Et aussi Piero Camporesi, *La Maschera di Bertoldo. G.C. Croce e la letteratura carnavalesca*, Turin, Einaudi, 1976 ; *Il paese della fame*, Bologne, Il Mulino, 1978 ; *Il pane selvaggio*, Bologne, Il Mulino, 1980 (trad. fr. *Le Pain sauvage : l'imaginaire de la faim, de la Renaissance au XVIII*e* siècle*, Paris, Le Chemin vert, 1981) ; voir, du même, *La Chair impassible*, Paris, Flammarion, 1986 (1re éd. ital. 1983).

En France, l'anthropologie historique actuelle est au carrefour de plusieurs traditions scientifiques : 1) la sociologie durkheimienne redécouverte par les historiens assez récemment ; 2) la sociologie religieuse de Gabriel Le Bras, issue elle-même du premier courant et qui est à l'origine de nombreux travaux sur la « religion populaire », d'inspiration souvent catholique, sinon cléricale. J. Toussaert, *Le Sentiment religieux, la vie et la pratique religieuse des laïcs en Flandre maritime et au West Hoeck de langue flamande aux XIV*e*-XV*e* et au début du XVI*e* siècle*, Paris, 1963 ; E. Delaruelle, *La Piété populaire au Moyen Âge* (Avant-propos de Philippe Wolff, Introduction par Raoul Manselli et André Vauchez), Turin, Bottega d'Erasmo, 1975. Hommage collectif à son œuvre : *La Religion populaire en Languedoc du XIII*e* siècle à la moitié du XIV*e* siècle, Cahiers de Fanjeaux*, 11, 1976 ; B. Plongeron (dir.), *La Religion populaire, approches historiques*, Paris, Beauchesne, 1976 ; B. Plongeron et R. Pannet (éd.), *Le Christianisme populaire, les dossiers de l'histoire,* Paris, Le Centurion, 1976 ; 3) enfin, les études de folklore, illustrées avant tout par le nom d'Arnold Van Gennep. Bien que les rapports de la sociologie et du folklore aient été d'abord difficiles (cf. F. A. Isambert, « Religion populaire, sociologie, histoire et folklore, II : De saint Besse à saint Rouin », *Archives de sciences sociales des religions*, 46/1, 1978, pp. 111-133), leur rencontre a produit très tôt des œuvres d'une très grande qualité ; dès 1913 par R. Hertz (« Saint Besse, étude d'un culte alpestre », rééd. dans *Sociologie religieuse et folklore*, Paris, P.U.F., 1970, pp. 110-160), puis par un ethnologue élève de Marcel Mauss, Louis Dumont (*La Tarasque. Essai de description d'un fait local d'un point de vue ethnographique*, Paris, Gallimard, 2e éd., 1951).

Le premier historien à avoir utilisé systématiquement les méthodes de Van Gennep fut R. Vaultier, *Le Folklore pendant la guerre de Cent Ans d'après les lettres de rémission du Trésor de Chartres*, Paris, Guénégaud, 1965. C'est à peu près à cette date, mais sous l'influence de l'anthropologie structurale, qu'ont « démarré » les études d'ethnologie historique, surtout sous l'impulsion de Jacques Le Goff et d'Emmanuel Le Roy Ladurie.

sieurs fois instruit ces dernières années[1] : il lui est reproché d'apprécier la religion des masses en fonction d'une norme plus ou moins explicite du christianisme, au mieux celle de l'Église du temps ; de méconnaître la culture folklorique, ses facultés d'accueil ou de résistance à la vulgarisation des modèles dominants ; de ne voir dans le folklore que des « survivances » du paganisme et de tenter de l'expliquer par le recours à une « psychologie » du peuple décrite en termes d'affectivité, d'émotivité, de primitivisme, etc. ; de ne jamais chercher à définir ses concepts (« religion », « magie », « superstition », « survivances », etc.), de n'étudier la christianisation que dans les limites d'une histoire de la spiritualité et des « progrès » de la foi et jamais en tant que facteur de reproduction sociale.

Inversement, l'utilisation en histoire de méthodes venant de l'ethnologie, la prise en compte dans les siècles passés des traditions folkloriques que l'ethnologue étudie à une époque plus récente (et parfois aujourd'hui encore), le refus de délimiter *a priori* un terrain « religieux » à étudier et le souci d'une réflexion globale sur le fonctionnement des sociétés menée avec les anthropologues caractérisent l'« anthropologie historique ». Mais les tenants de cette démarche n'éprouvent-ils pas eux-mêmes des difficultés à cerner leur objet ?

Au Québec, l'orientation anthropologique devient sensible dans les travaux de P. BOGLIONI (éd.), *La Culture populaire au Moyen Âge* (Études présentées au Quatrième colloque de l'Institut d'études médiévales de l'université de Montréal, 2-3 avril 1977), Montréal, L'Aurore, 1979.

1. Natalie ZEMON DAVIS, « Some Tasks and Themes in the Study of Popular Religion », *in* C. TRINKAUS, H. A. OBERMAN (éd.), *The Pursuit of Holiness in Late Medieval and Renaissance Religion. Papers from the University of Michigan Conference*, Studies in Medieval and Reformation Thought, X, Leyde, Brill, 1974, pp. 307-336 ; Jean-Claude SCHMITT, « Religion populaire et culture folklorique », *Annales. E.S.C.*, 1976, 5, pp. 941-953 ; François A. ISAMBERT, « Religion populaire, sociologie, histoire et folklore », *Archives de sciences sociales des religions*, 43/2, 1977, pp. 161-184. Ce dernier article est particulièrement critique à l'égard des deux volumes collectifs publiés sous la direction de l'abbé B. PLONGERON (cf. *supra*), à la veille d'un colloque international lui aussi animé par B. PLONGERON, *La Religion populaire* (Paris, 17-19 octobre 1977), Colloque international du C.N.R.S., n° 576, Paris, Éd. du C.N.R.S., 1980. Du point de vue du folkloriste, voir aussi les remarques critiques d'Alan DUNDES, *Analytic Essays in Folklore*, La Haye et Paris, Mouton, 1975.

Pour commencer, l'existence même d'une « culture populaire » doit être vigoureusement mise en question si l'on entend par là un système autonome distinct de la culture dominante. À la domination qu'ils subissent, les dominés participent en adhérant aux normes, aux modèles, aux valeurs qui leur sont proposés et où ils trouvent la légitimation de leur propre condition[1]. La mise à distance de la culture populaire, voire sa constitution comme objet de science ne sont-elles pas une vieille ruse de l'idéologie destinée à justifier tantôt l'attention bienveillante à l'égard d'un « peuple enfant », tantôt la correction vigilante de ses excès ? À ce titre, le vocabulaire latin du Moyen Âge est éclairant en ce qu'il use seulement, pour désigner les « gens du peuple », soit de termes péjoratifs (*vulgus, idiotae, minores, rudes, simplices*, etc.), soit de termes privatifs (*illitterati, ignobiles, indocti*, etc.)[2]. Et c'est ce même vocabulaire que l'on retrouve dans bien des travaux d'historien.

Cependant, derrière ces termes qui toujours semblent dénoncer un vide à combler, un travers à redresser, un désordre à ordonner, se profilent, tout au long du Moyen Âge (et sous des vocables équivalents, de l'Ancien Régime), des traditions folkloriques dont certaines s'accordent parfaitement avec les modèles dominants et se confondent même avec eux, tandis que d'autres, ou les mêmes à d'autres époques, contredisent ces modèles plus ou moins violemment. L'attention récente portée

1. La question de l'existence ou non d'une « culture populaire » est débattue avec une particulière vigueur s'agissant des classes populaires des XIXe-XXe siècles : aux analyses classiques de E. P. THOMPSON sur la classe ouvrière anglaise (de cet auteur voir aussi « Rough music : le charivari anglais », *Annales. E.S.C.*, mars-avril 1972, pp. 285-312) ou de R. HOGGART (*The Uses of Literacy*, 1957, trad. fr. : *La Culture du pauvre. Étude sur le style de vie des classes populaires en Angleterre*, Paris, Éd. de Minuit, 1970), opposer les dénégations vigoureuses de Pierre BOURDIEU, *La Distinction. Critique sociale du jugement*, Paris, Éd. de Minuit, 1979, p. 459.

2. B. LACROIX et A.-M. LANDRY, « Quelques thèmes de la religion populaire chez le théologien Thomas d'Aquin », dans P. BOGLIONI, *op. cit.*, p. 168. Que l'on se hasarde aujourd'hui à collectionner des objets censés être « populaires » et l'on aboutit, sans jamais expliciter les critères des choix opérés, à donner le même sentiment de l'hétéroclite : cf. *Religions et traditions populaires* (catalogue de l'exposition du Musée national des arts et traditions populaires, 4 décembre 1979-3 mars 1980), Paris, Réunion des musées nationaux, 1979.

par les historiens au folklore dans les sociétés passées amène donc à penser que le problème de la « culture populaire » ou de la « religion populaire » est plus complexe qu'il pouvait paraître.

La difficulté est triple : elle tient à l'identification des traditions folkloriques, à l'évaluation de leur diffusion sociale, à la manière d'en aborder l'analyse.

La première difficulté n'en est, en fait, pas une, car pour l'historien est folklorique ce que les folkloristes et les ethnologues ont recueilli ou recueillent encore, classent, étudient : les « contes types » d'Antte Aarne et Stith Thompson, les « motifs » de ce dernier, les rites et croyances répertoriés par Paul Sébillot, Arnold Van Gennep, Eduard Hoffmann-Krayer et Heinrich Bächtold-Stäubli, etc. Les documents d'époque sont, du reste, de bons guides pour repérer ces traditions folkloriques : dans les textes médiévaux, des expressions telles que *vulgo dicitur* en introduisent fréquemment la relation et manifestent que les représentants de la culture savante avaient bien le sentiment d'une différence culturelle.

En deuxième lieu, l'attention que les folkloristes ont prêtée presque exclusivement, depuis le siècle dernier, aux classes populaires rurales risque d'induire l'historien en erreur : le folklore n'est ni exclusivement rural ni limité à une classe sociale particulière. À l'époque médiévale, ses traditions peuvent concerner tous les milieux, mais ce n'est que dans certains d'entre eux — avant tout chez les clercs — qu'elles sont confrontées à d'autres pratiques culturelles que l'oral (écriture, lecture) et à d'autres contenus culturels (littérature écrite, science, théologie, etc.). Naturellement, la diversité de ces milieux — appelons-les les *litterati* — est très grande. Mais celle des *illitterati* ne l'est pas moins : sans la développer, formulons l'hypothèse que le folklore européen s'organise et se réorganise entre le Xe et le XIIe siècle en même temps que l'ensemble des structures sociales, autour de trois cellules fondamentales, qui sont le lignage chevaleresque, la ville (et le quartier) et la communauté rurale[1].

1. Trois exemples révèlent l'importance de ce tournant du XIIe siècle. Pour le lignage, Mélusine : Jacques LE GOFF et Emmanuel LE ROY LADURIE, « Mélusine maternelle et défricheuse », *Annales. E.S.C.*, 1971, pp. 587-622, la première partie reprise dans Jacques LE GOFF, *Pour un autre Moyen Âge. Temps, travail et culture*

Comment aborder, enfin, ces problèmes, quelle place les historiens doivent-ils faire au folklore dans leur représentation du champ historique, quels concepts mettre en œuvre pour en tenter l'analyse ? C'est là, assurément, que les avis divergent le plus.

Pour les uns, le folklore, aux époques médiévales et modernes, n'est pas un système culturel cohérent et complet ; un tel système aurait existé anciennement, mais il se serait défait au contact du christianisme : le folklore serait constitué, pour reprendre une expression de Michel Vovelle, de *membra disjecta* épars, survivants d'une culture autrefois cohérente[1]. Cette position connaît une certaine faveur en Italie. Analysant l'aveu surprenant d'une sorcière piémontaise en 1519, selon laquelle au sabbat la *domina cursus* fait manger un bœuf à ses compagnes, puis ressuscite l'animal en en frappant les os avec un bâton, Maurizio Bertolotti retrouve cette croyance attestée dès le VIIe siècle dans l'*Historia Brittonum* (à propos de saint Germain d'Auxerre) et dans l'*Edda* scandinave (à propos du dieu Thor) ; il étudie de manière très précise et convaincante la « démonologisation » du thème au cours du Moyen Âge ; mais, en amont des sources écrites, il postule l'existence d'un « mythe » très ancien remontant, selon lui, au passage d'une civilisation de chasseurs-collecteurs à une civilisation d'agriculteurs et d'éleveurs sédentaires[2]. Cette démarche s'inspire de celle de Vladimir Propp qui, ayant publié en 1928 sa célèbre *Morphologie du conte,* pensa en 1946 retrouver les « racines historiques du conte merveilleux » dans les diverses civilisations de la

---

en Occident : 18 essais, Paris, Gallimard, 1977, pp. 307-331. Pour la ville, saint Marcel : Jacques LE GOFF, « Culture ecclésiastique et culture folklorique au Moyen Âge : saint Marcel de Paris et le Dragon », dans L. DE ROSA (éd.), *Ricerche storiche ed economiche in memoria di Corrado Barbaggalo,* Naples, E.S.I., 1970, II, pp. 51-90, repris dans *Pour un autre Moyen Âge..., op. cit.,* pp. 236-279. Pour la communauté villageoise, saint Guinefort : Jean-Claude SCHMITT, *Le Saint Lévrier. Guinefort guérisseur d'enfants depuis le XIIIe siècle,* Paris, Flammarion, 1979.

1. Michel VOVELLE, « La religion populaire : problèmes et méthodes », *Le Monde alpin et rhodanien,* 1977, n° 1-4, p. 28.

2. Maurizio BERTOLOTTI, « Le ossa e la pelle dei buoi. Un mito popolare tra agiografia e stregoneria », *Quaderni storici,* 41, 2, 1979, pp. 470-499.

préhistoire, comparées aux « sociétés primitives » subsistant de nos jours[1]. Une hypothèse semblable, indépendante de celle de Vladimir Propp, a inspiré en Allemagne le travail d'August Nitschke, mais sa démarche est plus complexe puisqu'elle se fonde sur une comparaison, d'une part, des contes et, d'autre part, des fresques et gravures préhistoriques[2]. Cette idée est intéressante, mais la méthode suivie est, pour deux raisons au moins, contestable ; les procédures de comparaison du conte et de l'image sont vagues et subjectives, et l'idée que les images et les contes sont le miroir *(Spiegel)* de la vie réelle ne peut être admise. Il paraît difficile, dans ces conditions, de voir dans les fresques de Lascaux ou d'Altamira les documents qui font défaut à Propp ou à Bertolotti pour prouver leurs hypothèses. À cette première difficulté s'en ajoute une seconde, fondamentale, mais non résolue par l'auteur : pourquoi et comment tels motifs folkloriques auraient-ils survécu au démembrement de la culture primitive où ils avaient leur cohérence, tandis que d'autres motifs ont disparu ? Cette question découle, en fait, d'un problème majeur, dont la solution devrait donner aussi une réponse aux autres interrogations : quelle est la fonction de ces traditions dans le milieu social et à l'époque où elles sont attestées ?

Une deuxième hypothèse présente des points communs avec la première puisqu'elle remonte, elle aussi, aux « origines ». Elle s'en distingue pourtant en niant la perte de cohérence du folklore aux époques historiques. Elle est illustrée par l'œuvre riche et originale de Claude Gaignebet, qui prolonge et amplifie celle de Paul Saintyves sur la « mythologie chrétienne » et les cycles calendaires, et celle de Mikhaïl Bakhtine sur le symbolisme carnavalesque[3]. Pour Gaignebet, la culture folklorique

1. Trad. italienne du russe Vladimir J. PROPP, *Les Racines historiques du conte merveilleux*, préface de Daniel Fabre et Jean-Claude Schmitt, Paris, Gallimard, 1983.

2. August NITSCHKE, *Soziale Ordnungen im Spiegel der Märchen*, Stuttgart et Bad Cannstatt, F. et G. Holzboog, 1976, 2 vol. (cf. mon compte rendu dans *Annales. E.S.C.*, 1979, 6, pp. 1281-1283).

3. Claude GAIGNEBET, « Le *Combat de Carnaval et de Carême* de P. Bruegel (1559) », *Annales. E.S.C.*, 1972, pp. 313-345 ; Claude GAIGNEBET et M.-C. FLORENTIN, *Le Carnaval. Essai de mythologie populaire*, Paris, Payot, 1974.

a une cohérence fondée sur le calendrier, plus précisément sur la combinaison d'un comput solaire (équinoxes, solstices) et d'un comput lunaire : nouvelles lunes et pleines lunes, partageant le cycle de l'année en huit périodes de quarante jours (une quarantaine représente une lunaison et demie). Le pivot de ce système calendaire est le 2 février, première date possible du carnaval, jour où l'ours, ou l'homme sauvage, sort de sa caverne pour vérifier le début du printemps. Chaque moment important de ce cycle est illustré dans les rites et les croyances par un symbolisme très riche, que Gaignebet retrouve non seulement dans le folklore contemporain, mais dans la littérature courtoise ou la littérature facétieuse du Moyen Âge, dans la mythologie scandinave, dans la religion romaine de l'Antiquité, etc. Il affirme en définitive l'existence tenace, à travers les siècles et les civilisations, d'une véritable « religion » calendaire et, en particulier, carnavalesque. La réflexion et l'érudition de Claude Gaignebet méritent beaucoup plus de considération que les historiens ne leur en ont accordé jusqu'à présent[1]. Je m'inquiète pourtant de la manière dont l'histoire est ici mise entre parenthèses : l'histoire ne produirait que des accidents, les civilisations qui se succèdent ne font qu'habiller superficiellement la structure fondamentale du « mythe », qui, inchangée, traverse les siècles. Or, on ne peut voir seulement dans les contenus historiques des rites et des récits, qui sont le produit de situations sociales singulières, un habillage secondaire, sans importance pour leur compréhension. Pour juger de cette perspective anhistorique, non au sens où l'histoire ne serait que l'étude des évolutions, mais dans la mesure où l'historien cherche d'abord à comprendre pleinement tous les aspects d'un phénomène social, on se référera à ce que dit l'auteur lui-même, non sans quelque goût de la provocation, quand il présente des *lais* du XIIe siècle : « Car à l'oreille d'un folkloriste — oreille qui, comme tant d'autres, ne se prête qu'à certains détails, refuse, gomme tout ce par quoi un récit s'inscrit dans un temps, dans une société, dans une morale, dans une histoire... —, la

1. Voir les remarques pertinentes de Daniel FABRE, « Le monde du Carnaval », *Annales. E.S.C.*, 1976, 2, pp. 389-406.

matière ici traitée n'est assurément pas plus "médiévale" que "de Bretagne"[1]. » Il me paraît au contraire important de réconcilier l'analyse des systèmes symboliques et la perspective historique[2].

Une troisième démarche a été définie par Nicole Belmont, spécialiste de l'histoire de l'ethnologie française depuis le début du XIXe siècle. L'une des originalités des travaux de cet auteur réside dans l'utilisation des concepts psychanalytiques. Dans un article récent, elle cherche à donner un statut scientifique à la notion de « superstitions », traditionnellement opposée par l'Église (de l'Antiquité tardive jusqu'au *Traité des superstitions* de l'abbé J. B. Thiers, à la fin du XVIIe siècle) à la notion de « religion » ; selon elle, c'est la même notion qui fut reprise par les folkloristes du XIXe siècle, sous le nom de « survivances », et par les ethnologues du XXe siècle, sous le nom de « croyances populaires »[3]. Nicole Belmont ne met pas en question l'existence de pratiques et de croyances correspondant à ces dénominations : elle en souligne au contraire la réalité et la spécificité, en leur reconnaissant un statut intermédiaire entre les « conduites obsessionnelles individuelles » et les « faits religieux collectifs », tels qu'ils ont été définis par Freud. Les « superstitions » correspondraient à un « besoin » collectif d'*extériorisation* (comparable à la « projection » chez l'individu) que la religion officielle, mettant de plus en plus l'accent sur l'*intériorisation* au cours de son histoire, n'aurait pu satisfaire. J'avoue ne pas être très convaincu par ce schéma évolutionniste de l'histoire des religions, qui me paraît relever avant tout de l'image que toute reli-

1. Claude GAIGNEBET, « Les contes de la Lune rousse sur la Montagne verte », préface à *Le Cœur mangé. Récits érotiques et courtois, XIIe et XIIIe siècles* (mis en français moderne par Danielle RÉGNIER-BOHLER), Paris, Stock, 1979, p. 13.

2. Le modèle d'une ethnologie soucieuse de situer les systèmes symboliques dans leur contexte historique a été fourni par Yvonne VERDIER, *Façons de dire, façons de faire. La laveuse, la couturière, la cuisinière*, Paris, Gallimard, 1979.

3. Nicole BELMONT, « Superstition et religion populaire dans les sociétés occidentales », dans Michel IZARD et Paul SMITH, *La Fonction symbolique. Essais d'anthropologie*, Paris, Gallimard, pp. 53-70. Pour la notion de superstition à l'époque médiévale, on complétera par D. HARMENING, *Superstitio. Uberlieferungs- und theoriegeschichtliche Untersuchungen zur kirchlich-theologischen Aberglaubensliteratur des Mittelalters*, Berlin, Erich Schmidt Verlag, 1979.

gion constituée veut donner d'elle-même. Par ailleurs, le transfert des catégories de l'analyse individuelle à la psychologie collective me semble poser au moins autant de problèmes qu'il ne prétend en résoudre. De surcroît, prendre le parti de survoler les siècles pour n'atteindre que quelques témoins isolés (de la Rome antique à l'abbé Thiers, puis à Freud) paraît bien dangereux en l'absence actuelle d'études précises des « superstitions » dans l'ensemble de chaque système social considéré. Enfin, admettre *a priori* la « réalité » des « superstitions » ne peut en effet qu'engager à leur trouver une raison d'être ; mais si les « superstitions » étaient d'abord un mot, une catégorie du discours savant, l'explication ne serait-elle pas à chercher plutôt dans l'analyse des idéologies que dans la psychologie ?

Dans la plupart des cas, l'historien de la civilisation occidentale ne prend pas suffisamment garde au fait qu'il appartient lui-même à la société dont il étudie l'histoire : il oublie trop souvent que le vocabulaire utilisé spontanément dans sa discipline est le produit d'une histoire dont il prétend rendre compte avec les mêmes mots.

Tel est le cas des couples « religion » / « magie » ou « religion » / « superstitions », fondamentaux dans le discours officiel de l'Église et dont les sciences humaines ont hérité. Historiens et sociologues, depuis Frazer et Durkheim, ont rarement contesté la légitimité de ces distinctions : ils ont, au contraire, cherché à leur donner le statut scientifique qui leur faisait défaut. La tentative de Nicole Belmont, bien qu'intéressante et neuve, s'inscrit encore dans cette tradition. Mais d'autres chercheurs, anthropologues, tels Hildred Geertz[1] ou Marc Augé[2], sociologues, tel François Isambert[3], ont montré que les diverses caractéristiques habituellement prêtées à la

1. Voir le débat entre Hildred GEERTZ et Keith THOMAS, « An Anthropology of Religion and Magic, I, II », *Journal of Interdisciplinary History*, VIII, 1975, pp. 71-109.

2. Marc AUGÉ, « Dieux et rituels ou rituels sans dieux ? », dans John MIDDLETON, *Anthropologie religieuse, textes fondamentaux, les dieux et les rites* (présentation de Marc Augé), Paris, 1974, pp. 9-36.

3. François ISAMBERT, *Rite et efficacité symbolique. Essai d'anthropologie sociologique*, Paris, Éd. du Cerf, 1979, pp. 27-61.

« magie » ou aux « superstitions » se retrouvaient aussi dans ce qu'il est convenu d'appeler la « religion ». Et la réciproque n'est pas moins vraie. Ainsi est-il difficile d'adhérer aux propositions de Jean Delumeau, nuancées, il est vrai, au fil de l'analyse : « Une antipathie fondamentale oppose magie et religion [...], magie et religion sont essentiellement hostiles l'une à l'autre. » Or ces distinctions, exprimées ici de manière significative en termes psychologiques (« antipathie », « hostilité »), ne me paraissent pas fondées en théorie. Elles procèdent d'une confusion entre les concepts scientifiques que doit manier l'historien et le vocabulaire des Églises de la Réforme et de la Contre-Réforme. Cette confusion apparaît bien quand l'auteur écrit aussitôt après : « N'est-ce pas cette antipathie structurelle [entre « magie » et « religion »] que sentirent les promoteurs de la spiritualisation de l'Occident à l'époque de notre étude[1] ? »

En fait, la plupart des auteurs, et Jean Delumeau le premier, sont conscients de la difficulté et pensent la tourner en parlant de « magico-religieux » ou de « religion empreinte de magisme », ce qui revient, me semble-t-il, à doubler la difficulté plutôt qu'à la réduire...

La démarche que je propose est assez différente de celles dont je viens de relever et les mérites et ce qui en constitue à mes yeux les limites. Pour échapper à l'aporie des notions indéfinissables (« populaire ») ou au piège des mots hérités (« religion », « magie », « survivances », « superstitions »), il faut faire l'analyse des relations sociales, bâtir un modèle mettant en valeur les pôles d'opposition, les tensions, les enjeux idéologiques d'une société au fil de son histoire ou à un moment précis de celle-ci. Je parlerai ici exclusivement de la société féodale aux XIIe-XIIIe siècles.

1. Jean DELUMEAU, *Le Catholicisme entre Luther et Voltaire*, Paris, P.U.F., 1re éd., 1971, 2e éd., 1979, p. 262.

POLARITÉS ET CIRCULATIONS CULTURELLES

Il n'est pas possible de soutenir que la société que l'on étudie a une unité, forme un système, si l'on doute en même temps de l'unité de sa culture. Mais cela posé, il faut identifier les clivages, les lignes de partage et aussi d'échanges qui traversent, de manière singulière, la société étudiée et le champ de ses représentations.

Deux exemples concrets permettront de poser les problèmes et d'introduire quelques principes d'analyse.

Exemple 1

Une série documentaire exceptionnelle par sa densité et la précision de ses indications chronologiques permet de reconstituer la genèse d'un *exemplum* du prédicateur dominicain Étienne de Bourbon dans la première moitié du XIIIe siècle[1]. Le récit que contient cet *exemplum* provient du témoignage oral d'une femme laïque de Fanjeaux (Aude), Bérengère, lors du procès de canonisation de saint Dominique en 1233 : interrogée, elle a raconté comment le saint — qui prêcha contre les cathares en Languedoc en 1206 — aurait fait surgir le diable, sous, la forme d'un hideux chat noir, devant neuf femmes hérétiques de Fanjeaux. Étienne de Bourbon, vers 1256-1261, a connu ce témoignage grâce à une double transmission : savante et orale de la bouche d'un autre dominicain, Romée de Livie ; savante et écrite par les deux *Vies* successives du saint, rédigées par Constantin d'Orvieto en 1246-1247 et Humbert de Romans en 1256. Devenu *exemplum*, le récit était destiné à revenir à un auditoire laïque et à retrouver, à cette fin, une expression en langue vulgaire.

1. On me permettra de reprendre ici quelques éléments d'une étude beaucoup plus détaillée (qui date de 1979), développée dans le chapitre VIII, « La parole apprivoisée ».

Comme le montre le schéma 1, ce récit « circule » entre 1233 et 1261 entre deux « axes » orientés qui, par convention, représentent, d'une part, les traditions cléricales, d'autre part celles des milieux laïques. Le cas de Bérengère, dont on ne connaît que le nom, invite à bannir l'expression, particulièrement peu satisfaisante ici, de « culture populaire » ; certainement proche de l'ordre dominicain tout en étant laïque, elle fait un rapprochement entre les cathares et le chat *(catus)* qui est conforme à une étymologie déjà proposée au début du siècle par Alain de Lille. Mais, par ailleurs, elle se réfère à des croyances attestées dès cette époque dans les traditions folkloriques.

En fait, il serait vain de chercher à caractériser de manière statique le face-à-face de deux cultures ; il importe, au contraire, d'étudier un rapport dynamique, tel que le révèlent les transformations du récit. De manière significative, ces transformations interviennent aux deux moments où se produit le contact des clercs et des laïcs : principalement lorsque le récit de Bérengère est repris par les hagiographes et, secondairement, lorsque le prédicateur Étienne de Bourbon refaçonne ce récit en vue d'une vulgarisation orale sous forme d'*exemplum.* La première fois (en 1246-1247), la description métaphorique du chat cède la place à une description réaliste, « objective », destinée à renforcer l'apparence de véracité de l'événement ; par ailleurs, l'*invocatio* du démon par le saint, très proche dans le récit de Bérengère des méthodes prêtées à la même époque dans la littérature ecclésiastique aux « magiciens » invocateurs du diable, s'accompagne, dans les versions cléricales, de la mention de nombreuses prières accomplies avant et pendant l'événement par le saint, gage de son orthodoxie et de sa puissance miraculeuse ; enfin, si saint Dominique, selon Bérengère, s'est adressé à des femmes *déjà* converties, pour leur manifester « gratuitement », pourrait-on dire, l'objet de leur erreur passée, les hagiographes font de l'évocation la *cause* de la conversion, qui suit donc l'apparition diabolique. La finalité apostolique justifie le recours à un miracle quelque peu sulfureux…

Si ces transformations pouvaient suffire à un texte écrit, destiné à la *lecture* des religieux *(legenda)*, une dernière modification était encore nécessaire (en 1256-1261), avant le retour du

Exemple 1. Saint Dominique et le chat de Fanjeaux

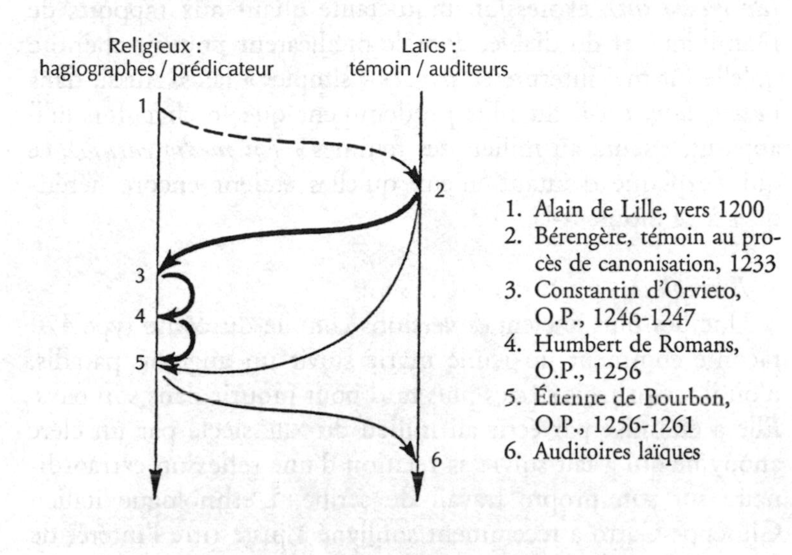

Exemple 2. Le voyage au Paradis

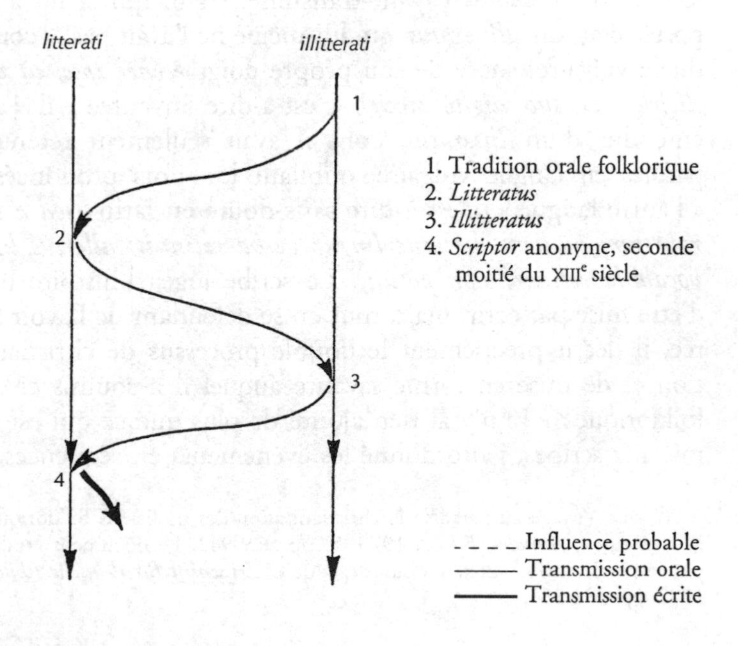

récit, par la voix du prédicateur, auprès des fidèles : les hagiographes disaient que le chat avait surgi « du milieu du saint » *(de medio sui)*, expression inquiétante quant aux rapports de Dominique et du diable, dont le prédicateur pouvait craindre qu'elle fût mal interprétée par les « simples » laïcs. Aussi, dans l'*exemplum*, est-il dit plus prudemment que le chat, lorsqu'il apparut, « sauta au milieu des femmes » *(in medio earum)*, ce qui s'explique d'autant mieux qu'elles étaient encore hérétiques à ce moment-là.

Exemple 2

Une des plus anciennes versions connue du conte type 470 raconte comment un jeune marié suivit un ange au paradis, d'où il revint trois siècles plus tard pour mourir dans son pays. Elle a été mise par écrit au milieu du XIIIe siècle par un clerc anonyme qui a fait suivre sa relation d'une réflexion extraordinaire sur son propre travail de scribe. L'ethnologue italien Giuseppe Gatto a récemment souligné à juste titre l'intérêt de ce témoignage[1] : le clerc précise qu'il a seulement « écrit cette histoire », qu'il n'en est pas la « source » *(fons ejus)*, mais juste le « canal » *(canalis)* l'ayant transmise. Celui qui la lui a rapportée était un *illitteratus*, qui lui-même ne l'avait pas, « comme dit le vulgaire, sucée de son propre doigt » *(nec ipse, ut vulgo dicitur, ex suo digito suxit)*, c'est-à-dire inventée ; il l'avait entendue d'un *litteratus*, dont il avait seulement retenu les paroles en langue vulgaire, oubliant les mots prononcés en « l'autre langue », c'est-à-dire sans doute en latin *(sed a litterato rem audiens materne lingue verba retinuit, alterius lingue vocabula retinere non potuit)*. Le scribe jugea l'histoire digne d'être mise par écrit, mais, tout en se défendant de l'avoir altérée, il décrit précisément le double processus de christianisation et de mise en forme savante auquel il a soumis ce récit folklorique : « Je n'y ai rien ajouté de plus que ce qui est permis aux scribes, j'ai ordonné les événements en séquences, j'ai

1. « Le Voyage au paradis : la christianisation des traditions folkloriques au Moyen Âge », *Annales. E.S.C.*, 1979, 5, pp. 929-942. Le document étudié fut publié par J. SCHWARZER, « Visionslegende », *Zeitschrift für deutsche Philologie*, 1882, pp. 338-351.

adapté les significations anciennes aux nouvelles, j'ai ajouté le bois de Moïse, le sel d'Élysée et enfin le vin du Christ produit à partir de l'eau, non pour tromper, mais pour augmenter l'élégance du récit. »

Construit sur le modèle du premier schéma, le schéma 2 montre une circulation semblable entre deux traditions culturelles ; le pôle folklorique y est cette fois mieux identifié puisque le récit est une version d'un conte très largement attesté par ailleurs jusqu'à la période contemporaine.

Or, une version plus ancienne du T 470 permet, cette fois encore, de juger des transformations que la culture cléricale a pu faire subir, de l'aveu même du scribe, au récit folklorique : elle fut mise par écrit dans la seconde moitié du XIIe siècle par Walter Map, clerc anglais d'origine galloise de la cour d'Henri II Plantagenêt[1]. Le « héros » n'est pas ici un jeune homme pieux, mais l'« ancien roi des Bretons », Herla, qui simplement célèbre son mariage ; il n'est pas invité par un ange, mais par le roi des nains (le « roi des Pygmées », dit Walter Map) ; il ne rend pas sa visite au nain dans les trois jours — un délai que l'ange impose au jeune homme pieux pour le contraindre à préserver sa virginité par respect pour les trois nuits de Tobie —, mais au bout d'un an, selon un modèle de la contre-prestation largement attestée dans le folklore, et notamment dans la littérature arthurienne *(Première Continuation de Perceval, Perlesvaus, Sire Gauvain et le Chevalier Vert)* ; le lieu où il se rend n'est pas le paradis, mais un monde merveilleux où l'on pénètre par une caverne et qui a tous les traits de l'« au-delà celtique »[2], Herla n'en revient pas pour mourir en odeur de sainteté,

1. WALTER MAP, *De Nugis Curialium*, cap. XI et XIII (éd. M. R. JAMES, Oxford, 1914, pp. 13-16 et 186-188). Le conte type 470 se croise ici avec le thème de la « Chasse sauvage », ce qui méritera ailleurs un développement beaucoup plus ample que les brèves indications que je me contente de donner ici. Naturellement, je n'irai pas jusqu'à affirmer que la version de Walter Map est exactement semblable à celle que le scribe mentionné précédemment aurait entendue puis christianisée.

2. Voir, entre autres, O. JODOGNE, « L'autre monde celtique dans la littérature française au XIIe siècle », *Bulletin de l'Académie royale de Belgique*, Classe des lettres et sciences morales et politiques, 5e série, t. XLVI, 1960, 1, pp. 584-597.

mais pour connaître, par l'effet d'une ruse du nain, l'errance perpétuelle d'un revenant placé à la tête de la *familia Herlethingi*, ou « mesnie Hellequin ».

On voit bien, là encore, à quel point la transformation du récit est systématique, comment elle concerne *tous* les aspects du récit. Pour en prendre la mesure complète, il faut considérer la *totalité* du système de transformation : dans le plus ancien récit, l'au-delà est un monde merveilleux indifférencié ; dans les récits attestés à partir de la fin du XIIIe siècle, trois possibilités existent : l'enfer, le purgatoire et le paradis. En fait, deux seulement doivent être prises en compte, car, à cette époque du moins, on revient rarement de l'enfer. Le récit du voyage au paradis par le clerc anonyme du XIIIe siècle représente l'un des termes de l'alternative propre à la culture cléricale ; l'autre terme, le voyage au purgatoire, est illustré par plusieurs *exempla des* XIVe-XVe siècles qui développent le conte type voisin 470 A ou « légende de Don Juan »[1] ; à l'invitation d'un mort qu'il avait nargué, le héros se rend au purgatoire, où il assiste aux tourments des âmes qui expient leurs péchés ; quand il en revient au bout de quelques instants, il prie pour elles et amende sa propre conduite. Or ce changement de l'espace du conte comme de la finalité du voyage s'accompagne d'une transformation du principal motif temporel : dans le paradis, comme déjà dans l'au-delà merveilleux que visite Herla, le temps paraît s'écouler très vite, trop vite, et quand le héros revient au bout de plusieurs siècles, il a le sentiment de ne s'être absenté que trois jours ; au purgatoire, au contraire, les tourments sont tels que celui qui les a subis pendant une heure croit que mille ans se sont écoulés.

Ces exemples montrent assez le système unique que constitue le champ des représentations, mais aussi le *travail* auquel il est soumis ; ils précisent quels clivages — avant tout l'opposition clercs/laïcs — suscitent ces tensions et indiquent par quel moyen s'exerce d'abord et se justifie le contrôle idéologique : par l'écriture, qui est aussi (spécialement dans le deuxième

1. L. PETZOLDT, *Der Tote als Gast. Volksage und Exempel*, Helsinki (FFC 200), 1968, pp. 99-100 et 112.

exemple) l'Écriture, monopole des clercs, instrument et garant du pouvoir de l'Église, au moins jusqu'au début du XIIIe siècle.

HOMMES, BÊTES ET DÉMONS

Au XIIIe siècle, l'écriture ou, mieux, la « raison graphique » au sens où l'entend Jack Goody[1], avec toutes ses possibilités d'abstraction, de critique et de capitalisation du savoir, est en effet au centre d'une formidable réorganisation de la culture et de la société : d'une part, le monopole clérical sur l'écrit et avec lui le pouvoir dominant de l'Église sont battus en brèche par l'avènement des États monarchiques (avec leur chancellerie, leurs archives, etc.) et l'affermissement d'une culture laïque lettrée et de langue vulgaire ; d'autre part, la culture cléricale, écrite, latine, et universitaire connaît un développement sans précédent, mais aussi, et en particulier face aux traditions folkloriques, un raidissement en rapport direct avec ces positions menacées. La « raison graphique » permet d'abord une critique interne de la culture savante, y compris du système officiel des croyances, au nom d'une nouvelle rationalité, nourrie de la redécouverte d'Aristote, qui permet l'essor d'une véritable « science » théologique, l'avènement d'une philosophie naturelle distincte de la théologie et le développement sans précédent des sciences du *quadrivium*[2]. Cette évolution a pour effet, entre autres, de repousser les modes de pensée symbolique de l'exégèse tradi-

1. Jack GOODY, *The Domestication of the Savage Mind*, Cambridge, Cambridge University Press, 1977 (trad. fr. *La Raison graphique. La domestication de la pensée sauvage*, Paris, Éd. de Minuit, 1979) ; *Literacy in Traditional Societies*, Cambridge, 1968 ; Michael T. CLANCHY, *From Memory to Written Record : England, 1066-1307*, Cambridge, Mass., Harvard University Press, 1979.

2. Marie-Dominique CHENU, *La Théologie comme science au XIIIe siècle*, Paris, Vrin (Bibliothèque thomiste XXXIII), 1957. Pour la science, voir en dernier lieu D. C. LINDBERG (éd.), *Science in the Middle Ages*, Chicago et Londres, The University of Chicago Press, 1978.

tionnelle et de soumettre le « merveilleux chrétien » à des classifications et des limites qui en réduisent d'autant les possibilités. On peut noter, par exemple, qu'au moment où Hostiensis ou saint Thomas s'attachent à définir le miracle, en énumèrent les catégories *(supra, contra, praeter naturam)*, les premiers procès de canonisation réglementent dans la pratique ce qu'André Vauchez appelle excellemment la « fabrique des saints » ; or, on y observe que les miracles, surtout ceux qui se produisent sur les reliques des saints, y tiennent une place toujours plus réduite parmi les critères de sainteté, tandis que se renforce, au contraire, la place des *vertus* manifestées par le saint de son vivant[1].

C'est du même mouvement que la culture savante achève à cette époque de constituer la « culture populaire » en objet distinct, dont elle nomme à la fois les tenants *(vulgus)*, les formes d'expression *(fabulae)* et les productions tantôt séduisantes *(mirabilia)*, tantôt repoussantes *(superstitiones, sortilegia)*. Cette mise en ordre touche là aussi le merveilleux, le « merveilleux folklorique » où fourmillent les « êtres mixtes »[2] : mi-hommes, mi-bêtes, tels les loups-garous, les femmes serpents, les enfants cygnes, les hommes sauvages, voire le saint lévrier, tous repoussés par la culture savante, qui tend à voir en eux des créatures démoniaques[3] ; mi-hommes mi-démons, possibilité logique que la démonologie savante issue de la tradition augustinienne, mais en plein renouveau à cette époque, écarte absolument : un démon ne peut que transporter la semence humaine qu'il a recueillie sous forme de succube et féconder ensuite une femme sous forme d'incube ; en aucun cas, il ne peut être le véritable père de l'enfant à naître ; pleinement humain, celui-

1. André VAUCHEZ, *La Sainteté en Occident aux derniers siècles du Moyen Âge (1198-1431) d'après les procès de canonisation et les documents hagiographiques*, Rome, École française de Rome, 1981.

2. Jacques LE GOFF, « Le merveilleux dans l'Occident médiéval », dans M. ARKOUN, J. LE GOFF, T. FARD et M. RODINSON, *L'Étrange et le Merveilleux dans l'Islam médiéval*, Paris, Éd. J.A., 1978, pp. 61-70, et discussion de ce rapport *ibid.*, pp. 81-115.

3. C'est le sort de la fée Mélusine au XIVe siècle chez Jean d'Arras (cf. J. LE GOFF, « Mélusine... », repris dans *Pour un autre Moyen Âge...*, *op. cit.*, p. 313, note 10, et p. 324, note 35).

ci pourra donc être légitimement baptisé et avoir une chance d'être sauvé[1].

On voit bien que les solutions que propose ou qu'impose la rationalité savante ne sont pas plus logiques, ni moins primitives, que celles du folklore, qui a sa propre raison. Mais la théologie refuse l'ambivalence (ce qui est tout autre chose que l'ambiguïté) d'un être qui serait à la fois chien et saint, d'un homme qui serait à la fois saint et magicien, d'un au-delà qui serait à la fois purgatoire, enfer et paradis. Contre cette logique de l'ambivalence, elle développe une logique de la non-contradiction qui, en opposant l'homme à tout ce qu'il n'est pas (l'ange, la bête, le démon), définit la singularité de son destin dans le plan du salut : l'homme est la créature privilégiée de Dieu ; seul il reçoit la grâce divine (contrairement aux bêtes) et fait librement le choix du bien et du mal (ce que ne peut faire un être démoniaque) pour accéder au salut. Notons, d'ailleurs, qu'à l'opposé de la mise en cause folklorique de l'humanisme chrétien une autre menace pèse sur celui-ci : la tentation pour certains hérétiques radicaux, dès le XIe siècle, de vouloir s'identifier aux anges (ou aux abeilles qui, pensait-on, se reproduisent sans coït) et ainsi de refuser toute relation sexuelle[2]. Entre le folklore qui semble nier la séparation des hommes, des bêtes et des démons, et les hérétiques qui se veulent des anges, l'Église, qui se situe, comme toujours, au juste milieu, révèle à l'homme qu'il n'est « ni ange ni bête ». C'est à peu près ce que saint Thomas dit explicitement : l'âme est « au milieu » *(media est)*, entre les « substances supérieures et divines avec lesquelles elle communique par la raison » *(per intellectum)*, et l'« animalité brutale » *(animalia bruta)* à laquelle elle participe par les sens *(in sensitivis potentiis)*. Il faut noter que le « Docteur angélique »

1. J.-Cl. SCHMITT, *Le Saint Lévrier…, op. cit.*, p. 112, et « La parole apprivoisée… », ici pp. 183-210. Les « fils d'incubes » ne sont pas seulement présents dans les légendes (Merlin, Robert le Diable, etc.) : accusé de « maléfices », l'évêque de Troyes Guichard (1309-1314) dut se défendre d'être « le fils de l'incube », comme le nommaient les témoins cités à son procès : cf. Abel RIGAULT, *Le Procès de Guichard, évêque de Troyes*, Paris, 1896, pp. 116-119 et 125-127.

2. H. TAVIANI, « Le mariage dans l'hérésie de l'an mil », *Annales. E.S.C.*, 1977, 6, pp. 1082-1083.

donne cette définition au moment où il parle de la *bestialitas*[1]. Généralement, ceux qui s'adonnent au péché méritent le nom d'*homines animales*[2]. Ceux-ci sont par excellence ceux qui enfreignent la « loi de nature », commettent le crime « contre nature », l'homosexualité, dont la condamnation à partir du XIIIe siècle contraste avec la tolérance plus ou moins grande des siècles précédents. De manière significative, ce « crime » est associé presque complètement à la bestialité. John Boswell a montré que ni les textes scripturaires ni même la tradition ecclésiastique n'imposaient une telle hostilité ; comme la persécution contemporaine des juifs et des hérétiques, cette hostilité serait la conséquence du « blocage » de la société féodale au XIIIe siècle[3]. C'est bien dans le même contexte social et intellectuel que se manifeste une méfiance croissante à l'égard des « superstitions », qui répond d'abord au même problème de *logique* : celui de l'ambivalence des représentations et des comportements — que l'on songe aussi aux travestissements folkloriques d'hommes en animaux ou en femmes[4] — de ceux qui paraissent brouiller les sexes, les espèces et les genres.

Dans cette vaste reprise en main conceptuelle, morale, idéologique du XIIIe siècle, tout est lié : le concept aristotélicien de loi naturelle fonde les spéculations théologiques, philosophiques,

1. THOMAS D'AQUIN, *In X Libros Ethicorum*, VII, 1 (*Opera omnia*, t. XXI, Parme, 1867, p. 224).

2. THOMAS D'AQUIN, *In Epistolam I, ad Cor.*, cap. II, lectio 3 (*Opera omnia*, t. 13, Parme, 1862, p. 172). Pour une illustration concrète de ce principe dans un *exemplum*, cf. A. LECOY DE LA MARCHE, *Anecdotes historiques, légendes et apologues tirés du recueil d'Étienne de Bourbon, dominicain du XIIIe siècle*, Paris, 1877, p. 392 : le familier d'un prince livré à la luxure trouve celui-ci prostré dans sa chambre dans la posture d'un animal, couvert d'excréments et mourant sans repentir : « *Invenit eum solum super cubile suum, quasi* super quatuor pedes procumbentem, *et omnia interiora cum intestinis et fecibus et fetore maximo emittentem, et sine aliquibus signis penitentie animam exhalantem* » (souligné par moi).

3. John BOSWELL, *Christianisme, tolérance sociale et homosexualité. Les homosexuels en Europe occidentale des débuts de l'ère chrétienne au XIVe siècle* [1980], Paris, Gallimard, 1985.

4. Un exemple : l'homme enceint. Cf. Roberto ZAPPERI, *L'Homme enceint. L'homme, la femme et le pouvoir* (1re éd. ital. 1979), Paris, P.U.F., 1983. Daniel FABRE, « "Faire la jeunesse" au village », in *Histoire des jeunes en Occident*, vol. 2, *L'Époque contemporaine* (sous la direction de Giovanni LEVI et Jean-Claude SCHMITT), Paris, Éd. du Seuil, 1996, pp. 51-83.

scientifiques du temps, aussi bien que les nouveaux modèles éthiques ; autant la science du XIIIe siècle identifie la loi naturelle au cours normal des choses[1], autant la théologie morale définit une normalité « naturelle » (en vérité éminemment historique) qui justifie la persécution des comportements jugés « monstrueux » des juifs et des hérétiques, de la *gay subculture* (selon l'expression de John Boswell) et des « superstitions ».

*

J'ai seulement voulu esquisser ici une réflexion sur la place des traditions folkloriques dans la société et la culture du XIIIe siècle. Il conviendrait d'approfondir cette analyse, dans les mêmes termes de globalité, de système de relations, d'enjeu idéologique. Plusieurs écueils doivent être évités : il faudrait d'abord se garder de ne voir la créativité, la mobilité, l'historicité que du côté de la culture savante. Le folklore aussi, à la faveur des grandes modifications de la structure sociale, notamment au XIIe siècle, au début du XVIe siècle, au XIXe siècle, a changé, s'est doté de formes nouvelles. Par ailleurs, la notion de dynamique culturelle, que j'ai employée, amènerait à déplacer l'attention des conflits les plus violents, de la persécution active, vers les processus plus lents d'imprégnation réciproque et inconsciente[2] : ainsi, pour les XVIe-XVIIe siècles, Carlo Ginzburg a-t-il montré comment, pour les paysans eux-mêmes, le « rituel onirique » des *Benandanti* avait peu à peu cédé la place à la croyance au sabbat, conforme à la démonologie des inquisiteurs ; mais quand cette évolution fut achevée, il était trop tard pour que les *Benandanti*, ainsi transformés en sorciers, fussent vraiment persécutés. Dans cette longue durée de l'histoire culturelle, il conviendrait enfin de préciser les évolutions, qui ne me paraissent en aucun cas linéaires : l'hypothèse d'une oppression croissante et d'une acculturation implacable, soutenue par Robert Muchembled à propos de la France moderne, ne me

1. B. HANSEN, « Science and Magic », dans D. C. LINDBERG (éd.), *Science in the Middle Ages*, *op. cit.*, p. 485.

2. Voir à ce propos les analyses de Hans Robert JAUSS regroupées et traduites en français dans *Pour une esthétique de la réception*, Paris, Gallimard, 1978.

paraît ni généralisable ni exempte de jugements de valeurs[1]. J'observe plutôt des changements de rythmes, une alternance de périodes d'échanges, tels le XIIe et le début du XVIe siècle, et de périodes de blocage[2] : en ce sens, les XIIIe-XIVe siècles (de saint Thomas à Jean XXII) préparent et préfigurent la seconde moitié du XVIe siècle et le XVIIe siècle, marqués par la persécution de la sorcellerie.

1. Robert MUCHEMBLED, *Culture populaire et culture des élites dans la France moderne (XVe-XVIIIe siècle). Essai*, Paris, Flammarion, 1978 (voir le compte rendu critique de F. LEBRUN, *L'Histoire, 5*, 1978, pp. 72-75). Pour une mise en garde contre l'opposition trop simpliste d'une culture populaire idéalisée et d'une « modernité » répressive, voir E. WEBER, *Peasants into Frenchmen. The Modernization of Rural France, 1870-1914*, Stanford, Stanford University Press, 1977, et l'article suggestif consacré à ce grand livre par Roberto VIVARELLI, « I Contadini francesi tra il 1870 e il 1914 e il problema della trasformazione culturale delle campagne », *Rivista storica italiana*, 91, 1979, n° 1, pp. 52-70 (surtout p. 66 et suiv.).

2. Dans la première partie de son livre, Keith THOMAS (*Religion and the Decline of Magic*, New York, Charles Scribners's Sons, 1971) considère la période médiévale comme un tout à opposer globalement à la période moderne, ce qu'il convient de nuancer.

VII

« JEUNES » ET DANSE DES CHEVAUX DE BOIS

L'objet de nos recherches et les principes méthodologiques que nous adoptons ne sont pas ceux qui guidèrent les travaux d'Étienne Delaruelle sur la « religion populaire ». Nous en avons expliqué ailleurs les raisons[1]. S'il nous paraît juste et nécessaire de souligner qu'Étienne Delaruelle a donné à l'histoire religieuse médiévale de nouvelles orientations et qu'il a travaillé avec une érudition et une intelligence du passé hors du commun, il nous semble aussi qu'il a méconnu l'importance de la culture folklorique sous-tendant la « religion populaire » et qu'il a mal saisi la signification et l'enjeu de l'opposition entre culture folklorique et culture cléricale. La reproduction de la société féodale, largement assurée par l'Église en raison de sa position dominante dans les rapports de production et, plus encore, en raison de sa fonction idéologique, exigeait que la culture cléricale accrût toujours davantage son influence. Elle y parvint parfois au moyen d'une répression farouche de la culture folklorique. Moins brutalement, elle assimila aussi des traits de la culture folklorique, soit sous la pression de certains

1. Jean-Claude SCHMITT, « "Religion populaire" et culture folklorique. À propos d'une réédition : *La Piété populaire au Moyen Âge* d'Étienne Delaruelle », *Annales. E.S.C.*, 1976.

Repris de « "Jeunes" et danse des chevaux de bois. Le folklore méridional dans la littérature des *exempla* (XIIIe-XIVe siècles) », *Cahiers de Fanjeaux*, 11, Toulouse, 1976, pp. 127-158.

milieux laïcs, soit au terme d'un processus de récupération et de transformation par les clercs d'éléments de la culture folklorique. C'est ce que montrent assez bien de nombreux *exempla.*

Un *exemplum* est un récit généralement bref, donné pour authentique et mis au service d'une parole — la prédication, pour attester une vérité morale[1]. Il se définit donc par sa fonction et, sans doute aussi, par sa structure narrative.

Le contenu thématique d'un *exemplum* peut être emprunté soit à une source savante écrite (par exemple les *Dialogues* de Grégoire le Grand, les *Vies des Pères* ou même un recueil d'*exempla* antérieur), soit à une tradition orale recueillie par l'auteur de l'*exemplum* lui-même ou par un autre clerc digne de foi qui la lui a rapportée (*exemplum* personnel).

La littérature des *exempla*, au sens où nous entendons ce terme, s'est développée à la fin du XIIe siècle, à un moment où l'Église éprouva le besoin de s'adapter aux transformations profondes de la société médiévale (essor économique et démographique, développement des villes, menace des hérésies...). Pour répondre à cette situation nouvelle, une des solutions adoptées fut, avec la création des ordres mendiants, le développement d'une prédication destinée aux foules laïques et faisant un large usage de l'*exemplum.* Des recueils d'*exempla* furent composés (déjà le *Dialogus miraculorum* du cistercien Césaire de Heisterbach, puis le *Tractatus de variis materiis praedicabilibus secundum septem Donis Spiritus Sancti ordinatis...* du prêcheur Étienne de Bourbon, etc.). Ces recueils contiennent un grand nombre d'*exempla* personnels. Une seconde génération de recueils assimila les premiers à des « autorités » et reproduisit un grand nombre de leurs *exempla.* À la fin du XIIIe siècle, les recueils commencèrent à être composés selon l'ordre alphabétique des matières, à raison de quelques *exempla* pour chaque rubrique. La diffusion de ces recueils aux XIIIe-XVe siècles paraît liée au développement du mouvement urbain et des ordres mendiants : c'est sans doute la raison pour laquelle le midi de la France, tôt urbanisé mais ayant connu ensuite une

1. Voir, pour plus de précision : Cl. BRÉMOND, J. LE GOFF, J.-Cl. SCHMITT, *L'Exemplum*, Turnhout, Brépols, 1988 (2e éd., 1996), p. 37.

stagnation relative[1], n'a joué qu'un rôle modeste dans l'essor de cette littérature.

Sans parler des sermons méridionaux contenant des *exempla*, nous nous contenterons d'énumérer les recueils d'*exempla*, en distinguant ceux qui ont été rédigés par des clercs du Midi et ceux qui l'ont été par des clercs du Nord ayant séjourné dans le Midi et en ayant rapporté une part de leurs *exempla*[2].

Recueils de clercs méridionaux

1. Recueil sans doute composé par un religieux marseillais de l'ordre des Sachets, vers 1251-1295 : 259 *exempla*, dont une soixantaine d'*exempla* personnels[3].

2. Sous toutes réserves, recueil d'un franciscain de la région comprise aujourd'hui dans les départements du Gard, de l'Hérault, de l'Aude, datant de la seconde moitié du XIIIe siècle[4].

3. Sous toutes réserves, recueil d'un franciscain, peut-être un spirituel de la Haute-Garonne, du premier tiers du XIVe siècle[5].

4. Recueil, dans l'ordre alphabétique, du dominicain Jean Gobi, prieur du couvent d'Alès, mort en 1350 : la *Scala Coeli*, écrite vers 1323-1335. Ce recueil contient 1 003 *exempla*, repartis entre 125 rubriques. Il n'en existe pas de manuscrits dans le Midi, à l'exception d'un seul à Marseille. En revanche, de nombreux manuscrits attestent son succès dans le Nord. Il

1. Jacques LE GOFF, « France du Nord et France du Midi dans l'implantation des ordres mendiants au XIIIe siècle (résumé) », dans *Cahiers de Fanjeaux*, 8, 1973, pp. 133-140.

2. Nous nous fondons sur Jean-Thiébaut WELTER (*L'Exemplum dans la littérature religieuse et didactique du Moyen Âge*, Paris et Toulouse, 1927 [reprint Genève, Slatkine, 1973]), sur le dépouillement des fichiers de l'Institut de recherche et d'histoire des textes (C.N.R.S., Paris) et sur le fichier réalisé dans le cadre de l'enquête précitée par Mme Nora SCOTT, que nous remercions de sa précieuse collaboration.

3. J.-Th. WELTER, *op. cit.*, pp. 254-257. Ms. unique : Arras, Bibl. mun. 1019, éd. J.-Th. WELTER, *Études franciscaines*, XXX (1913), pp. 646-665, et XXXI (1914), pp. 194-213 et 312-320.

4. J.-Th. WELTER, pp. 248-251. Ms. unique : B.N.F. lat. 3555, ff^os^ 168 v°-212 r°, éd. J.-Th. WELTER, *Études franciscaines* XIII (1930), pp. 432-476 et 585-621.

5. J.-Th. WELTER, *op. cit.*, pp. 265-272, British Museum, Ms. add. 33956, ff^os^ 2 r°-90 v°, éd. (restée manuscrite) de J.-Th. WELTER, B.N.F., Ms. nal 2632, ff^os^ 305-450.

y en eut même trois éditions incunables, à Lübeck, Ulm et Louvain. La plupart de ses *exempla* sont tirés de recueils antérieurs, le plus souvent non méridionaux[1].

Recueils composés par des clercs étrangers au Midi, mais y ayant séjourné. Essentiellement :

1) Recueil d'un franciscain peut-être originaire d'Italie du Nord[2].

2) Recueil du dominicain lyonnais Étienne de Bourbon, écrit vers 1250-1261. Il contient, comme on va le voir, des *exempla* personnels qui concernent le Midi[3].

TROIS *EXEMPLA* INSÉPARABLES

Nous nous proposons d'étudier dans le détail trois *exempla* qui concernent le folklore méridional aux XIIIe-XIVe siècles.

Le premier est extrait de la *Scala Coeli* du dominicain Jean Gobi d'Alès[4]. Plus précisément, il s'agit de l'un des *exempla* consacrés à la danse *(De corea)*. L'auteur affirme que la danse fait grand mal *(multa mala inducit in nobis)* pour quatre raisons.

1. Elle est agréable au diable : suit un *exemplum.*
2. Elle fait injure à Dieu : suivent trois *exempla*, dont le nôtre.
3. Elle est le début de la damnation : suit un *exemplum.*
4. Elle est signe de fatuité : suivent deux *exempla.*

1. J.-Th. WELTER, *op. cit.*, pp. 319-325.

2. *Ibid.*, pp. 380-383.

3. *Ibid.*, pp. 215-233, éd. partielle de A. LECOY DE LA MARCHE (cf. Étienne de Bourbon). L'édition complète du ms. lat. 15970 de la B.N.F. est en cours dans l'enquête précitée et avec le concours de l'École nationale des chartes, de l'I.R.H.T. et de l'Istituto storico italiano per il Medio Evo (Rome).

4. Voir, depuis, l'édition critique *La Scala Coeli de Jean Gobi* par Marie-Anne POLO DE BEAULIEU, Paris, Éd. du C.N.R.S., 1991 (Sources d'histoire médiévale publiées par l'Institut de recherche et d'histoire des textes), pp. 310-314. *L'exemplum* concerné porte le numéro 341, p. 312. Pour le chant du démon en langue d'oc, l'éditrice a retenu une version légèrement différente de celle que je présente.

De ces sept *exempla*, aucun n'est personnel[1]. Nous désignerons par la lettre « G » celui que nous avons retenu pour les raisons que l'on verra, et dont voici la traduction (texte latin en annexe) ;

[De la danse (...)]

> On lit dans le *Livre des sept dons du Saint-Esprit* que dans une cité il était de coutume que l'on danse à certaines fêtes à travers la ville, et que les jeunes, avec des masques très honteux, montent des chevaux de bois. Un prédicateur s'était opposé à cette coutume pour la raison que les danseurs préféraient le jour du monde au jour de Dieu et des saints. En dépit de cette prédication, ils ne cessèrent pas, et ils dansaient sur la place de la cité certain jour de fête, quand arriva en dansant un groupe de démons ayant l'apparence de jeunes gens et de femmes qui se mêlèrent aux danseurs de cette cité. Puis l'un de ces démons commença à chanter, disant [en langue d'oc] :
>
> Ceux qui m'ont aimé,
> Quelqu'un les affligera.
> Vous avez agi de façon démoniaque :
> De cela il n'est personne qui ne soit rétribué.
>
> Je ne sais si ce fut à ces mots : la terre s'ouvrit, et une grande flamme les enveloppa et les conduisit tous en enfer.

Au début de cet *exemplum*, Jean Gobi fait explicitement référence au *Livre des sept dons du Saint-Esprit*, c'est-à-dire au recueil d'Étienne de Bourbon, antérieur de près de soixante-dix ans environ. Ce recueil possède en effet deux *exempla* consacrés à des danses sur des chevaux de bois. Cette coutume est cette fois localisée dans le diocèse d'Elne.

Le recueil d'Étienne de Bourbon se présente en fait comme un traité sur les sept dons du Saint-Esprit où les *exempla* sont insérés

1. Ces exempla sont tirés des œuvres de Grégoire le Grand (1), de Guillaume de Malmesbury (1), de Jacques de Vitry (2) et d'Étienne de Bourbon (3, dont le nôtre).

dans un commentaire théologique. Chacun des sept dons aurait dû faire l'objet d'une partie de cet ouvrage. Mais l'auteur est mort en 1261, avant d'avoir pu écrire les deux dernières parties.

La quatrième est consacrée au don de science « qui produit en l'homme la vraie pénitence ». Sont examinés successivement les huit moyens de la pénitence, dont le pèlerinage (sixième *titulus*). Ce « titre » est lui-même divisé en plusieurs chapitres consacrés aux vertus du vrai pèlerin, qui doit notamment posséder la joie : la joie spirituelle qui pousse à louer Dieu, et non les joies profanes de la luxure et de la danse. C'est là que, précédés d'un court commentaire, sont cités nos deux *exempla*, ici désignés « E-1 » et « E-2 » (texte latin en annexe) :

> *Item* [le pèlerinage] doit être joyeux (*Psaume :* « chantez pour moi-vous les justes », etc.), de façon à chanter Dieu, comme le font les Allemands, et non à chanter les vanités et les turpitudes comme les Juifs qui sortaient de Babylone et parlaient *azotice (Nee, ult.*[1]*). Azotice* signifie incendie. Semblables à eux sont ces pèlerins qui, lorsqu'ils visitent les lieux saints, chantent des chansons luxurieuses par lesquelles ils enflamment les cœurs des auditeurs et allument le feu de la luxure ; et quelquefois le Seigneur embrase d'un feu matériel ou infernal ceux qui sont sacrilèges entre tous, ceux qui foulent aux pieds les corps des saints chrétiens dans les cimetières où ils dansent aux vigiles des saints, ceux qui enflamment du feu de la luxure les temples vivants de Dieu, quand ils viennent dans les temples aux fêtes et aux vigiles des saints, mènent des danses et font obstacle à l'office de Dieu et des saints.
>
> [E-1] Il arriva dans le diocèse d'Elne qu'un prédicateur avait prêché dans cette terre et fermement interdit que l'on danse dans les églises et aux vigiles des saints. Dans cette paroisse des jeunes avaient coutume à la vigile de la fête de cette église de venir et de monter sur un cheval de bois, et masqués et apprêtés de mener les danses dans

1. Néhémie, XIII, 24 : il s'agit des enfants nés de Juifs et de femmes ashodites : ils ne parlaient pas l'hébreu, mais l'ashodien. L'interprétation symbolique ignore manifestement le sens littéral du mot.

l'église et à travers le cimetière. Alors qu'en raison des paroles de ce prédicateur et de l'interdiction de leur prêtre les hommes avaient renoncé aux danses et veillaient en prière dans l'église, un jeune vint vers son compagnon, l'invitant au jeu habituel. Comme son compagnon se refusait à ce jeu disant qu'il était interdit par le prédicateur et par le prêtre, l'autre s'arma, disant que serait maudit celui qui renoncerait au jeu habituel à cause de leurs prohibitions. Lorsque ce jeune qui était sur un cheval de bois entra dans l'église où les hommes veillaient en paix et en prière, à l'entrée même de l'église, un feu le saisit par les pieds et le consuma tout entier lui et son cheval. Nulle personne se trouvant dans l'église, aucun parent ni aucun ami ne put trouver le moyen d'empêcher qu'il n'y fût consumé ; aussi tous terrifiés par le jugement divin quittèrent l'église, s'enfuyant vers la maison du prêtre. Celui-ci, s'étant levé précipitamment et étant venu à l'église, trouva le jeune homme presque entièrement brûlé ; de son corps sortait une flamme si grande qu'elle semblait s'échapper par les fenêtres du clocher de l'église.

J'ai appris cela dans cette paroisse même, peu après l'événement, de la bouche de ce chapelain, des parents dudit jeune et d'autres paroissiens.

[E-2] *Item*, dans le même diocèse, à la même époque, de nombreuses personnes étaient allées à la vigile et au pèlerinage d'un saint, et elles avaient dansé toute la nuit à travers le cimetière au mépris d'une interdiction semblable. Comme le matin elles étaient venues dans une chapelle, à l'aurore, pour entendre la messe, quand le prêtre entonna le *Gloria in excelsis*, il se produisit un coup de tonnerre et un tremblement de terre tels que le prêtre eut l'impression que, de ses genoux, il touchait le dessus de l'autel. Nul ne lui répondit. Lui-même, à ce qu'il me dit, crut qu'il aurait perdu le sens si une blanche colombe étendant ses ailes devant lui ne l'avait réconforté. La foudre, entrant dans l'église, frappa ceux qui avaient été les ducs et les capitaines de la danse : les uns, elle les tua par l'odeur, à d'autres elle rompit les bras et à d'autres les jambes, et elle en blessa d'autres de diverses manières.

Ces deux *exempla*, je les ai entendus aux temps et aux lieux où ils se produisirent, de la bouche de nombreux témoins, qui témoignèrent même sous la foi du serment.

Ces trois textes ne sont pas identiques. Celui de Jean Gobi n'est vraiment fidèle à aucun des deux *exempla* antérieurs, qui en constituent pourtant la source explicite : de toute évidence, le dominicain d'Alès a transformé cette source en fonction d'une tradition locale. Mais, bien que différents, ces trois *exempla* doivent être considérés comme des variantes d'un même « texte », pour trois raisons :

1) d'une façon ou d'une autre, leurs auteurs les ont eux-même mis en relation ;

2) leur thématique est identique ;

3) leur structure est semblable, s'articulant sur quatre « fonctions », au sens proppien d'action ayant une signification dans le déroulement de l'intrigue[1].

a) Situation initiale : rappel de la coutume.

b) Interdit : le prédicateur interdit la coutume.

c) Transgression de l'interdit : soit collective, soit individuelle.

d) Châtiment : dans tous les cas, la mort par le feu.

Il convient donc d'analyser ces trois textes les uns par rapport aux autres. Il convient aussi, pour chacun d'eux, de saisir la nature complexe du document, en distinguant, non sans quelque artifice :

1) le niveau savant, c'est-à-dire le fait qu'il s'agisse d'un *exemplum*, document appartenant à la culture savante, écrit, en latin, accompagné d'un commentaire théologique, soumis à une tradition savante qui va d'Étienne de Bourbon à Jean Gobi, dont le texte présente lui-même des variantes ;

2) le niveau folklorique, car même si c'est Étienne de Bourbon qui a recueilli deux récits légendaires, il les a présentés

1. Vladimir PROPP, *Morphologie du conte* (1928), trad. franç., Paris, 1970, p. 31.

avec insistance comme authentiques, appartenant à la tradition orale *(Audivi...)*. C'est à *travers* ces récits que nous pouvons connaître les danses folkloriques.

LA DANSE DES CHEVAUX DE BOIS

Il est évident que la danse est ici inséparable de la légende, dont elle constitue l'un des thèmes. Pour identifier cette danse, il est pourtant nécessaire de l'isoler provisoirement et d'en analyser les caractères.

1) C'est une danse coutumière *(consuetudo, solitus ludus)*. Notons que le terme *ludus*, le jeu, désigne exclusivement la danse sur un cheval de bois, tandis que *chorea* désigne l'ensemble des danses.

2) Elle est localisée : dans une paroisse du diocèse d'Elne (E-1), dans une *civitas* ou *villa* (G). Elle se déroule plus précisément dans l'église et le cimetière (E-1), dans le cimetière et vraisemblablement à proximité d'une chapelle rurale (E-2), à travers la ville, sur la place de la cité (G). Le caractère urbain de G est très marqué : sans doute est-ce là encore l'effet d'une réadaptation locale. Le parcours de la danse est bien décrit, avec un double caractère de traversée *(per cimiterium, per villam)* et de pénétration *(in capellam intrare, ad capellam convenire)*. De telles danses dans les églises et les cimetières faisaient l'objet de prohibitions fréquentes[1]. Les danses dont il est ici question n'en sont pas moins assez particulières.

3) D'après Étienne de Bourbon, la danse n'avait lieu qu'une fois dans l'année, lors de la vigile de la fête du saint patron de la paroisse (E-1) ou lors de la vigile et du pèlerinage d'un saint (E-2). D'après G, la danse avait lieu lors de plusieurs fêtes dans

1. L. GOUGAUD, « La danse dans les églises », *Revue d'histoire ecclésiastique*, XV (1914), pp. 5-22 et 229-243. La formule d'interdiction de *« choreas duci in cimiterio vel in ecclesiis »* est exactement celle des statuts synodaux. Cf. *Les Statuts synodaux français du XIIIe siècle*, t. I : *Les Statuts de Paris et le synodal de l'Ouest (XIIIe siècle)*, éd. O. Pontal, Paris, 1971.

l'année, et c'est à l'une d'elles que se produisit le malheur. Autre différence : G peut faire penser que cette danse avait lieu de jour, tandis que E-1-2 précisent qu'il faisait nuit : *in vigiliis*, le prêtre est tiré de son sommeil, et l'expression *tota nocte* s'oppose à la messe de l'aube *(in mane, in aurora)*.

4) E-1 et G laissent entendre qu'il y avait deux groupes distincts de danseurs : dans E-1, les hommes dansent d'abord avec les jeunes, qui seuls montent des chevaux de bois. Dans G également, les jeunes et leurs montures sont distingués de l'ensemble des danseurs. Jeunes ou hommes, tous ces danseurs sont de sexe masculin. Si le commentaire introductif d'Étienne de Bourbon insiste sur les tentations de la luxure, ce *topos* clérical paraît mal s'appliquer à ces danses où la séparation des sexes était, semble-t-il, radicale. Les seules femmes sont, en G, les démones. Dans E-1 le comportement des jeunes est en tous points opposé à celui des hommes : les premiers se présentent comme les gardiens de la coutume, face aux seconds qui se plient aux ordres du clergé ; les premiers affichent une conduite violente *(armavit se)*, face à l'attitude paisible des adultes *(in pace et oracione)*. Oppositions de classes d'âge : nous voyons à l'œuvre, au niveau de la société villageoise, ce groupe des jeunes, intermédiaire entre le monde des enfants et celui des hommes établis, mariés et pères de famille, que Georges Duby a étudié pour le milieu aristocratique[1].

5) Ces jeunes ont pour danser un équipement particulier qu'il leur faut préparer *(parati)* et qui devait avoir un aspect guerrier *(armavit se)*. Ils sont en outre masqués *(larvati)* et ces masques avaient peut-être, d'après G, une apparence « honteuse » *(larvis turpissimis)*. Mais cet adjectif ne se trouve

1. Dans « Les "jeunes" dans la société aristocratique de la France du Nord-Ouest au XIIe siècle », *Annales. E. S. C.*, 19, 5, 1964, pp. 835-846, rééd. dans *Hommes et structures du Moyen Âge. Recueil d'articles*, Paris et La Haye, Mouton, 1975, pp. 213-225. Sur l'histoire des jeunes, longtemps négligée, on peut lire à présent : *Histoire des jeunes en Occident* (sous la direction de Giovanni LEVI et Jean-Claude SCHMITT), Paris, Éd. du Seuil, 1996, 2 vol. Pour une période plus récente, voir aussi Natalie Z. DAVIS, « The Reasons of Misrule : Youth Groups and Charivaris in Sixteenth-Century France », *Past and Present*, 50 (février 1971), pp. 41-75.

pas dans les deux autres textes et *turpissimis* a été peut-être rajouté par Jean Gobi dans la logique de l'interprétation cléricale traditionnelle de la danse en termes de luxure. Surtout, ces jeunes montaient des chevaux de bois : en dépit des premières indications données par E-1, on peut penser qu'il n'y avait pas plus d'un cavalier par cheval. Le cavalier montait dessus *(super equum ligneum ascendere)* ou, plus exactement, entrait dedans *(juvenis in equo ligneo intraret)*, c'est-à-dire qu'il passait à travers le corps du cheval de façon à se mouvoir à l'aide de ses propres pieds, qui touchaient le sol *(ignis arripuit eum per pedes)*.

6) Les danseurs évoluent de front : le jeune réfractaire invite son compagnon *(socius)* à danser avec lui. De même le groupe des démons vient à la rencontre du groupe des danseurs.

7) Enfin, la danse a des chefs : *duces et capita.* Ces mots latins cachent à peine les noms qui désignèrent jusqu'au XIXe siècle les chefs élus de la jeunesse : *rei del jovent, cap del jovent*[1]. Le héros malheureux de E-1 était-il aussi l'un d'eux ? Toujours est-il qu'il disposait d'un pouvoir considérable, le pouvoir de malédiction. Dans la tradition de l'Église, le pape était à l'origine de ce pouvoir et il pouvait seul le déléguer[2]. Étienne de Bourbon ne pouvait l'ignorer : choisissant d'employer ce terme, aurait-il voulu montrer que le conflit de la culture folklorique et de la culture cléricale allait jusqu'à l'affrontement de deux pouvoirs surnaturels ?

Nous en savons maintenant assez pour identifier cette danse, qui a survécu aux prohibitions ecclésiastiques et subsiste aujourd'hui encore dans certaines localités : il s'agit d'une danse de chevaux-jupons attestée par les folkloristes du midi de la France en Provence, dans quelques localités languedociennes, au pays Basque, dans les Pyrénées espagnoles et, enfin, en Roussillon,

1. Daniel FABRE et Jacques LACROIX, *La Vie quotidienne des paysans du Languedoc au XIXe siècle*, Paris, Hachette, p. 157 et suiv.

2. M. ZIMMERMANN, « Protocoles et préambules dans les documents catalans du Xe au XIIe siècle », *Mélanges de la Casa Velázquez*, X (1972), pp. 41-75 ; Lester K. LITTLE, *Benedictine Maledictions. Liturgical Cursing in Romanesque France*, Ithaca et Londres, Cornell University Press, 1993.

où nos *exempla* démontrent, par conséquent, l'ancienneté de cette tradition[1].

Le cheval-jupon a bien d'autres noms encore : chibalet, chivau-frux, zalmazain (basque), cavallet et cavallin, etc. Il peut n'être qu'une planche présentant à ses extrémités une tête de cheval stylisée d'une part, une queue d'autre part ; le danseur introduit son corps dans un trou central. Mais il peut s'agir aussi d'une reproduction beaucoup plus fidèle de l'animal *(fig. 1).* C'est plutôt à cette forme élaborée que font penser nos *exempla.*

Les danseurs sont toujours des hommes. Il peut y avoir toute une troupe de cavaliers ou seulement un cheval-jupon et son donneur d'avoine (le *socius ?* cf. *fig. 2*), ou encore deux cavaliers face à face qui miment un tournoi en dansant : peut-être l'allusion à l'armement d'un danseur *(armavit se)* doit-il suggérer cette forme de représentation. Dans tous les cas, d'autres personnes sont présentes ou même effectuent une danse ordinaire.

Selon les cas, le cavalier porte un chapeau, un simple béret ou un casque : il n'est donc pas masqué. Mais il arrive que d'autres participants portent des masques : lors de la fête de la chasse à l'ours à Arles-sur-Tech, à la Chandeleur, Violet Alford a vu un petit cheval-jupon et aussi quatre hommes vigoureux, la tête recouverte par un tonneau peint figurant « une tête monstrueuse », avec « des yeux effrayants sur les côtés, un nez en bois effrayant qui pointe, une bouche grande ouverte de manière réaliste ; des tresses d'ail dont les bulbes avaient été enlevés forment les cheveux, et quand ces hommes se retournent, un deuxième visage tout aussi effrayant apparaît sur l'autre face[2] ». Le qualificatif de « très honteux » paraît mal s'appliquer à ces masques, qui devaient surtout terroriser. Cependant, ces masques sont

1. Arnold VAN GENNEP, *Manuel du folklore français contemporain*, Paris, Picard, t. I, vol. 3, p. 905 et suiv. ; et, du même, « Notes comparatives sur le cheval-jupon (chivaufrux, chibalet, zalmazain, calus, chinchin, cheval-godin, hobby-horse) », *Cahiers d'ethnographie folklorique*, publié par l'Institut d'études occitanes de l'université de Toulouse, 1945. Violet ALFORD, *Pyrenean Festivals, Calendar, Customs, Music and Magic, Drama and Dance*, Londres, Chatto and Windus, 1937, et du même, *Dance of France.* III, *The Pyrenees*, Londres, M. Parrish, 1952. J. AMADES, *Costumari català en curs de l'any*, Barcelone, 5 vol., 1950-1956.

2. V. ALFORD, *Pyrenean Festivals, op. cit.*, pp. 17-18.

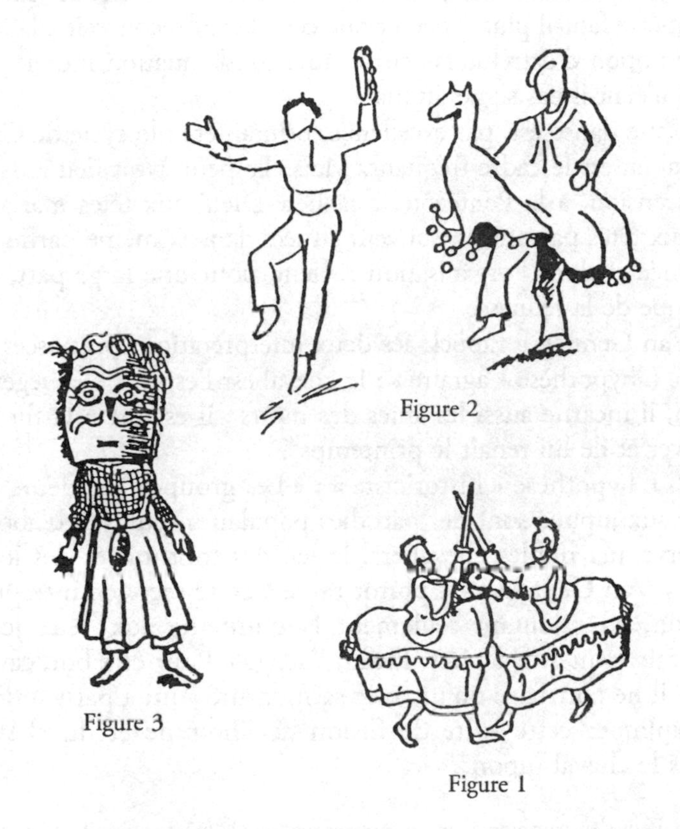

Figure 1. Armavit se. « Ball de cavallins » à Olot, d'après J. AMADES, *Costumari català, op. cit.*, t. V, p. 44.

Figure 2. Le donneur d'avoine. Le *socius* ? « Chibalet » en Languedoc, d'après V. ALFORD, *op. cit.*, p. 70.

Figure 3. Cum larvis turpissimis. L'un des quatre « batedors » d'Arles-sur-Tech (chasse de l'Ours à la Chandeleur), d'après J. AMADES, *Costumari català, op. cit.*, t. I, p. 677.

féminins, comme le montre le reste du vêtement porté par ces hommes *(fig. 3)*. À supposer que de tels personnages aient bien figuré dans les danses évoquées par Jean Gobi, la répugnance que des hommes déguisés en femmes devaient inspirer à des clercs expliquerait l'adjectif « très honteux »[1]. Dans le doute, peut-être faut-il plutôt penser que cet adjectif recouvrait à la fois une notion d'extrême laideur et une condamnation morale : le laid n'était-il pas signe du mal ?

Cette danse est, par excellence, printanière : le cycle de Carnaval en est le cadre fréquent. Mais elle peut avoir lieu aussi à l'Ascension, à la Pentecôte, à la Fête-Dieu, aux fêtes mariales et aux fêtes patronales, souvent situées dans la même partie de l'année et dont l'organisation revient, pour une large part, au groupe de la jeunesse.

Van Gennep a rappelé les deux interprétations proposées :

1. L'hypothèse « agraire » : le cheval est l'esprit de la végétation, il incarne aussi les âmes des morts ; il est tué à la fin de l'hiver et de lui renaît le printemps[2].

2. L'hypothèse « historiciste » : « Les groupes paradeurs de chevaux-jupons sont des parodies populaires d'un jeu d'abord réservé aux nobles chevaliers, le jeu des tournois et des joutes. » Van Gennep s'est plutôt rallié à cette seconde interprétation, en rajoutant seulement la quintaine aux deux jeux chevaleresques déjà cités. Enfin, l'adage « Pour être bon cavalier, il ne faut faire qu'un avec sa monture » lui a paru suffire à expliquer cette sorte de fusion de l'homme et du cheval dans le cheval-jupon[3].

1. Pour s'en convaincre, on peut remarquer que le même adjectif « honteux » est utilisé par Jean Beleth et repris par Jacques de Voragine à propos du piège tendu à saint Jérôme par ses compagnons : « Ce fut au moyen d'un vêtement de femme qu'ils se moquèrent de lui de façon honteuse. » Pendant son sommeil, ils substituèrent à ses habits des vêtements de femme que le saint revêtit par inadvertance et dans lesquels il fit son entrée à l'église. Cf. JACQUES DE VORAGINE, *La Légende dorée*, trad. fr., Paris, Garnier-Flammarion, 1967, vol. 2, p. 246.

2. Dans cette perspective, mais à propos du cheval processionnel, voir un grand livre, renié, semble-t-il, par son auteur : Georges DUMÉZIL, *Le Problème des Centaures. Étude de mythologie comparée indo-européenne* (Annales du musée Guimet, Bibl. d'études 41), Paris, 1928.

3. A. VAN GENNEP, « Notes comparatives sur le cheval-jupon », art. cité, pp. 37-38.

Nous verrons qu'aucune de ces deux hypothèses n'est satisfaisante, mais qu'aucune ne peut être entièrement rejetée : pour le montrer, nous comptons sur l'étude des rapports entre la danse et le récit légendaire dans lequel elle nous apparaît.

UN RÉCIT DE PENTECÔTE

Avec la légende, le merveilleux entre dans l'*exemplum* et, à chaque fois, à un moment bien précis : celui du châtiment. Mais le merveilleux n'est pas obligatoirement, du moins pour les contemporains, l'extraordinaire : ainsi l'*exemplum* qui nous surprend le plus, E-2, se présente-t-il, en fait, comme un simple récit de Pentecôte. Quatre éléments concourent à fonder cette hypothèse :

1) la descente sur le prêtre d'une blanche colombe étendant ses ailes ;

2) l'hymne de joie *Gloria in excelsis* que le prêtre entonne à la messe de l'aurore ;

3) le déchaînement instantané des éléments : tonnerre, tremblement de terre, foudre, odeurs mortelles ;

4) la stupeur du prêtre croyant « perdre le sens ».

Il nous suffira de reprendre dans l'ordre ces éléments pour confirmer notre hypothèse :

1) La blanche colombe jouit depuis l'Antiquité chrétienne d'un symbolisme très riche : elle symbolise l'âme, l'inspiration divine qui désigne l'élu et, surtout, l'Esprit saint lors du baptême du Christ et à la Pentecôte[1]. Absente de la description de la Pentecôte dans les Actes des apôtres (II, 1-41), la colombe n'est apparue dans l'iconographie de cette fête qu'avec la *Bible de Rabulas*. À partir du XIIIe siècle — à l'époque même d'Étienne de Bourbon — et jusqu'au XVIIIe siècle, la liturgie de la Pentecôte reproduisit la descente de la colombe en de

1. CABROL-LECLERCQ, *Dictionnaire d'archéologie chrétienne et de liturgie*, art. « Colombe », III, pp. 2212-2213.

nombreuses églises[1] : à Louhans, des étoupes enflammées étaient jetées du haut de la voûte de l'église lors du *Veni Creator* et des pigeons et des tourterelles étaient lâchés très précisément au début du *Gloria in excelsis*[2].

2) Très ancien, l'hymne de joie *Gloria in excelsis* était entonné après le *Kyrie Eleison* les dimanches et jours de fête, et uniquement à la première messe : à l'aube, à la troisième heure, parce que, précise Guillaume Durand, évêque de Mende, c'est l'heure à laquelle l'Esprit est descendu sur les apôtres[3]. Cet hymne est donc intimement lié à la fête de la Pentecôte.

3) À défaut de colombe, les Actes des apôtres mentionnent un vacarme soudain venant du ciel et semblable à celui d'un vent impétueux, tandis que des langues de feu descendaient sur les apôtres (d'où les étoupes enflammées dans la liturgie).

4) À peine avaient-ils reçu l'Esprit, les apôtres se mirent à parler toutes les langues, ce que les juifs interprétèrent comme un signe d'ivresse : comme le prêtre de l'*exemplum*, ils semblaient avoir perdu le sens.

S'il ne fait plus guère de doute qu'E-2 soit un récit de Pentecôte, nous ne pouvons en déduire qu'E-1 et G font référence à la même fête. G est extrêmement vague. E-1 situe explicitement l'action lors de la fête patronale, et non à la Pentecôte. Mais outre le fait que la fête patronale pouvait, certaines années, coïncider avec la Pentecôte, cette dernière étant une fête mobile, la signification sociale de ces deux fêtes était identique : Pentecôte et fête patronale étaient par excellence et jusqu'à une date récente les fêtes où le *jovent*, le groupe des jeunes, manifestait son existence sociale et exerçait ses fonctions dans la communauté. Dans la plupart des cas, la fête patronale avait lieu dans le cycle de l'Ascension et de la Pentecôte, en mai ou en juin. C'était fréquemment à l'une de ces deux fêtes qu'était élu le *cap de jovent*, à l'issue, en général, d'une épreuve de tir à l'arc ou d'une joute symbolique. Et

1. GUILLAUME DURAND, chap. CVII, *De die Pentecoste*.
2. A. VAN GENNEP, *Manuel...*, *op. cit.*, t. I, vol. 4, p. 1659 et suiv.
3. GUILLAUME DURAND, chap. IV, 13, *De Gloria in excelsis* ; JEAN BELETH, *Rationale...*, dans *PL* (202), col. 135-137 ; *Encyclopédie Migne*, t. XVI, 1847, 74.

c'était tout particulièrement à la fête patronale que la jeunesse assumait l'une de ses fonctions essentielles, l'organisation des réjouissances collectives[1].

Nos trois *exempla* (G étant moins précis mais renvoyant aux deux autres) font ainsi référence, de façon plus ou moins explicite, au cycle printanier de la Pentecôte et au rôle social que jouait le *jovent* dans cette partie de l'année. Y a-t-il un rapport entre ces caractéristiques temporelles de nos récits et les danses des chevaux de bois ?

DANSES ET TOURNOIS : LA MORT INITIATIQUE

Dans l'aristocratie laïque des XIIe-XIIIe siècles, la Pentecôte était par excellence la fête des jeunes ; l'adoubement qui, du *puer* faisait un *juvenis*, avait lieu très fréquemment un dimanche de Pentecôte. Le lendemain tournois et jeux de quintaine suivaient[2].

Par la suite, le tournoi restait la principale activité des jeunes : par les déplacements en bande, sous les ordres de l'un d'eux (souvent le fils du seigneur), par les risques courus ensemble, le tournoi remplissait une fonction d'intégration du groupe[3].

Ces tournois prirent forme au XIe siècle quand se constitua la classe des *milites*, mais comme expression réglée, rituelle, de joutes plus anciennes qui n'étaient pas propres à l'aristocratie : dès le IXe siècle, le mot *ludus* désigne des joutes populaires, comme il désignera plus tard des tournois chevaleresques, ainsi que la danse des chevaux de bois *(solitus ludus)*[4].

1. FABRE-LACROIX, p. 162.

2. LAMBERT d'ARDRES, *Historia comitum ghisnensium*, éd. J. HELLER, *MG. SS.* XXIV, pp. 78 et 91 ; *L'Histoire de Guillaume le Maréchal*, éd. P. MEYER (Société de l'Histoire de France, 79), I, Paris, 1891, vers 3683 ; BUONCOMPAGNO DE FLORENCE, cité par L. GAUTHIER, *La Chevalerie*, Paris, 1895, p. 814.

3. Voir G. DUBY, cité *supra*, p. 162, n. 1.

4. Marc BLOCH, *La Société féodale*, rééd. Paris, 1968, p. 423 : interdiction en 895 par le concile de Tribur de « jeux païens ». Mêmes termes pour désigner en 1077 le combat où un jeune homme de Vendôme trouva la mort.

De toute évidence, la constitution d'une classe de chevaliers se réservant l'usage des armes, et monopolisant les formes ritualisées de la violence, conduisit à la distinction de deux types de « jeux » : le tournoi aristocratique, et la danse des chevaux de bois où les danseurs « armés » se rapprochent et s'éloignent successivement l'un de l'autre selon les pas prescrits par la danse, simulant alors une joute désormais dépourvue de toute violence. Il n'y a pas eu, pour l'essentiel, vulgarisation d'un modèle aristocratique, mais différenciation progressive, sous l'effet du processus de différenciation sociale, de deux rites folkloriques structurellement semblables, remplissant les mêmes fonctions d'intégration au groupe des jeunes et s'affirmant tout particulièrement lors de la fête ou dans le cycle de la Pentecôte, quand la jeunesse était en fête.

Essayons d'aller plus loin encore dans la comparaison : c'est à travers des récits légendaires que nous connaissons les danses sur les chevaux de bois. Des tournois chevaleresques, nous possédons bien sûr des descriptions plus « réalistes ». Mais nous pouvons aussi les appréhender à travers des récits légendaires : ce sont eux qu'il faut comparer à nos *exempla*. Préférer ici à la légende la « réalité » d'une description prétendument plus objective constituerait assurément une erreur de méthode.

Ces récits légendaires allient fréquemment une partie, au moins, des éléments suivants : l'adoubement, le tournoi et la quintaine, la Pentecôte, le cheval et la mort[1]. Pourquoi parler de la mort en ce jour de fête ? Une explication historiciste est insuffisante : certes, après l'adoubement, les tournois qui rythmaient pendant de longues années la vie des jeunes exposaient ceux-ci à une mort violente, attestée dans de nombreux cas[2]. Était-il parlé de la mort pour préparer le nouveau chevalier à

1. *La Chanson des quatre fils Aymon...*, éd. F. Castet (Publications de la Société pour l'étude des langues romanes, 23), Montpellier, 1909, vers 1727-1958, où l'on a successivement : 1) adoubement à la Pentecôte ; 2) remise du cheval fantastique Bayart ; 3) quintaine ; 4) meurtre du neveu du roi et menace de mort pesant sur les quatre frères ; 5) fuite des frères sur Bayart.

2. Voir G. DUBY, cité *supra*, p. 162, n. 1. Les morts au tournoi poursuivaient leurs luttes dans des *torneamenta mortuorun* : CÉSAIRE DE HEISTERBACH, *Dialogus miraculorum*, éd. J. STANGE, Cologne, Bonn et Bruxelles, 1851, vol. 2, pp. 327-328.

un destin peut-être fatal ? Je pense plutôt que cette évocation de la mort était inséparable de la fonction même de l'adoubement, rite d'initiation, c'est-à-dire mort symbolique de l'enfant indispensable à la naissance d'un homme nouveau[1].

Or nos trois *exempla* s'organisent eux aussi comme une entrée dans le monde des morts, et tous les éléments du récit, *dès le début*, concourent à leur donner le caractère funèbre qui s'affirme à la fin :

1) au moins dans E-1-2, il s'agit de danses nocturnes ;

2) les danseurs traversent en tous sens l'espace des morts, le cimetière où ils « foulent aux pieds » les corps des chrétiens, comme s'ils recherchaient le contact physique de leurs ancêtres morts, mais tout proches ;

3) Ils utilisent un cheval (fictif), animal que de nombreuses légendes médiévales, comme d'ailleurs les contes merveilleux, désignent comme psychopompe. Pour ne prendre qu'un exemple, un des *exempla* insérés par Étienne de Bourbon dans son recueil juste après les deux textes que nous étudions relate le transport sur le cheval de saint Jacques de Compostelle du corps d'un pèlerin mort en route et abandonné par ses compagnons de voyage ; avec une rapidité foudroyante, le cheval porte le cadavre à proximité de Compostelle où il est inhumé[2].

4) Comme dans les contes merveilleux, il y a une ambiguïté de l'auxiliaire magique, en l'occurrence le cheval : le cheval de bois est la monture du danseur *(« super equum ligneum ascendere »)* et tout en même temps ne forme qu'un avec lui *(« in equo ligneo intrare »)*. Citer un adage n'est pas donner une explication. De son côté, Vladimir Propp a montré que l'animal auxiliaire était non seulement monture, mais lieu de passage grâce à son ventre qui absorbe, puis recrache : il avale, comme la forêt avale l'initié au cours de la mort initiatique[3]. Cette équivalence structurale entre l'animal et la forêt se

1. Sur le déroulement d'une initiation aujourd'hui et dans une civilisation évidemment différente, cf. Robert JAULIN, *La Mort sara. L'ordre de la vie ou la pensée de la mort au Tchad*, Paris, 1967.

2. ÉTIENNE DE BOURBON, éd. citée, pp. 170-171.

3. Vladimir PROPP, *Les Racines historiques du conte merveilleux*, préface de Daniel Fabre et Jean-Claude Schmitt.

retrouve en E-1, entre le cheval de bois (où pénètre le danseur) et l'église, lieu où reposent les ancêtres morts et dont il suffit de franchir le seuil pour aussitôt mourir. Nos récits apparaissent ainsi non seulement comme des récits de mort (en ce sens facilement récupérables par la culture cléricale : le pécheur est puni), mais comme des récits de mort initiatique. Cette dernière interprétation peut seule rendre compte de toute une série d'éléments, qui retrouvent ainsi leur signification folklorique.

5) Les masques jouent dans l'initiation un très grand rôle : ils donnent un autre visage, ils expriment la dialectique du visible et de l'invisible, du vivant et de la mort, ils « indiquent l'appartenance au royaume des morts »[1].

6) Les blessures par le feu des pieds, des cuisses, des bras, c'est-à-dire des parties du corps agissantes dans le rite et, de même, en G la menace diabolique d'une mutilation *(sera desonrai)* sont à rapprocher pareillement des épreuves et des marques initiatiques, effectivement douloureuses dans les sociétés archaïques, symboliques, mais non moins importantes dans le rituel de l'adoubement (la collée).

7) En G, l'engloutissement des danseurs, la terre s'étant ouverte, renforce ce que nous avons dit de l'entrée dans l'église : dans les deux cas, se retrouve la croyance selon laquelle les initiés sont « avalés » par la forêt ou tout autre lieu de l'initiation apparaissant comme le royaume des morts.

8) Ainsi l'engloutissement dans la terre achève-t-il par le bas, sous l'écorce éclatée de la terre, un parcours conduisant au royaume des morts. Si l'on considère à nouveau l'ensemble des textes dans leur progression narrative, on est frappé par la manière dont le plan dans lequel s'inscrivent les gestes et les actions bascule au cours du récit de l'horizontale à la verticale, comme pour mieux assurer cette « plongée » vers le monde des morts : la danse se déploie d'abord à l'horizontale *(per cimiterium, per villam*, et même *in introitu ecclesie*). Mais monter sur le cheval *(ascendere)* aussi bien que passer ses pieds à travers la carcasse de bois suppose déjà une orientation haut-bas des gestes du corps. Cette direction verticale s'affirme ensuite :

1. *Ibid.*, p. 217.

dans E-1, avec un renversement bas-haut, le feu part des pieds, remonte le long des corps mêlés du danseur et du cheval, ressort par les fenêtres du clocher. Le cas de E-2 est plus complexe : sont d'abord présentés les deux pôles extrêmes et également menaçants de cette direction dominante, le haut *(in excelsis, tonitruum)* et le bas *(terre motus).* Puis, du bas vers le haut, le prêtre bondit bien malgré lui au point que ses genoux viennent toucher le dessus de l'autel. Un renversement complet a lieu alors : du haut vers le bas descendent une blanche colombe, puis la foudre qui, à l'inverse du feu de E-1, s'en prend d'abord à la tête (mort par étouffement et, même avec un autre sens, la présence du mot *capita* n'est pas indifférente), puis aux bras, puis aux cuisses. Seul G achève alors le récit en fixant sous la terre, en enfer, au plus bas, l'extrémité inférieure d'un axe vertical dont l'extrémité supérieure se trouvait au plus haut, « au plus haut des cieux » *(in excelsis).*

Ce basculement de l'horizontale à la verticale coïncide avec l'irruption du merveilleux dans le récit : assurément l'opposition structurale haut-bas qui en résulte appartient bien à la culture folklorique. Mais elle n'était pas en contradiction avec l'opposition chrétienne du « plus haut des cieux » et de l'enfer : cette convergence a certainement favorisé la réinterprétation chrétienne par les paysans eux-mêmes de leurs traditions orales, avant de permettre sans difficulté la récupération de ces traditions par la culture cléricale sous forme d'*exempla.*

Avant d'en venir là, faisons le bilan : nous venons de retrouver à travers trois *exempla* les variantes qui se complètent d'un récit initiatique recueilli au XIIIe siècle en milieu paysan. Le détour par les récits initiatiques de l'aristocratie chevaleresque révèle une identité de structure entre tous ces récits. De plus, les récits chevaleresques renvoient à des rites printaniers (adoubement, tournoi, quintaine), tandis que nos récits renvoient pareillement aux danses des chevaux de bois, attestées jusqu'à nos jours.

Cependant, la comparaison ne doit pas être poussée trop loin : certes, la première danse marquait pour le jeune l'intégration au *jovent,* puis de nouvelles danses lui rappelaient périodiquement son appartenance à ce groupe dont elles renforçaient la cohésion. La danse des chevaux de bois assurait donc la fonction des tournois, mais il ne semble pas que l'adoubement lui-même ait eu un équivalent en milieu paysan. Les folkloristes n'y ont pas davantage observé de véritables rites d'initiation assurant le passage de l'enfance à la jeunesse[1].

CULTURE FOLKLORIQUE ET CULTURE CLÉRICALE

Notre interprétation rend possibles deux objections :

1) N'y a-t-il pas contradiction entre le caractère funèbre de ces récits, liés au cycle ou même en E-2 à la fête de la Pentecôte, et le caractère traditionnellement joyeux de cette fête, proclamé par l'hymne *Gloria in excelsis* ? De toute évidence, il y avait opposition, à propos d'une grande fête de l'année, entre deux cultures, folklorique et cléricale : pour cette dernière, la Pentecôte était la fête joyeuse de l'Esprit saint. Dans la culture folklorique — même si l'adoubement pouvait s'accompagner d'une fête joyeuse, même si nos danseurs n'étaient vraisemblablement pas tristes[2] — l'initiation était tout entière placée sous le signe de la mort : parce que le passage d'une classe d'âge à une autre supposait la mort symbolique à son premier état et parce que les ancêtres présidaient à l'entrée d'un nouveau membre dans la communauté. Allons même plus loin : ce moment de l'année n'aurait-il pas été celui de l'initiation parce qu'il était fondamentalement une fête folklorique des morts ? Nous observons, en effet, que l'Église, à deux reprises au moins et vraisemblablement sous la pression de la culture folklorique,

1. FABRE-LACROIX, p. 157 : pour être admis dans le groupe des jeunes, « aucun rite de passage spécial n'est imposé, y appartiennent d'office les garçons à partir de quatorze ou seize ans qui ont un emploi rémunéré de domestique ou de berger ».

2. Vladimir PROPP (*Il riso rituale nel folclore. A proposito della fiaba di Nesinejana*, trad. et rééd. dans *Edipo alla luce del folclore...*, Turin, 1975, pp. 41-82), remarque que l'absence de rire caractérise la première phase de l'initiation, tandis que le rire créateur de vie marque la naissance à une nouvelle vie de l'initié, à la fin de la cérémonie.

institua une fête des morts au moment de Pentecôte : le lundi de Pentecôte d'après la *Règle* d'Isidore de Séville[1]. Plus tard, vers 1100-1108, Hugues Ier institua à Cluny une fête des morts le jeudi après l'octave de la Pentecôte sur le modèle de la fête des morts fixée peu avant par Odilon au 2 novembre[2]. Aux XVIe et XVIIe siècles, les testaments languedociens citent la Pentecôte parmi les quatre « fêtes des âmes » où l'on priait pour les morts[3].

La maîtrise du temps apparaît ainsi comme l'enjeu essentiel d'un conflit entre la culture folklorique et la culture savante. Or, au-delà de la fête proprement dite de la Pentecôte, le conflit s'étendait à l'ensemble du cycle de Pâques et de la Pentecôte. Dans la culture folklorique, cette période de l'année était consacrée à la jeunesse, aux danses, aux tournois, à l'élection du *cap de jovent*, à l'adoubement, etc. Pour l'Église, cette période était plus que toute autre celle des processions, des pèlerinages, de la croisade : ainsi le départ à la croisade au printemps 1146, tel qu'il est décrit par Eudes de Deuil, apparaît comme une véritable liturgie de Pâques et de Pentecôte[4]. C'est pourquoi, au parallélisme du tournoi et de la danse des chevaux de bois, rites d'intégration aux groupes de jeunes dans deux milieux sociaux différents, répond le parallélisme des prohibitions ecclésiastiques des tournois et des pèlerinages.

Les textes sont pour les tournois tout à fait explicites : le concile de Lyon de 1245 les interdit « parce qu'à la même époque ils font obstacle à la croisade »[5]. Ainsi, l'idéal chevaleresque

1. ISIDORE DE SÉVILLE, *Regula...*, XXIV, *De defunctis*, § 2, *PL* (83), col. 893-894 : « *Pro spiritibus defunctorum altera die post Pentecostem sacrificium Domino offeratur, ut beatae vitae particeps facti, purgatiores corpora sua in die resurrectionis accipient* ».

2. Dom G. CHARVIN, *Statuts, chapitres généraux et visites de l'ordre de Cluny*, I, Paris, 1965, p. 17 : « *generale officium fieri singulis annis feria V post octavas Pentecostes pro cunctis in cimiterio hujus loci quiescentibus, ita ut sicut in festivitatibus Omnium Sanctorum agitur* ».

3. FABRE-LACROIX, p. 26. Les quatre « fêtes des âmes » étaient le jour des Cendres, le jeudi saint, le lundi de Pâques, la Pentecôte.

4. EUDES DE DEUIL, *De Ludovici VII profectione in Orientem*, *PL* (185), col. 1202. Le départ fut donné à Metz à la Pentecôte.

5. J. D. MANSI, *Sacrorum conciliorum nova et amplissima collectio*, Florence et Venise, 1724-1733, t. XXIII, col. 631-632 : « *Torneamenta sint* [...] *interdicta quia tamen hoc tempore crucis negotium per ea plurimum impeditur.* »

qui faisait suivre l'adoubement par des tournois était-il menacé par une nouvelle formule, exaltée par l'Église, selon laquelle les armes reçues à l'adoubement devaient être aussitôt mises au service de la croisade : le cas du « saint » comte, Charles de Flandres, était exemplaire[1]. Désormais, le pèlerinage ou la croisade allaient donc s'insérer pour le jeune chevalier dans le rite de passage de l'enfance à la *juventus* et, pour peu que les jeunes fussent nombreux à partir ensemble, la croisade revêtait tous les aspects d'un rite d'initiation : c'est bien ainsi qu'il faut comprendre la croisade dite des Enfants, partie à l'octave de la Pentecôte 1212 (la date est significative). Elle était le *transitus vernalis*, le *passagium vernale*, le rite de passage printanier de la jeunesse élue *(praelecta juventus)* qu'animait la promesse eschatologique d'une mort rédemptrice[2].

Pareillement à la Pentecôte (E-2) ou à proximité de cette fête (E-1), les danses dissipaient le recueillement exigé par les clercs lors d'un pèlerinage ou d'une fête patronale. Il n'est question de pèlerinage que dans E-2 et, pourtant, les deux *exempla* d'Étienne de Bourbon figurent dans le même *titulus « De peregrinatione »*. Il est donc possible que l'auteur ait été sensible, plus encore qu'aux risques indiqués explicitement (licence sexuelle, profanation des tombes, obstacles apportés à la célébration du culte), à l'incompatibilité des significations données au même cycle de l'année par la culture folklorique et par la culture cléricale.

G, pour sa part, confirme que le temps était bien au centre du conflit : le prédicateur aurait reproché aux danseurs de préférer le « jour du monde » — le temps du folklore — au « jour de Dieu et des saints » — le temps de l'Église. Cette formule n'a plus été comprise ensuite : la leçon (assez défectueuse) des

1. WALTER, *Vita Karoli comitis Flandriae*, éd. R. KOEPKE, MG. SS. XII, 520 : *« Hic autem noster Karolus annis pueritie transactis adultus, postquam miliciae cingulum accepit, Jherusalem sanctam sepulchrum dominicum visitaturus devotus adiit, ibique adversum paganos fidei nostre inimicos arma ferens. »*

2. Paul ALPHANDÉRY et Alphonse DUPRONT, *La Chrétienté et l'idée de croisade*, Paris, 1954, II, p. 133, qui ajoutent avec raison : « L'interprétation du théologien découvre la base rituelle profonde ou même l'affleurement anthropologique. »

incunables postérieurs de trois quarts de siècle au manuscrit utilisé montre que la valorisation du repos dominical sous l'effet du développement des activités marchandes et artisanales, surtout dans les régions septentrionales dont proviennent ces éditions, était devenue centrale dans la réflexion sur le temps. Les deux mots ajoutés par l'éditeur *(laborem requiet)* laissent entendre que le prédicateur avait aussi reproché aux danseurs de ne pas respecter le repos dominical. L'évolution qui se dessine ainsi au cours du XVe siècle, mais qui doit correspondre aussi à des différences régionales, est donc nette : à l'opposition du temps du folklore et du temps de l'Église s'est peu à peu substituée l'opposition du temps de l'Église et du temps du marchand[1].

L'opposition de la culture folklorique et de la culture cléricale à propos du temps se manifestait encore, et de façon permanente, à propos du temps diurne. D'après E-1 et 2, ce conflit semblait se résoudre dans un partage radical du temps diurne, s'inscrivant dans un partage aussi radical de l'espace : à l'Église le jour et l'espace consacrés, au folklore la nuit et l'espace non consacrés par l'Église. L'interdiction des « messes noires », l'obligation de célébrer la messe de jour allaient dans le même sens. Les conflits devaient donc éclater de préférence aux limites temporelles et spatiales de ces deux cultures : la troisième heure et la porte de l'église. Le châtiment divin s'exerce au moment précis où ces limites sont violées. Mais des empiétements plus importants encore avaient lieu : en E-2 les jeunes respectent à moitié le partage puisque le jour venu, les danses cessent et les danseurs vont sans crainte écouter la messe : il est vrai que toute la nuit ils ont profané le cimetière. En E-1, le partage est bafoué par les deux parties : la vigile qui retenait de nuit les hommes à l'église offensait la fête nocturne des jeunes : l'un d'eux, en retour, profana alors l'espace consacré de l'église.

Dans tous les cas, la culture folklorique est vaincue, ce qui nous conduit à examiner une deuxième objection possible.

1. Jacques LE GOFF, « Temps de l'Église et temps du marchand », *Annales. E.S.C.*, 1960, pp. 417-433.

2) Comment se fait-il que des récits folkloriques donnent à ce point l'impression d'une reconnaissance, par les informateurs d'Étienne de Bourbon eux-mêmes, de la supériorité de la culture cléricale ?

Que les jeunes meurent était dans la logique d'un récit initiatique : fallait-il, pour autant, qu'ils aillent en enfer poussés par une troupe de démons ? N'est-il pas surtout contraire à la structure achevée d'un récit d'initiation — telle qu'elle apparaît, par exemple, dans le récit d'un voyage au purgatoire, où la mort et les épreuves dans l'au-delà sont bientôt suivies d'un retour parmi les vivants — que les jeunes danseurs entrent au pays des morts et n'en reviennent pas ? Enfin, dans E-1, la supériorité reconnue à la culture cléricale est d'autant plus évidente qu'un seul prédicateur, en prêchant une seule fois, eut raison d'une coutume, bien commun de tout un groupe.

Encore faut-il, sur ce dernier point, établir des distinctions : il est insuffisant de parler de la « culture cléricale » puisque E-1 et E-2 invitent à distinguer le prédicateur — de toute évidence un prêcheur —, étranger à la communauté et à sa culture, et le curé, bien obligé quotidiennement de composer avec la culture de ses paroissiens. Et cette culture, pour l'essentiel, devait être aussi la sienne : il fallut le passage du prêcheur pour que le curé se mît à son école. Et encore, lorsque le malheur est arrivé, le curé, faute de pouvoir empêcher les danses, avait sans doute préféré se retirer chez lui et s'endormir. Quant au chapelain d'E-2, il n'eut pas un mot de reproche pour les danseurs et ne craignit pas de commencer la messe en leur présence : il s'en fallut de peu qu'il ne subît, lui aussi, le châtiment du ciel. Les marges du partage culturel n'étaient donc pas tranchées et, assurément, la situation d'un curé de campagne était plus inconfortable que celle d'un prêcheur comme Jean Gobi, fort de ses certitudes : le diable ne parlait-il pas la langue d'oc ?

Il en allait de même chez les laïcs : le groupe des jeunes était le dépositaire de la tradition folklorique. En E-1 les hommes, au contraire, se sont résignés à veiller à l'église. C'est parmi eux qu'Étienne de Bourbon a trouvé des témoins, qui jurèrent que leur récit était véridique. Ils n'avaient aucune raison d'en douter : la trame de leurs récits était inscrite au plus profond de leur culture orale. Vladimir Propp n'a-t-il pas retrouvé la structure des récits initiatiques dans les contes merveilleux ? Mais leurs récits trahissent aussi les effets de la christianisation partielle de cette culture folklorique.

À un premier niveau, celui qu'appréhendent traditionnellement les historiens de la « religion populaire », peuvent être définis les « devoirs du chrétien » tels qu'ils s'expriment dans ces textes. Devoirs surtout négatifs, d'ailleurs : il faut respecter les lieux consacrés, obéir aux prêtres, craindre le châtiment de Dieu et les peines de l'enfer. Seules exigences positives : « la paix et la prière ».

Le détour par l'analyse folklorique nous permet d'aller plus loin : nous voyons d'abord que la christianisation a exacerbé le conflit des classes d'âge et divisé la communauté, puisque le respect ou le rejet des traditions folkloriques sont placés au centre de l'affrontement entre jeunes et hommes. Nous voyons surtout que ces derniers, faisant cause commune avec les clercs, ont été amenés à réinterpréter et à modifier sensiblement leurs traditions orales : le récit d'initiation s'achève désormais par une mort sans espoir de retour, et les parents qui témoignent vouent leurs enfants à l'enfer... La christianisation prend ici la dimension tragique de l'« acculturation ».

Étienne de Bourbon ne s'y est pas trompé : si ses deux *exempla* sont si fidèles aux récits folkloriques, c'est que ceux-ci s'étaient déjà suffisamment transformés au contact de la culture cléricale pour se prêter aisément à une récupération sous la forme d'*exempla*.

ANNEXE

I. JEAN GOBI, *Scala Celi*, Ms. lat. 3506, f° 37 v° de la Bibliothèque nationale de France, Paris (écrit par GUILLAUME DE MAILLY, O.P., Auxerre, 1401). Variantes : éditions incunables parues à Lübeck (1476), Ulm (1480), Louvain (1485), conservées à la B.N.F., Rés. D 1875, 846, II 580, in folio.

[G] *De chorea.* Legitur in *Libro de 7 donis Spiritus Sancti* quod in quadam civitate consuetudo erat ut in quibusdam festivitatibus coree ducerentur per villam, et iuvenes cum larvis turpissimis starent super ligneos equos. Cum autem quidam predicator hoc reprehendisset eo quod diem mundi preponerent diei Dei et sanctorum[1], dum propter eius predicationem non desisterent et in platea civitatis in quadam sollempnitate coreizarent[2], venit quedam multitudo demonum in specie iuvenum et mulierum corizando et miscuerunt se coreizantibus[3] illis de illa civitate. Tunc unus illorum demonum incepit cantare et dicere sic :

« Acquels qui mi en amat
Par un sera desonrat.

Variantes

1. eo quod diem diei preponerent diei mundi et laborem requiei…
2. in quodam festo corisarent…
3. er coniuxerunt se corisantibus…

Demoniot avetz usat ;
Parso nulli qu'en siatz pagat[1]. »

Nescio quidem hoc dictu et[2] tunc aperta est terra et flamma magna eos involvit et omnes ad infernum deduxit.

II. ÉTIENNE DE BOURBON, *Tractatus de variis materiis praedicabilibus...*, éd. citée d'A. LECOY DE LA MARCHE, pp. 169-170.

Item debet esse leta (Psalm : « Cantate mihi eciam justi », etc.), ut de Deo cantent, ut faciunt Theutonici, non de aliis vanitatibus et turpibus, ut qui exiverant de Babilonia Judei, qui loquebantur azotice. (Nee., ult.) Azotus interpretatur incendium. Sunt similes hiis illi peregrini qui, cum loca sanctorum visitant, luxuriosas cantilenas cantant, per quas corda audiencium inflammant et succendunt ignem luxurie ; et aliquando succenduntur a Domino igne materiali vel gehennali, ut illi maxime sacrilegi qui corpora sanctorum christianorum in cimiteriis conculcant, ubi choreant in vigiliis sanctorum, et templa viva Dei igne luxurie inflammant, dum in festis et vigiliis sanctorum in templis conveniunt et choreas ducunt et Dei officium et sanctorum impediunt.

[E-1] Accidit in dyocesi Elnensi, quod, cum quidam predicator in terra illa predicasset et multum choreas inhibuisset fieri in ecclesiis et vigiliis sanctorum, cum in quadam parrochia quidam juvenes consuevissent venire et super equum ligneum ascendere, et larvati et parati choreas ducere, in vigilia festivitatis illius ecclesie, in ecclesia et per cimiterium, cum, propter verba illius predicatoris et inhibicionem sui sacerdotis, dimissis choreis, vigilarent homines in ecclesia in oracione, venit quidam juvenis ad socium suum, invitans eum ad solitum ludum. Cum autem ille ludum respueret, dicens hoc esse inhibitum a dicto predicatore et sacerdote, armavit se alius, dicens quod

1. « Anssels quimiam amat/amaseran deysonraret/demon met aves usat/personueil que scias pagatz ».

2. Le membre de phrase « Nescio... et » n'est pas reproduit.

maledictus esset qui propter eorum inhibiciones solitum ludum dimitteret. Cum autem in ecclesia, ubi agebant homines vigilias in pace et oracione, dictus juvenis in equo ligneo intraret, in ipso introitu ecclesie, ignis arripuit eum per pedes et combussit eum totum et equum suum. Nullus qui esset in ecclesia illa, nec consanguineus nec amicus, potuit aliquod apponere consilium quin combureretur ibi : unde tandem omnes, divino judicio perterriti, ecclesiam dimiserunt solam, confugientes ad domum sacerdotis ; qui, cum surrexisset et ad ecclesiam venisset, invenit dictum juvenem jam fere exustum totum, de cujus corpore tanta exibat flamma, quod videbatur exire par fenestras pinnaculi ecclesie. Hoc in ipsa parrochia audivi, cito post hoc, ab ipso capellano et parentibus dicti juvenis et ab aliis parrochianis.

[E-2] Item in eadem dyocesi, eodem tempore, accidit quod, cum ivissent multi ad cujusdam sancti vigilias et peregrinacionem, et contra consimilem inhibicionem quidam tota nocte choreas ducerent per cimiterium, cum in mane in quadam capella convenissent, in aurora, ad missam audiendam, cum sacerdos incepisset *Gloria in excelsis*, factum est tantum tonitruum et terre motus, quod visum fuit sacerdoti quod de genibus suis tangeret super altare. Nullus respondit ei ; ipse, ut mihi dixit, credidit quod sensum ibi amisisset, nisi columba alba ante eum alas expandens eum confortasset. Fulgur, intrans ecclesiam, illos qui duces et capita in chorea illa fuerant, alios fetore occidit, aliorum brachia, aliorum crura fregit, alios aliter diversimode afflixit. Hec duo exempla audivi temporibus et locis quo acciderunt, a multis qui interfuerunt, eciam juratis.

VIII

LA PAROLE APPRIVOISÉE

Qu'ils cherchent à définir la « religion populaire » ou, plus généralement, la « culture populaire » des siècles passés, les historiens décrivent aujourd'hui les rapports entre « culture savante » et « culture populaire » en termes d'échanges : ils réfutent l'idée d'une influence univoque de la première sur la seconde qui a trop souvent conduit à ne voir dans celle-ci que la forme dégénérée de celle-là. Ainsi Jacques Le Goff a-t-il analysé la « pression » exercée par la « culture folklorique » sur la « culture ecclésiastique » du haut Moyen Âge et du XIIe siècle. Pour l'Italie des XVIe-XVIIe siècles, Carlo Ginzburg et Piero Camporesi ont insisté sur la « circularité des échanges culturels ».

Au XIIIe siècle, la nouvelle prédication destinée aux laïcs et développée spécialement par les ordres mendiants s'adapte d'emblée à cette relation dynamique entre niveaux de culture : les prédicateurs « vulgarisent » les concepts fondamentaux de la culture cléricale, mais prêtent aussi attention aux paroles des laïcs dont ils sont les confesseurs et à qui ils restituent du haut de la chaire, transformés en *exempla*, les récits qu'ils tiennent d'eux.

Je voudrais partir de l'un de ces *exempla*, écrit vers le milieu du XIIIe siècle par un dominicain de Lyon, Étienne de Bourbon, pour tenter d'analyser cette relation complexe entre niveaux

---

Repris de « La parola addomesticata. San Domenico, il gatto e le donne di Fanjeaux », *Quaderni storici*, n° 41, 1979, pp. 416-439.

de culture et pour en comprendre les implications idéologiques.

Dans les dernières années de sa vie, Étienne de Bourbon a composé un *Livre des sept dons du Saint-Esprit*, resté inachevé à sa mort en 1261. Cet ouvrage présente une riche collection de récits regroupés suivant l'ordre logique d'un traité théologique. Dans le premier livre (« Du don de crainte »), qui concerne la peur du purgatoire et plus particulièrement des démons, se trouve rapporté le témoignage suivant :

> *Item*, à propos de l'horreur qu'inspirent les démons, dont j'ai parlé précédemment, j'ai entendu dire par frère Romée, homme sage et pieux, qui fut un temps prieur provincial des Frères prêcheurs de la province de Provence, et on lit aussi dans la nouvelle vie *(in legenda nova)* de saint Dominique que, comme ce saint était venu prêcher à Fanjeaux contre les hérétiques et se tenait en prière dans l'église, neuf matrones vinrent vers lui et se jetèrent à ses pieds en lui disant : « Serviteur de Dieu, ces hommes contre lesquels tu prêches, nous les avons crus jusqu'à présent et les avons appelés "bons hommes", et comme maintenant nous hésitons, nous te demandons de prier Dieu pour qu'il nous montre dans quelle foi nous serons sauvées, et à celle-ci nous adhérerons. » Alors, ayant prié en lui-même quelques instants, il leur dit : « N'ayez crainte ; Dieu vous montrera quel seigneur vous avez servi jusqu'à présent. » Et à ces mots, le chat le plus effroyable bondit au milieu d'elles, ayant la taille d'un gros chien, et des yeux énormes et flamboyants, et une langue large et longue et sanguinolente et étirée jusqu'au nombril, une queue courte et dressée en l'air, et dans quelque sens qu'il se tournât, il montrait son postérieur ignominieux qui exhalait une intolérable puanteur. Ayant ainsi tourné d'un côté et de l'autre autour des femmes pendant une bonne heure, il sauta sur la corde de la cloche et y grimpa, laissant derrière lui des vestiges repoussants. Les femmes, réconfortées par le saint, se convertirent totalement à la foi

catholique et certaines parmi elles prirent l'habit des sœurs de Prouille[1].

L'ORAL ET L'ÉCRIT

Ce récit, écrit à Lyon peu avant 1261, se réfère à un épisode de la vie de saint Dominique qui concerne sa prédication contre les cathares du Languedoc en 1206. Étienne de Bourbon assure tenir ce récit de deux sources « savantes » : l'une écrite, l'autre orale. Saint Dominique étant mort à Bologne le 6 août 1221, plus de dix années se sont écoulées avant que le pape n'ouvre la procédure en vue de sa canonisation. Elle le fut sous la pression de l'ordre dominicain qui, vers 1233, chargea Jourdain de Saxe de rédiger un *Libellus*, première *Vita* qui n'en porte pas le nom puisque son héros n'est pas encore canonisé. Ce texte, sobre et dépourvu de merveilleux[2], ne contient pas le récit qui nous intéresse et on en comprend la raison : l'exaltation de la mémoire du saint, des événements surnaturels de son existence et des miracles survenus après sa mort n'a véritablement commencé qu'après la rédaction du *Libellus*, au moment de la translation du corps (24 mai 1233), durant le mouvement populaire bolonais de l'*Alleluia* et de l'enquête ordonnée par le pape sur « la vie et les miracles » de Dominique.

Cette enquête, préliminaire nécessaire à la canonisation (finalement proclamée par Grégoire IX le 3 juillet 1234), s'est

1. Le texte latin a été publié par A. LECOY de LA MARCHE, *Anecdotes historiques, légendes et apologues d'Étienne de Bourbon, dominicain du XIIIe siècle*, Paris, 1877, n° 27, pp. 34-35. Il se trouve au livre I (« Du don de crainte »), *titulus* 5 (De la crainte du purgatoire présent et futur...), chapitre V (... en raison de la qualité des tortures et de l'horreur des démons). Dans le manuscrit (Paris, B.N.F., Latin 15970, ffos 159 v° 160), il est précédé de deux autres *exempla* qui rapportent l'apparition du dragon à sainte Marguerite emprisonnée et la résurrection par saint Martial d'un jeune homme étouffé par des démons.

2. M.-H. VICAIRE, *Histoire de saint Dominique*, vol. 1, Paris, 1957, pp. 340-341.

d'abord déroulée à Bologne du 6 au 19 août 1233. Les trois commissaires, suivant (pour la première fois) une liste de vingt-cinq *articuli interrogatorii*, recueillirent le témoignage de neuf religieuses bolonaises qui attestèrent par-dessus tout le zèle pastoral et l'esprit de charité du fondateur de leur ordre[1]. Ces documents font peu de place au merveilleux, ne retenant qu'une guérison et un miracle de multiplication des pains durant la vie de saint Dominique, plus un autre cas de guérison après sa mort[2].

Le 19 août 1233, le mandat d'enquêter est transmis dans le Languedoc à trois sous-commissaires de Toulouse, qui, à leur tour, le remettent à quatre enquêteurs. Ceux-ci se rendent en particulier à Fanjeaux et à Prouille (dans le département actuel de l'Aude). Ils y interrogent vingt-sept personnes, notent l'approbation « d'une grande partie des habitants de Fanjeaux » et, pour finir, de « plus de trois cents hommes et femmes ». La condition des personnes interrogées est assez diverse : hommes et femmes, clercs et laïcs, religieux, moines et sœurs cloîtrées… Il est probable qu'il existe un lien entre cette diversité et la part plus importante de merveilleux dans ces témoignages languedociens que dans ceux des religieux de Bologne : on y compte quatre miracles de guérison effectués par Dominique de son vivant, l'apparition miraculeuse d'un denier le jour où le saint n'avait pas de quoi payer un batelier, deux libérations de démoniaques par l'intervention du saint. Voici le vingt-troisième témoignage :

> Bérengère déclara sous serment avoir vu de ses propres yeux et avoir entendu de ses propres oreilles que le bienheureux Dominique obligea neuf femmes converties de l'erreur à regarder le démon qui les avait possédées : celui-ci apparut sous la forme d'un chat dont les yeux, grands comme ceux d'un bœuf, semblaient les flammes d'un feu ; sa langue pendait d'un demi-pied et paraissait de

1. André VAUCHEZ, *La Sainteté en Occident aux derniers siècles du Moyen Âge d'après les procès de canonisation et les documents hagiographiques*, Rome, 1981.
2. M.-H. VICAIRE, *Saint Dominique, la vie apostolique*, Paris, 1966, p. 215.

feu, et il avait une queue longue d'une demi-coudée ; il atteignait certainement les dimensions d'un chien. Sur l'ordre du bienheureux, il s'enfuit à travers l'ouverture de la cheminée et disparut de leurs regards. Heureusement, le bienheureux Dominique leur avait recommandé de ne pas s'épouvanter, en leur annonçant qu'il allait leur montrer quel maître elles avaient servi[1]...

Bérengère affirme qu'elle a été témoin de la scène, mais pas qu'elle y a participé : elle ne se compte pas parmi les « neuf femmes ». Elle ne dit pas non plus que ces dernières sont entrées ensuite au monastère de Prouille et elle-même ne se présente pas comme une moniale. On peut supposer qu'elle était une simple laïque. Son testament, recueilli probablement durant l'été 1233, constitue la version la plus ancienne de ce récit. Il est plus bref que l'*exemplum* d'Étienne de Bourbon (le récit proprement dit compte 74 mots tandis que celui à l'*exemplum* en compte 160) et présente des différences de contenu que nous examinerons plus loin.

Moins de trente ans plus tard, Étienne de Bourbon affirme qu'il a entendu ce récit de la bouche d'un frère prêcheur : Romée de Livie[2], l'un de ses « informateurs privilégiés[3] ». Celui-ci était prieur du couvent de Lyon en 1233, puis, comme le rappelle Étienne de Bourbon, « prieur provincial de Provence », une province dominicaine qui incluait le Languedoc et qu'il dirigeait en 1233 au moment de l'enquête en vue de la canonisation de saint Dominique. On peut supposer que, s'il

1. *Ibid.*, p. 84. Pour le texte latin : *Acta canonizationis S. Dominici*, éd. A. Walz, *Monumenta Ordinis Fratrum Praedicatorum Historica*, XVI, 1935, p. 186, n° 23, et V.J. Koudelka, « Les dépositions des témoins au procès de canonisation de S. Dominique », *Archivum Fratrum Praedicatorum*, 42, 1972, pp. 47-67.

2. Sur ce personnage : H. M. Cormier, *Le Bienheureux Romée de Livie*, Toulouse, 1884, et *Archivum Fratrum Praedicatorum*, 3, 1910, p. 504 et suiv.

3. Romée de Livie lui a raconté aussi comment le dominicain Jean de Montmirail recommandait aux femmes qui se confessaient à lui d'invoquer la Vierge contre les tentations de la chair (éd. citée d'A. Lecoy de La Marche, n° 127, p. 109) et c'est en la présence de Romée de Livie à Lyon en 1223 qu'il entendit une femme lui dire que le diable lui était apparu (*ibid.*, n° 230, pp. 198-199).

n'a pas assisté personnellement aux interrogatoires, il fut du moins tenu informé de leurs résultats. Ayant quitté sa charge de prieur provincial, devenu prieur de Limoges, puis prédicateur général avant 1257, il participa en 1258 au chapitre général de Toulouse. C'est vers cette époque qu'il a dû rencontrer Étienne de Bourbon qui était justement en train d'écrire son recueil d'*exempla* et qui avait donc de bonnes raisons de l'interroger. Tous deux moururent la même année, en 1261, l'un à Bordeaux (où il était devenu prieur), l'autre à Lyon.

Étienne de Bourbon affirme tirer par ailleurs ses informations d'une *legenda nova* qu'il a lue. Après la canonisation du saint furent en effet rédigées de nombreuses *legendae* ou *vitae* : en 1234-1239, celle de Pierre Ferrand, qui ne contient pas encore notre récit ; en 1246-1248, celle de Constantin d'Orvieto, qui au contraire l'inclut[1]. Constantin fut chargé par le maître général d'écrire cette *Vie* à la suite de la réforme liturgique décidée par le chapitre général de 1245. Pour mener à bien son œuvre, il a utilisé le *Libellus* de Jourdain de Saxe et la *Legenda* de Pierre Ferrand, quelques témoignages oraux rapportés durant le chapitre général de 1245 et, pour finir, les actes du procès de canonisation de 1233, auxquels il se réfère explicitement en ce qui concerne notre récit[2].

Son récit est pourtant bien différent du témoignage de Bérengère et bien plus long (281 mots au lieu de 74). Il en diffère en particulier par le contenu et le vocabulaire. Quoique plus bref lui aussi (160 mots), l'*exemplum* d'Étienne de Bourbon s'apparente en revanche au récit hagiographique. Contrairement au témoignage de Bérengère, Constantin d'Orvieto affirme que les neuf femmes hérétiques sont entrées après leur conversion dans le monastère de Prouille. Ce détail, repris par Étienne de Bourbon, est important ; il révèle qu'entre 1233 et 1248 — et d'abord sans aucun doute à Prouille — on a commencé à invoquer ce récit pour illustrer les débuts du monastère, son origine

1. CONSTANTIN D'ORVIETO, *Legenda sancti Dominici*, éd. H. SCHEBEN, *Monumenta Ordinis Fratrum Praedicatorum Historica*, XVI, 1935, fasc. II, pp. 319-321, n° 48-49.

2. *Ibid.*, p. 319 : « *in eisdem partibus Tolosanis per testes juratos inventum est* ».

même. En réalité, si le monastère fut fondé en 1206-1207, nous ignorons dans quelles circonstances[1].

En dépit de la proximité étroite de l'*exemplum* et du récit hagiographique de Constantin d'Orvieto, ce dernier texte n'est pas la *legenda nova* citée par Étienne de Bourbon. Entre 1247 et 1256, le maître général des Dominicains, Humbert de Romans, a rédigé une nouvelle *legenda*, adoptée officiellement en 1258. Celle-ci reprend mot pour mot la version de Constantin d'Orvieto antérieure de dix ans et sa longueur est identique[2]. Il ne fait aucun doute que c'est à cette *legenda nova* que se

1. Constantin d'Orvieto et Étienne de Bourbon affirment que les neuf converties sont entrées au monastère de Prouille après l'apparition du diable en forme de chat. Le plus ancien document concernant Prouille est une donation du 17 avril 1207 qui parle d'une communauté déjà existante de « quelques femmes converties par les exhortations et l'exemple » de Dominique. Cf. M.-H. VICAIRE, « Saint Dominique à Prouille, Montréal et Fanjeaux », in *Saint Dominique en Languedoc, Cahiers de Fanjeaux*, 1, Toulouse, 1966, p. 29. Mais aucun élément ne permet d'affirmer que ces femmes se sont converties à la suite de l'apparition supposée du diable (Constantin d'Orvieto, Étienne de Bourbon) ou même avant de bénéficier de cette apparition (Bérengère). Cependant, à la fin du XVIIe siècle, les érudits J.J. PERCIN (*Monumenta Conventus Tolosanti*, Toulouse, 1693, p. 4, n. 16) et J. de RECHAC (*La Vie du glorieux patriarche Dominique*, Paris, 1696, pp. 120-121) affirment, en se fondant sur « un vieux manuscrit de Prouille », aujourd'hui disparu, que Bérengère était l'une des neuf « nobles dames » converties par saint Dominique. Cette tradition fut reprise au XIXe siècle par J. GUIRAUD (« Saint Dominique et la fondation du monastère de Prouille », *Revue historique*, XXII, 1897, p. 228) et par l'*Histoire du monastère de Notre-Dame de Prouille par une religieuse du même monastère* (Grenoble, 1898, p. 5), deux ouvrages critiqués avec raison par le P. Vicaire. Le témoignage de Bérengère elle-même contredit en effet cette tradition. Il est intéressant de noter que cette dernière a dû se développer à l'intérieur du monastère dont elle était censée illustrer l'origine. En fait, notre Bérengère a été confondue avec une sœur nommée elle aussi Bérengère, qui figure sur la plus ancienne liste des sœurs de Prouille, datant de 1211 et comportant dix-neuf noms. Cette liste est contenue dans un document de l'évêque de Toulouse, Foulques (éd. J. GUIRAUD, *Cartulaire de Notre-Dame de Prouille*, Paris, 1908, II, p. 109). Selon M.-H. VICAIRE (*Histoire de saint Dominique, op. cit.*, p. 248, n. 72), c'est certainement de cette liste de 1211 que fut tirée la liste prétendument antérieure du « manuscrit de Prouille », qui ne contient que onze noms : ceux de deux *domine* et des neuf femmes converties, parmi lesquelles Bérengère. Ces onze noms sont disposés dans un ordre différent dans la liste de 1211, augmentée de huit nouveaux noms. Cf. J. J. PERCIN, *op. cit.*, p. 6, n. 27, et J. DE RECHAC, *op. cit.*, pp. 197-198.

2. HUMBERT DE ROMANS, *Legenda sancti Dominici*, éd. R. WALZ, *Monumenta Ordinis Praedicatorum Historica*, XVI, 1935, fasc. II, pp. 409-410.

réfère Étienne de Bourbon, mais il est étonnant qu'il n'en nomme pas l'auteur, qu'il connaissait bien et qui comptait, lui aussi, parmi ses « informateurs privilégiés »[1]. Mon hypothèse est qu'Étienne de Bourbon ne cite pas explicitement le nom d'Humbert de Romans parce que, au moment où il écrit, la *legenda nova* n'était pas encore approuvée officiellement par l'ordre. Cette approbation intervint en 1258. Étienne de Bourbon aurait donc rédigé immédiatement avant cette date, entre 1256 et 1258, la première partie de son ouvrage, lequel est resté inachevé à sa mort en 1261.

Parfaitement datées — ce qui est tout à fait exceptionnel —, les diverses étapes de la genèse du récit peuvent être présentées de manière synthétique dans le graphique suivant :

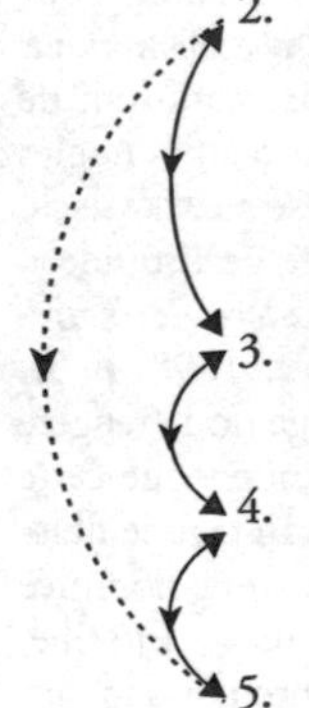

1. 1206-1207, conversion de neuf femmes hérétiques, sous l'influence de saint DOMINIQUE, en présence de BÉRENGÈRE.
2. 1233, témoignage de BÉRENGÈRE lors du procès de canonisation : rapporté par écrit en 74 mots et connu (sinon entendu) par ROMÉE DE LIVIE.
3. 1246-1247, *Vita* par CONSTANTIN D'ORVIETO (281 mots).
4. 1256, *legenda nova* d'HUMBERT DE ROMANS (280 mots).
5. 1256-1258, *exemplum* d'ÉTIENNE DE BOURBON (160 mots).

Genèse des récits
—— *transmission écrite*
..... *transmission orale*

1. Étienne de Bourbon a entendu de la bouche d'Humbert de Romans un grand nombre des *exempla* qu'il rapporte. Cf. A. LECOY DE LA MARCHE, *op. cit.*, pp. 29, 44, 222, 353. Il rapporte aussi (pp. 181-182) un autre miracle de saint Dominique d'après la *legenda nova.* Selon B. ALTANER (*Der heilige Dominikus. Untersuchungen und Texte*, Breslau, 1922, p. 126), il faut entendre par « *legenda nova* » le texte d'Humbert de Romans.

Cette reconstruction de la genèse du récit montre en premier lieu que la tradition écrite n'est pas nécessairement plus rigide que la tradition orale. Nous avons vu à quelles variations de longueur elle a été soumise en une trentaine d'années et l'examen des versions postérieures permettrait de confirmer cette observation[1].

Ces variations de longueur s'expliquent par la nature diverse des documents dans lesquels le récit se trouve inséré : la transcription sèche des paroles des témoins au procès de canonisation exclut non seulement la langue vulgaire originale, mais le recours au style direct ; l'amplification hagiographique caractérise les *legendae*, mais dans certaines limites : pour Constantin d'Orvieto, il n'est pas nécessaire d'expliquer en détail la signification du chat, comme doit le faire un prédicateur qui « compose un sermon », mais seulement de « tisser une histoire », d'en indiquer juste la trame[2]. Toutefois, si l'*exemplum*, destiné à être inséré dans un sermon, est plus bref que l'*historia* de l'hagiographe, cela n'est vrai que de sa forme écrite. N'oublions pas qu'on en fait d'abord un usage oral, qu'il n'est que le point de départ d'un développement narratif et d'une moralisation du récit par le prédicateur lorsqu'il prononcera effectivement son sermon.

En second lieu, soulignons la place originale de l'*exemplum* dans la transmission du récit. Il se réfère simultanément à une tradition orale *(audivi quod)* et à une tradition écrite *(legitur quod)*. Seule la *legenda nova*, néanmoins, a eu sur l'*exemplum* une influence déterminante, contrairement au témoignage du

1. Vers 1288, deux versions brèves : celle de la *Legenda aurea* de JACQUES DE VORAGINE (1271-1288 ; éd. Th. GRAESSE, Bratislava, 1890, p. 475) et celle de la *Legenda abbreviata* de CONRAD DE TREBENSEE (éd. B. ALTANER, *op. cit.*, pp. 249-257). Puis, plus longue, celle de THIERRY D'APOLDIA, reprise en 1297 d'HUMBERT DE ROMANS (*Acta Sanctorum*, 1, août, pp. 562-629). Finalement, bien plus brève, celle de GALVANO FIAMMA, antérieurement à 1333 (*Chronica Ordinis Praedicatorum*, éd. B. M. REICHERT, *Monumenta Ordinis Praedicatorum Historica*, II, 1, 1897, p. 4).

2. CONSTANTIN D'ORVIETO, *op. cit.*, p. 320 : « *Verum quid cattus ille teterrimus tanteque deformitatis varietas per singula queque significare debuerit, quia cepti non est proposit* sermonem componere, *sed potius* historiam texere, *ad alia properans ad presens omitto* » (souligné par moi).

procès de canonisation transmis oralement par Romée de Livie. Même si nous ignorons ce que ce dernier a pu dire exactement à Étienne de Bourbon, il est remarquable que l'*exemplum* soit, à tout prendre, plus proche de la tradition hagiographique que de la déposition de Bérengère. Reste que le genre de l'*exemplum* imposait à Étienne de Bourbon de citer cette source orale, même s'il ne devait pas l'utiliser vraiment. Un *exemplum*, en effet, rapporte le plus souvent un fait contemporain, authentifié non par une *auctoritas* écrite traditionnelle, mais par le témoignage oral d'une personne « digne de foi » que l'auteur a effectivement écoutée. Ainsi Étienne de Bourbon rapporte-t-il le témoignage de frère Romée de Livie, qu'il avait entendu, pour ensuite s'inspirer pour l'essentiel de la *legenda nova*, qu'il avait lue. Cette contradiction montre combien les habitudes de la culture savante et livresque étaient prépondérantes pour un prédicateur du XIIIe siècle formé à l'université de Paris, bien qu'elles fussent combattues par de nouvelles pratiques culturelles largement placées sous le signe de la parole.

LE SAINT ET LE DIABLE

Le récit de saint Dominique et du diable frappe par son originalité. Aucun autre passage de l'enquête en vue de la canonisation, pas même en Languedoc, ne montre saint Dominique placé dans une semblable situation. Les seuls récits comparables qui le concernent se trouvent dans les *Miracles de saint Dominique* dictés entre 1272 et 1288 par une sœur de Bologne, sœur Cécile, à sœur Angélique[1]. Comme Bérengère, sœur Cécile a connu Dominique ; c'est même devant lui qu'elle prononça ses vœux en 1221, à Rome, au couvent de Saint-Sixte. Elle s'est établie vers 1223-1225 à Bologne où elle devait

1. « Die "Miracula Beati Dominici" der Schwester Cäcilia. Einleitung und Text » (éd. A. WALZ) dans *Miscellanea Pio Paschini. Studi di storia ecclesiastica*, I, Nova Series XIV, Rome, 1948, pp. 293-326.

mourir en 1290 après avoir dicté ses souvenirs. Entre-temps, l'exaltation, à Bologne comme à Prouille, de la mémoire du saint fondateur de l'ordre, explique sans nul doute que le merveilleux, dans ces souvenirs tardifs bien plus que lors de l'enquête de 1233 en Languedoc, ait pris la première place : ici, on voit le saint ressusciter deux morts, guérir trois malades, libérer une démoniaque, multiplier par deux fois le pain et le vin dont manquaient les frères, faire gonfler les eaux d'un fleuve pour permettre à un frère d'échapper à ses poursuivants, bénéficier de l'apparition d'un ange et de la Vierge. À trois reprises, il se trouve en présence du diable qui lui apparaît sous la forme d'un animal[1] : le diable le tente un jour, déguisé en singe, mais le saint, qui était en train de veiller et de prier, le contraint à lui tenir la chandelle tant qu'il n'aura pas terminé ses oraisons, si bien que la flamme finit par brûler complètement la « main » du diable. Dans les deux autres cas, l'initiative de l'apparition revient au saint : un jour, il conduit les sœurs de Saint-Sixte le long d'un canal bordé de moulins et évoque devant elles le diable sous la forme d'un lézard noir et pourvu de deux têtes et de deux queues, qu'il fait courir sur la rive avant de lui ordonner de disparaître dans l'eau. Une autre fois, comme saint Dominique prêche aux sœurs à travers la grille de la clôture, il leur dit que le diable a la possibilité de se transformer même en moineau : à ces mots apparaît un moineau que le saint fait se poser sur une sœur. Puis, l'ayant entièrement plumé, il le jette en l'air en affirmant que désormais il ne fera plus aucun mal. Et, en effet, « selon la prophétie de saint Dominique », le moineau renverse une lampe à huile, mais celle-ci reste immobile dans l'air au-dessus des sœurs et il n'en tombe pas une seule goutte d'huile.

Ces récits ont avec le nôtre bien des points communs : le saint connaît l'avenir *(prescius futurorum)* et tente ainsi de rassurer à l'avance les sœurs qui l'entourent. Ce sont ses paroles *(his dictis)* qui dans les deux récits provoquent l'apparition diabolique, dont la durée dépend de son seul bon vouloir : le chat tourne autour des femmes pendant une heure, le singe est

1. *Ibid.*, n° 4, p. 312, n° 8, pp. 318-319, n° 10, pp. 319-321.

comme prisonnier du saint le temps que la chandelle se consume et lui brûle lentement la « main ». Enfin, dans le récit de l'apparition du singe comme dans l'*exemplum* d'Étienne de Bourbon et dans les versions hagiographiques du même récit (mais pas dans la version de Bérengère), la prière initiale du saint est soulignée avec insistance. On sait que les « neuf modes de la prière de saint Dominique » ont beaucoup frappé les contemporains : le septième, qui présente le saint « les mains ouvertes, les bras fortement étendus en forme de croix, debout, le corps le plus droit qu'il le pouvait », était justement réservé « aux circonstances dans lesquelles, sous l'inspiration de Dieu, il savait que quelque chose de grand et de merveilleux allait se produire par la vertu de sa prière »[1]. Mais l'accent mis par les versions hagiographiques et par l'*exemplum* sur la prière du saint n'a-t-il pas une autre raison encore ?

Les trois récits du lézard monstrueux, du moineau et du chat montrent saint Dominique en train de procéder à des *évocations* diaboliques. L'évocation du diable par un saint est un motif peu commun de l'hagiographie, où le diable apparaît d'ordinaire à ce dernier de sa propre initiative[2]. Généralement, le diable vient tenter le saint, comme c'est le cas dans l'épisode du singe qui se présente à saint Dominique, ou bien il l'agresse, et le saint use de son pouvoir pour le mettre en fuite. L'action de saint Dominique dans notre récit n'est pas non plus assimilable à un rituel d'exorcisme, dont la fonction est de chasser le démon, et non de l'évoquer[3]. En revanche, l'évocation du diable par le saint s'apparente à l'*advocatio* ou *incanta-*

1. M.-H. VICAIRE *Saint Dominique, la vie apostolique, op. cit.*, pp. 93-102. Ce texte a été composé entre 1260-1262 et 1272-1288, et il est accompagné de miniatures postérieures. Voir, depuis : J.-Cl. SCHMITT, *La Raison des gestes dans l'Occident médiéval*, Paris, Gallimard, 1990, p. 289 et suiv., et l'édition en fac-similé et le commentaire de L. BOYLE et J.-Cl. SCHMITT (éd.), *Cod. Ross 3 (1). Modi orandi sancti Dominici. Die Gebets- und Andachtsgesten des heiligen Dominikus. Eine Bilderhandschrift*, Zurich, Belser Verlag, 1995, 2 vol.

2. A. GRAF, *Il diavolo*, Milan, 1889, p. 346.

3. Les moyens de l'exorcisme sont très variés : signe de croix, *insufflatio*, aspersion d'eau bénite, etc.

tio, caractéristique des sorciers et des incantateurs de démons que l'Église dénonce à la même époque. Ces *nigromantici* abondent dans les textes du début du XIIIe siècle, tel le « clerc Philippe » décrit par Césaire de Heisterbach[1] ou le *magister toletanus nigromanticus* dont Aubry de Trois-Fontaines mentionne l'activité à Maastricht en 1234[2]. Bien des traits autorisent à comparer l'action de saint Dominique avec la leur : ce sont la plupart du temps des hommes de religion, des clercs, des prêtres ; dans la culture folklorique contemporaine, le prêtre, le curé sont souvent confondus avec les sorciers[3]. À plus forte raison cette confusion menace-t-elle les saints, qui doivent s'en défendre[4]. Des deux côtés — magie noire et magie blanche —, les techniques d'évocation sont assez proches : le saint, comme le sorcier, ne manque pas de rassurer les témoins épouvantés ; dans les deux cas aussi, l'apparition est contenue à la périphérie d'un cercle « magique », effectivement tracé sur le sol par le sorcier, et qu'exprime dans notre récit le parcours même du chat qui tourne autour des femmes sans pouvoir les toucher. Toutefois, entre les deux modèles d'évocation existe une différence fondamentale : contrairement aux nécromanciens, saint Dominique prie avant d'évoquer le chat. Ce détail est lourd de signification : il vise à dissiper tout malentendu, à imprimer le sceau de l'orthodoxie à une pratique ambiguë. À la même époque, à partir de 1232, les rédacteurs des *formae interrogatorii*, utilisées pour recueillir les témoignages dans les procès de canonisation, se préoccupent pareillement de la nature des « invocations » prononcées

1. CÉSAIRE DE HEISTERBACH, *Dialogus miraculorum*, éd. J. STRANGE, Cologne, Bonn et Bruxelles, 1851, I, pp. 276-281 (Distinctio V, cap. II, III, IV).

2. *Chronica Alberici monachi Trium Fontium*, *MGH, SS*, t. XXIII, p. 932.

3. Voir, sur ce point, Keith THOMAS, *Religion and the Decline of Magic. Studies in Popular Beliefs in Sixteenth and Seventeenth-Century England*, Londres, 1971, p. 274, et, depuis, R. KIECKHEFER, *Magic in the Middle Ages*, Cambridge 2e éd., 1990, spécialement pp. 151-175 (« Necromancy in the clerical underworld »).

4. A. VAUCHEZ, *La Sainteté en Occident...*, *op. cit.*, p. 567, note que Pierre de Morrone (1296) était sollicité par des visiteurs de procéder à des « enchantements » sur les blessures et sur les membres malades, mais que, ne voulant pas être confondu avec un sorcier, il se contentait de les bénir en faisant le signe de croix.

par les candidats à la sainteté[1]. L'ambivalence fondamentale des rapports avec le surnaturel n'échappait pas aux responsables de l'Église.

Leur volonté d'éviter toute ambiguïté s'éclaire aussi quand on considère le trait par lequel les versions hagiographiques de notre récit et l'*exemplum* diffèrent le plus nettement : à l'inverse du témoignage de Bérengère, tous ces textes s'attardent sur le mode d'apparition du chat. Constantin d'Orvieto, puis Humbert de Romans écrivent que les femmes le virent, dès que le saint eut fini de parler, bondir *de medio sui*, du « milieu » du saint lui-même. Dans un sermon destiné aux simples laïcs, cette expression, qui suggère une proximité extrême du saint et du diable, risquait de provoquer quelque confusion. Peut-être est-ce la raison pour laquelle Étienne de Bourbon, tout en gardant les mêmes mots, a transformé la phrase : selon lui, le chat a sauté *in medio earum*, « au milieu d'elles », ce qui s'explique mieux dans la logique des rapports entre l'Église et l'hérésie. Tel est aussi le parti pris au XIVe siècle par le peintre anonyme d'un retable catalan qui présente, autour de la figure en pied de saint Dominique, douze épisodes miraculeux de son existence. L'un de ces tableaux est consacré à notre récit. Il est partagé en deux moitiés égales par la tour blanche de l'église et l'on y voit le chat diabolique, tout noir et montrant les dents, comme repoussé du côté des femmes par le doigt impératif du saint et grimpant au clocher, sinon le long de la corde de la cloche, comme le précisent tous les récits dominicains (*ill. 1, 1bis*)[2].

Cependant, la transformation de sa source hagiographique par Étienne de Bourbon est exceptionnelle. Fondamentalement, les trois versions dominicaines (Constantin d'Orvieto, Humbert de Romans, Étienne de Bourbon) se distinguent ensemble du témoignage de Bérengère.

Entre ce témoignage et les récits dominicains postérieurs, la différence la plus évidente concerne la description de l'aspect

1. *Ibid.*, p. 59. Il est demandé aux témoins quelles paroles ont été prononcées en de telles circonstances : « *Ad cuius invocationem et quibus verbis interpositis ?* »
2. Barcelone, musée d'Art de Catalogne.

physique du chat. Pour le décrire, Bérengère fait avant tout usage de comparaisons introduites par l'adverbe *quasi* : ce chat est grand « comme un chien », il a des yeux « comme ceux d'un bœuf » — deux animaux qui bien souvent sont associés, eux aussi, au diable — et ses yeux brûlent « comme la flamme du feu ». Même si elle est commune à l'époque, la manière de mesurer la longueur de la langue et celle de la queue — respectivement un demi-pied et une demi-coudée — obéit au même principe de la métaphore. Ce modèle de description du diable était très répandu : c'est ainsi que Raoul Glaber voit le diable au pied de son lit « avec une barbe de bouc », des « dents de chien », etc.[1]. Dans la *Vie de saint Georges* de Simon de Freine, le saint découvre un animal dans la statue d'Apollon : « Ses poils pendaient comme la queue d'un cheval, son front était velu comme celui d'un ours, il avait des cornes de bœuf, les sourcils comme une queue de renard, le nez recourbé comme le bec d'un vautour, la bouche large comme celle d'un chien de chasse *(seuz)*, il montrait les dents comme un mâtin[2]. » Le dragon dompté par sainte Marthe était « moitié animal, moitié poisson, plus large qu'un bœuf, plus long qu'un cheval, avec des dents semblables à des épées et grosses comme des cornes[3]... ». Ce type de description des êtres diaboliques est attesté jusqu'à nos jours dans le parler « populaire » : en 1975, une paysanne âgée de soixante-cinq ans commente en ces termes une fresque représentant le diable dans l'église de son village, Mont-en-Louron (Hautes-Pyrénées) : « Il a un corps d'homme, des seins de femme ; il est poilu comme un ours, a

1. RAOUL GLABER, *Histoires*, V, I, texte traduit et présenté par Mathieu Arnoux, Turnhout, Brepols, 1996, pp. 272-275.

2. Cité par J. BICHON, *L'Animal dans la littérature française aux XIIe et XIIIe siècles*, Lille, 1976, I, p. 26.

3. JACQUES DE VORAGINE, *La Légende dorée*, trad. fr. J.-B. M. Roze, Paris, 1967, t. II, p. 22. Le même type de description se retrouve bien plus tard chez Reginald Scott, cité par K. THOMAS, *Religion and the Decline of Magic*, *op. cit.*, p. 475. Sur la légende et la description de la Tarasque, le dragon dompté par sainte Marthe, voir Louis DUMONT, *La Tarasque. Essai de description d'un fait local du point de vue ethnographique*, Paris, 1951, pp. 150-161, en particulier pour ce qui regarde la taille de l'animal (« plus gros qu'un bœuf ») et sa queue (« une queue de vipère ») présentée comme une arme, non comme un symbole sexuel.

les cornes d'un taureau, des défenses de sanglier, des pattes d'aigle et une queue de loup[1]. »

Ces métaphores révèlent, en premier lieu, l'extrême difficulté que présente la description d'un être imaginaire et monstrueux, qui se caractérise justement par l'emprunt des diverses parties de son corps aux espèces les plus variées de la création. Elles témoignent aussi du pouvoir infini du diable de se transformer, d'assumer à tout moment l'apparence des êtres auxquels il est comparé. On peut, plus fondamentalement, se demander avec Emmanuel Le Roy Ladurie si la métaphore n'est pas « un procédé fondamental du discours populaire[2] ».

De fait, les récits postérieurs au témoignage de Bérengère, tous écrits par des frères dominicains, proposent un modèle de description différent : sans doute la taille du chat est-elle encore comparée à celle d'un chien — un autre animal souvent présenté comme diabolique[3] —, mais quand sont énumérées les différentes parties de son corps, les métaphores cèdent la place à des descriptions « objectives ». Cette description devient particulièrement précise en ce qui regarde la langue (« large, longue, sanguinolente, qui lui arrivait jusqu'au nombril »)[4] ; la queue a complètement changé d'aspect (« longue d'une demi-coudée » selon Bérengère, devenue au contraire « courte et dressée en l'air » dans les versions plus récentes) ; pour finir, les dominicains évoquent le postérieur du chat, sa puanteur et ses excréments, dont Bérengère, à ce qu'il semble, n'avait pas parlé.

1. Cette fresque remonte aux environs de 1575. Je remercie le Dr Fourasté de m'avoir aimablement communiqué ce témoignage recueilli durant la préparation de sa thèse de doctorat.

2. Dans *Le Carnaval de Romans. De la Chandeleur au mercredi des Cendres 1579-1580*, Paris, 1979, p. 350. Pour le Moyen Âge, au moins, cette assertion demande à être suivie avec prudence, étant donné l'importance de la pensée métaphorique, de la *similitudo*, de la typologie, dans la culture savante des clercs.

3. À l'extrême fin de la chaîne des versions de ce récit, en 1898, chez la religieuse anonyme de Prouille *(Histoire du monastère de Notre-Dame de Prouille, op. cit.)*, il ne s'agit plus d'un chat, mais d'un chien !

4. Une obsession de prédicateur ? Voir, dans les sermons, l'importance de ce thème : C. CASAGRANDE et S. VECCHIO, *Les Péchés de la langue. Discipline et éthique de la parole dans la culture médiévale*, trad. fr., Paris, 1991.

Observons la relation et la fréquence de ces trois derniers éléments dans les textes ecclésiastiques de l'époque : l'odeur fétide caractérise les péchés, les damnés et, plus que tout, le diable[1]. Plus précisément, l'odeur des excréments indique la luxure[2] et accompagne aussi les maléfices[3]. Nos récits lui opposent « l'odeur de sainteté » qui émane merveilleusement du corps de saint Dominique lors de sa translation en 1233[4] et qui caractérise également le monastère de Prouille lui-même[5]. La mention de l'odeur fétide du chat, absente du récit de Bérengère, s'explique d'autant plus facilement dans les autres versions que le culte de saint Dominique et les pieuses traditions narratives du monastère s'étaient entre-temps renforcés. Mais l'ensemble des différences que présentent ces versions par rapport au témoignage initial doit être confronté avant tout à l'évolution contemporaine des représentations symboliques du chat démoniaque.

1. À propos de l'odeur des péchés perçue en confession, voir Th. F. CRANE, *The Exempla or Illustrative Stories from the Sermones Vulgares of Jacques de Vitry*, Londres, 1890, p. 25, n° LXIII. L'odeur des damnés en enfer est identique à celle de la chair brûlée des hérétiques : A. LECOY DE LA MARCHE, *op. cit.*, p. 25, n° 18. Sur l'odeur laissée derrière lui par le diable en fuite : RUDOLF VON SCHLETTSTADT, *Historiae Memorabiles. Zur Dominikanerliteratur und Kulturgeschichte des 13. Jahrhunderts*, éd. E. KLEINSCHMIDT, Cologne et Vienne, 1974, p. 105. Le singe évoqué par saint Dominique a la même odeur (voir *supra*).

2. ÉTIENNE DE BOURBON affirme que la luxure transforme l'homme en un quadrupède qui perd ses intestins et se vide de ses excréments : *« omnia interiora cum intestinis et fecibus et fetore maximo emittentem »* (éd. citée, n° 455, p. 392).

3. Par exemple selon ARNAUD DE VILLENEUVE, *De maleficiis* (vers 1300), cité par J. HANSEN, *Quellen und Untersuchungen zur Geschichte des Hexenwahns und der Hexenverfolgung im Mittelalter*, Bonn, 1901, p. 46 : celui qui, à la suite d'un maléfice, est empêché d'aimer une autre personne doit prendre dans la main droite des excréments *(merda)* de cette personne : dès qu'il en sentira l'odeur, le maléfice sera levé *(« quam cito sentiet fetorem solvetur maleficium »)*.

4. M.-H. VICAIRE, *Saint Dominique, la vie apostolique, op. cit.*, p. 42 : « Quand [la pierre de la tombe] fut enlevée, il s'exhala de la tombe une odeur merveilleuse et des plus suaves, différente de tout autre arôme, qui n'avait rien de commun avec aucun parfum connu des hommes. » Cette odeur imprégna définitivement les mains de tous ceux qui avaient touché la tête du saint et elle surprit tous les présents, d'autant plus qu'ils avaient craint qu'une odeur putride n'émanât de la tombe au moment de l'ouvrir.

5. Suivant BERNARD GUI (*De fundatione et prioribus provinciarum Tolosanae et Provinciae OP*, éd. P. A. AMARGIER, Rome, 1961, p. 284), le roi Charles III d'Anjou, visitant Prouille en 1290, y fut « attiré par l'odeur de sainteté des sœurs » *(« allectus rex pius earum sanctitatis odore »)*.

LE CHAT

L'analyse d'une vingtaine de documents divers, datés du milieu du XIIe siècle au début du XVe siècle, permet d'avancer un certain nombre d'hypothèses sur l'évolution des représentations du chat diabolique au Moyen Âge. Hypothèses prudentes, puisque le corpus, bien qu'abondant, ne saurait être dit complet. Et je ne retiendrai ici que les documents qui me paraissent éclairer le mieux l'évolution de ces représentations.

Il me semble d'abord que cette image du chat est rare avant le début du XIIIe siècle. Vers 1145-1155, une frise sculptée au portail de Lautenbach (Haut-Rhin) montre un chat agrippé sur le dos d'un homme nu en train de séduire une femme adultère qui porte dans les bras son enfant ; plus loin, l'homme nu et cette femme se tiennent enlacés ; plus loin encore, le mari trompé (?) frappe sa femme, qui, avec son enfant, tombe à la renverse *(ill. 2)*. Vers 1180, Walter Map, rapportant le témoignage d'un « hérétique français », décrit la « synagogue » des *Patarini* ou *Publicani* : ils se réunissent dans une maison en silence ; un énorme chat noir, nommé *« murelegus »* (et non *« cattus »* ou *« catus »*, comme c'est presque toujours le cas à partir du XIIIe siècle), descend au milieu d'eux *par une corde* ; puis, dans le noir, murmurant des hymnes, ils vont à tâtons embrasser le chat, leur « maître », les uns aux pieds, les autres sous la queue ; enfin, chacun saisit l'homme ou la femme le plus proche pour assouvir ses désirs sexuels[1]. Vers 1200, Alain de Lille discute le jugement que les cathares portent selon lui sur le mariage : « Ils condamnent le mariage, parce qu'il contraint les épanchements de la luxure. Aussi se comportent-ils de la façon la plus immonde dans leurs réunions. On les appelle "cathares", c'est-à-dire "s'épanchant dans les vices", de

1. WALTER MAP, *De nugis curialium*, éd. Thomas WRIGHT, Londres, 1850, pp. 61-62.

catha, "épanchement" *(fluxus)* ; ou "cathares", comme "chastes" *(casti)*, parce qu'ils se disent chastes et justes ; ou bien ils sont dits cathares d'après le chat *(a cato)* parce que, dit-on, ils embrassent le *postérieur* de ce chat, qui est Lucifer leur apparaissant sous cette forme[1]. »

Dans cette première période, le chat se trouve d'emblée associé à la luxure (adultère, débauche) et aux « synagogues » hérétiques, dont la licence sexuelle est un *topos* polémique très ancien[2]. L'iconographie de la *Bible moralisée* en porte à sa manière témoignage *(ill. 3)*. Quant à sa description, son postérieur et sa queue — objets du rite prêté aux hérétiques — retiennent avant tout l'attention. Surtout, ces images reçoivent la caution d'un théologien de premier plan, Alain de Lille, même si celui-ci, comme le suggère le P. Vicaire, n'est pas dupe de l'« étymologie cocasse » qu'il propose et qui, dit le P. Vicaire, est peut-être d'origine « populaire »[3]. Quoi qu'il en soit, ces représentations appartiennent désormais à la culture savante : si on les retrouve peu après dans les aveux extorqués sous la torture aux hérétiques, c'est qu'elles figuraient dans l'éventail des questions posées par les inquisiteurs.

Peu après, en effet, les mentions du chat diabolique abondent subitement dans les textes, et son image s'enrichit.

En 1232, Grégoire IX adresse aux prélats allemands la décrétale *Vox in rama*[4]. Reprenant les termes d'un rapport de l'inquisiteur Conrad de Marburg, il décrit la réception d'un novice

1. ALAIN DE LILLE, *Contra haereticos*, I, ch. LXIII, dans *P.L.* (210), col. 366 A.

2. Voir notamment N. COHN, *Europe's Inner Demons*, Londres, 1975, pp. 121-124.

3. M.-H. VICAIRE, *Histoire de Saint Dominique, op. cit.*, I, pp. 249-250. L'argument d'Alain de Lille a sûrement joué un rôle déterminant dans le passage de *murelegus* à *catus* mentionné plus haut : le premier désignait sans doute traditionnellement le chat dans sa fonction domestique positive de mangeur de souris, mais il a été définitivement supplanté dans les textes polémiques à partir du moment où, avec Alain de Lille, *catus* fut donné pour la racine de « cathare ». Sur les hésitations entre ces deux noms dans un même texte du début du XIIIe siècle, cf. Th. F. CRANE, *The Exempla or Illustrative Stones..., op. cit.*, p. 8, n° XXIII.

4. Edmond MARTENE et Ursin DURAND, *Thesaurus Novus Anecdoturum*, 5 vol., t. I, Paris, 1717, col. 950-953.

dans une secte hérétique, où apparaissent un crapaud, puis un homme âgé qu'il faut successivement embrasser et, enfin, un petit chat noir, la queue recourbée *(« retorta cauda »)*, à qui chacun va donner un baiser et faire hommage. S'ensuit une débauche générale, hommes et femmes ayant aussi des relations homosexuelles *(« contra naturam »)*. Tous ces détails furent recueillis par l'inquisiteur Conrad de Marburg au prix de violences que l'archevêque de Mayence dénonça au pape l'année suivante, après l'assassinat de l'inquisiteur[1].

Au même moment, l'évêque de Paris Guillaume d'Auvergne, dans son *Tractatus de legibus* (vers 1231-1236), énumérait les diverses formes de la tentation diabolique : avec la permission de Dieu, le diable a tenté les premiers parents sous la forme d'un serpent, puis les Hébreux sous la forme d'un taureau ou d'un veau (le « Veau d'or »), enfin, « de notre temps », sous la forme d'un chat noir ou d'un crapaud. Ces deux animaux, qui sont aussi associés dans *Vox in rama*, reçoivent un baiser des « adorateurs de Lucifer », mais le crapaud sur la bouche et le chat *sous la queue*[2]. Une forte connotation anale s'attache donc au chat par opposition à l'*oralité* du symbolisme du crapaud. Étienne de Bourbon relate aussi, outre l'*exemplum* du chat de Fanjeaux, et sous la même *titulus* « Des superstitions », l'affaire de Saint-Pourçain (Allier), vers 1227-1249 : victime de maléfices, une femme avoua qu'une *magistra* l'avait conduite en un lieu souterrain où se réunissait une multitude d'hommes et de femmes. Leur « maître » ayant adjuré (« par sa barbe et son pouvoir ») Lucifer de venir parmi eux, « un chat terrifiant descendit le long de la lance (plantée dans une cuve d'eau) et, décrivant un cercle, de sa queue il aspergeait tout le monde ». L'extinction des lumières fut le signal de l'orgie sexuelle[3]. Nous retrouvons ici *l'évocation* du diable, son arrivée — comme son départ dans notre récit — le long d'un objet vertical (corde, lance), le cercle magique qu'il décrit, enfin le symbolisme sexuel, ici beaucoup plus explicite encore, de la queue

1. AUBRY DE TROIS-FONTAINES, *Chronica*, *MGHSS*, XXIII, p. 931 (juillet 1233).

2. GUILLAUME D'AUVERGNE, *De Legibus*, cap. XXVI, in *Opera omnia*, Orléans, 1674, I, p. 83.

3. A. LECOY DE LA MARCHE, *op. cit.*, n° 367, pp. 322-323.

du chat. L'affaire des Templiers, au début du XIVe siècle, ne paraît pas apporter d'éléments vraiment nouveaux au plan du symbolisme, qui seul nous intéresse ici[1]. Notons d'abord que sur les neuf procès-verbaux d'interrogatoires conservés, qui s'échelonnent entre 1307 et 1310, un seul, tardif, fait mention d'un chat lors de l'initiation des novices et l'adoration d'une « idole ». Les premiers interrogatoires mentionnent seulement *le baiser donné au* praeceptor, *au bas du dos* (in fine spine dorsi), *sur l'anus* (in ano) *ou le nombril* (in umbelico), suivi de sodomie. Une seule enquête, en 1308-1310 (et plus vraisemblablement vers 1310), fragmentaire, comporte une question relative à un chat qui se serait trouvé à côté de l'idole ou sous elle. Dans quatre cas sur vingt-trois, la question n'est pas posée et, par suite, le témoin interrogé ne parle pas de ce chat. Trois autres témoins, questionnés sur ce point, en nient l'existence. Les autres reconnaissent l'avoir vu, mais les descriptions varient fortement : noir aux yeux de la plupart, à d'autres il est apparu roux, brun et même blanc. Tous ne soupçonnent pas qu'il est le diable. En dépit de l'ordre du « précepteur », certains refusent d'embrasser le chat sur l'anus et se contentent de le faire sur le dos ou les fesses *(in natibus)*[2], ou bien acceptent de donner ce baiser, mais sans « adorer » l'animal. Il ne fait aucun doute que les aveux ont été forgés *a priori* et extorqués sous la torture en dépit des résistances de certains inculpés.

Mais, à cette époque, la symbolique diabolique du chat s'était enrichie déjà d'un nouvel élément, qui ne s'imposa, il est vrai, qu'au XVe siècle. Certains des textes cités jusqu'à présent ont montré comment l'« adoration » du chat était suivie de pratiques de sodomie, qui en étaient toutefois distinctes. Un troisième ensemble de textes illustre la tendance à associer plus étroitement le chat et la sodomie, par l'intermédiaire de la croyance aux démons incubes. Au milieu du XIIIe siècle, Albert le Grand, intervenant dans le débat alors brûlant sur la génération des démons, rapporte l'aventure d'un homosexuel, qui, se

1. H. FINKE, *Papstum und Untergang des Tempelordens*, Münster, 1907, II, pp. 342-364.
2. *Ibid.*, témoins LXIX, LXXI, LXXV, LXXVII.

trouvant « dessous » *(« dum molliciei vitio subiaceret »)*, vit une foule de chats se jeter sur lui pour lécher et emporter « la semence qui l'avait pollué »[1]. Comme le montrait déjà Césaire de Heisterbach, le sperme humain répandu en vain lors de relations sexuelles « contre nature » servait aux diables à prendre ensuite la forme humaine des incubes leur permettant de féconder les femmes[2]. Il est intéressant de noter que, vers 1220, Césaire de Heisterbach ne parlait pas encore des chats. Pour Albert le Grand, ceux-ci sont, au moment où ils apparaissent, des incubes en puissance. Cette idée est reprise avec force dans certains procès de sorcellerie postérieurs. En 1324, à Kilkeny, en Irlande, Alice Kyteler est accusée d'avoir « son démon » qui lui apparaît tantôt sous la forme d'un chat, tantôt sous la forme d'un chien noir, au poil hérissé, tantôt sous celle d'un Noir[3]. Alice l'autorisait à copuler avec elle, « tel son incube », mais seulement, semble-t-il, lorsqu'il avait forme humaine. De même en Dauphiné, un siècle plus tard (1436), plusieurs sorciers et sorcières avouent qu'ils conjurent les démons, qui leur apparaissent, entre autres, sous la forme de chiens ou de chats noirs ou de Noirs[4]. Là encore, l'incube n'a avec les femmes de relations sexuelles que sous forme humaine, il n'est pas question de « bestialité » diabolique.

Par sa date comme par son contenu, le récit de saint Dominique et du chat de Fanjeaux s'insère parfaitement à la charnière du premier et du deuxième ensemble de textes. Ces textes confirment le caractère fortement sexuel du comportement du chat tournant autour des femmes, éclairent notam-

1. Cité par J. HANSEN, *Inquisition und Hexenprozess im Mittelalter*, Munich et Leipzig, 1900, p. 186.

2. CÉSAIRE DE HEISTERBACH, *Dialogus miraculorum, op. cit.*, I, pp. 124-125.

3. Th. WRIGHT, *Narrative Sorcery and Magic*, Londres, 1851, I, pp. 25-40. Cf. N. COHN, *Europe's Inner Demons, op. cit.*, p. 199. Sur le Noir diabolique, voir F. DE MEDEIROS, *L'Occident et l'Afrique, XIIIe-XVe siècle : images et représentations*, Préface de J. le Goff, Paris, Karthala, 1985.

4. J. MARX, *L'Inquisition en Dauphiné. Étude sur le développement et la répression de l'hérésie et de la sorcellerie du XIVe siècle au début du règne de François Ier*, Paris, 1914, pp. 33-35.

ment le symbolisme érotique de sa queue dressée[1] et rappellent la signification rituelle du postérieur du chat que les cathares étaient censés embrasser. Mais tous ces détails ne sont présents qu'à partir du moment où Constantin d'Orvieto a remanié le récit. Pourquoi sont-ils absents du témoignage de Bérengère ?

LES TRANSFORMATIONS DU RÉCIT

Le témoignage de Bérengère, en 1233, ne nous est connu que par les actes du procès de canonisation : tout ce qu'elle a dit n'a peut-être pas été mis par écrit, mais il nous est impossible de savoir si sa description du chat était plus complète. Cependant, le texte qui relate son témoignage n'est pas seulement plus court que les autres, il est aussi différent par certains aspects de son contenu. Ces différences, même si les propos de Bérengère ont été fortement résumés, forment un système, qui doit donc avoir un sens.

Bérengère était une femme, comme sœur Cécile. Parlant de saint Dominique, a-t-elle eu des réticences à insister sur les caractères sexuels les plus marqués du chat : la queue, qu'elle n'a pas vu « redressée », le postérieur, l'odeur et les excréments, symboles de la luxure ? La question mérite d'autant plus d'être posée qu'aux yeux des contemporains les relations de saint Dominique et des femmes faisaient problème. La quasi-totalité des témoins interrogés lors du procès de canonisation affirmèrent avec insistance, comme s'ils voulaient dissiper un doute, que le saint était resté « vierge » jusqu'à la fin de sa vie. Saint Dominique lui-même avait confirmé qu'il était resté chaste, bien qu'il hésitât à s'ouvrir à autrui de ce problème : témoin bolonais

1. Dans le tableau de Lorenzo Lotto à Recanati, représentant *L'Annonciation* (1527), l'ange qui apparaît à la Vierge à l'instant où celle-ci conçoit le Christ met en fuite un chat noir. Ne faut-il pas donner une interprétation sexuelle à ce tableau, où le chat paraît évincé par l'ange dans ses avances ? L. RÉAU (*Iconographie de l'art chrétien*, II, 2, Paris, 1957, pp. 180-183) n'a vu en lui que « le symbole de l'esprit du Mal ».

au procès de canonisation, le frère Ventura de Vérone rapporte que saint Dominique, après avoir confessé publiquement « qu'il n'avait jamais péché mortellement et qu'il était demeuré toujours vierge », lui avait dit en secret : « Frère, j'ai péché en parlant publiquement de ma virginité devant les frères : je n'aurais pas dû le dire. » En 1242, le chapitre général de Bologne reconnut que le saint fondateur était resté chaste jusqu'à sa mort, mais exigea que sa *legenda* ne fît plus mention d'un propos du saint selon qui « les conversations des jeunes filles le touchaient plus que le bavardage des vieilles femmes[1] ». De fait, l'on peut citer, au sujet des relations de saint Dominique et des femmes, mais en marge des *Vies* officielles, un témoignage de sœur Cécile des plus troublants[2]. Tous ces témoignages n'autorisent pas à mettre en doute la pureté de saint Dominique. Ils illustrent bien au contraire l'extrême pudeur du saint et de ses proches. Cette réserve explique peut-être les silences de Bérengère. Sans doute permet-elle aussi de comprendre l'une des clefs de ces versions postérieures, toutes trois dues à des frères dominicains : illustrant le zèle apostolique de saint Dominique par l'exemple de la conversion de femmes hérétiques, ces auteurs n'ont-ils pas voulu surtout réaffirmer, mais sur un mode symbolique leur évitant d'avoir à donner des explications plus claires ou trop crues, la « virginité » du saint face au chat démoniaque fortement sexué et aux femmes cathares dont la luxure, depuis Alain de Lille, était proverbiale ?

Mais une autre hypothèse me paraît mieux rendre compte de toutes les différences observées entre le témoignage de Bérengère et les versions postérieures. Ces dernières semblent bien témoigner d'une réinterprétation cléricale d'un récit populaire, très sensible à plusieurs reprises : quand l'image du chat est

1. *Acta Capituli Generalis Bononie celebrati anno 1242*, éd. B. M. REICHERT, *Monumenta Ordinis Praedicatorum Historica*, III, Rome, 1898, p. 24.

2. M.-H. VICAIRE, *Saint Dominique. La vie apostolique, op. cit.*, p. 120 : une recluse avait les seins infestés d'une quantité innombrable de vers, qu'elle montra à saint Dominique. Celui-ci prit un ver, qui aussitôt se transforma en pierre précieuse ; il la tendit à la recluse, mais la pierre redevint un ver. Saint Dominique parti, « les seins remplis de vers se détachèrent de sa poitrine, les vers disparurent, la poitrine se raffermit et les seins se reformèrent comme ceux d'une jeune fille de douze ans ».

complétée vers le bas (le postérieur, les excréments), comme pour la conformer aux descriptions d'Alain de Lille et de *Vox in rama*[1] ; quand le symbolisme sexuel de la queue du chat est rendu plus explicite (elle se redresse), comme pour renforcer le soupçon de luxure qui pèse sur les hérétiques ; quand l'odeur fétide du chat est opposée implicitement à l'« odeur de sainteté » de Dominique et du monastère de Prouille, dont ce récit était en passe de devenir le récit des origines. De même, une description plus « objective » tendait à confirmer la réalité de cette apparition en dissipant le caractère d'illusion qui s'attachait (certainement contre la volonté de Bérengère) à la description métaphorique du chat. Le récit de l'apparition devenait ainsi plus convaincant, et il se prêtait d'autant mieux à son utilisation dans l'apologétique dominicaine (lecture des *legendae* et prédication). En même temps, la prière répétée de saint Dominique, dont il n'était pas question dans le témoignage de Bérengère, donnait à cette évocation du diable son cachet d'orthodoxie. Elle marquait toute la différence entre « magie noire » et « magie blanche »[2] : dans la mesure où, par ses caractères formels, ce type d'évocation rappelait par trop l'art des magiciens, la mention de la prière du saint soulignait que celui-ci avait commandé au diable avec l'aide de Dieu, et non en vertu de pouvoirs maléfiques. L'insistance sur la prière des saints en de telles circonstances était un *topos* de l'hagiographie : ainsi, quand une nuit le diable apparut sous la forme d'un chat immense au jeune Louis d'Anjou, celui-ci, précise-t-on, venait de quitter son lit et s'adonnait à une intense prière[3].

1. Pour M. Bakhtine, le « bas » est un trait caractéristique de la culture populaire. Mais ici, il me paraît davantage le produit d'une réélaboration polémique et savante.

2. Voir à ce sujet le livre de C.G. Loomis, *White Magic. An Introduction to the Folklore of Christian Legend*, Cambridge (Mass.), 1948, p. 76 et suiv.

3. « Processus canonizationis [...] sancti Ludovici OFM episcopi Tolosan (1307) », *Analecta Franciscana*, 7, Quaracchi/Florence, 1951, p. 13, cap. XXI : *« Crebro eciam de nocte, dormire alios arbitrans, consuevit surgere et prolixius oracioni se dare. Cui semel oranti catus quidam immanis apparuit, ipsumque terribiliter invadere satagens, ad signum vivifice crucis disparendo recessit... »* Le détail est repris dans la *Vita*, *ibid.*, p. 342, § 13 : *« Eidem devote oranti in specie cati horribilis diabolus apparuit, ut illum immisso terrore turbaret, et pavidum redderet ad vigilandum in orationibus... »*

Il est enfin remarquable que Bérengère ait situé l'événement *après* la conversion des femmes : selon elle, il s'est agi pour saint Dominique de réaliser un exploit presque gratuit puisqu'il visait seulement à montrer *a posteriori* aux anciennes hérétiques quel maître elles avaient servi. À partir de Constantin d'Orvieto, la conversion suit l'évocation du diable, qui en devient la cause immédiate. Il ne s'agit plus d'un exploit gratuit, mais d'une preuve du « zèle pour la foi » du fondateur des Prêcheurs, dont la sainteté, entre-temps, avait été confirmée.

La transformation systématique du récit de Bérengère par les Prêcheurs — Constantin d'Orvieto surtout, Étienne de Bourbon et peut-être même Romée de Livie — ne fait donc plus de doute. Elle va dans le sens d'une cléricalisation et d'une « hagiographisation » délibérée du récit primitif de Bérengère. Mais comment définir celui-ci ? Appartient-il vraiment à la « culture populaire » ?

Certes, Bérengère était une laïque. Mais elle vivait dans la proximité des religieuses qui, avant de s'établir définitivement à Prouille, avaient aussi résidé à Fanjeaux. Elle avait été le témoin visuel, auditif, de ce qui avait fait naître les légendes dominicaines de Prouille, où le saint lui-même était repassé une dernière fois en 1218. Elle ne pouvait ignorer, à l'époque même de la croisade albigeoise, les thèmes de la polémique antihérétique, et en particulier l'accusation portée depuis Alain de Lille contre les cathares, soupçonnés d'adorer le diable sous la forme d'un chat. Mais il est possible qu'Alain de Lille ait lui-même utilisé une croyance folklorique que Bérengère avait moins de raisons encore d'ignorer. L'image diabolique du chat est en effet très fréquente dans le folklore, non seulement à une époque récente[1], mais déjà au Moyen Âge : elle est attestée à proximité de Fanjeaux, dans les montagnes de l'Ariège, au début du XIVe siècle, dans un milieu paysan peu accueillant à la culture ecclésiastique puisque l'évêque Jacques Fournier y traquait les « Parfaits » cathares ; pour prouver que les inquisiteurs

1. Voir, par exemple, S. THOMPSON, *Motif-Index of Folk-Literature*, Copenhague, 1955-1958 : « Cat and Devil », G. 303.3.1.2. et G. 303.10.1. Voir aussi P. SÉBILLOT, *Le Folklore de la France*, Paris, 1905, III, p. 145.

font toujours « une mauvaise fin », l'hérétique Guillelma rappelait que frère Gaufridus, l'inquisiteur de Carcassonne, était mort seul et que le lendemain l'on découvrit son corps veillé par deux chats noirs, « mauvais esprits » qui avaient dû le « consoler » à la dernière extrémité[1].

Autour de l'image du chat diabolique, nous percevons ainsi plusieurs « niveaux de culture » qu'il serait vain de trop fermement distinguer : celui d'Alain de Lille se tenant à distance des « on-dit » *(dicuntur)* de la culture folklorique, qu'il cite pourtant ; celui des inquisiteurs et des prédicateurs qui le suivirent et, qui, forts de son autorité, donnèrent leur pleine adhésion à cette image ; celui de Bérengère, « intermédiaire culturel » entre la culture savante et la culture folklorique ; celui d'une Guillelma, retournant l'image diabolique du chat contre les inquisiteurs eux-mêmes[2]. Même dans ce dernier cas, il serait sans doute erroné de parler d'une culture folklorique « pure ». À plus forte raison dans le cas de Bérengère, ce n'est pas une telle entité qui apparaît, dont l'existence est illusoire, mais l'indissoluble relation entre culture folklorique et culture savante qui constitue notre objet d'étude et qui doit s'analyser en termes de cycles et d'échanges et aussi de rapport de forces.

Le témoignage de Bérengère, puis les récits postérieurs qui l'utilisent marquent en effet les moments différents d'un cycle, dans lequel de telles images se sont échangées, fondues, enrichies, se transformant insensiblement en même temps qu'elles changeaient de fonction. Mais avec l'*exemplum* d'Étienne de Bourbon, le récit de saint Dominique, du chat et des femmes était destiné, grâce à la prédication, à revenir vers la culture

1. *Le Registre d'Inquisition de Jacques Fournier, évêque de Pamiers (1318-1325)*, éd. J. DUVERNOY, Toulouse, 1965, II p. 69 : *« Nam, ut dixit, frater Gaufridus inquisitor Carcassone qui mortuus fuit, nullus eum vidit morientem ; et in crastinum quando iverunt ad lectum ejus, in quo mortuus jacebat, invenerunt duos catos nigros, unum ad unam spondam lecti et alium ad aliam, qui cati, ut dixit, erant maligni spiritus qui dicto inquisitori solacium faciebant. »*

2. Il est évident que, même ici, il ne s'agit pas d'une culture folklorique « à l'état pur », impensable dans les sociétés complexes. On le voit bien dans le livre d'Emmanuel LE ROY LADURIE, *Montaillou, village occitan, de 1294 à 1324*, Paris, 1975.

« populaire » dont il était, en partie au moins, sorti[1]. Or, entre-temps, il avait été transformé par les Prêcheurs : il exaltait maintenant beaucoup plus fortement la *virtus* du saint, la légitimité de ses actes, le pouvoir de conversion de ses paroles, en même temps qu'il étayait le souçon de perversion sexuelle attaché à l'image polémique des hérétiques. Ainsi le « cycle » ne se refermait-il qu'en apparence sur lui-même et c'était là, peut-être, une des conditions de l'efficacité de l'*exemplum* qui renvoyait aux auditeurs des sermons un récit devenu autre, tout en gardant les apparences du même. « Cercle magique », en vérité, qui donne bien la mesure des ruses de l'idéologie[2].

1. On peut cependant s'interroger sur l'insuccès apparent de cet *exemplum*, puisque, après Étienne de Bourbon, il ne se retrouve pas dans d'autres recueils d'*exempla* : cf. F.C. TUBACH, *Index exemplorum. A Handbook of Medieval Religious Tales*, Helsinki, 1969, p. 141, n° 1734. Il faudrait aussi s'interroger sur la rareté des représentations iconographiques de cette scène, à l'inverse, par exemple, du miracle des livres lors de la « dispute » de Montréal : cf. G. KAFTAL, *Saint Dominic in Early Tuscan Painting*, Oxford, 1948, pp. 37-59. Quant aux traditions folkloriques profondément influencées par l'apologétique dominicaine, elles semblent avoir retenu quatre autres événements qui, mieux que notre récit, trouvaient une inscription concrète dans l'espace : le miracle des moissons sanglantes, le miracle des livres à Fanjeaux (où il aurait été réalisé comme à Montréal), l'apparition de la Vierge au Segnadou, le chemin du Sicaire. Cf. G. JOURDANNE, *Contribution au folklore de l'Aude*, Paris et Carcassonne, 1900, pp. 202-204.

2. Depuis la première parution de cette étude, plusieurs publications ont précisé la place du chat dans la polémique antihérétique et dans le bestiaire du diable : Sara LIPTON, « Jews, Heretics, and the Sign of the Cat in the *Bible moralisée* », *Word and Image*, 8, 1992, 4, oct.-déc. 1992, pp. 362-377. Bernd Ulrich HERGEMÖLLER, *« Krötenkuss und schwarzer Kater ». Ketzer, Götzendienst und Unzucht in der inquisitorischen Phantasie des 13. Jahrhunderts*, Warendorf, Fahlbusch Verlag, 1996. Jacques BERLIOZ et Marie-Anne POLO DE BEAULIEU (dir.), *L'Animal exemplaire au Moyen Âge, V^e^-XVe siècle*, Rennes, 1999 (en particulier, pp. 225-240, la contribution de Laurence BOBIS sur le chat). Par ailleurs, la version italienne originale de mon article a été mise à profit par Luigi CANETTI, « L'invenzione della memoria », in *Il culto e l'immagine di Domenico nella storia dei primi frati Predicatori*, Spolète, Centro Italiano di Studi sull'Alto Medioevo, 1996 (Biblioteca di Medioevo latino, 19), p. 254 et suiv. (je remercie Jacques Berlioz de m'avoir communiqué cette référence).

IX

LES MASQUES, LE DIABLE, LES MORTS

Il est des sociétés, étudiées par les anthropologues, qu'on appelle parfois « sociétés à masques », indiquant par là qu'elles semblent communier dans des mascarades et les récits mythiques qui les accompagnent. Il n'importe pas ici que cette dénomination soit ou non justifiée ; je retiens seulement que dans certaines sociétés « primitives » les masques ont une place centrale que, à l'évidence, je ne retrouve pas dans la société de l'Occident médiéval. Celle-ci est une société « complexe », où plusieurs traditions culturelles se distinguent, s'opposent et aussi se combinent selon un rapport dialectique dont l'analyse est essentielle à l'intelligence de tout le système social. Dans l'Occident médiéval, les masques jouent un rôle important dans les traditions folkloriques, à l'occasion des fêtes calendaires (des Douze Jours au Carnaval) ou des manifestations rituelles rattachées au « cycle de la vie » : banquets funéraires parfois, charivari aux XIVe-XVe siècles. En revanche, la culture longtemps dominante de l'Église a condamné les mascarades dès les premiers siècles et en termes violents. Il ne semble pourtant que l'idée d'une opposition radicale de l'Église aux masques doive être nuancée : en tant que signe double, qui cache l'un (celui qui porte le masque) et évoque l'autre (dont le masque porte les traits), le masque posait dans sa matérialité

Repris de « Les masques, le diable, les morts dans l'Occident médiéval », *Razo. Cahiers du Centre d'études médiévales de Nice*, n° 7, 1986, pp. 87-119.

un problème trop essentiel à la théologie et, plus généralement, au christianisme médiéval — celui de la *similitudo*, base de la pensée spéculaire de l'Église — pour ne pas susciter d'autres attitudes qu'une simple condamnation sans appel. Ainsi le masque est-il un bon révélateur du rapport dialectique de la culture cléricale et des traditions folkloriques dans la société médiévale, et d'ailleurs nous retrouvons certains masques là où ces traditions se combinent, en particulier sur la scène du « théâtre » religieux médiéval.

Mais comment parler des masques du Moyen Âge ? Aucun n'a été conservé. Nous ne les connaissons que par des textes et des images, qui émanent de la culture religieuse officielle. Faut-il jeter le discrédit sur ces représentations de masques, qui peut-être ne font que « masquer » ces derniers ? Ce serait le cas si nous ne cherchions dans les documents — textes ou images — que des illustrations « exactes » des masques du passé. Mais parce que ces documents portent eux-mêmes la marque du débat entre culture savante et traditions folkloriques qui tout entier traverse le masque, ils sont à même, me semble-t-il, de nous conduire « au sens du masque ».

LES NOMS DU MASQUE

Le vocabulaire latin médiéval possède un certain nombre de mots que les historiens s'accordent à traduire par « masques ». Deux remarques s'imposent d'emblée à propos de ce vocabulaire : premièrement, aucun de ces mots n'est une création de la culture médiévale ; tous sont des *héritages*, soit, le plus souvent, de la culture latine antique, soit des cultures « barbares » (c'est le cas de *masque* lui-même). L'héritage des mots traduit celui des traditions culturelles que l'Église a, du même mouvement, condamnées et partiellement adoptées. Deuxièmement, aucun de ces mots n'a pour seule signification « masque » : tous évoquent en même temps des « puissances surnaturelles » dont nous devons essayer de comprendre le rapport aux masques.

Larva est de loin le mot le plus fréquent. Il est le plus souvent employé au pluriel : *larvae.* Le dérivé *larvaria* désigne la mascarade et, plus précisément, au XVe siècle, le charivari. Une expression fréquente, *larvae daemonum,* exprime le jugement moral défavorable de l'Église, mais aussi l'apparence démoniaque de certains, au moins, des masques. *Larva* vient de l'Antiquité, où il désigne les fantômes malfaisants en même temps que le masque. Après saint Augustin (dans *La Cité de Dieu*) qui s'inspirait de Platon, Isidore de Séville († 633) se fait encore l'écho de la première signification du mot : *larvae,* dit-il, désigne « des démons faits à partir d'hommes de mauvais mérite et dont la nature est de faire peur aux enfants dans les coins[1] ». À l'époque carolingienne, le Moine de Saint Gall parle d'un démon appelé *larva* qui avait coutume de hanter la nuit la maison d'un forgeron où « il jouait des marteaux et des enclumes[2] ». Mais, en fait, le sens de fantôme démoniaque est pratiquement absent au Moyen Âge, alors que s'impose le sens de masque. Il ne faut pas confondre l'étymologie d'un mot et son histoire. Celle-ci amène à poser de nouvelles questions : si les deux sens du mot se distinguent historiquement, au point qu'il soit nécessaire de préciser que certains masques « représentent » des démons *(larvae daemonum),* ne peut-on penser déjà que l'idée de cette représentation des démons ou des morts par les masques n'est pas au Moyen Âge aussi simple qu'elle peut sembler ?

Les mêmes remarques peuvent être faites à propos de *persona* et de *figura,* qui désignent parfois le masque, mais plus rarement que *larva.*

1. ISIDORE DE SÉVILLE, *Etymologiae,* VIII, cap. ult. « Larvas *ex hominibus factos daemones aiunt qui meriti mali fuerint, quarum natura esse dicitur terrere parvulos in angulis tenebrosis.* » Déjà saint Augustin *(Civ. Dei)* : « *Dicit* [Plato] *animas hominum daimones esse, et ex hominibus fieri* lares *si boni meriti sunt,* lemures *si mali seu* larvas. » Voir DU CANGE, *Glossarium mediae et infimae latinitaris,* rééd. Niort, 1883, t. V, p. 32, s.v. *Larvae.*

2. *Ibid.* « *Tunc daemon, qui dicitur* larva, *cui curae est ludicris hominum vel illusionibus vacare, fecit consuetudinem ad cujusdam fabri ferrarii domum venire, et per noctes malleis et incudibus ludere.* »

En 643, dans la *Loi des Lombards*, est cité pour la première fois le mot (lui aussi féminin) *masca*, emprunté certainement aux populations germaniques entrées récemment en contact avec la culture latine. Hincmar de Reims († 882) l'utilise dans la forme *talamascae*, à propos des mascarades ayant lieu lors des anniversaires des défunts[1]. Au XIVe siècle, *talemaschier* s'introduit en français au sens de « barbouiller », « noircir le visage », concurremment avec *masquier*, *masquiller*. Mais ce n'est qu'en 1511 qu'apparaît le français *masque*[2], plus tardivement que l'italien *maschera* (attesté déjà chez Boccace[3]), mais un peu avant les équivalents anglais ou allemand[4]. Alors que le français retenait de « masque » le sens exclusif qu'il a aujourd'hui encore, la langue d'oc explorait plus avant l'autre versant sémantique du mot *masca*. Bon connaisseur de la Provence et de l'Italie, Gervais de Tilbury précise au XIIIe siècle que les lamies qui dévorent les enfants sont appelées en langue vulgaire *mascae*, mais que ce ne sont, selon les médecins, que des images de cauchemars *(nocturna imagines)*[5]. Le sens de sorcière est attesté en provençal dès 1369.

Les termes qui, dans la langue vulgaire du Moyen Âge (mais je considère ici surtout l'ancien français), désignent le masque ajoutent encore à la variété des dénominations, mais ils précisent souvent l'apparence du masque mieux que ne le fait le latin : ce sont « faulx visage », « fol visage » et peut-être aussi « sot

1. *Ibid.*, p. 293, s.v. *Masca.* HINCMAR, *Capitula presbyteris data*, cap. XIV, in *P.L.* (125), col. 776-777 : « [...] *nec turpia joca cum urso vel tornatricibus ante se facere permittat, nec larvas daemonum quas vulgo talamascas dicunt ibi anteferre consentiat* [...]. »

2. Walter VON WARTBURG, *Französisches Etymologisches Wörterbuch*, Bâle, 1969 s.v. *Mask.* TOBLER-LOMMATZSCH, *Altfranzösisches Wörterbuch*, Wiesbaden, 1963, s.v. *Masquier, masquiller.*

3. S. BATTAGLIA, *Grande Dizionario della lingua italiana*, Turin, 1975, IX, pp. 864-869, s.v. *Maschera.*

4. *The Oxford English Dictionary*, Oxford, Clarendon Press, 1933 (2e éd., 1961), s.v. *Mask* (apparition en 1534).

5. GERVAIS DE TILBURY, *Otia imperialia*, III, 88, cité par DU CANGE, *op. cit.*, s.v. *Masca* : « *Lamias, quas vulgo Mascas, aut in gallica lingua strias physici dicunt nocturnas esse imagines, quae ex grossitie humorem animas dormientum perturbant et pondus faciunt.* »

visage »[1], qui attirent l'attention sur le contexte « carnavalesque » de la plupart de ces masques (fête des Fous du 28 décembre, fous de Carnaval en février) ; ce sont aussi « artifices », « barboere » hérissé de poils, « hurepel » sauvage et, en moyen anglais, *visor* ou *vizor*, autant de termes sur lesquels il nous faudra revenir.

Le masque, au sens le plus étroit du terme, ne se laisse pas séparer des déguisements. La condamnation plus générale des travestissements a même été le cadre dans lequel s'est inscrite celle des masques, notamment parce que seule la dénonciation des déguisements était susceptible de trouver une assise scripturaire. En effet, alors que le mot *larva* est absent du vocabulaire de la Vulgate, les mentions de déguisements y sont nombreuses. Toutefois, ces passages bibliques sont loin de comporter toujours un jugement négatif sur les travestissements et, plus que les déguisements, c'est la « matrice » symbolique des travestissements les plus négatifs — le pouvoir qu'a le diable de se transformer — qui a surtout retenu l'attention. Finalement, l'attitude de l'Église fut souvent fort ambiguë : elle a condamné les travestissements « diaboliques », ceux du paganisme, plus tard ceux du folklore, mais elle a su, aussi, même en Occident, valoriser parfois le « saint » déguisement, motivé à ses yeux par l'humilité et non par la vanité : d'où le thème hagiographique de la sainte travestie[2].

1. Monstrelet parle d'une bande de brigands qui, en 1449, se faisaient appeler « Faulx Visages » et « se vestoient et deguisoient d'habits dissolus et epouventables afin qu'on ne les cogneust ». En 1320, l'expression est utilisée à propos des masques d'un charivari. Cf. DU CANGE, *op. cit.*, s.v. *Masca.*

« Fol visage » est cité dans *Le Blanc Chevalier* par Jean de Condé (1319-1329), à propos d'un vieillard qui cherche à ne pas être reconnu de sa femme lors d'un tournoi. Cf. Charles-V. LANGLOIS, *La Vie en France au Moyen Âge de la fin du XIIe au milieu du XIVe siècle d'après les romans mondains du temps*, Paris, 1926 (réimpr. 1981), p. 326 (je remercie Jacques Le Goff de m'avoir indiqué ce passage). Ch.-V. LANGLOIS attirait l'attention sur l'expression « sot visage », citée en effet dans le contexte intéressant de l'élection de leur « roi » éphémère par des bergers, dans Edmond FARAL, « La Pastourelle », *Romania*, XLIX, 1923, p. 221. Il n'est pas clairement établi qu'il s'agit d'un masque.

2. J'ai vérifié l'absence du mot *larva* dans la Vulgate grâce à Boniface FISCHER, *Novae Concordantiae Bibliorum Sacrorum juxta Vulgatam versionem critice editam*, Stuttgart et Tübingen, F. Frommann et Holzboog, 1977. De même

Cependant, ce sont bien les condamnations qui l'emportent, répétées souvent en termes identiques depuis Césaire d'Arles († 542), notamment à propos des mascarades des calendes de janvier[1]. Deux registres du déguisement sont bien marqués : l'inversion sexuelle des déguisements d'hommes en femmes,

---

persona n'est jamais présent au sens de « masque » (mais une fois au sens de spectre : Sagesse, XVII, 4) et *figura*, qui n'est jamais cité au sens de masque, l'est deux fois au sens d'idole (II Rois, XXIII, 24, et Actes, VII, 43). Les passages bibliques concernant les déguisements ont été recensés par Christoph DE BERGER, *Commentatio de personis vulgo larvis sen mascheris — Von der Carnavals Lust — critico historico morali atque juridico modo diligenter conscripta*, Francfort et Leipzig, *s.d.*, 1723, in 4°, p. 77. Certains déguisements concernent des personnages positifs : David simule la folie pour ne pas être reconnu des Philistins (I Samuel, XXVII, 14), un prophète se rend méconnaissable avec sa coiffure sur les yeux (I Rois, XX, 38). Le déguisement de Jacob qui, pour obtenir la bénédiction d'Isaac, prend les habits de son frère aîné Ésaü et se couvre les bras et la partie lisse du cou avec la peau des chevreaux (Genèse, XXVII, 15-16) est ambigu : c'est une tromperie manifeste, mais qui s'inscrit dans le plan de Dieu. Même ambiguïté, dans le cas de Saül qui se déguise *(« mutavit ergo habitum suum vestitusque est aliis vestimentis »)* pour aller consulter la sorcière d'En Dor (I Samuel, XXVIII, 8). Les autres déguisements, au contraire, sont sévèrement jugés : les Gabaonites cherchent à tromper leur ennemi Israël en s'habillant comme des peuples lointains ; ils sont condamnés à devenir les serviteurs d'Israël (Josué, IX, 5) ; Tamar se voile comme une prostituée pour séduire à son insu son beau-père Juda (Genèse, XXXVIII, 14) ; surtout Jéhu, roi d'Israël, fait tuer Jézabel comme une prostituée et une sorcière, après qu'elle s'est « fardé les yeux, orné la tête et mise à la fenêtre » (II Rois, IX, 30). En fait, il ne paraît pas que tous ces textes aient été beaucoup utilisés : la grande « autorité » en la matière, c'est le diable lui-même, qui prit la forme du serpent (Genèse, III, 1) et se « transfigura » en ange de lumière (II Cor., XI, 14).

Le thème de la sainte déguisée en homme est surtout byzantin : Évelyne PATLAGEAN, « L'histoire de la femme déguisée en moine et l'évolution de la sainteté féminine à Byzance », *Studi Medievali*, 3e série, XVII, II, 1976, pp. 597-623. — *Pélagie la pénitente. Métamorphoses d'une légende*, t. I ; *Les Textes et leur histoire* (dossier rassemblé par P. PETITMENGIN *et alii*, Paris, Études augustiniennes, 1981).

1. On trouvera l'essentiel de ces textes commentés dans Dieter HARMENING, *Superstitio. Überlieferungs-und theoriegeschichtliche Untersuchungen zur kirchlich-theologischen Aberglaubensliteratur des Mittelalters*, Berlin, E. Schmidt, 1979, pp. 135-143. Voir aussi, plus précisément, CÉSAIRE D'ARLES, *Sermons au peuple*, t. I, éd. M.-J. DELAGE, Paris, Cerf, 1971, pp. 426-427. Sur la permanence de ces coutumes calendaires à la fin du Moyen Âge, voir C.R. BASKERVILLE, « Dramatic Aspects of Medieval Folk-Festivals in England », *Studies in Philology*, XVII, 1920, pp. 38-87. Entre autres études ethnologiques de ces mascarades du début de l'année : Leopold SCHMIDT, *Perchtenmasken in Österreich*, Vienne, Cologne et Graz, 1972.

notamment en vieille femme *(vetula)*, les déguisements en bêtes sauvages (cerfs et ours) ou domestiques (veaux, agneaux, chèvre). Au XIVe siècle se précisent les déguisements en hommes sauvages, qui deviennent un grand thème iconographique[1].

Plutôt que de citer après bien d'autres tous les textes des conciles et des pénitentiels qui ont condamné ces mascarades, je voudrais insister sur la manière dont l'Église — à en juger par le vocabulaire qu'elle emploie — concevait le déguisement et la mascarade. Notons d'abord que dans les conceptions ecclésiastiques l'idée du masque comme moyen de dissimulation est secondaire. Le masque est condamnable en ce qu'il montre, il est une *imago*, une *figura* ; plus précisément, cette image est un signe qui renvoie à un autre que le porteur du masque : elle est une *similitudo*, une *species*, elle est de l'ordre du miroir. Cependant, cette image ne donne pas seulement l'apparence de la bête ou de la femme, elle induit une véritable transformation du sujet : *transformatio, transmutatio, transfiguratio*. Le masque n'est pas pensé en tant qu'il cache, mais en tant qu'il manifeste un sens : le procès que décrit ce vocabulaire est analogue à l'instrument rhétorique de la *similitudo*. Mais contrairement aux « similitudes » que manient les prédicateurs pour manifester la Vérité, la *similitudo* du masque, qui assimile l'homme à la femme ou à la bête, est illégitime, perverse.

Le masque brise, en effet, la seule *similitudo* légitime : celle de l'homme créé « à l'image de Dieu » (Genèse, I, 26)[2]. Parce que Dieu est la *Figura* absolue[3], dont la Transfiguration ne peut être que la reproduction éclatante du même, l'homme, seule créature qui en porte les traits, ne peut sans sacrilège changer d'apparence : en se masquant il fait de lui-même une idole ; « se masquer est diabolique », concluent la plupart des condamnations. Qu'est-ce à dire ?

1. Richard BERNHEIMER, *Wild Men in the Middle Ages. A Study in Art, Sentiment and Demonology*, Cambridge, Harvard University Press, 1952. Timothy HUSBAND, *The Wild Man. Medieval Myth and Symbolism*, New York, The Metropolitan Museum of Art, 1980.

2. Gerhard B. LADNER, *Ad Imaginem Dei. The Image of Man in Medieval Art*, Latrobe, Penn., The Archabbey Press, 1965.

3. Dans le plus ancien texte de mystère conservé, *Le Jeu d'Adam* (première moitié du XIIe siècle), Dieu est appelé *Figura : Le Mystère d'Adam (Ordo Representacionis Ade)*, éd. Paul AEBISCHER, Genève et Paris, 1963.

Parce que le masque, biface, est par excellence un signe et parce que la théologie médiévale est une sémiologie, le masque est d'emblée objet de théologie, mais comme contre-preuve de la Vérité : dans l'Occident médiéval, le diable est la métaphore du masque.

Le diable, en effet, a, comme le masque, le pouvoir de transformer : il peut transformer les hommes (dans l'imagination des gens, précise d'abord l'Église, « réellement », affirment les clercs dans la seconde moitié du XVe siècle) ; et, surtout, il se transforme lui-même. Un seul texte suffira à illustrer cette action diabolique et son rapport avec le masque.

Dans un *exemplum* écrit vers le milieu du XIIIe siècle par le dominicain Étienne de Bourbon, le diable va jusqu'à prendre le masque devant ses victimes pour leur montrer comment il s'est joué d'elles[1]. Une femme avait perdu successivement ses deux enfants à l'âge d'un an. Les autres femmes incriminent les striges qui sucent le sang des enfants et lui recommandent de veiller son troisième enfant la nuit de son premier anniversaire en gardant un fer rouge à portée de la main pour pouvoir marquer au visage et permettre ainsi d'identifier la coupable. À minuit, sa voisine chevauchant un loup entre par la porte pourtant fermée et s'approche du berceau. La mère, qui feignait de dormir, bondit et la brûle au visage. La sorcière s'enfuit en hurlant de douleur. Le matin, la mère ayant porté plainte devant les baillis du village, les voisins forcent l'entrée de la voisine et découvrent en effet sur son visage la marque du fer rouge. Pourtant, la vieille femme nie avoir agi consciemment. L'évêque lui fait confiance et adjure le démon de se manifester et d'avouer qu'il est l'auteur du crime. Le démon apparaît en effet sous les traits d'une vieille femme *(« in similitudinem vetule se transmutans »)*, puis, sur ordre de l'évêque, il enlève du visage de la malheureuse la pellicule de peau brûlée et se la pose sur le visage, rendant ainsi manifeste à tous sa tromperie *(« pelliculam combustam a facie vetule removit coram omnibus et sibi*

1. Albert LECOY DE LA MARCHE, *Anecdotes historiques, légendes et apologues tirés du recueil inédit d'Étienne de Bourbon, dominicain du XIIIe siècle*, Paris, 1877, n° 364, pp. 319-321.

1

1 bis

1 Retable de la vie de saint Dominique. Barcelone, musée d'Art catalan.

1bis *Détail du précédent* : saint Dominique, le diable en forme de chat et les femmes de Fanjeaux.

2 Le chat et la luxure dans un récit d'adultère. Frise sculptée au portail de Lautenbach (Haut-Rhin), milieu du XIIe siècle.

3 De l'étymologie à l'image : les Cathares adorateurs du chat. Bible moralisée en français, Vienne, Österreichschische National Bibliothek, cod. 1179, f° 83 v° (détail des deux médaillons supérieurs à gauche).

4 David jouant de la lyre. Masque d'ours (?) frappant sur un tambour. Cambridge, St. John College, Ms. B 18, f° 1a. Psautier triplex, second quart du XIIe siècle (Reims).

5

6

5 Hommes masqués. Oxford, Bodleian Library, Ms. 264, f° 181 v°. *Roman d'Alexandre*, enluminé par Jean de Guise, Bruges, 1339-1344.

6 Hommes masqués. Oxford, Bodleian Library, Ms. 264, f° 21 v°. *Roman d'Alexandre*, enluminé par Jean de Guise, Bruges, 1339-1344.

7 Troupe de jeunes gens masqués et démons. Le diable couche avec la mère de Merlin. Paris, B.N.F., Ms. Fr. 95, f° 113 v°. *L'Estoire de Merlin*, XIIIe siècle.

lestoire de merlin. Dieus nos maint
tous a boine fin. Amen

oult fu iries li anemys: quant
nostre sires ot este en infer.
et il en ot iete eue et adam

8

9

8 Masque de diable. Paris, B.N.F., Ms. Fr. 95, f° 199 v°. *L'Estoire de Merlin*, XIIIe siècle.

9 Masque de cerf. Paris, B.N.F., Ms. Fr. 95, f° 261 v°. *L'Estoire de Merlin*, XIIIe siècle.

10 Masques du charivari. Paris, B.N.F., Ms. Fr. 146, f° 34. *Roman de Fauvel*, premier tiers du XIVe siècle.

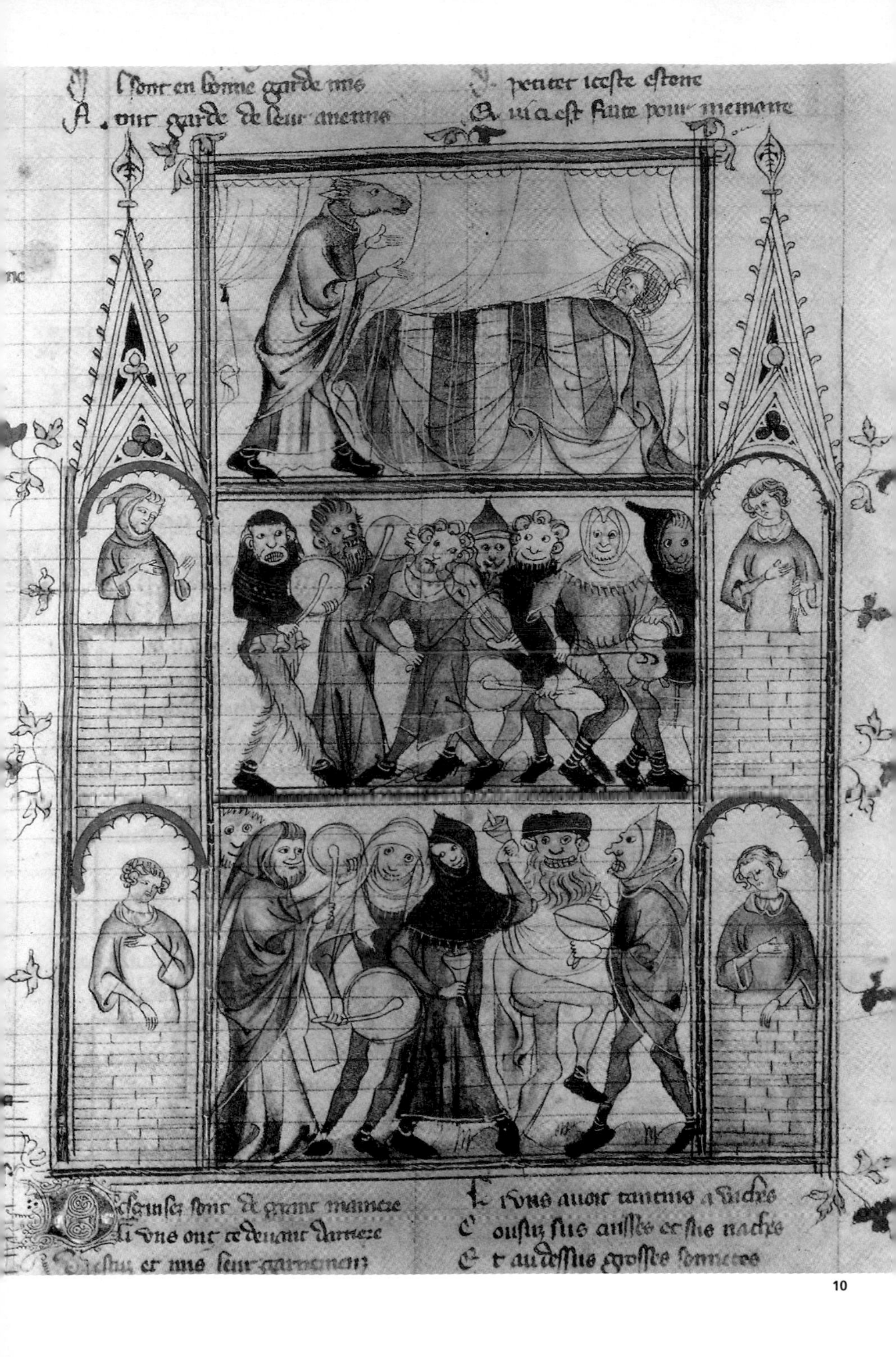
Desguisez sont de grant maniere
Li uns ont ce devant darriere
Vestu et mis leur garnemenz
Li uns avoit tantins a vaches
Cousuz sus aus et sus naches
Et au dessus grosses sonnetes

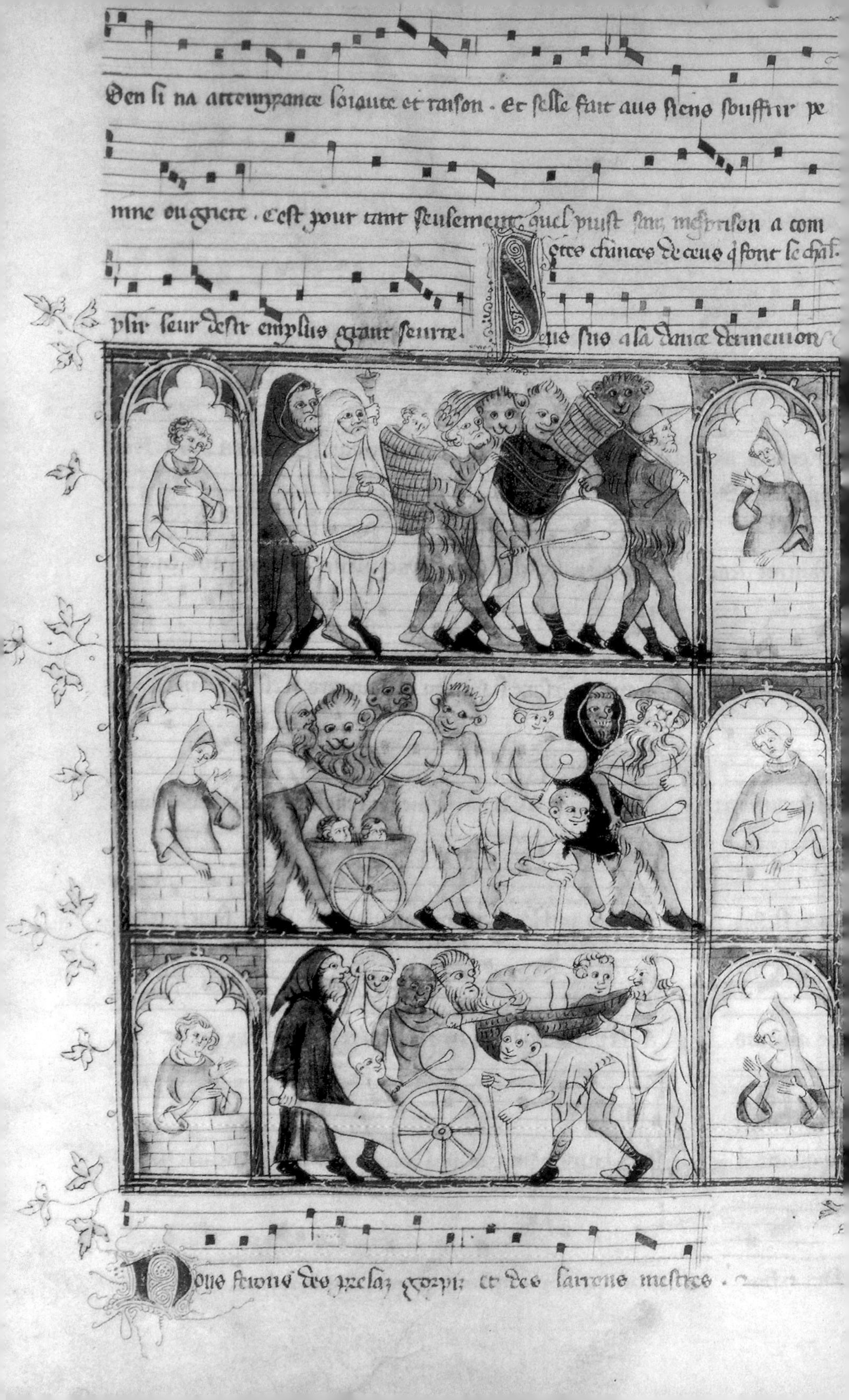

12

13

11 Masques du charivari. Paris, B.N.F., Ms. Fr. 146, f° 36 v°. *Roman de Fauvel*, premier tiers du XIVe siècle.

12 Masques du charivari. Hellequin et l'«engin de roes de charete». Paris, B.N.F., Ms. Fr. 146, f° 34 v°. *Roman de Fauvel*, premier tiers du XIVe siècle.

13 Masques de charivari : Hellequin à cheval et les morts en bières. Paris, B.N.F., Ms. Fr. 146, f° 34 v°. *Roman de Fauvel*, premier tiers du XIVe siècle.

14

14 L'animation du fœtus. Hildegarde de Bingen, *Liber Scivias* (XIIe siècle). Manuscrit perdu de Wiesbaden.

15 L'âme se sépare du corps lors du décès. *Libri naturales* attribués à Aristote (Angleterre, v. 1370-1375). Paris, B.N.F., Ms. Lat. 6323 A, f° 181.

16 L'âme et l'esprit se séparent du corps lors du décès. *Libri naturales* attribués à Aristote (Angleterre, v. 1370-1375). Paris, B.N.F., Ms. Lat. 6323 A, f° 232 v°.

15

16

17 L'Église engendrée par le Christ comme Ève par Adam. *Bible moralisée* en latin (Paris, XIIIe siècle). Oxford, Bodleian Library, Ms. Bod. 270B, f° 6 *(détail)*.

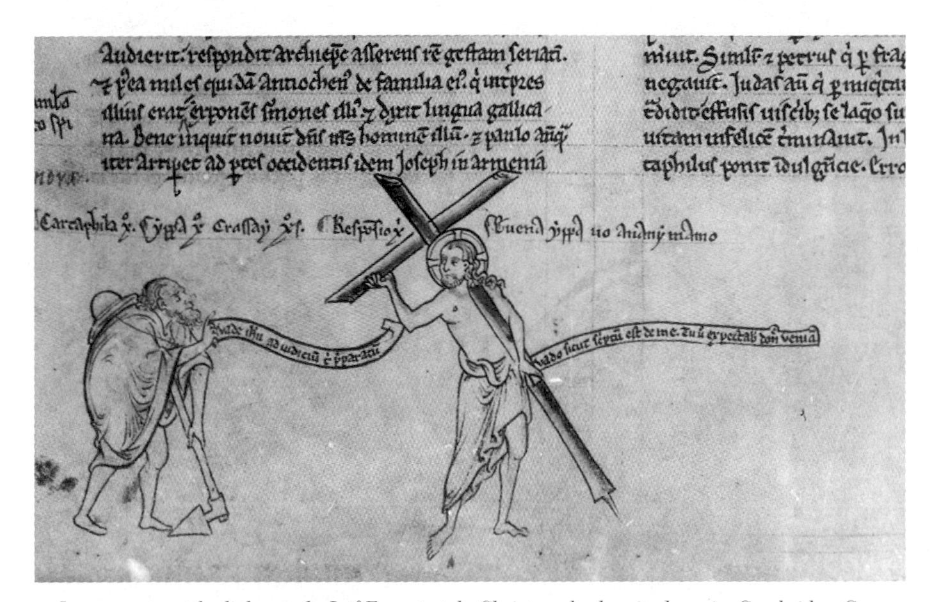

18 La rencontre et le dialogue du Juif Errant et du Christ sur le chemin de croix. Cambridge, Corpus Christi College 16, f° 70 v°.

19 En haut, à gauche, rencontre et dialogue de Cartaphilus et du Christ portant la croix. Londres, British Library, Ms. 49 999, f° 43 v°, et détail (médaillon supérieur gauche) du folio.

20 La prédiction du futur : l'observation des oiseaux. *Décret* de Gratien, IIa Pars, Causa XXVI. Berlin, Staatsbibliothek Preussischer Kulturbesitz, Ms. Lat., f° 249.

21 Jonas découvre que sa prophétie ne s'est pas réalisée. Psautier anglais du XIIIe siècle. Munich, Bayerische Staatsbibliothek, CLM 835, f° 111 v°.

Crédits photographiques :

1, 1 bis : Institut Amatller d'Art Hispanic, Barcelone. 2 : Zodiaque. 3 : Bildarchiv, ÖNB, Vienne. 4 : St. John's College, Cambridge. 5, 6, 17 : Bodleian Library, Université d'Oxford. 7 à 13, 15, 16 : BNF, Paris. 14 : Rheinisches Bildarchiv, Cologne. 18 : Conway Library, Courtauld Institute of Art, Londres. 19 : British Library Londres. 20 : Staatsbibliothek, Berlin. 21 : Bayerische Staatsbibliothek, Munich.

imposuit »)[1]. Par ce geste, le diable prend réellement un masque et révèle sa vraie nature qui, tout entière, réside dans sa faculté de transformation apparente. En se masquant avec ostentation, le diable, pourrait-on dire, s'est démasqué *(« et fraudem suam et causam ejus omnibus verbo et facto patefacit »).* Alors même qu'il reprend le masque de la vieille femme brûlée au visage, il révèle le mécanisme de la mascarade diabolique, qui veut que sous les apparences de l'autre le diable affiche son vrai visage. Le diable n'a d'autre masque que de lui-même et, en ce sens, il n'est pas vraiment masqué : comme le roi dans certaines sociétés « primitives », il *est* le masque, il ne porte pas de masque. Ainsi l'iconographie du bas Moyen Âge le représente-t-elle souvent exhibant sur le bas-ventre et le postérieur les répliques fidèles de son visage[2]. Mais ces visages multipliés ne sont pas des masques que porterait le diable : ils *sont* son ventre, son derrière, ses articulations, comme le rappel délirant de ce qu'il est, le Masque par excellence.

À l'inverse, l'homme peut prendre le masque du diable. Bien mieux, pour l'Église tout masque est diabolique, parfois dans son apparence et toujours dans sa signification. C'est à ce titre que la métaphore diabolique du masque est efficace : elle fonde la condamnation des mascarades du folklore et aussi des fards des femmes, comparés aux masques ou « artifices » des jongleurs. Ainsi Étienne de Bourbon prêchait-il « *contra illas que, cum sint vetule, quasi ydola se pingunt et ornant, ut videantur esse* larvatae *ad similitudinem illorum joculatorum qui ferunt facies depictas que dicuntur* "artificia" *gallice, cum quibus ludunt et homines deludunt*[3] ». Dans ce texte concis, on reconnaît,

1. On peut noter que le mot *pellicula* est déjà utilisé par la Vulgate (Genèse, XXVII, 15-16) à propos des peaux de chevreaux dont se couvre Jacob pour ressembler à Ésaü (cf. *supra*, p. 215, n. 2).

2. Barbara OBRIST, « Les deux visages du diable », in *Diable et diableries. La représentation du diable dans la gravure des XVe et XVIe siècles*, Genève, cabinet des Estampes, 1977, pp. 19-29.

3. Albert LECOY DE LA MARCHE, *op. cit.*, n° 279, p. 231. Tout le *titulus* sur les ornements féminins mériterait un commentaire serré. Le rapport des ornements féminins et du masque nommé « charité » est confirmé au XVIe siècle par Rabelais dans ce texte étonnant : « Le cahuet de leurs scaputions estoit devant attaché, non derrière ; en ceste façon avoient le visage caché et se moquoient en

outre le vocabulaire habituel du masque comme « similitude », le rapport entre les vieilles femmes et les masques, que les vieilles prêtent leurs traits au masque ou qu'elles-mêmes se « masquent » en se fardant : comme le texte précédemment cité l'a explicité, les vieilles s'opposent aux femmes jeunes encore soumises aux rythmes biologiques de leur corps et capables d'enfanter. Le masque de vieille apparaît comme une image de mort (la vieille n'est plus capable de donner la vie, pis encore la vieille sorcière tue les enfants). Sur ce donné folklorique, la culture cléricale établit son interprétation de la mascarade, qui est *jeu* et tout en même temps *tromperie*. Le diable, le Masque par excellence, est aussi le Trompeur.

Mais la tromperie des masques, comme celle du diable, permettait à l'Église, en la dénonçant, de manifester la vérité. De même que la démonologie était une part essentielle de la théologie, le masque avait sa *nécessité* dans les représentations de l'Église : les condamnations ecclésiastiques, répétées pendant dix siècles en des termes presque immuables, n'ont jamais fait disparaître les masques ; sous les apparences de la persécution, étaient-elles autre chose qu'un rappel incantatoire des figures du péché, dont la répétition n'était pas sans rapport avec le retour périodique des mascarades du folklore ? Mieux encore que les documents écrits, les images permettent d'apprécier la place exacte du masque dans les représentations du temps.

DES IMAGES DE MASQUES

Sans prétendre à l'exhaustivité, je voudrais présenter quelques images de masques susceptibles de mieux faire comprendre la place des masques dans la culture médiévale.

---

liberté tant de fortune comme des fortunez ne plus, ne moins que font nos damoiselles quant c'est qu'ils ont leur *cachelaid* que vous nommez *tourer de nez*. Les anciens le nomment *chareté* parce qu'il couvre en elles de perchez grande multitude » (RABELAIS, V, 26, éd. de 1544, cité par F. GODEFROY, *Dictionnaire de l'ancienne langue française, IXe-XVe siècle*, Paris, 1889, s.v. *Charité*).

La première *(ill. 4)* figure au premier folio d'un psautier du second quart du XIIe siècle, peut-être originaire de Reims[1]. Cette enluminure présente, dans deux compartiments superposés, en haut David assis sur son trône et jouant de la lyre, entouré de ses musiciens et, en bas, un homme entièrement recouvert de la peau et de la tête d'un ours, debout, frappant sur un tambour suspendu à son cou. Il est entouré de deux musiciens et de plusieurs danseurs. La disposition d'un compartiment au-dessus de l'autre et le fait que le premier ait une superficie légèrement plus grande que le second introduisent une hiérarchie entre les deux. Entre eux il n'y a pas pourtant de véritable opposition : mis à part le roi et l'ours, les personnages ont même apparence, le joueur de cor du compartiment supérieur est à peu près identique à son homologue du compartiment inférieur, et le joueur de viole qui figure dans ce dernier pourrait être présent aux côtés de David. Les caractères d'opposition concernent plutôt les gestes et les sons : aux jambes parallèles, à peine fléchies des musiciens du haut s'opposent les jambes croisées d'un des danseurs du bas et surtout les culbutes de deux autres ; au rythme cadencé insufflé au petit orgue par les soufflets, au registre hiérarchisé des sons produits par les clochettes et la flûte s'oppose la percussion, rythmée elle aussi, mais sans nuance, du tambour de l'ours. Naturellement, le contraste entre les deux personnages principaux est le plus fort : le roi est assis, sans masque, la ligne inférieure de sa robe et du petit tapis sur lequel reposent ses pieds contredit celle de la gueule énorme de l'ours ; les bras de celui-ci naissent au niveau des oreilles, donnant l'impression que la tête et la poitrine ne font qu'un.

Il n'en reste pas moins que ce masque est au second compartiment ce que David est au premier, comme s'il était le *double*

1. Cambridge, St. John's College, Ms. B 18, f° 1, Psautier triplex, second quart du XIIe siècle, provenant peut-être de Reims. Miniature reproduite dans Hans SWARZENSKI, *Monuments of Romanesque Art. The Art of Church Treasures in North-Western Europe*, Londres, s.d., pl. 126, fig. 288. Erwin PANOFSKY, dans *La Renaissance et ses avant-courriers dans l'art d'Occident*, Paris, Flammarion, 1976, p. 118, n° 104, a confirmé qu'il s'agit non d'un ours frappant un tambour, mais d'un homme déguisé en ours. (Je sais gré à Jean-Claude Bonne de m'avoir indiqué cette miniature.)

bestial du roi musicien. Les condamnations ecclésiastiques du masque n'ont pas fait échec à cette représentation ambivalente d'un masque d'ours, retenu au registre inférieur et pourtant doté, dans la structure de l'image, d'une place analogue à celle de David[1].

En revanche, la « marginalisation » de certaines représentations de masques dans les enluminures postérieures est peut-être le signe d'un refus de cette ambivalence et d'une efficacité croissante des condamnations ecclésiastiques du masque. Il faut aussi remarquer que les représentations de masques ne sont relativement nombreuses que dans les manuscrits d'œuvre littéraires en langue vulgaire, justement accueillantes aux motifs folkloriques. Dans les marges d'un manuscrit flamand du XIVe siècle du *Roman d'Alexandre (ill. 5)* cinq hommes se donnant la main ont les épaules recouvertes d'un capuchon surmonté de têtes d'animaux : lièvre, singe, bouc, bovidé, rapace[2]. Le texte en français décrit une grande fête, les danses et les chants. Le personnage qui mène la danse est identifié : c'est Elyos, le visage recouvert d'un masque *(paraument)* d'aigle. Chaque personnage masqué porte ses armoiries sur la poitrine, ce qui montre bien que le masque ne vise pas à préserver un incognito. Dessinées sur l'autre moitié de la marge, six jeunes filles font face aux jeunes gens masqués : seuls les hommes se masquent. Dans la marge d'un autre folio du même manuscrit *(ill. 6)*, les couples se sont formés : les hommes masqués (en

1. Cette représentation n'a pas de correspondant scripturaire exact. Pourtant, dans I Samuel, XVII, 34-37, David, au style direct, parle des ours : comparant Goliath, qu'il va affronter, aux lions et aux ours qui menaçaient les troupeaux dont il avait la charge, il dit qu'il saurait l'abattre comme il abattait les bêtes fauves. Mais un autre texte doit être aussi évoqué : en I Samuel, XXVII, 14, David, obligé de fuir à cause de la jalousie de Saül et de se dissimuler, « fait l'insensé devant les Philistins et simula la démesure entre leurs mains ; il tambourinait sur les battants de la porte et laissait sa salive couler sur sa barbe ». Ce David fou au tambour n'est pas sans rappeler l'ours de la miniature. Or, en Carnaval, fou et ours ont des rôles analogues : cet ours n'est-il pas le double du roi, le fou ou la bête qui est en chaque homme ?

2. Oxford, Bodleian Library, Ms. 264, f° 21 v°. *Roman d'Alexandre*, enluminé par Jean de Guise, Bruges, 1339-1344. Image reproduite dans Lilian M.C. RANDALL, *Images in the Margins of Gothic Manuscripts*, Berkeley et Los Angeles, University of California Press, 1966, n° 445.

cerf, lièvre, sanglier) tiennent deux femmes par la main, et un musicien les fait danser. Mais, prolongeant la bordure du manuscrit, un moine plus grand que les danseurs domine la scène et semble vouloir repousser les contrevenants de la main droite ; de la gauche, il paraît même les menacer en brandissant des verges. Un manuscrit français de l'*Estoire de Merlin* par Robert de Borron comporte trois représentations de masques : la première *(ill. 7)*, en pleine page, est la première miniature de l'*Estoire*[1]. Dans le compartiment du haut, une troupe de démons fait face à un groupe d'hommes reconnaissables à leurs pieds humains (par opposition aux pattes crochues des diables) et portant des masques, notamment de bélier et d'ours. Dans le compartiment du bas, un démon succube couche avec la mère de Merlin, lequel naîtra de cette union avec les traits d'un homme sauvage. Les masques du compartiment supérieur représentent sans doute la bande de garçons (« tropel de garchons ») que le diable avait introduite chez la nièce de Merlin et chez sa sœur[2]. L'action de ces groupes de garçons masqués (ce détail, toutefois, n'apparaît pas dans le texte) prompts à toutes sortes d'exactions, est une composante essentielle du folklore des jeunes jusqu'à une date récente[3].

1. Paris, Bibliothèque nationale de France, Ms. fr. 95, f° 113 v°, XIIIe siècle. *L'Estoire de Merlin* (ffos 113-1355) suit dans le manuscrit *L'Estoire del Saint Graal* (ffos 1-113), du même auteur.

2. Pour ce récit, voir *Merlin en prose du XIIIe siècle, publié avec la mise en prose du poème de Merlin de Robert de Boron*, par G. PARIS et J. ULRICH, Paris, 1886, I, p. 12.

3. Étienne de Bourbon parle de certains « ribauds » qui *« transfiguraverunt se in similitudinem mulierum, earum assumpto habitu »* dans une paroisse du diocèse de Besançon ; dansant avec des torches, ils pénètrent dans la maison d'un riche paysan en chantant « Un de donné, cent de rendu » *(unum accipe, centum redde)*, pour faire croire au paysan qu'ils étaient les « bonnes choses » *(bonae res)*, qui apportent l'abondance en échange d'un petit présent (croyance à Diana ou Dame Abonde) : ainsi pillèrent-ils toute la maison ! (A. LECOY DE LA MARCHE, *op. cit.*, n° 369, pp. 324-325). Sur la violence juvénile et son aspect rituel au Moyen Âge, voir Jacques ROSSIAUD, « Prostitution, jeunesse et société dans les villes du Sud-Est au XVe siècle », *Annales. E.S.C.*, 1976, 2, pp. 289-330, et Jacques CHIFFOLEAU, « La violence au quotidien. Avignon au XIVe siècle d'après les registres de la Cour temporelle », *Mélanges de l'École française de Rome aux Temps modernes*, 92, 1980, 2, pp. 325-371. Pour l'ethnologie contemporaine du Midi languedocien, voir Daniel FABRE et Charles CAMBEROQUE, *La Fête en Languedoc. Regards sur le carnaval aujourd'hui*, Toulouse, Privat, 1990 (2e éd.).

Les autres images de masques de ce manuscrit se trouvent dans les marges et elles n'ont pas de rapport direct avec le texte de l'*Estoire*. L'une, qui se confond avec le décor du folio *(ill. 8)*, montre un individu menaçant de ses deux épées un homme nu tenant par les cornes son masque de diable[1]. Une autre image marginale *(ill. 9)* représente un joueur de cornemuse suivi par un homme portant un masque de cerf[2]. Un trou laisse voir le visage de l'homme masqué, ce qui montre bien que la fonction de dissimulation n'a aucune place dans la signification de ce masque ; celui-ci fait plutôt écho aux aventures mêmes de Merlin, qui, montant sur le dos d'un cerf, arracha les bois de l'animal pour les jeter à la tête de son rival et le tuer. Ce masque de cerf évoque-t-il Merlin ou son rival malheureux[3] ?

Les images les plus saisissantes de masques médiévaux se trouvent dans les miniatures accompagnant l'interpolation, due à Chaillou de Pestain, du *Roman de Fauvel* de Gervais du Bus, au début du XIVe siècle[4]. Le nom du héros, Fauvel, construit à partir de Faux et Vel (le voile), évoque la tromperie et la dissimulation ; il est aussi composé des initiales de *flatterie, avarice, vilenie, vanité, envie, lâcheté*. La première miniature *(ill. 10)* le représente avec un masque de cheval au moment où

1. B.N.F., Ms. fr. 95, f° 199 v°.

2. B.N.F., Ms. fr. 95, f° 261 v°. Reproduit dans L.M.C. RANDALL, *op. cit.*, n° 446.

3. Sur cet épisode de la *Vita Merlini* de Geoffroy de Monmouth, voir R. BERNHEIMER, *Wild Men in the Middle Ages, op. cit.*, p. 166, et, pour sa signification calendaire, Claude GAIGNEBET, *Le Carnaval. Essais de mythologie populaire*, Paris, Payot, 1974, pp. 135-136.

4. Paris, B.N.F., Ms. fr. 146, ffos 34, 34 v° et 36 v°. Premier tiers du XIVe siècle. Édition du texte : *Le Roman de Fauvel* par Gervais du Bus, éd. de Messire Chaillou de Pestain (reproduction en fac-similé du manuscrit complet, Paris, B.N.F., Ms. fr. 146), introduction d'Edward H. Roesner, François Avril et Nancy Freeman Regalado, New York, Broude Brothers, 1990. L'étude du charivari de Fauvel par P. FORTIER-BEAULIEU (« Le Charivari dans le Roman de FAUVEL », *Revue de folklore français et de folklore colonial*, 11, 1940, pp. 1-19) est à tous égards très limitée. Plusieurs des participants au colloque *Le Charivari* (éd. Jacques LE GOFF et Jean-Claude SCHMITT, Paris, La Haye et New York, Mouton et E.H.E.S.S., 1981) citent ce document essentiel, mais aucun ne lui a consacré une recherche en propre. Voir désormais M. Henri REY-FLAUD, *Le Charivari. Les rituels fondamentaux de la sexualité*, Paris, Payot, 1985.

il va rejoindre au lit Vaine Gloire, qu'il vient d'épouser, faute d'avoir pu s'unir à Fortune. Mais Fauvel s'est marié « à la main senestre » : sans ban de mariage et sans prêtre pour bénir l'union et le lit nuptial. La sanction de son concubinage est un « charivari » d'une extrême violence, que le texte décrit longuement (vers 679-770) et que quatre miniatures représentent.

Le texte évoque d'abord les circonstances dans lesquelles se déchaîne le charivari (vv. 679-696). Suit (vv. 697-719) une description, souvent allusive, des déguisements *(garnemens, paremens)* où il est question de déguisements en moines, d'inversion vestimentaire (« li uns ont ce devant derrière Vestuz et mis leur garnemens »), de teinture (« tant estoient tains et deffais »). Le texte s'attache surtout à décrire les instruments de cuisine (poêles, pots, maillets, crochets, etc.) servant à la « paramusique[1] » du charivari. Notons les cloches de vaches attachées aux cuisses et aux fesses des participants. D'autres personnages poussent et tirent (vv. 720-732) un chariot (« un engin de roes de charetes ») portant des roues qui, en tournant, heurtent six barres de fer et provoquent un épouvantable bruit de tonnerre. Vient ensuite la description d'une « crierie » (vv. 733-746) où l'un « montre son cul au vent », où d'autres brisent portes et fenêtres, jettent du sel dans un puits et des excréments *(le bren)* aux visages. Les personnages sont « sauvages » et leurs têtes sont « barboeres ». Ils *portent* deux bières pleines de gens :

> Avec eus portoient deus bieres
> Ou il avoit gent trop avable
> Pour chanter la chançon au deable.
> L'un crie corbeilles et venz
> L'autre de quel part vient li venz

On peut admettre que les gens « par trop capables » de chanter la chanson du diable sont des morts et même des damnés. Car vient la description d'un géant à cheval et vêtu de drap (vv. 747-758) dont la vue évoque à l'auteur Hellequin et sa mesnie, c'est-à-dire la troupe fantomatique des revenants :

1. Selon l'expression des ethnomusicologues : voir la communication de Claudie MARCEL-DUBOIS au colloque *Le Charivari, op. cit.*

Je croi que c'estoit Hellequin
Et tuit li autre sa mesnie
Qui le suivent toute enragie

Dans les derniers vers (vv. 759-779), l'auteur apprécie la perfection du charivari (« Par deguisez, par diz, par faiz »), ce qui n'empêcha pas Fauvel, bien au contraire, d'« honorer » sa dame.

Les miniatures représentent ces masques et ces déguisements. Les deux plus grandes *(ill. 10 et 11)* comprennent chacune trois compartiments superposés bordés sur les côtés droit et gauche par un cadre qui figure une construction ecclésiastique (au moins dans le premier cas) percée de fenêtres. Le même cadre se retrouve dans les autres miniatures du manuscrit où un spectacle, en particulier un tournoi, est représenté. Des personnages, sans doute clercs dans le premier cas, alternativement féminins et masculins dans le second, regardent le charivari à travers ces fenêtres qui les en séparent très nettement. L'*illustration 11* montre dans son premier registre Fauvel rejoignant son épouse dans son lit. Les deux autres compartiments sont l'illustration parfaite du charivari, de ses instruments et de ses travestissements : masques animaux (lions ? ours ? singes ?), quelques visages peints en blanc, face hirsute (« barboeres »), corps poilus (sauvages), masque de profil au nez crochu. On remarque aussi bien un travestissement en femme que des déguisements en moines. La troupe ne paraît pas avancer, mais plutôt sauter sur place ou hésiter entre des mouvements contradictoires.

Les trois compartiments de l'*illustration 12* présentent au contraire un cortège qui se déplace de la gauche vers la droite. Aux masques déjà cités s'ajoutent un masque cornu de diable ou de bovidé, une aile d'oiseau portée sur la tête par un personnage barbu et deux personnages recouverts d'une sorte de linceul. Le plus remarquable est la présence de petits personnages, tête nue et bouclée — des enfants vraisemblablement — portés dans une hotte (premier compartiment), une petite charrette (deuxième compartiment), une corbeille (troisième compartiment). Dans ce dernier cas, le petit personnage accroupi et nu montre son postérieur à l'homme barbu qui est derrière lui et qui fait un geste équivoque. Devant la corbeille, un autre personnage, chauve et courbé, montre lui aussi son postérieur dénudé. Un autre encore chauve et nu est porté dans une brouette par une sorte de moine noir.

L'*illustration 12* montre l'« engin de roes de charetes » tel qu'il est décrit dans le texte. Mais du chariot émerge un groupe de têtes coiffées, non masquées, que le texte n'évoque pas. Le grand personnage qui porte sur la tête deux ailes d'oiseau curieusement tournées vers l'avant se retrouve à cheval dans le deuxième compartiment : c'est lui qui doit évoquer Hellequin à l'auteur. Enfin sont représentées les deux bières, portées par quatre personnages masqués *(ill. 13)* : les morts (dont en haut au centre une tête de mort noire de peau et aux dents saillantes) y sont disposés d'une manière que le texte ne précisait pas : dans chacune, trois têtes coiffées, dont une d'homme, apparaissent, sous trois petits arcs festonnés qui évoquent une architecture religieuse ou, mieux, un triple reliquaire. L'inversion du charivari culminerait-elle ici dans la parodie du culte des saints[1] ?

Ces gestes, ces masques, ces déguisements ont-ils une unité symbolique, forment-ils système ? D'après le texte, il s'agit d'un charivari sanctionnant une union illicite, et l'on retrouve en effet, tant dans le texte que dans les images, un témoignage précis, exact — le premier du genre — sur le charivari européen. Mais poser la question de l'unité symbolique de tels comportements folkloriques, c'est d'abord se demander dans quel contexte calendaire ils s'inscrivent. La seule mention temporelle explicite du texte situe ce charivari au mois de mai : le « Lai des Hellequines », qui suit la description du charivari, encourage en effet Fauvel dans ses ébats amoureux : « En ce dous temps d'esté, tout droit ou mois de may... »

Le masque de cheval de Fauvel est peut-être à mettre en relation avec la symbolique de ce moment du cycle de l'année[2]. Or les amours de Fauvel et de Vaine Gloire furent très fécondes :

1. La disposition de ces têtes n'est pas sans évoquer aussi un châtelet de marionnettes, ou un présentoir de masques, si fréquent dans les illustrations médiévales de Térence (cf. nombreuses illustrations dans Christoph de BERGER, *op. cit.*). Mais le texte est explicite : il s'agit bien de morts rassemblés dans « deux bières ».

2. Voir Cl. GAIGNEBET, *Le Carnaval, op. cit.*

Par tout ha ja Fauveaus nouveaus
Qui sont trop pires que louveaus
Tant est son lignage creü
Qu'onques si grant ne fu veü.

Se situant au mois de mai, cette union était d'autant plus folle qu'elle promettait de faire naître tous ces « Fauveaus » neuf mois plus tard en plein Carnaval. L'union de Fauvel et de Vaine Gloire transgressait — sans que cela soit dit clairement — l'« interdit » des mariages au mois de mai[1].

Or, à y regarder de plus près, la symbolique du charivari de Fauvel n'établit-elle pas une relation étroite entre mai et Carnaval ? Plusieurs des traits de ce charivari semblent en effet relever de cette période calendaire. Ainsi l'insistance à parler du vent (« Lo un montret son cul au vent... » « L'un crie corbeilles et venz / L'autre de quel part vient li venz ») se rattache directement à ce symbolisme carnavalesque : le vent est une métaphore, ici explicite, du pet, évoqué plus précisément encore par les « sottes chansons » obscènes notées plus loin dans le manuscrit. Les personnages qui dénudent et montrent leur postérieur ont aussi la tête nue, à l'inverse de ceux tout habillés, qui portent le capuchon de moine ou cuculle. Suivons ici Claude Gaignebet dans son interprétation du carnaval comme point culminant de la « bataille des vents », où le pet (de l'ours, de l'homme sauvage) libère, au début de février, les souffles qui sont les âmes des morts ; la libération brutale ou le contrôle de ces souffles s'effectue aussi bien par le bas que par le haut : la cuculle, qui évoque aussi le chant du coucou, la crête du coq et, par extension, le coqueluchon du fou de carnaval (et l'on se souvient ici de deux noms médiévaux du masque : « fol visage », « sot visage »), sont une entrave à l'échange des souffles (le coqueluchon du fou protège de la coqueluche), que permet au contraire la posture obscène des personnages nus. Dans cette interprétation carnavalesque prennent sens plusieurs des détails des miniatures : les ailes d'oiseaux portées sur la tête

1. Sur ce sujet, Nicole BELMONT, « Le joli mois de mai », *L'Histoire*, I, 1978, pp. 16-25.

ne seraient-elles pas des ailes de coq ? Le chariot qui, dans les seules miniatures, est plein de gens, ne serait-il pas une « nef des fous », telle que celles qu'évoquent déjà les premières descriptions du carnaval ? À plus forte raison se justifie ainsi la présence de « sauvages », de masques animaux (dont certains sont certainement des ours) et d'un masque cornu (allusion au cocu)[1].

Mais ce charivari a une autre dimension encore : celle de la mesnie Hellequin. « Je crois que c'était Hellequin... » dit l'auteur. La force du charivari, le vacarme insoutenable le font douter : voit-il la troupe des morts ou un simple charivari ? Les miniatures, plus encore que le texte, me paraissent traduire cette ambiguïté ou mieux cette ambivalence ; elles ne sont ni la représentation d'un charivari ni celle de la mesnie Hellequin, mais elles montrent à la fois l'un et l'autre, l'un à travers l'autre. Là où le texte est soumis à l'ordre syntagmatique du discours, qui sépare, autour du verbe « je crois », ce qui suscite la croyance (le rituel) et l'objet de la croyance (la troupe des morts), l'image donne à voir d'un coup et le spectacle et ce qu'il évoque : une apparition. Cette possibilité qu'a l'image de les manifester ensemble et au même instant est à la mesure d'une, au moins, de ses fonctions dans ce manuscrit : l'image est ici chargée plus que n'aurait pu le faire le texte seul, de traduire l'ambivalence du rituel des masques et de la croyance. Quand défilent les masques, ne voyons-nous pas une troupe de démons et de morts ? Et pourtant ce ne sont que des masques...

1. L'allusion à saint Quinaut dans un juron « par saint Quinaut » (vers 754) fournit-elle une indication calendaire ? Ce saint n'appartient pas au calendrier ecclésiastique. Mais son nom n'est pas indifférent : il vient de *quine* (nom féminin) qui signifie 1) le singe, 2) le membre viril (diminutif quinette) (F. GODEFROY, *Dictionnaire de l'ancienne langue française, IXe-XVe siècle,* Paris, 1889, s.v. *Quine*). Nom carnavalesque s'il en est, il confirme la relation entre Mai et Carnaval qui sous-tend, à mes yeux, la symbolique de la mascarade charivarique.

L'aile (de coq ?) est peut-être un indice du Mal représenté par ce personnage : dans le manuscrit contemporain des *Vie et martyre de saint Denis et de ses compagnons,* par YVES DE SAINT-DENIS (B.N.F., Ms. fr. 2090-2092, 1317), un des tortionnaires de saint Denis porte une aile identique sur la tempe. Cf. *Les Fastes du Gothique. Le siècle de Charles V,* Paris, Réunion des musées nationaux, 1981, 287, fig. 232.

LES MASQUES ET LES MORTS

Historiens, ethnologues, folkloristes s'accordent à dire que les fêtes calendaires de la fin de l'hiver « représentent » la sortie des morts et que, de même, les masques du charivari « représentent » les morts de la communauté, voire, parmi eux, le mort qui revient pour protester contre le remariage de son conjoint[1]. L'étymologie de *larva* et de *masca*, avec leur double sens de masque et de fantôme, est citée en renfort de cette interprétation (mais peut-être au mépris, comme on l'a noté, de l'histoire précise de ces mots) ; enfin, un document aussi ancien que le *Roman de Fauvel*, dont l'auteur « croit » voir la mesnie Hellequin au spectacle du charivari, confirme cette hypothèse.

Sans vouloir mettre en cause, bien au contraire, l'idée d'une relation entre les apparitions des morts et les mascarades, je voudrais seulement suggérer que leurs rapports ne sont pas de simple « représentation ».

Les récits d'apparitions des morts sont très abondants tout au long de l'histoire médiévale[2]. Sans analyser cette documentation dans le détail, il importe moins de remarquer que jamais les revenants ne sont appelés *larvae*, ce qui confirme qu'au Moyen Âge ce terme désignait presque exclusivement les

1. Voir, notamment, Leopold SCHMIDT, *Perchtenmasken in Österreich*, Vienne, Cologne et Graz, 1982 : *Perchten* dérive de *Berchtentag*, l'Épiphanie. Mais une autre dénomination des masques est *Scheme*, qui signifie ombre, fantôme, masque (*beschmieren*, « enduire, graisser, barbouiller », correspond au *masquiller* français du Moyen Âge : cf. p. 214, n. 2). Voir aussi J. GLOTZ (éd.), *Le Masque dans la tradition européenne*, Binche, 1975, *passim*, et Karl MEULI, *Schweizermasken*, Zurich, 1943. Pour cette interprétation du charivari, voir *Le Charivari, op. cit., passim*, en particulier la communication de Carlo Ginzburg.

2. Voir, sur différents moments de cette histoire, Jacques LE GOFF, *La Naissance du purgatoire*, Paris, Gallimard, 1981, pp. 241-246, et Jacques CHIFFOLEAU, *La Comptabilité de l'au-delà. Les hommes, la mort et la religion dans la région d'Avignon à la fin du Moyen Âge (vers 1320-vers 1480)*, Rome, École française de Rome, 1980, pp. 399-408, et, enfin Jean-Claude SCHMITT, *Les Revenants. Les vivants et les morts dans la société médiévale*, Paris, Gallimard, 1994.

masques. Les morts qui apparaissent sont désignés comme *mortui, homines, animae* et, plus souvent, pour préciser leur vraie nature, *imago mortui, similitudo hominis.* En effet, selon les formules augustiniennes dont l'influence fut, en ce domaine aussi, très importante[1], le revenant n'a ni âme ni corps, il n'est qu'une image de l'âme du défunt rendue visible sous l'apparence de son corps. Ce vocabulaire de l'apparition *(similitudo, imago,* parfois *figura, personna, forma)* est aussi, en partie, celui du masque, mais il ne se confond pas avec lui : il y manque les termes essentiels, beaucoup plus spécifiques, de *larva* et *masca* qui, tout à la fois, sont marqués négativement *(larvae daemonum)* et supposent une transformation de l'apparence ou, pour mieux dire, sa déformation : ils tirent le masque du côté de l'apparence démoniaque et bestiale ou de l'inversion sexuelle. Certes, on peut admettre que l'apparition est le masque visible de l'âme invisible et du corps disparu : le vocabulaire de l'apparition autorise ce rapprochement avec le masque. On peut se demander aussi dans quelle mesure les apparitions des morts, identiques aux vifs, n'ont pas tenu lieu au Moyen Âge de masques mortuaires *(imagines mortuorum),* alors que cette pratique de l'aristocratie romaine était tombée en désuétude pour ne réapparaître qu'aux XIVe-XVe siècles[2]. Mais, ces réserves faites, il ne fait aucun doute que le visage du revenant n'a jamais été conçu ni nommé comme un masque, ni même comparé à un masque. Pourquoi ? Parce que le revenant a un visage humain exactement conforme au vif. De cette reproduction fidèle des traits de vivant, l'apparition tire toute son efficacité puisque souvent le revenant s'adresse à des parents pour demander des prières : il faut donc que ceux-ci puissent reconnaître leur mort. Dans le *Roman de Richard-sans-Peur,* imprimé en 1532, mais à partir de traditions plus anciennes, le héros demande à

1. Notamment le *De Cura pro mortuis gerenda,* dans *P.L.* (40), col. 591-610, écrit vers 421-424 par saint Augustin à Paulin de Nole.

2. Sur cette « réapparition », voir Richard C. TREXLER, *Public Life in Renaissance Florence,* New York, Academic Press, pp. 61-62. Voir aussi Colette BEAUNE, « Mourir noblement à la fin du Moyen Âge », in *La Mort au Moyen Âge* (Colloque de la Société des historiens médiévistes de l'enseignement supérieur public), Strasbourg, 1977, p. 135.

Hellequin, qu'il a découvert à la tête de son armée fantastique au fond des forêts normandes, « comment ilz povoyent avoir telle figure trouvee laquelle il portoient, car il sembloient proprement qu'ilz fussent hommes tous vifz[1]... » Cette « figure » d'Hellequin est bien comme un masque puisqu'elle se « porte » et se « trouve », mais, en même temps, elle ne différencie en rien l'apparence du mort de celle du vivant, ce qui explique le trouble de Richard devant ce cavalier familier et pourtant autre : peu de documents anciens expriment aussi bien l'« inquiétante étrangeté » dont a parlé Freud[2]. Mais il est important de noter qu'Hellequin, dans ce roman, est un personnage positif : toutes les nuits, il s'envole à une vitesse prodigieuse jusqu'en Terre sainte où il combat les Sarrasins. À l'aube, il est de retour en Normandie. Étonnant, à cette époque tardive, le caractère positif d'Hellequin explique peut-être son apparence.

En effet, depuis le XIIIe siècle, au moins, deux facteurs poussaient à « masquer » les revenants, ceux, en tout cas, qui apparaissaient en troupe : d'une part la diabolisation de cette tradition par l'Église, d'autre part, et surtout, la mise en scène théâtrale ou la ritualisation folklorique de la mesnie Hellequin.

Dans les traditions narratives européennes, l'armée des morts est mentionnée à partir du XIe siècle. Son nom de mesnie Hellequin (ou des appellations semblables) lui est donné au siècle suivant. L'apparence des membres de cette troupe fantastique a sensiblement évolué au cours du temps. Vers 1140, dans sa longue relation de ces croyances, Orderic Vital cite parmi ces morts des moines et des clercs vêtus d'une cape ou d'un capuchon *(cappis induti, cucullis amicti)*[3]. Ces habits annoncent déjà les miniatures du *Roman de Fauvel*, mais ils ne sont encore que les attributs d'un état social qui se prolonge après la vie. Au début du XIIIe siècle, selon Hélinand de Froid-

1. D.J. CONLON (éd.), *Richard Sans Peur. Edited from « Le Roman de Richard » and from Filles Corrozet's Richart Sans Paour*, Chapel Hill, North Carolina (Studies in the Romance Languages and Literatures, 192), 1977, p. 76.

2. Sigmund FREUD, *Das Unheimliche* (1919), trad. fr. in *Essais de psychanalyse appliquée*, Paris, Gallimard, rééd. 1980, pp. 163-210.

3. ORDERIC VITAL, *Historia Ecclesiastica*, éd. Marjorie CHIBNALL, Oxford, Clarendon Press, 1973, IV, pp. 236-250.

mond († 1229), un clerc voit apparaître son serviteur mort peu avant en état de péché au cours d'un voyage. À la question de son maître, il précise qu'il n'appartient pas à la mesnie Hellequin. Mais il porte sa cape contre la pluie *(cappa indutus pluviali)*, une « belle cape » qui pèse sur ses épaules plus lourdement que « la tour de Parme » en raison des péchés qu'il a commis[1]. Un peu plus tard, Étienne de Bourbon n'hésite plus à parler de la mesnie Hellequin comme d'une troupe de démons. Ici le capuchon n'est plus la métaphore des péchés à expier, le signe de la vanité : « Ce capuchon me sied bien ! » disent les cavaliers diaboliques en se tournant les uns vers les autres avec coquetterie[2]. Tous ces textes évoquent certains des personnages du charivari de Fauvel, mais aucun, pas même le dernier, n'attribue à ces morts une face démoniaque ou bestiale comparable aux masques de ces miniatures.

Il n'en va plus de même quand on passe des récits aux « représentations » théâtrales ou rituelles de la mesnie Hellequin.

Dans le *Jeu de la Feuillée* d'Adam de la Halle, représenté sur scène à Arras vers 1276[3], la mesnie Hellequin ne monte pas tout entière sur scène, elle n'y est représentée que par l'envoyé d'Hellequin, qui porte un nom éloquent : Croquesos. Ce croquemitaine risible et masqué, dont l'arrivée est annoncée par un bruit de clochettes, exhibe une face barbue (il est dit « barbustin »). Au moment où il fait irruption sur scène, puis de nouveau à l'instant où il la quitte, il lance une question à laquelle il ne paraît pas attendre de réponse et qui a pour seule fonction de l'identifier comme membre de la mesnie Hellequin : « Me siét il bien li hurepiaus ? » Cette question est presque identique à la phrase citée par Étienne de Bourbon. Mais le « hurepiaus » n'est pas un simple capuchon. Le livre de

1. HÉLINAND DE FROIDMONT, *De Cognitione sui*, dans *P.L.* (212), col. 732-733.

2. A. LECOY DE LA MARCHE, *op. cit.*, n° 365, p. 322. Je n'ignore pas que le capuchon des membres de la mesnie Hellequin mériterait des commentaires autrement développés. Cf. notamment G. WIDENGREN, « Harlekintracht und Mönchskutte, Clownhut und Derwischmütze », *Orientalia Suecana*, II, fasc. 2/4, Uppsala, 1963, pp. 41-111.

3. ADAM LE BOSSU, trouvère artésien du XIIIe siècle, *Jeu de la Feuillée*, éd. E. LANGLOIS, Paris, 1963 (Classiques du français du Moyen Âge, 6), p. 25 et suiv.

conduite des *Mystères de la Passion* de Mons, en 1501, mentionne également la « compagnie infernale Hure » qui emboîte les pas du diable[1]. La « hure » est la tête du sanglier, et aussi la tête grimaçante du diable, appelée parfois « hure ». *Hurepiaus* désigne une face hérissée de poils, barbue et chevelue (l'adjectif « barbustin » est explicite). Croquesos demande l'avis des spectateurs sur son masque sauvage et démoniaque, réellement représenté au théâtre, sous des traits fort semblables, sans doute, à plusieurs des masques des illustrations du *Fauvel*. Un intérêt de ce rapprochement est de mieux faire comprendre ce qu'étaient les masques du théâtre médiéval — seuls de tels masques démoniaques y trouvaient place — et de montrer leurs relations avec les traditions folkloriques[2]. Du reste, du XIIIe au XVIe siècle, le chef de l'armée des morts, Hellequin, s'est peu à peu mué, au théâtre, en Arlequin, dont le plus ancien masque conservé remonte au XVIIe siècle. Dans le théâtre médiéval encore, la bouche de l'enfer, figurée par une gueule diabolique, est appelée la « hure », et le rideau qui la

1. H. FLASDIECK, « Harlekin. Germanischer Mythos in romanischer Wandlung », *Anglia*, 61, cahier 3/4, 1937, p. 246, et n° 1.

2. Sur les masques dans le « théâtre » médiéval, voir Paolo TOSCHI, *Le origine del teatro italiano*, Turin, 1955, chap. V ; Henri REY-FLAUD, *Le Cercle magique. Essai sur le théâtre en rond à la fin du Moyen Âge*, Paris, Gallimard, 1973, notamment les planches 1 à 3 : illustrations de Térence. Si les manuscrits enluminés, en particulier carolingiens, montrent un grand nombre de masques, qui gardent une facture très « antique » encore, je pense qu'il s'agit là, précisément, d'une tradition iconographique sans rapport véritable avec la pratique théâtrale contemporaine. Les Mystères, sur lesquels nous sommes renseignés à partir du XIIe siècle, semblent bien réserver l'usage des masques aux personnages diaboliques. À la fin du XIIIe siècle, Guillaume de Waddington dénonce le port de masques dans les miracles :

> Une autre folie apert
> Unt les fois clers cuntrové
> Que miracles sont apelé
> Ja unt leur face déguisé
> Par viseres li maturé

(cité par E. K. CHAMBERS, *The Mediaeval Stage*, Oxford, Clarendon Press, II, pp. 100-101). Guillaume de Waddington s'appuyait sur une prohibition d'Innocent III (1207) condamnant les *ludi theatrales* dans les églises et les *monstra larvarum* qui y sont introduits *ad ludibriorum spectacula* : *P.L.* (215), col. 1070.

ferme est la « chape d'Hellequin ». Jusqu'à nos jours le « manteau d'Arlequin » est le rideau qui encadre la scène d'un théâtre[1].

Ainsi s'explique mieux aussi la différence qui apparaît dans les miniatures du *Fauvel* entre deux types de morts, qui tous, pourtant, forment la mesnie Hellequin (« Et tuit li autres sa mesnie », dit le texte) : d'une part, les personnages passifs, âmes damnées, figurées comme des vivants ordinaires, et relevant peut-être plus de la croyance et des récits relatifs à la mesnie Hellequin que du rituel effectif du charivari ; et, d'autre part, les personnages actifs et démoniaques, dont les masques sont les produits à la fois de la diabolisation de ces traditions et des nécessités du rituel.

Les masques, dit-on, « représentent » les morts, mais que reste-t-il, au terme de cette enquête, de cette affirmation ? Le paradoxe est que cette représentation est partagée entre, d'une part, une figuration des revenants comme des hommes vivants, dont le visage ordinaire est exempt de toute trace de masque : une image fidèle à celle, traditionnelle, des âmes du paradis ou de l'enfer dépeints comme des vivants ; et, d'autre part, des masques de démons, de femmes et de bêtes. Rares sont — du moins avant l'éclosion du macabre — les représentations de têtes de mort (une seule est figurée, recouverte d'une peau noire).

La vérité est que ces masques ne « représentent » pas les morts qui reviennent, ni même peut-être les démons auxquels certains d'entre eux étaient plus ou moins identifiés, mais plutôt le fait qu'ils reviennent ou, mieux encore, la nécessité pour le travesti de jouer ce retour. Le revenant transgresse les limites du visible et de l'invisible, du monde des vivants et du monde des morts. L'homme qui, sur scène ou dans le charivari, joue ce rôle, transgresse lui aussi, en sens inverse pourrait-on dire, ces limites ; il ne peut le faire qu'en prenant la « figure » de toutes les transgressions, en abolissant dans son apparence les limites essentielles d'une anthropologie où il se définit en

1. Otto Driesen, *Der Ursprung des Harlekins. Ein kulturgeschichtliches Problem*, Berlin (Forschungen zur neueren Literaturgeschichte, XXV), 1904, p. 69, n° 1.

s'opposant aux démons, aux bêtes et aux femmes. Avant le bas Moyen Âge macabre, les morts gardent encore beau visage et la Mort reste le plus souvent au-delà de toute représentation[1], mais jouer les morts exige un masque terrible. Ce masque n'est jamais la réplique fidèle, identifiable avec certitude, de la face du diable, d'un animal ou d'une femme. Tous les traits se mêlent, insaisissables et d'autant plus inquiétants. Une constante existe pourtant : la gueule, la bouche étirée ouverte sur deux rangées de dents, image menaçante de *Mors* — morsure par excellence, ou phantasme de la femme dévorante. Ce n'est pas un hasard si les noms qui désignent le masque — *larva, masca, maschera, Maske* — sont toujours féminins (à l'exception de leur équivalent en français moderne) ; pareillement, la *vetula*-sorcière prête son visage à certains masques, et des vieilles femmes fardées ont dit qu'elles sont masquées *(larvatae)* ; quant à l'unique tête de mort de la quatrième miniature du *Fauvel*, elle porte une coiffe de femme. Dans la figure du masque se confondent l'expression du péril de la mort et celle de la puissance maléfique des femmes.

On ne prend pas impunément de tels masques. Jouer les morts, c'est aussi jouer avec les morts, risquer sa vie. J'en prends pour preuves les nombreux récits de mascarade dans les églises et les cimetières qui s'achèvent par la mort terrifiante des masques, frappés par le feu du ciel ou engloutis dans la terre qui s'ouvre sous leurs pas[2]. Rappelant aussi le « fol visage » du vieillard tournoyeur, il me semble que le heaume du chevalier qui, en lice ou sur le champ de bataille, joue avec la mort, est une manière de masque : au-delà de sa fonction de

1. La représentation allégorique de la mort caractérise la fin du Moyen Âge et la Renaissance. Cf. Alberto TENENTI, *La Vie et la Mort à travers l'art du XVe siècle*, Paris, Armand Colin, 1952, et Jean WIRTH, *La Jeune Fille et la Mort. Recherches sur les thèmes macabres dans l'art germanique de la Renaissance*, Genève, Droz, 1979. Toutefois, de telles représentations ne sont pas totalement absentes avant : voir, par exemple, la mort représentée sous la forme d'un cheval blanc (avec l'inscription *mors* près de la tête de celui-ci) dans le célèbre manuscrit du commentaire de l'Apocalypse par Beatus de Liebana, B.N.F., Ms. Lat. 8879, ff^os 108 v°-109 (Saint-Sever, XIe siècle).

2. Voir *supra* chapitre VII, « "Jeunes" et danse des chevaux de bois », pp. 153-182.

protection, le heaume, comme le masque, dissimule le visage du guerrier et, surtout, à l'instar des masques du folklore, il se couvre d'un cimier où s'accumulent plumes, fourrures, gueules et becs monstrueux[1]. Dans de riches armures des XVe-XVIe siècles, le heaume prend l'apparence d'une tête de lion ; dès le XIVe siècle, en Angleterre, la partie supérieure du heaume est appelée *visor*, ou *vizor*, *viser*, qui a le double sens de visière et de masque[2], et je note aussi, chez Froissart, le rapprochement de l'armure des chevaliers et des travestissements du charivari[3].

Les masques effraient parce qu'en exprimant l'altérité sans visage de la mort, ils risquent d'attirer celle-ci sur ceux qui les portent ou de la jeter sur ceux qu'ils fixent de leur regard vide. Et, pourtant, la mascarade est un jeu *(ludus)* qui provoque aussi les rires. Des rires divers, il est vrai : rictus figé chez les victimes du charivari, railleries menaçantes des jeunes gens masqués, dont les masques renvoient comme l'écho de la *cachinatio* réjouie des diables d'enfer. Dans les masques, les jeunes *(juvenes)* qui, ainsi, jouent les morts et avec la mort n'essaient-ils pas aussi de se rassurer en riant, voire — mais en vain, car la mort toujours est gagnante — de se jouer de la mort ?

1. Voir, notamment, Michel PASTOUREAU, *Traité d'héraldique*, Paris, Picard, 1979.

2. *The Oxford English Dictionary*, Oxford, Clarendon Press, 1933 (1961²), t. XII, s.v : « *Visor* », « *Vizor* ». Voir une occurrence de *viseres* au sens précis de masques, *supra* p. 234, n. 2.

3. Froissart compare des chevaliers à la bataille aux participants d'un charivari : « Les aucuns estoient armez de cuirs et les autres de haubergeons, tous enrouillez et sembloit proprement qu'ils deussent faire un caribary. » Mais il faut reconnaître que la comparaison ne concerne pas directement les heaumes et les masques.

III

Le sujet et ses rêves

X

LA « DÉCOUVERTE DE L'INDIVIDU » : UNE FICTION HISTORIOGRAPHIQUE ?

La définition médiévale du mot « fiction » est due à Isidore de Séville († 636). Dans un chapitre consacré à la *fabula*[1], il oppose les *res loquendo fictae* aux *res factae* : aux actions réelles que l'*historia* a pour mission de raconter s'opposent les fictions de la fable ou du mythe, définies comme des faits de langage, au mieux vraisemblables et parfois utiles, mais également trompeurs. Toute la tradition historiographique occidentale a vécu, jusqu'à aujourd'hui, sur l'opposition de l'histoire et de la fiction. Mais l'historien ne fait-il pas usage, lui aussi, de fictions qui sous-tendent ses interrogations et organisent son discours ? La geste de l'individualisme en marche vers son accomplissement, ponctuée de moments de « découverte de l'individu » coïncidant étrangement avec les grands « tournants » que le découpage universitaire du temps historique excelle à signaler, paraît un cas exemplaire de ces fictions : déjà l'individu « naît », « s'affirme » ou « se découvre » dans l'Antiquité ; mais tout semble recommencer au XIIe siècle, et encore à la Renaissance, et sous les Lumières, et au XIXe siècle... Nous n'allons pas analyser cette fiction à chacun de ses rebondissements, mais tenter de

1. ISIDORE de SÉVILLE, *Etymologiae*, I, 40.

Repris de « La "découverte de l'individu" : une fiction historiographique ? », *in* Paul MENGAL et Françoise PAROT (sous la direction de), *La Fabrique, la figure et la feinte. Fictions et statut des fictions en psychologie*, Paris, Vrin, 1989, pp. 213-236.

comprendre comment, depuis le siècle dernier, elle s'est cristallisée peu à peu sur l'un de ces moments privilégiés : le XIIe siècle occidental. En revenant ensuite aux documents historiques et en étudiant le vocabulaire de l'époque, nous voudrions essayer de reposer les problèmes en termes différents : en interrogeant les contradictions de la notion de personne, qui semble avoir offert au Moyen Âge le cadre conceptuel d'une tendance, sans cesse contrecarrée, à l'individuation.

Le mot « individualisme » est récent : son apparition en français daterait de 1829, et on la devrait à Lamennais. Il correspond à l'édification d'un ordre social nouveau après la révolution de 1789, qui a marqué la fin de la société d'ordres et du « corporatisme » : libéré de ses carcans, rendu autonome, l'individu pouvait enfin affirmer sa volonté d'entreprendre. Mais le mot, en France, a alors une connotation péjorative, soit par nostalgie de l'ordre ancien (Joseph le Maistre), soit en raison des injustices qu'engendre le nouvel ordre social (Saint-Simon), soit par crainte que l'individualisme ne conduise à l'égoïsme et à la perte de la démocratie (Tocqueville). En Allemagne, la notion d'*Individualität* acquiert au contraire, dans le romantisme, un sens vitaliste et positif ; si *Individualismus* s'impose en allemand sous l'influence du français à partir de 1840, il conserve cependant de la tradition allemande un accent positif, notamment chez Jakob Burckhardt[1]. Avec ce dernier, puis avec Otto von Gierke, s'élabore en premier lieu dans l'Allemagne de la fin du XIXe siècle la « fiction » historiographique de la « découverte de l'individu ».

L'INDIVIDU DANS LA SPHÈRE « THÉOLOGICO-POLITIQUE »

En 1860, *La Civilisation en Italie au temps de la Renaissance* présente une deuxième partie tout entière intitulée : « Déve-

1. Voir S. LUKES, « Types of individualism », *Dictionary of the History of Ideas*, II, 1973, pp. 594-604.

loppement de l'individu ». Les idées maîtresses, affirmées avec force, sont les suivantes :

1) Le Moyen Âge était caractérisé par une confusion des valeurs objectives et subjectives, qui ne laissait aucune possibilité d'émergence à l'individu :

> Au Moyen Âge les deux faces de la conscience, la face objective et la face subjective, étaient en quelque sorte voilées ; la vie intellectuelle ressemblait à un demi-rêve. Le voile qui enveloppait les esprits était un tissu de foi et de préjugés, d'ignorance et d'illusions ; il faisait apparaître le monde et l'histoire sous des couleurs bizarres ; quant à l'homme, il ne se connaissait que comme race, peuple, parti, corporation, famille, ou sous toute autre forme générale et collective. C'est l'Italie qui, la première, déchire ce voile et qui donne le signal de l'étude *objective* de l'État et de toutes les choses de ce monde ; mais à côté de cette manière de considérer les objets se développe l'aspect *subjectif*; l'homme devient *individu* spirituel, et il a conscience de ce nouvel état[1].

2) La naissance de l'individu et celle de l'État furent simultanées, celle-ci expliquant logiquement celle-là.

3) Le phénomène est essentiellement urbain : l'individu est né dans les villes cosmopolites et aux activités diversifiées de la Renaissance. C'est là aussi que s'impose la notion de « vie privée », corollaire de celle d'individu, et qu'illustre par exemple l'ouvrage d'Agnolo Pandolfini († 1446), *Trattato del governo della famiglia* (« Des affaires domestiques »).

4) La civilisation de la Renaissance exalte les individus accomplis — le prince, le poète, l'artiste — qui parfois ne font qu'un, tel Laurent le Magnifique. Si l'on se réfère aussi à l'œuvre de Michelet, on comprend à quel point l'individu de la Renaissance passe pour l'exact opposé du héros médiéval. Jeanne d'Arc n'est pas un « individu », mais l'incarna-

1. Jakob Burckhardt, *La Civilisation en Italie au temps de la Renaissance* [1860], Paris, Plon, 1885, pp. 161-164.

tion particulière du héros collectif qu'est le Peuple : « Il n'a pas d'ailes, ce pauvre ange, il est peuple, il est faible, il est nous, il est tout le monde[1] ». La relation établie par Burckhardt entre l'émergence de l'individu et la genèse de l'État moderne joue un rôle important dans l'orientation de l'historiographie, comme en témoigne l'œuvre postérieure d'Otto von Gierke.

Paru en 1891, *Deutsches Genossenschaftsrecht* a été partiellement traduit en anglais — avec une présentation du grand F.W. Maitland —, puis en français en 1914 sous le titre peu fidèle *Les Théories politiques au Moyen Âge*[2]. Le raisonnement présente bien des analogies avec celui de Burckhardt, mais il s'inscrit dans une chronologie plus longue ; de même que la féodalité s'est dégagée du règne de la *Sippe* (le groupe de parenté) pour ensuite sombrer dans l'« anarchie féodale », de même, vers 1200, s'est imposé le corporatisme, bientôt miné par le développement concomitant de l'individualisme et de l'État. Avec ce schéma, Gierke a assuré à son œuvre une double postérité : une bonne part de l'histoire des théories « théologico-politiques », y compris les travaux d'Ernst Kantorowicz sur le *corpus mysticum*[3], a pris racine dans son livre magistral. Par ailleurs — et cela seul nous intéresse ici —, l'opposition du corporatisme et de l'individualisme structure en grande partie, jusqu'à aujourd'hui, la réflexion historico-sociologique sur l'émergence de l'individu.

Représentant autorisé du néo-thomisme de Louvain, méfiant à l'égard du nazisme et farouchement hostile au matérialisme historique, Georges de Lagarde reprit à son compte en 1937 la problématique de l'individualisme et du corporatisme au

1. Jules MICHELET, *Histoire de France* (livres I-IV), préface de 1869, in *Œuvres complètes*, t. IV, éd. Paul VIALLANEIX, Paris, Flammarion, 1974, p. 2.

2. Otto VON GIERKE, *Les Théories politiques au Moyen Âge*, introd. par F.W. Maitland, trad. J. de Pange, Paris, Sirey, 1914.

3. Ernst H. KANTOROWICZ, *Les Deux Corps du Roi. Essai sur la théologie politique au Moyen Âge* [1957], trad. de l'anglais, Paris, Gallimard, 1989, chap. V, « La royauté fondée sur la *politia : corpus mysticum* », p. 145 sq., et les articles traduits en français dans *Mourir pour la patrie et autres textes*, présentation Pierre Legendre, Paris, P.U.F., 1984. Déjà chez O. VON GIERKE, *op. cit.*, p. 100 et suiv. : « L'humanité conçue comme Corps Mystique… ».

Moyen Âge[1]. Son idéal pour le présent : un associationnisme spiritualiste. Et sa question : le corporatisme médiéval offre-t-il un modèle pour le temps présent ? Non, répond-il, car il a fait philosophiquement faillite dès le XIVe siècle. Sans doute l'auteur observe-t-il des progrès du corporatisme doctrinal entre 1270 et 1500, comme le montrent la notion théologico-politique de « corps mystique », la conception tirée de la *Politique* d'Aristote d'une interdépendance étroite de l'individu, de la famille et de la cité ou, concrètement, le mouvement conciliaire lors du Grand Schisme et les institutions représentatives des « États ». Mais, en même temps, il observe que le corporatisme était miné de l'intérieur par le progrès de l'individualisme, qui avait une face doctrinale (le nominalisme de Guillaume d'Ockham), une face juridique (l'État n'est pas reconnu comme une *persona ficta*, seuls les individus peuvent être tenus pour responsables de leurs actes et châtiés pour cela : on peut exécuter ou excommunier un individu, pas un État) et, enfin, une face politique (Marsile de Padoue élabore la théorie de l'État territorial, où le roi unique, appuyé sur un corps de fonctionnaires dans lequel se fondent les clercs, régente un peuple de sujets atomisés). En naissant, l'absolutisme, notamment pontifical, a sonné le glas de corporatisme : Nicolas de Cues se rallie à Eugène IV et Enea Silvio Piccolomini devient pape sous le nom de Pie II[2].

Sensiblement plus récent (1966), l'ouvrage de Walter Ullmann[3] appartient encore au même courant historiographique. L'auteur y présente explicitement trois thèses.

1. Georges DE LAGARDE, « Individualisme et corporatisme au Moyen Âge », in *L'Organisation corporative du Moyen Âge à la fin de l'Ancien Régime* (Recueil de travaux d'histoire et de philosophie, 2e série, t. 44), Louvain, 1937, pp. 3-59.

2. Sur la problématique de l'individu chez les philosophes de la Renaissance, voir Ernst CASSIRER, *Individu et cosmos dans la philosophie de la Renaissance* [1927], trad. Pierre Quillet, suivi de Nicolas DE CUES, *De la pensée*, trad. Maurice de Gandillac, et C. DE BOVELLE, *Le Sage*, trad. Pierre Quillet, Paris, Éd. de Minuit, 1983.

3. Walter ULLMANN, *The Individual and the Society in the Middle Ages*, Baltimore, Johns Hopkins University Press, 1966.

a) La « thèse abstraite », qui exprime les conceptions fondamentales du christianisme : la société chrétienne absorbe l'individu ; selon le modèle paulinien organiciste, la société est comme un corps dont l'âme serait la Loi éternelle (car divine) et transcendante par rapport à l'individu. Mais, pour d'autres, le christianisme, par opposition à l'hellénisme et à la gnose, scelle au contraire l'affirmation du destin et du salut des individus :

> Chaque individu joue sa destinée en une seule fois, une fois pour toutes, dans le temps de la vie qui lui est présentement donnée et qui ne se répétera plus jamais. Plongé corps et âme dans le temps, il ressuscitera corps et âme à la fin du temps[1].

Les divergences d'interprétation montrent à l'évidence qu'il n'est pas possible de porter un jugement univoque sur les origines, la nature du christianisme et son rôle dans une histoire de l'individu. Pour notre part, nous chercherons moins à trancher l'alternative dans un sens ou dans l'autre qu'à prendre en compte cette tension que nous pensons constitutive du christianisme.

b) La « thèse pratique » met en lumière les facteurs de l'individualisme médiéval : l'égalitarisme des communautés paysannes et, à plus forte raison, des communes urbaines ; la relation bilatérale, de réciprocité, qu'instituait au moins partiellement l'hommage féodal[2] ; le fait qu'en Angleterre la *common law* soit devenu le droit public, appliqué par les *Inns of Court*, alors que le droit romain et le droit canon, expressions juridiques de la « thèse abstraite » anti-individualiste, étaient écartés. Ullmann repère ainsi des facteurs d'individualisme dans le système féodal

1. Henri-Charles PUECH, *En quête de la gnose*, I, *La Gnose et le temps et autres essais*, Paris, Gallimard, 1978, p. 13.

2. Voir H. BAYER, « Zur Soziologie des mittelalterlichen Individualiesierungsprozesses. Ein Beitrag zur einer wirklichkeitsbezogenen Geistesgeschichte », *Archiv für Kulturgeschichte*, LVIII, 1976, 1, pp. 115-153 (spécialement p. 121), et, en insistant pareillement sur la dialectique de l'égalité et de la hiérarchie dans le contrat féodo-vassalique, Jacques LE GOFF, « Le rituel symbolique de la vassalité » [1976], in *Pour un autre Moyen Âge. Temps, travail et culture en Occident : dix-huit essais*, Paris, Gallimard, 1977, pp. 349-420.

lui-même ; c'est au contraire à la faillite de ce système que ses prédécesseurs avaient lié l'émergence de l'individu. Ainsi remonte-t-il sensiblement dans le temps et situe-t-il le débat à une période, le Moyen Âge central, sur laquelle se portera ensuite toute l'attention des historiens.

c) La « thèse humaniste » précise en effet le rôle joué, à partir du XIIe siècle, par la théorie du droit naturel dans l'affirmation de l'individu. Au XIIIe siècle, Roger Bacon, à Oxford, contribue à mieux distinguer les puissances naturelles et surnaturelles. Au XIVe siècle, l'aristotélisme politique différencie le *fidelis*, sujet religieux qui s'accomplit dans la *devotio moderna*, et le *civis*, animal politique. Pour Ullmann, les droits du citoyen-individu sont nés dès le Moyen Âge de la fusion de trois facteurs : la réciprocité féodale, la pratique de la *common law*, la théorie du droit naturel. Avec Ullmann, le Moyen Âge émerge positivement dans l'histoire de la « naissance de l'individu ».

Hors du champ strict des études médiévales, l'influence des livres déjà mentionnés — ceux de Gierke et d'Ullmann — a été sensible dans la réflexion sociologique et théorique de Louis Dumont depuis 1960[1]. À ce dernier les ouvrages précédemment cités ont apporté, en contrepoint de son expérience d'indianiste, l'information nécessaire à un propos comparatiste. Pour l'auteur s'opposent deux « configurations idéologiques » : l'une, « holiste », où le seul individu possible est le renonçant, l'individu-hors-du-monde, qui méprise les valeurs du monde, comme c'est le cas dans l'Inde traditionnelle ; l'autre, « individualiste », qui rend possible l'individu-dans-le-monde et qui caractérise les sociétés occidentales modernes.

Mais il n'en fut pas toujours ainsi en Occident non plus. Comment celui-ci est-il passé du premier modèle au second ? Louis Dumont remonte, en premier lieu, aux fondements du christianisme (mais pour se distinguer de la « thèse abstraite » d'Ullmann) : le christianisme serait essentiellement individualiste, personnaliste, égalitariste ; mais l'individu, il est vrai, ne

1. Louis DUMONT, *Essais sur l'individualisme. Une perspective anthropologique sur l'idéologie moderne*, Paris, Éd. du Seuil, 1983.

peut s'y réaliser encore que dans sa relation à Dieu, non dans le monde, mais hors du monde.

Il souligne ensuite le rôle déterminant joué par l'Église ; au VIIIe siècle, la coupure entre Occident et Orient est devenue irréversible. La papauté latine a rejeté le modèle constantinien de sacralité impériale, pour affirmer son pouvoir sur un souverain plus proche et plus faible qui tiendra d'elle son caractère sacré. En élaborant un système politique fondé sur la distinction et même la hiérarchie du *sacerdotium* et du *regnum*, l'Église a accompli un pas décisif : elle est entrée dans le monde. Dès lors, tout change, pour l'individu aussi : c'est dans le monde qu'il pourra se réaliser.

Aux XIIIe-XIVe siècles, l'Église est bien ancrée sur terre ; elle donne aux activités mondaines leur légitimité ; « corps mystique » du Christ, elle réalise sa propre incarnation. Mais elle n'est plus la puissance principale, et il lui faut lutter sur deux fronts : contre l'État naissant qui affirme sa souveraineté et même sa volonté de contrôler les Églises nationales, et qui se présente, hors de l'Église, comme une collectivité de sujets individuels directement soumis au roi. Et contre l'individu, qui manifeste son désir d'une relation directe, sans médiation cléricale, avec Dieu. Or l'Église se pose en structure englobante et en médiatrice obligée, nécessairement hostile à tout nominalisme intellectuel et politique.

On voit donc à quel niveau Louis Dumont pose principalement le problème de la genèse de l'individu : celui des structures et des doctrines « théologico-politiques », dans le droit fil d'Otto von Gierke. Cette perspective a le mérite d'insister sur le rôle fondamental de l'Église dans la société médiévale. Les progrès de l'individualisme furent directement liés à l'affaiblissement de la puissance ecclésiastique et à son ébranlement décisif par la Réforme protestante :

> Luther et Calvin attaquent l'Église catholique avant tout comme institution de salut. Au nom de l'autosuffisance de l'individu-en-relation-à-Dieu, ils mettent fin à la division du travail instituée au plan religieux par l'Église. L'institution, tête de pont de l'élément extra-mondain, avait conquis

et unifié le monde, mais maintenant elle était condamnée comme étant devenue mondaine dans l'intervalle[1].

Mais si le théoricien et sociologue prolonge, non sans raison, une problématique profondément ancrée dans la science historique du XIXe siècle, les historiens du Moyen Âge se sont entre-temps engagés de manière privilégiée dans un autre voie : la réflexion sur le développement historique de la « conscience du soi », considérée comme un aspect essentiel de la « découverte de l'individu ».

LA « CONSCIENCE DE SOI »

Cette voie a été particulièrement explorée depuis 1969 par les historiens de la spiritualité, de la littérature, des mentalités médiévales. Ils ont déplacé l'attention des doctrines théologico-politiques vers « l'éveil de la conscience » dans la civilisation du XIIe siècle[2]. Quatre domaines principaux sont concernés :

1. *Ibid.*, p. 67.

2. Principaux travaux, dans l'ordre chronologique : Marie-Dominique CHENU, *L'Éveil de la conscience dans la civilisation médiévale*, Paris et Montréal, Vrin, 1969 ; W. ULLMANN, *op. cit.* ; Peter DRONKE, *Poetic Individuality in the Middle Ages. New Departure in Poetry 1000-1150*, Oxford, Clarendon Press, 1970, qui insiste sur la notion de « style » personnel, même dans la lyrique latine (Héloïse et Abélard) ; Colin MORRIS, *The Discovery of the Individual 1050-1200*, Londres, SPCK, 1972 ; Paul ZUMTHOR, « Le "je" du poète », in *Langue, texte, énigme*, Paris, Éd. du Seuil, 1975, pp. 163-213 : « Je » n'est pas l'affirmation de l'identité de l'auteur, mais une marque d'authenticité, que répètent les narrateurs successifs d'œuvres dont la performance est orale et donc collective ; H. BAYER, art. cité ; Charles M. RADDING, « Évolution of Medieval Mentalities. A Cognitive Structural Approach », *American Historical Review*, 1978, 83, pp. 577-597, et, du même, *A World Made by Men : Cognition and Society, 400-1200* (Londres, Chapel Hill, University of California Press, 1985), explicitement inspiré par la méthode de Piaget et de Kohlbe. Caroline W. BYNUM, « Did the Twelfth Century Discover the Individual ? » [1980], rééd. Dans *Jesus as Mother. Studies in the Spirituality of the High Middle Ages*, Berkeley, Los Angeles et Londres, University of California Press, 1982, pp. 82-109 ; et, depuis Aaron, J. GOUREVITCH, *La Naissance de l'individu dans l'Europe médiévale*, Paris, Éd. du Seuil, 1997.

a) L'essor de la biographie et, surtout, de l'autobiographie aux XIe-XIIe siècles : même si ces œuvres ne s'affranchissent pas totalement des modèles hagiographiques ou de l'influence des *Confessions* de saint Augustin, elles témoignent d'une attention nouvelle portée à la singularité des destins individuels et aux ressorts psychologiques de l'existence : dès le XIIe siècle, c'est le cas dans la *Vie de saint Pierre Damien* écrite par son disciple Jean de Lodi. Mieux encore, les autobiographies décrivent les réactions affectives de leurs auteurs, leurs souvenirs d'enfance, leurs rêves : en milieu monastique, le *Liber visionum* et le *Liber de tentationibus suis* d'Otloh de Saint-Emmeran, le *De vita sua* de Guibert de Nogent, offrent même les conditions d'une histoire psychanalytique[1]. En milieu urbain et scolaire, l'*Histoire de mes malheurs* de Pierre Abélard — personnage emblématique de toutes ces transformations — représente une indéniable nouveauté.

L'histoire du portrait, malgré son décalage chronologique par rapport aux textes, participe de la même évolution : l'effigie funéraire réapparaît au XIe siècle en Occident, et on en suit le développement dans les nécropoles princières : à Fontevraud (les Plantagenêts) au XIIe siècle, à Saint-Denis (les Capétiens) au XIIIe siècle. Elle ne représente encore que des types (le roi, l'abbé, l'évêque), mais un nom identifie chaque individu. Le portrait réaliste apparaît au tournant des XIIIe et XIVe siècles (statues de Frédéric II et de Boniface VIII, puis peintures de Charles V)[2].

1. Georg MISCH, *Geschichte der Autobiographie*, Bern, 1949-1969, vol. I ; Paul COURCELLE, *Les Confessions de saint Augustin dans la tradition littéraire*, Paris, 1963 ; M. M. MC LAUGHLIN, « Survivors and Surrogates : Children and Parents from the 9th to the 13th Centuries », *in* L. de MAUSE (éd.), *The History of Childhood*, New York, 1975, pp. 101-181 ; G. VINAY, « Otlone di sant'Emmeran ovvero l'autobiografia di un nevrotico », *La Storiografia altomedievale* (Settimane di Studio del Centro italiano di studi sull'alto Medioevo, XVII), Spolète, 1970, pp. 13-37 ; J.F. BENTON, *Self and Society in Medieval France. The Memoirs of Abbot Guibert of Nogent*, New York, 1970 ; J. KANTOR, « A psychohistorical Source : the Memoirs of Abbot Guibert of Nogent », *Journal of Medieval History*, 1976, II, 4, pp. 282-303 ; voir *infra*, chapitre XI, « Les rêves de Guibert de Nogent », pp. 263-295.

2. W. BRUCKNER, *Bildnis und Brauch. Studien zur Bildfunktion der Effigies*, Berlin, E. Schmidt Verlag, 1966. Voir aussi Roland RECHT, *Le Croire et le Voir. L'art des cathédrales (XIIe-XVe siècle)*, Paris, Gallimard, 1999, pp. 337-349.

b) L'intériorisation de la vie morale *(conscientia)* : au haut Moyen Âge domine l'objectivité de la loi, de la faute et de la peine. La loi est extérieure, qu'il s'agisse de celle du roi ou de celle de Dieu, dont le jugement est manifesté par l'ordalie. Est observée par ailleurs une correspondance immuable des fautes et des peines, qui sont tarifées, soit dans les pénitentiels et la pratique ecclésiastique de la pénitence publique, soit dans les lois barbares, qui fixent le *wergeld* compensant chaque délit ou crime. Enfin, les pratiques judiciaires ont un caractère fortement collectif : c'est le groupe de parenté qui est tenu pour coupable ou reconnu victime.

Les changements qui interviennent au XIIe siècle sont soulignés d'abord par le vocabulaire : s'imposent les mots *intentio, consensus*, qui priment sur *opus*. La « morale de l'intention », définie par Abélard dans l'*Éthique*, est une des nouveautés marquantes du siècle. L'intention qui préside à l'acte importe tout autant, ou plus, que l'acte lui-même. La faute est jugée qualitativement selon les circonstances, le statut social, l'âge du coupable. De nouvelles techniques, intellectuelles, psychologiques, religieuses, se développent donc, fondées sur la *discretio* : l'esprit de discernement et, en même temps, le tact, le doigté du confesseur, voire du juge. En effet, l'appréciation de la culpabilité dépend désormais d'une enquête *(inquisitio)*, qui ne se satisfait plus de la procédure accusatoire ni du jugement de Dieu. Elle vise à produire l'aveu du coupable, en respectant en principe, même sous la torture, sa liberté de parole. Car la pleine conscience de l'acte, assurée par l'introspection (l'examen de conscience) et débouchant sur la contrition et le repentir, peut seule satisfaire à une vraie pénitence ; c'est elle, et non un simple dédommagement matériel ou le respect formel d'un temps de jeûne, qui peut justifier l'absolution. Celle-ci se trouve donc subordonnée à l'attitude du pécheur, qui dépossède l'Église d'une partie du « pouvoir des clefs » : on comprend ainsi les résistances que cette évolution rencontra dans la hiérarchie et, notamment, les attaques dont Abélard fut l'objet.

c) La transformation des techniques intellectuelles : un peu partout, l'*auctoritas* perdait de son prestige au profit des *rationes*, des raisonnements logiques et critiques dont Abélard exposa le principe dans le *Sic et Non*, charte de fondation de la *disputatio* scolastique. Cette évolution eut une conséquence directe sur la manière dont était pensé le rapport entre l'homme et la nature : celle-ci n'était plus un livre de symboles, mais un objet d'expérience offert à un sujet scientifique, comme on l'a dit déjà à propos de Roger Bacon. La distinction plus tranchée entre nature et surnature s'accompagna d'un déplacement de la première au centre de toute la réflexion (philosophique, scientifique, politique, etc.) et d'un encadrement, voire d'une limitation des puissances surnaturelles, sensible dans la théologie du miracle ou dans la définition des nouveaux critères de la sainteté. Ainsi commence ce que Max Weber appellera — parlant de la Réforme — le « désenchantement du monde[1] ».

Au XIVe siècle, le nominalisme vint couronner cette évolution, en exaltant le pouvoir de l'homme de signifier et en affirmant, contre la théorie (anti-individualiste s'il en est) des universaux, la valeur essentielle du singulier, c'est-à-dire de l'*individuum* au sens que ce mot avait au Moyen Âge, celui d'élément logique insécable.

Enfin, les mutations intellectuelles s'accompagnèrent de changements dans toutes les pratiques de l'écrit[2] : promotion de la langue vernaculaire comme langue littéraire et comme langue administrative[3], essor de la lecture individuelle et silencieuse, qui autorisa en retour toutes les audaces intellectuelles[4].

d) Les mutations de l'affectivité et de la spiritualité : deux thèmes retiennent particulièrement l'attention : l'amour et la mort.

1. Max WEBER, *L'Éthique protestante et l'esprit du capitalisme suivi d'un autre essai*, trad. J. Chavy, Paris, Plon, 1964.

2. Voir Alexander MURRAY, *Reason and Society in the Middle Ages*, Oxford, Clarendon Press, 1978 ; Brian STOCK, *The Implications of Literacy. Written Language and Models of Interpretation in the Eleventh and Twelfth Centuries*, Princeton, Princeton University Press, 1983.

3. Michael T. CLANCHY, *From Memory to Written Record, England, 1066-1307*, Cambridge, Harvard University Press, 1979.

4. Paul SAENGER, « Manières de lire médiévales », *in* Henri-Jean MARTIN et Roger CHARTIER (éd.), *Histoire de l'édition française*, t. I, Paris, Promodis, 1982, pp. 131-141.

Le premier concerne d'abord l'amour de l'homme pour Dieu, ligne de force de l'histoire de la spiritualité à partir du XIIe siècle[1]. La mystique victorine ou cistercienne, l'identification franciscaine à la passion du Sauveur (1224 : stigmates de saint François, fait sans précédent dans l'histoire de l'Occident), la *devotio moderna* et la mystique du bas Moyen Âge revendiquent l'accès immédiat et personnel à l'Aimé, au Christ-Homme et souffrant. Sur le plan des pratiques dévotionnelles, l'évolution fut semblable : le rituel eucharistique acquit une importance croissante ; dans son déroulement, c'est le moment de l'élévation qui devient central : celui où chacun, un instant, peut voir de ses propres yeux le corps du Christ qui vient juste d'être consacré[2]. Ainsi s'approfondit la rupture avec la tradition qui faisait de l'Église la médiatrice nécessaire entre l'homme et Dieu, et des saints les seuls individus dignes d'émerger un tant soit peu du peuple de Dieu.

Au même moment, l'amour humain connut aussi des formes d'expression différentes, qui rejaillirent sur celles du sentiment religieux : bien que le *fin'amor* et l'amour courtois fussent des conventions littéraires, ils définissaient aussi des modèles de comportement. Et la valeur de l'*amicitia* justifiait un extraordinaire développement de la correspondance comme genre littéraire (on pense, par exemple, aux lettres d'Aelred de Rielvaux).

Les attitudes à l'égard de la mort et de l'après-mort constituent un aspect essentiel du problème de l'individu à partir du XIIe siècle. Philippe Ariès situait déjà à cette époque la substitution au modèle ancestral de la « mort apprivoisée » celui de la « mort de soi » caractéristique de l'Europe traditionnelle jusqu'au XVIIIe siècle, au moment où la « mort de toi » romantique prit à son tour le dessus[3]. L'homme était soucieux de *sa*

1. André VAUCHEZ, *La Spiritualité du Moyen Âge occidental, VIIIe-XIIe siècles*, Paris, P.U.F., 1975, p. 146 sq.

2. Voir Édouard DUMOUTET, *Le Désir de voir l'hostie et les origines de la dévotion au saint-sacrement*, Paris, 1926 ; P. BROWE, *Die Verehrung des Eucharistie im Mittelalter*, Munich, 1933 ; Caroline W. BYNUM, « Women Mystics and Eucharistic Devotion in the Thirteenth Century », *Women's Studies*, XII, 1984, pp. 179-214, rééd. dans *Jesus as Mother, op. cit.*, pp. 170-262.

3. Philippe ARIÈS, *Essais sur l'histoire de la mort en Occident du Moyen Âge à nos jours*, Paris, Éd. du Seuil, 1975.

mort, car il doutait de son sort dans l'au-delà et savait que son salut dépendait étroitement de sa foi et des œuvres accomplies de son vivant ; or la décision divine n'était plus renvoyée, comme dans l'Apocalypse, au Jugement dernier et à la résurrection des morts ; il ne s'agissait plus de cette échéance lointaine à laquelle tous les morts de l'histoire devaient être en même temps convoqués. L'accent était mis désormais sur le jugement particulier de chaque homme juste après son trépas ; dès la mort seraient évalués l'actif et le passif de chaque existence individuelle. À cet instant, peu d'élus pourraient se compter, mais peu de damnés aussi : à la grande majorité des âmes communes *(mediocres)* s'ouvre le purgatoire, dont les tourments seront proportionnels en intensité, en nature et surtout en durée, aux péchés commis par l'individu et qu'il n'a pas pris soin d'effacer par une juste pénitence avant de mourir[1]. S'il y eut « découverte de l'individu » au XIIe siècle, l'attitude devant la mort et surtout devant le jugement particulier qui était censé la suivre de peu en fut un creuset très important.

Cependant, l'individu n'était pas tout seul devant la « mort de soi » : il pouvait espérer que ses tourments dans l'au-delà seraient écourtés par les « suffrages » — prières, messes, aumônes — dispensés par les vivants en sa faveur. Les nouvelles attitudes devant la mort favorisaient la conscience de soi de l'individu, mais, en même temps, resserraient ou créaient des réseaux de solidarité (communautés de prières, confréries, paroisses) préservant l'individu d'une totale solitude[2]. On rejoint ici le thème de l'« amitié » : celle-ci, au-delà des échanges de lettres, liait de manière indissoluble deux individus par-delà la mort. Un récit fameux et souvent reproduit à partir du

1. Jacques LE GOFF, *La Naissance du purgatoire*, Paris, Gallimard, 1982.

2. Voir sur ce point le débat entre Jacques LE GOFF et Aaron J. GOUREVITCH, « Au Moyen Âge : conscience individuelle et image de l'au-delà », *Annales. E.S.C.*, 1972, 2, pp. 255-275. Page 255, l'avertissement de Jacques LE GOFF qui note que si le jugement particulier a bien une base scripturaire — le récit du Pauvre Lazare —, (1) c'est au XIIe siècle seulement que l'attention se porte vraiment sur ce texte et (2) cette individualisation de la mort s'accompagne d'un développement de relations diverses entre l'individu et la communauté. L'attention exclusive prêtée par Aaron J. GOUREVITCH à l'individu paraît donc excessive.

XIIe siècle décrit l'engagement mutuel pris par deux amis : si l'un d'eux vient à mourir, il apparaîtra à celui qui lui a survécu pour le renseigner sur son *status* dans l'au-delà et lui demander, au besoin, ses suffrages. L'essentiel était de ne pas être oublié une fois mort, d'avoir la certitude que son nom serait associé à des prières et des œuvres pies. Cette aspiration heurtait les traditions qui, au monastère en particulier, mettaient l'accent sur l'anonymat et la communauté de tous les biens, symboliques aussi bien que matériels : lorsque « de nombreux moines et convers » cisterciens réclamèrent une commémoration individuelle et non plus commune des défunts de l'ordre, à l'instar de ce qui était prévu pour les laïcs dont les moines honoraient la mémoire, le chapitre général de 1180 refusa d'accéder à leur requête pour la raison que « toutes choses nous sont communes[1] ».

On se ralliera donc volontiers aux propositions nuancées de Caroline W. Bynum[2] : sous le terme « individu », il faut comprendre le *moi (self)*, mais au sens chrétien, c'est-à-dire l'idée que l'homme ne peut s'accomplir que dans une relation intime avec Dieu ; il ne peut, en outre, se réaliser tout seul, mais seulement au sein de groupes et de réseaux ; la nouveauté est, au XIIe siècle, la multiplication et la diversité de ces groupes — familles, fraternités, ordres monastiques et réguliers, et bientôt béguinages, tiers ordres, etc. — entre lesquels il était désormais possible de choisir. L'individu isolé restait suspect et, à plus forte raison, la femme seule était difficilement concevable.

Mais d'autres problèmes se posent encore. En premier lieu, il faut s'interroger sur l'ambiguïté de l'expression « découverte de l'individu », qui suggère que ce qui était caché fut soudain mis en lumière ; de même, « éveil de la conscience » laisse supposer que celle-ci était jusqu'alors endormie[3]... Faut-il envisager

1. *Statuta Capitulorum Generalium Ord. Cist. ab anno 116 ad annum 1786*, a. 1180, §8, cité par Ch. LEBBE, *Le Paysan, le Moine et le Mort. Les cisterciens, l'encadrement religieux des campagnes et les représentations de l'au-delà dans les Pays-Bas du sud, 1110-1250* (thèse de 3e cycle), EHESS, 1984, p. 261.

2. C. W. BYNUM, art. cité, *supra* p. 249, n. 2.

3. Je me réfère respectivement aux titres des travaux de C. MORRIS et M.-D. CHENU, *op. cit.*, par ailleurs extrêmement suggestifs.

l'histoire de l'individu comme une longue continuité souterraine entrecoupée de subites révélations, lorsque les conditions objectives — essor du mouvement urbain, division du travail, affaiblissement du pouvoir de l'Église, etc. — devenaient plus favorables ?

Le mot « individu » est lui-même plein d'ambiguïtés. J'ai montré que, sous ce terme, les historiens du Moyen Âge entendaient soit un statut juridique et social référé à la sphère « théologico-politique », soit la « conscience de soi ». Dans ses deux derniers ouvrages, Michel Foucault a bien distingué, pour sa part, les trois sens que l'on donne habituellement au mot « individualisme » :

1) « l'attitude individualiste, caractérisée par la valeur absolue qu'on attribue à l'individu dans sa singularité, et par le degré d'indépendance qui lui est accordé par rapport au groupe auquel il appartient et aux institutions dont il relève » ;

2) « la valorisation de la vie privée, c'est-à-dire l'importance reconnue aux relations familiales, aux formes de l'activité domestique et au domaine des intérêts patrimoniaux » ;

3) « l'intensité des rapports à soi, c'est-à-dire des formes dans lesquelles on est appelé à se prendre soi-même pour objet de connaissance et domaine d'action, afin de se transformer, de se corriger, de se purifier, de faire son salut »[1]. C'est ce troisième point qui intéressait Foucault[2] : il montra comment les Grecs, à propos de leur sexualité, ont peu à peu élaboré une morale fondée sur le « souci de soi ». Pour le médiéviste, cette remontée dans le temps est fondamentale, puisqu'elle permet de mieux comprendre l'originalité du « moi » chrétien, dominé par le problème de la chair et du péché, ce qui n'était pas du tout le cas chez les Anciens ; elle aide à saisir ultérieurement la nouveauté du XIIe siècle, qui tint surtout à de nouvelles techniques langagières dont l'expression du moi dépendait de plus en plus étroitement : la confession, l'aveu.

1. Michel FOUCAULT, *Histoire de la sexualité*, II, *Le Souci de soi*, Paris, Gallimard, 1984, p. 56.

2. *Ibid.*, I, *La Volonté de savoir*, Paris, Gallimard, 1976, p. 153.

Une clarification du vocabulaire et des concepts est donc nécessaire, mais aussi un élargissement de la problématique qui, au-delà des diverses acceptions du mot « individu », aborde la question du statut de la personne dans le christianisme médiéval. Il me semble que cette question, négligée par les historiens de l'individualisme comme par ceux de la « découverte de l'individu », est fondamentale : la notion contradictoire de personne constitue le cadre théorique et anthropologique qui éclaire les difficultés du procès d'individuation dans la civilisation médiévale.

LA NOTION DE PERSONNE AU MOYEN ÂGE

La personne est un concept fondamental de l'anthropologie. Marcel Mauss rangeait cette notion parmi les « catégories de l'esprit humain », au carrefour de la linguistique (personne grammaticale), de la philosophie, de la morale, du droit, de l'histoire comparée[1].

La notion de personne présente l'avantage d'offrir à l'historien des repères lexicaux. *Individuum*, on l'a dit, n'est qu'un terme de logique ; à *singularis* ou *singulariter* ne correspond pas de substantif ; *quidam*, indéfini et anonyme, suppose qu'un individu puisse se substituer à un autre dans un même rôle, ce qui est justement le contraire de l'individuation. *Persona* existe au contraire et a des significations et des usages très riches.

Mais la notion de « personne », au sens que nous donnons à ce terme, est tardive. Mauss a insisté avec raison sur l'étymologie et les sens anciens de *persona* : équivalent du grec *prosôpon*, qui désigne « ce qui est placé devant la vue », *persona* appartient au champ sémantique de la vision. Il signifie d'abord le masque, puis le rôle joué par un « personnage » : celui qui porte le masque

1. Marcel MAUSS, « Une catégorie de l'esprit humain : la notion de personne, celle de moi » [1938], in *Sociologie et anthropologie*, Paris, P.U.F., 1968, pp. 331-362. Voir également Ignace MEYERSON (éd.), *Problèmes de la personne*, Paris et La Haye, Mouton, 1973.

de l'ancêtre pour jouer son rôle. La « personne » est d'abord un « fait d'organisation » religieux et social, qui absorbe toute singularité : comme l'a dit Pirandello, « une personne réelle peut n'être personne, une personne est toujours quelqu'un ».

À Rome, déjà, le mot a subi une évolution : *persona* désigne d'abord les *imagines mortuorum*, les masques du culte domestique des ancêtres de la *gens*, des lares. À partir de là n'est désigné comme *persona* que l'homme libre, le citoyen, qui seul a le droit de posséder de telles images. *Habere personam* est un droit : la « personne relève d'abord de l'avoir, par suite seulement de l'être ». *Servus non habet personam* : seul le libre est une personne.

Cette notion juridique de la personne fut ensuite étendue à la collectivité civique, aux personnes morales : *persona civitatis*. On a déjà vu la difficulté d'une réception de cette notion au Moyen Âge : l'idée de *persona ficta* pour une cité, une corporation, une université ou l'État heurtait le principe universel et organiciste de l'Église ou de la société comme « corps du Christ » ; les diverses collectivités qui en dépendaient en étaient les membres et non des entités autonomes.

La Vulgate ne présente encore que des sens traditionnels de *persona* : un sens juridique, présent dans l'Ancien et le Nouveau Testament, sous la forme *acceptio personae*, dans le cas d'un jugement des hommes ou de Dieu. Saint Paul dit par ailleurs qu'il pardonne « en présence », « à la face » de Christ, *in persona Christi*, utilisant le mot au sens grec de *prosôpon*[1]. Mais, déjà, la philosophie antique s'était engagée dans la voie d'un approfondissement psychologique et moral de la notion de personne : là s'est formé le soubassement du « connais-toi toi-même » chrétien.

La grande originalité du christianisme réside dans l'emploi du mot *persona* pour désigner la divinité. Dans le paganisme gréco-romain, le dieu, même s'il porte un nom, n'est pas une personne, mais une puissance. Avec le christianisme, *persona* acquiert une dimension métaphysique. Origène et Tertullien choisirent respectivement *prosôpon* et *persona*, avec leur sens grammatical de personne qui parle, à qui l'on parle et dont on

1. PAUL, II Cor., I, 11.

parle (le Verbe), pour résoudre les deux problèmes cruciaux de la théologie que trancha le concile de Nicée en 325 : face à l'arianisme, affirmer l'existence d'un Dieu avec son essence unique *(ousia),* mais en trois « personnes » ou hypostases. Et, face au monophysisme, établir le dogme d'une « personne » unique du Christ en deux natures, divine et humaine.

Le deuxième trait majeur du christianisme fut l'application à l'homme de cette notion de personne définie pour Dieu. Ainsi était affirmée la relation essentielle unissant l'homme à Dieu. C'est en empruntant explicitement le mot *persona* au vocabulaire « de la tragédie et de la comédie » antiques que Boèce († 525) lui donna sa définition théologique. Elle devait s'imposer tout au long du Moyen Âge : *« Persona est rationalis naturae individua substancia*[1] *»*, c'est-à-dire que la personne est une substance individuelle qui a pour différence spécifique *(natura)* d'être raisonnable ; ou encore que chez les êtres rationnels, on donne le nom de personne à l'hypostase[2].

Dans la définition de Boèce, la personne est encore une notion très abstraite. La singularité de l'individu pèse moins que la communauté de tous les hommes dans leur union à Dieu : le fait pour chacun d'être un être raisonnable, *imago Dei,* dont la raison *(mens, ratio)* reflète en ses trois facultés fondamentales *(memoria, intelligentia, voluntas)* les trois « personnes » de la Trinité[3]. La *dissemblance* la plus importante n'était pas entre

1. M.-H. MARSHALL, « Boethius' Definition of *Persona* and Mediaeval Understanding of the Roman Theater », *Speculum,* 1950, XXV, pp. 471-482, qui cite la définition de Boèce, extrait du *De duabus naturis et una persona Jesu Christi contra Entyche et Nestorium,* c. 3 dans *P. L.* (64), col. 1364 D. Sur les valeurs sémantiques du mot au Moyen Âge, voir RHEINFELDER, *Das Wort « Persona ». Geschichte seiner Berücksichtigung des französischen und italienischen Mittelalters,* Halle, N. Niemeyer, 1928 : 1) sens théâtral : masque et rôle, personne ; 2) sens étrangers au théâtre : (a) synonyme de *homo,* il en désigne le corps, la forme physique ou l'âme (*personam suam excollere,* « éduquer son esprit ») : (b) *acceptio personae,* prise en compte de ce qui est singulier en elle ; 3) dignité, puissance : « *Evesque* est moult haute puissance », le curé (d'où l'anglais *parson*). Nous insisterons, pour notre part, sur une autre signification encore, qui est omise ici.

2. Pierre HADOT, « De Tertullien à Boèce. Le développement de la notion de personne dans les controverses théologiques », *in* I. MEYERSON (éd.), *op. cit.*

3. Saint AUGUSTIN, *De Trinitate,* XV, VII, 11, cité par Michel MESLIN, « L'autonomie de l'homme dans la pensée pélagienne », *in* I. MEYERSON (éd.), *Problèmes de la personne, op. cit.,* p. 136.

les hommes, mais entre Dieu et chaque pécheur. L'expérience de la personne chrétienne était d'abord celle d'une conscience malheureuse. D'ailleurs, c'est cette dernière, et non l'exaltation de la gloire individuelle, qui inspira ses *Confessions* à saint Augustin. Quand il s'écriait : *« Sum enim et scio et volo. Sum sciens et volens, et scio esse me et velle, et volo esse et scire*[1] », « je suis, et je sais, et je veux. Je suis sachant et voulant, et je sais que je suis et que je veux, et je veux être et savoir », saint Augustin se pensait comme une *persona* chrétienne, mais la question de l'individu n'avait pas de sens pour lui.

Au-delà de la théologie ou des textes spirituels, les témoignages sur les pratiques et les croyances renseignent sur les limites concrètes de la notion de personne au cours du Moyen Âge. D'après l'*Histoire ecclésiastique* d'Eusèbe, les Martyrs de Lyon, interrogés par leurs bourreaux sur leur nom, leur lieu de naissance, leur âge, répondaient à chacune de ces questions : « Je suis chrétien ! » Ils n'étaient « personne », les « sans nom », dont l'identité résidait uniquement dans leur totale identification à la personne du Christ[2].

Dans les récits de visions et d'apparitions, qui occupent une place centrale dans la littérature et l'imaginaire du Moyen Âge, *persona* désigne un être surnaturel dont le statut est au premier abord incertain : au cours du récit, il peut s'avérer que telle *persona terribilis* est le Christ, qu'une *persona coelestis* est un ange ou un élu ; l'auteur parle aussi de *persona incognita*, ou bien il note : « *Nescio quem personam*[3] ». Dans un rêve ou une vision, il arrive

1. Saint AUGUSTIN, *Confessions*, XIII, II, 12, cité par P. HADOT, art. cité.

2. Peter BROWN, *Genèse de l'antiquité tardive* [1978 en anglais], Paris, Gallimard, 1983, p. 116.

3. GRÉGOIRE DE TOURS, « Persona terribilis » (le Christ), *De gloria martyrum*, I, 23 dans *P.L.* (71), col. 624-725 ; « persona » (un ange), *De gloria confessorum*, XI dans *P.L.* (71), col. 858-859. Le *Canon Episcopi* (v. 900), repris par GRATIEN (*Decretum*, Pars II, Causa XXVI, Quaestio V, c. 12, éd. Friedberg, I, col. 1031), dit que Satan fait apparaître dans les rêves *« modo leta, modo tristia, modo cognitas, modo incognitas personas »*. ROGER DE WENDOVER, *Flores Historiarum*, I, 411, rapporte l'apparition en 965 de *« Tres personae reverendae »* à saint Ethelwold, qui, toutes trois décédées depuis plus ou moins longtemps, étaient liées à son église : l'une est son patron (saint Swithunus), l'autre le premier pontife, la troisième un ancien évêque. CÉSAIRE DE HEISTERBACH, *Dialogus miraculorum*, I, 32 : *« Nescio quem coelestem personam visum magnae reverentiae »* (un ange ?) ;

qu'un revenant se détache peu à peu du groupe de *personae* anonymes. Les images du Jugement dernier présentent pareillement un moutonnement de têtes dont les visages, dès le second rang, sont cachés... Le principe d'individuation ne pouvait jouer que sur le fond, sans cesse rappelé, d'une communauté de destin.

Le XIIe siècle a-t-il « découvert l'individu » ? La question mérite pour le moins une réponse nuancée. Le fait le plus clair est l'absence au Moyen Âge, et pour longtemps encore, de la notion d'individu, au sens contemporain du terme, qui réserve à chaque homme une autonomie et des droits absolus (par rapport à la famille, à l'État, à sa conscience, etc.). Il n'y avait pas davantage d'individualisme comme valeur morale et idéologique.

La notion utilisée par le christianisme est celle de *personne*, mais elle est ambiguë, riche de tensions contradictoires : loin d'exalter d'abord la conscience individuelle, elle tend à abolir le sujet dans la divinité dont il est l'image et dans l'humanité dont il partage le destin. La dissemblance est un manque, le mal par excellence, et non un objet de gloire individuelle. Mais l'abolition du moi suppose paradoxalement un approfondissement de la conscience individuelle : le saint Augustin des *Confessions*, comme plus tard, son émule Guibert de Nogent ou, à un autre niveau, saint Bernard ou Richard de Saint-Victor se trouvaient eux-mêmes en cherchant à se perdre. À l'échelle des pratiques communes — celles du tout-venant des monastères ou des villes en pleine renaissance —, la création de nouveaux réseaux de solidarité matérielle et spirituelle compensait aussitôt toute affirmation, face à la mort notamment, du caractère singulier de chaque homme.

---

ibid., IV, 4 : une *persona* apparaît à un convers, qui pense qu'il s'agit d'un *angelus Domini* ; son Maître l'approuve ; *ibid.*, XII, 29 : un abbé voit une nuit *« tres personas quasi tres candelas ardentes ad se venire »* ; il découvre qu'il s'agit de trois morts récents de son monastère. CONRAD D'EBERBACH, *Exordium magnum*, III, c. XIV, dans *P. L.* (185 bis), col. 1067-1071 : une *persona* est apparue à un moine ; quand elle a disparu il pense qu'il s'agissait « très certainement d'un ange de Dieu, ou plutôt du roi des anges de Dieu lui-même, le Seigneur Jésus ».

*

Il n'y a donc pas d'évolution linéaire, de progrès unique de la découverte de l'individu, selon un schéma où chaque époque peut se prêter, au gré de la spécialité des historiens, à pareille invention. Les stoïciens, saint Augustin, Abélard, Ockham, Nicolas de Cues, Laurent le Magnifique ont été pris tour à tour pour les héros fondateurs d'une histoire simplificatrice à l'excès. Chaque époque est faite au contraire de tensions et de contradictions qui amènent à poser différemment les problèmes de la personne, du sujet, de l'individu, et qui défient la fiction historiographique d'une évolution continue jusqu'à nous. Pourquoi cette fiction ? Elle nous procure l'illusion rétrospective et rassurante de notre genèse, en procédant de l'idée que l'histoire s'est achevée avec nous. Mais l'individu est-il aujourd'hui accompli et libre ? Les problèmes éthiques que posent la biologie ou l'informatisation de la vie quotidienne montrent assez que les définitions admises de la personne ou de l'individu sont aujourd'hui plus que jamais remises en cause. Autant l'avènement de la société bourgeoise a pu engendrer la fiction historiographique de l'individualisme conquérant, autant l'ébranlement contemporain de nos certitudes aide à nuancer les concepts que l'historien projette sur le passé.

XI

LES RÊVES DE GUIBERT DE NOGENT

Que l'historien étudie l'évolution des attitudes à l'égard du rêve, les théories philosophiques, théologiques ou médicales du rêve, les traditions littéraires, hagiographiques ou iconographiques ou encore les clefs des songes, toujours lui revient la même question, sans réponse peut-être et pourtant incontournable : comment et de quoi les hommes du Moyen Âge ont-ils rêvé ? L'historien peut-il espérer répondre à une telle question ? Les documents dont il dispose sont des documents écrits ; même quand ils semblent, dans le meilleur des cas, procéder de récits oraux de rêves authentiques, ils sont le produit d'une élaboration *a posteriori* dont il est difficile de mesurer l'effet sur le récit du rêve. Autre question : quel type d'interprétation l'historien doit-il essayer de fournir de tels récits ? Doit-il se contenter d'étudier le contenu social et politique des images oniriques[1] ? Ne peut-il tenter de retrouver l'articulation du processus psychique individuel du rêve — au sens freudien du « travail du rêve » — et des rapports sociaux, afin de comprendre comment le rêve et la société agissent l'un sur l'autre et comment se définit ainsi historiquement la spécificité des rêves (de leur

1. Comme le fait par exemple P. BURKE, « L'histoire sociale des rêves », *Annales. E.S.C.*, XXVIII, 1973, pp. 329-342.

Repris de « Rêver au XIIe siècle », *in* Tullio GREGORY (éd.), *I sogni nel medioevo*, Rome, Edizioni dell'Ateneo, 1983, pp. 291-316.

pratique, de leur contenu et de leur fonction) dans une société donnée ? J'ai ici l'ambition de m'engager dans cette voie, en étant conscient des écueils qu'elle recèle. C'est pourquoi je choisirai de concentrer mon attention sur un corpus limité de récits de rêves, un corpus homogène qui se prête au mieux à l'analyse que je me propose de mener.

L'étude de cas « microhistorique » paraît, dans l'état actuel des recherches à peine entamées sur le rêve médiéval, la plus souhaitable. Toutes les époques historiques ne s'y prêtent pas. Mais s'il paraît vain de vouloir trouver au haut Moyen Âge une série de récits de rêves suffisamment indépendants des modèles hagiographiques du songe, il n'en est plus de même à partir du XIIe siècle. À cette époque, la relation de rêves personnels, sans s'affranchir totalement des modèles traditionnels qui peuvent d'ailleurs avoir influé sur l'expérience onirique elle-même, amène une modification indéniable de la documentation dont dispose l'historien. Cette mutation est à mettre en relation avec les habitudes d'introspection qui se développent alors, en liaison avec la généralisation de la confession auriculaire et le développement de nouvelles pratiques judiciaires destinées à produire l'aveu. Un des effets de cette mutation idéologique et mentale essentielle est l'essor de l'autobiographie[1].

Parmi les tout premiers ouvrages de cet ordre, le *De vita sua* du moine Guibert de Nogent, écrit vers 1115, présente l'avantage non seulement de contenir un nombre élevé de rêves et de visions, mais de donner une évocation extrêmement précise de l'arrière-plan biographique et psychologique de ces rêves. L'his-

1. Voir G. MISCH, *Geschichte der Autobiographie*, III, Francfort, 1959 (sur Guibert de Nogent, pp. 108-162). Également F. VERNET, *Autobiographies spirituelles. Dictionnaire de spiritualité*, t. I, Paris, 1960, 1141-1159, *s.v.* M. GOODICH, *Vita Perfecta. The Ideal of Sainthood in the Thirteenth Century*, Stuttgart, 1982, pp. 56-59. Pierre Damien, Giraud de Cambrie, Otloh de Saint-Emmeran mériteraient, entre autres, des analyses très précises. Cf. M. M. MC LAUGHLIN, « Survivors and Surrogates : Children and Parents from the Ninth to the Thirteenth Centuries », *in* LLOYD DE MAUSE (éd.), *The History of Childhood*, New York, 1974, pp. 101-181 ; G. VINAY, « Otlone di Sant'Emmeran ovvero l'autobiografia di un nevrotico », dans *La Storiografia Altomedievale. Settimane di Studio del Centro Italiano di Studi sull'Alto Medioevo XVII*, Spolète, 1970, pp. 13-37 ; R. BARLETT, *Gerald of Wales, 1146-1223*, Oxford, 1982 ; M. ZINK, *La Subjectivité littéraire. Autour du siècle de Saint Louis*, Paris, P.U.F., 1985.

toire des rêves au Moyen Âge ne peut négliger un document dont l'intérêt est aussi manifeste[1].

Quelques indications sommaires sur la vie de Guibert de Nogent, telle qu'il en parle lui-même dans son ouvrage, sont indispensables pour comprendre ce qu'il dit des rêves. Guibert est né vers 1055 ; ses parents appartenaient à la moyenne aristocratie du nord de la France. Sa naissance, un samedi saint veille de Pâques comme il le précise lui-même, s'est accomplie dans des conditions très difficiles qui faillirent être fatales à sa mère et à lui-même ; à ce qu'il en dit, il serait mort s'il n'avait été voué à la Vierge et promis à la cléricarure par ses parents, dès avant sa naissance. Il n'avait que huit mois lorsque son père, châtelain de Clermont-en-Beauvaisis, mourut prématurément. Sa mère refusa de se remarier et se voua à une vie pieuse et austère ainsi qu'à l'éducation de son fils ; à l'âge de six ans, il fut confié à un précepteur, puis, à douze ans, admis au monastère de Saint-Germer-de-Fly près duquel sa mère venait de s'établir comme pénitente. Vers 1105, il avait environ cinquante ans lorsqu'il fut élu abbé de Nogent, se séparant de sa mère dont il décrit bientôt le décès. C'est à Nogent qu'il composa son œuvre écrite, qui comprend notamment, outre son autobiographie, un célèbre traité sur les reliques et une histoire de la première croisade. Il mourut vers 1125.

Le *De vita sua* comprend trois parties d'inégales longueurs : la première consiste en l'autobiographie proprement dite ; la seconde, plus brève que les deux autres, réunit une histoire de l'abbaye de Nogent et des anecdotes concernant les moines de Fly. La troisième partie comprend le récit célèbre de la naissance de la commune de Laon, avec l'assassinat de l'évêque Gaudry (1112). L'ouvrage est l'œuvre d'un lettré possédant une culture latine antique et chrétienne très vaste ; l'influence des *Confessions* de saint Augustin est évidemment détermi-

1. J'utilise l'édition de l'*Autobiographie* d'E.-R. LABANDE, Paris, 1981. Voir aussi la traduction anglaise et la présentation de J. F. BENTON, *Self and Society in Medieval France. The Memoirs of Abbot Guibert of Nogent*, New York, 1970, à compléter par J. KANTOR, « A Psychohistorical Source : the Memoirs of Abbot Guibert of Nogent », *Journal of Medieval History*, II, 1976, 4, pp. 281-303.

nante ; le premier mot du *De vita sua* n'est-il pas : « *Confiteor*[1]... » ?

Dans l'ensemble de l'ouvrage, je dénombre quarante-six récits de visions, de rêves ou d'apparitions ; quelle que soit leur forme, ils sont en général désignés comme *visiones*. Parmi ces récits, quinze sont présentés comme des rêves : soit qu'il soit fait mention explicite d'un songe *(somnium)* dans les expressions types *videtur in somnis, apparuit in somnis, revelatur in somnis* ; soit que le narrateur précise que le visionnaire s'était endormi *(« mox in somno coepit deprimi »)* ou qu'il dormait *(« quadam nocte cum dormiret »)* au moment de la vision : soit, enfin, qu'il le montre se réveillant, généralement sous l'effet même de son rêve *(expergiscitur ; experrectus ; contigit evigilasse ; expergefactus)*. Une seule de ces notations suffit à désigner le rêve, mais il arrive que plusieurs soient réunies, que le sommeil puis le réveil soient mentionnés à propos du même rêve.

Je ne prendrai donc pas en compte ici les trente et une autres visions, dont dix sont présentées explicitement comme des visions éprouvées dans un état de veille : par exemple, la mère de Guibert fut assaillie une nuit par un démon incube : bien qu'elle fût couchée dans son lit, il est précisé qu'elle était éveillée *(« subito vigilanti illi ipse Innimicus incubuit*[2]*... »)*. Dans trois autres cas, le visionnaire est décrit agissant comme une personne éveillée, bien que dans une légère torpeur *(« cum medie sopitus clausis oculis cubitare*[3] *»)*, dont il sort subitement à l'issue de sa vision : *« in se tandem rediit*[4] *»*, *« homo sese in se recepit*[5] *»*. Dans quatre autres cas encore, il s'agit d'une vision perçue dans le délire de l'agonie ; une fois même, Guibert cite la célèbre vision d'un pèlerin de saint Jacques miraculeusement ressuscité[6]. Restent enfin quatorze cas où il n'est pas précisé si le

1. Outre les travaux déjà cités, voir F. AMORY, « The confessional superstructure of Guibert de Nogent's Vita », *Classica et Mediaevalia*, XXV, 1964, pp. 224-240.
2. *Autobiographie, op. cit.*, p. 90.
3. *Ibid.*, p. 236.
4. *Ibid.*, p. 198.
5. *Ibid.*, p. 262.
6. *Ibid.*, pp. 444-448.

visionnaire était endormi ou éveillé, et que je m'interdis donc également de considérer comme récits de rêves.

Ce dénombrement peut être récapitulé de la manière suivante :

Rêves	15
Visions à l'état de veille	10
Visions dans une apparente torpeur	3
Visions à l'agonie	4
Visions dans un état non précisé	14
Total	46

Les quinze récits de rêves attestés avec certitude sont inégalement répartis dans l'ouvrage : neuf se trouvent dans la première partie, proprement autobiographique, et, à deux exceptions près, ils concernent tous Guibert et son entourage immédiat (sa mère, son précepteur, l'intendant de sa mère). La liste qui suit donne un résumé sommaire de chaque rêve.

Rêves de Guibert enfant

1 (pp. 114-116). Le diable envoie dans son sommeil des images terrifiantes de défunts ; Guibert avait vu ceux-ci mourir par l'épée ou d'une autre manière, ou il avait entendu raconter leur trépas.

2 (pp. 116-118). Une nuit d'hiver, un bruit de voix le plonge « comme dans le sommeil ». Un mort, décédé sans doute aux bains, lui apparaît ; puis Guibert voit en rêve le démon « en sa propre apparence ».

3 (pp. 130-131). Il rêve qu'il se trouve dans une basilique dédiée à la Vierge, puis que deux démons le transportent au sommet de l'édifice, avant de s'enfuir et de le laisser indemne dans l'enceinte de l'église.

Rêves de la mère de Guibert

4 (pp. 128-130). Elle rêve qu'elle se trouve dans l'église de Saint-Germer-de-Fly, qu'elle voit à l'abandon, avec les moines

— dont son fils — habillés de manière contraire à la règle et réduits à la taille de nains. Mais la Vierge apparaît, suivie d'une jeune fille qui reproduit exactement ses gestes et ses paroles ; elle proteste contre la ruine de l'église qui aussitôt est restaurée, tandis que les moines reprennent une apparence et une taille normales.

5 (pp. 148-158). Elle rêve que son âme quitte son corps, est conduite le long d'une galerie jusqu'à un puits où apparaissent successivement des fantômes, son mari défunt Évrard avec un bébé (son bâtard mort à naissance), le chevalier Renaud, un frère de Guibert et une vieille compagne déjà décédée.

Rêves du précepteur de Guibert

6 (pp. 28-31). Il rêve qu'un vieillard chenu conduit dans sa chambre le jeune Guibert, qui vient l'embrasser.

7 (p. 136). Il rêve que le même vieillard vient lui demander des comptes au sujet des poèmes obscènes écrits par son élève.

Rêve de l'intendant de la mère de Guibert

8 (pp. 98-99). Il rêve que la mère de Guibert se remarie.

Rêves monastiques

9 (p. 190). Un moine de Saint-Germer-de-Fly se réveille après avoir rêvé que le Christ descendait en saignant de sa croix au milieu du chœur et enjoignait aux moines de se confesser.

10 (pp. 252-254). Un moine charitable de Saint-Germer-de-Fly rêve qu'une troupe de démons déguisés en Scots lui demande la charité ; l'un d'eux le frappe avec une pierre.

11 (pp. 194-196). Une moniale de la Trinité de Caen rêve d'une sœur défunte frappée à coups de maillet par deux démons.

Rêves de nobles laïcs

12 (pp. 298-300). Un des nobles conjurés de Laon, complice de Gérard de Quierzy, raconte son rêve à celui-ci ; deux ours lui dévoraient le foie ou le poumon.

13 (pp. 438-439). Un chevalier usurpateur des droits de pêche du monastère de Nogent rêve qu'il est giflé par la Vierge.

Rêves, de type hagiographique, de personnages éloignés dans le temps et l'espace

14 (pp. 222-224). Le roi breton Quilius — personnage légendaire — de retour de Jérusalem, malade, rêve qu'il va mourir et sera enseveli avec les reliques qu'il a rapportées de Terre sainte, dans le petit village qui est à l'origine du monastère de Nogent.

15 (pp. 456-458). Récit rapporté à Guibert par un moine de Mont-Cassin, selon lequel saint Benoît serait apparu en rêve à l'abbé de ce monastère, Didier, pour lui ordonner de mettre fin à sa conduite simoniaque et se repentir.

Ce sont ces quinze récits de rêves que je me propose d'analyser à présent.

LES CATÉGORIES DE L'EXPÉRIENCE ONIRIQUE

Comme il était normal, Guibert utilise fidèlement le vocabulaire augustinien des puissances de l'âme *(mens, spiritus, intellectus,* etc.*)* et de la « vision spirituelle » *(visio spiritalis)* ; il lui arrive de préciser que les images oniriques ont été vues « en esprit » *(« quod viderat in spiritu »)*, et non avec les yeux du corps. Ces images sont désignées le plus souvent par le mot *imago,* parfois par *species,* une fois par *imaginatio.* La perception elle-même est en général appelée *visio,* parfois *visum (per visum),* à moins que Guibert n'emploie le terme plus spécifique *somnium.* Si le choix des substantifs paraît indifférent, il n'en va sans doute pas ainsi des verbes : le verbe *videre* (parfois *cernere*), employé activement, désigne fréquemment la vision onirique de « l'œil intérieur » *(quae viderat ; quod cernit)* ; mais, plus souvent encore, lui est substitué le verbe *videri* qui connote l'expérience onirique d'une idée de passivité *(videbatur mihi)* et d'incertitude : l'expression *videre mihi videor* (« il m'a semblé voir ») est particulièrement nette. Comme Jacques Paul l'a bien remarqué, ce vocabulaire de l'apparence caractérise la relation par Guibert de ses propres expériences visionnaires ou oniriques, encore qu'il ne se limite pas à elle ; il s'oppose au vocabulaire de la présence « objective » (*ei apparuit*, et surtout *ei astitit*) qui est seulement utilisé dans les récits d'apparitions, le plus souvent démoniaques, rapportées par Guibert[1]. Un tel vocabulaire est absent des récits concernant les rêves de Guibert lui-même ou de sa mère ; *ei astitit*, surtout (à propos de la moniale de Caen ou du chevalier à qui est apparue la Vierge), est seulement employé pour des rêves dont Guibert est le lointain narrateur. Inversement, quand Guibert rapporte un rêve personnel ou un rêve fait dans son entourage le plus proche, l'insistance sur l'incertitude des perceptions oniriques est la règle.

Le rêve est une expérience totale, qui concerne en même temps le corps et l'âme du rêveur. Le sommeil nocturne est le moyen privilégié de cette expérience tout à la fois physique et spirituelle. Le rêve peut même être l'objet d'une préparation corporelle ritualisée, du type de l'incubation : ainsi la mère de Guibert se blottit-elle d'abord sur « un banc très étroit » : *« cum membra scamno cubitum angustissimo contulisset »*, comme si l'ascèse imposée à son corps devait lui permettre de faire un rêve dont l'origine divine est particulièrement soulignée. Les précisions temporelles données à propos de ce rêve soulignent et sa ritualisation et son caractère positif : il eut lieu en effet « une nuit de dimanche après minuit en plein été » ; l'approche du jour du Seigneur et l'aube caractérisent clairement un rêve « véridique ».

Cependant, l'équilibre de l'âme et du corps dans l'expérience onirique elle-même tend à se rompre dans deux cas extrêmes et symétriquement opposés : celui, dont on vient de parler, du rêve le plus valorisé, qui s'apparente à un voyage de l'âme dans l'au-delà ; la rêveuse sent son âme quitter son corps *(« sua ipsius anima de corpore sensibiliter sibi visa est egredi »)* et demande même à Dieu de lui permettre de réintégrer son enveloppe corporelle *(« hoc solum petebat a Deo cum exisse hominem se sentiret, ut ad corpus sibi redire liceret »)*. Et celui, opposé, des cauchemars diaboliques, où le corps submerge au contraire l'âme sous

1. J. PAUL, « Le démoniaque et l'imaginaire dans le *De Vita Sua* de Guibert de Nogent », *Sénéfiance*, VI, 1979, pp. 371-399.

l'effet de la terreur, annihilant en elle toute volonté : « À peine pouvais-je commander à mes sens » *(« vix sensum regere possem »)*, se souvient Guibert ; ses cauchemars le jetaient, hurlant, hors de son lit. Cependant, de tels récits sont différents de ceux que Guibert rapporte parfois au sujet des rêves (ou visions) diaboliques de personnes éloignées : dans ces récits rendus conformes au merveilleux chrétien avant même que Guibert ne les recueille, il arrive que le rêveur (ou le visionnaire) subisse dans son corps l'atteinte du démon. Quand la nonne de la Trinité de Caen rêva que des démons frappaient à coups de maillet une sœur défunte, « elle vit une étincelle, provoquée par la percussion du maillet, frapper son propre œil. La brûlure provoquée par cette particule enflammée l'amena à se réveiller. Et il se confirma que ce qu'elle avait vu en esprit, elle en souffrait dans son corps : le témoignage véridique de sa blessure vint confirmer l'authenticité de sa vision ». De même, le moine qui rêva de démons ayant l'apparence de Scots reçut en pleine poitrine une pierre qui le fit souffrir pendant quarante jours : « Il eut des angoisses qui le conduisirent presque jusqu'aux portes de la mort, absolument comme si ce Scot l'avait frappé d'une véritable pierre. »

L'expérience onirique est non seulement visuelle, mais auditive. Différents niveaux de perception sonore peuvent être distingués : il peut s'agir d'abord de « voix sans parole », de cris, d'un bruit de fond du rêve. Le rêveur peut aussi entendre des paroles anonymes : en rêve la mère de Guibert entend « derrière son dos » l'ordre donné aux fantômes qui la menacent de ne pas la toucher : *« Nolite, inquit, eam tangere. »* La référence scripturaire identifie l'origine de cette voix, mais nulle figure n'apparaît. Le plus souvent, c'est le personnage qui apparaît dans le rêve qui s'adresse au rêveur ; ses paroles sont rapportées au style direct ; fréquemment, ce sont des paroles autoritaires, qui édictent à l'adresse du rêveur une règle de comportement ; et si un dialogue s'engage entre ce personnage (démon, mort, Vierge, etc.) et le rêveur, c'est le premier qui en prend l'initiative. Cette parole est un ressort essentiel du fantastique onirique. On verra aussi qu'elle explicite la fonction normative de ces rêves.

UNE TYPOLOGIE DES RÊVES ?

Le propos de Guibert, dans cet ouvrage, n'était pas d'offrir une typologie des rêves et des visions. Les trois noms qu'il donne selon les récits aux rêves qu'il relate *(visio, visum, somnium)* sont utilisés indistinctement. Guibert parle pourtant à propos des rêves de sa mère d'un « genre » distinct, *visorum genera*, celui des rêves qui proviennent de Dieu[1]. *Visum*, comme *somnium* et *visio* appartiennent à la classification de Macrobe, que le XIIe siècle a justement redécouverte[2]. Mais l'auteur présumé du *Liber de spiritu et anima* (Alcher de Clairvaux[3]) et Jean de Salisbury[4] ont remplacé ce terme latin par son équivalent grec *phantasma* qui, dans le contexte de la chrétienté latine médiévale, a une connotation indubitablement diabolique[5]. Par *visum* Guibert entend désigner, au contraire, un rêve inspiré par Dieu ; il emploie donc ce terme indépendamment de la classification de Macrobe, écrivant d'ailleurs antérieurement à sa redécouverte, qui intervint un peu plus tard, au XIIe siècle ; surtout, Guibert appartient à un milieu monastique traditionnel assez éloigné des spéculations qui ont permis la redécouverte de Macrobe. Ainsi reste-t-il fidèle à la trilogie augustinienne des visions « corporelle », « spirituelle » et « intellectuelle » qui, englobant le rêve dans la catégorie plus large de la *visio spiritalis*, a certainement joué un rôle décisif dans

1. *Autobiographie, op. cit.*, p. 146.
2. J. LE GOFF, « Les rêves dans la culture et la psychologie de l'Occident médiéval » [1971], repris dans *Pour un autre Moyen Âge*, Paris, 1977, pp. 299-306. F. X. NEWMAN, *Somnium. Medieval Theories of Dreaming and the Form of Vision Poetry*, Princeton (Ph. D.), 1974.
3. *P.L.* (40), col. 779-882. L. NORPOTH, *Der Pseudo-Augustinische Traktat De Spiritu et Anima* (Ph. Diss.), Munich, 1924, rééd. Cologne et Bochum, 1971. M. PUTSCHER, *Pneuma, Spiritus. Geistliche Vorstellungen vom Lebensantrieb in ihren geschichtlichen Wandlungen*, Wiesbaden, 1973, pp. 48-50.
4. *Policraticus*, éd. WEBB, Oxford, 1979, chap. XV, vol. I, pp. 87-96.
5. F. SCHALK, *Exempla romanischer Wortgeschichte*, Francfort-sur-le-Main, 1966, pp. 295-337.

l'occultation de la typologie des rêves de Macrobe, presque complète durant le haut Moyen Âge.

Guibert partage, en fait, l'attitude commune de son temps à l'égard des rêves. Il les juge selon leur origine, en distinguant fondamentalement deux types de rêves : ceux qui viennent de Dieu *(« ex Deo proveniant »)* et ceux qui viennent du diable *(« hostis imagines inferens »)*. Il ne fait aucune place à la catégorie intermédiaire des rêves qui viennent de l'homme lui-même, soit de son âme (selon la théorie de Tertullien), soit de son corps, comme les auteurs du XIIe siècle tendaient de plus en plus à l'affirmer : cette catégorie intermédiaire passera même au premier plan chez Hildegarde de Bingen qui, dans les *Causae et Curae*, développe une psychophysiologie complète du sommeil et du rêve. L'intérêt croissant pour le sommeil est allé de pair, à cette époque, avec la promotion du corps comme origine possible des rêves : rien ne laisse deviner chez Guibert cette double tendance de la pensée du XIIe siècle. Celui dont on a loué parfois l'esprit « moderne » (notamment à propos de la critique des reliques) reste, en fait, fidèle au dualisme orthodoxe du monarchisme traditionnel.

LA STRUCTURE NARRATIVE DES RÉCITS DE RÊVE

En parlant à plusieurs reprises d'*ordo visionis* ou de *series visionis*, Guibert montre bien qu'il avait conscience du fait que les récits de rêve obéissent à un ordre, ont une structure narrative. Mais cette structure n'est pas unique, ce qui renforce l'hypothèse selon laquelle les récits de rêve rapportés par Guibert sont assez indépendants de la tradition littéraire ou hagiographique des songes : seuls les rêves du roi légendaire Quilius ou du lointain abbé du Mont-Cassin Didier se conforment entièrement à cette tradition.

Cependant, la plupart des rêves présentent une scène onirique sans développement narratif important. Quatre rêves, en revanche, retiennent particulièrement l'attention. Parmi eux, trois présentent une structure narrative identique, bien que les rêveurs soient à chaque fois différents (ce sont respectivement le précepteur, Guibert, sa mère) et que les contenus diffèrent également.

Structure des rêves 6, 3 et 4 (ici numérotés respectivement 1, 2 et 3)

A. *Avant le rêve* : conflit

1. Le précepteur hésite à passer du service des cousins de Guibert au service de la mère de celui-ci.
2. Guibert enfant aspire à prendre l'habit religieux, malgré des avis contraires.
3. Guibert est tenté de quitter le monastère de Saint-Germer.

B. *Rêve* : manque (M) ou dégradation (D)

1. Le précepteur voit s'arrêter sur le seuil de sa chambre un vieillard chenu qui tient le jeune Guibert par la main (M).
2. Des démons transportent Guibert au faîte d'une église dédiée à la Vierge (D).
3. La mère de Guibert voit l'église de Saint-Germer à l'abandon et les moines, dont son fils, affublés de vêtements contraires à la règle et réduits à la taille de nains (D).

C. *Rêve* : Intervention de l'auxiliaire surnaturel

1. Le vieillard lâche la main de Guibert et lui ordonne de se jeter dans les bras du précepteur.
2. La dédicace de l'église à la Vierge équivaut à une intervention miraculeuse de celle-ci.
3. La Vierge (Notre-Dame de Chartres) s'avance jusqu'à l'autel suivie d'une jeune servante qui répète toutes ses paroles et ses gestes. La Vierge proteste de sa volonté de ne pas laisser le monastère à l'abandon.

D. *Rêve* : Amélioration

1. L'enfant se précipite vers son maître et le couvre de baisers.

2. Les démons prennent la fuite, laissant Guibert indemne dans l'enceinte de l'église.

3. L'église est restaurée, Guibert et les autres moines retrouvent une apparence et une taille normales.

E. *Après le rêve* : Résolution du conflit

1. Le précepteur décide d'entrer au service de la mère de Guibert et de venir habiter chez elle.

2. Le souvenir de ce rêve réconforte Guibert chaque fois qu'il est tenté par le péché.

3. La mère de Guibert ayant raconté son rêve à son fils, celui-ci décide de demeurer au monastère.

On retiendra de ce tableau la mise en évidence d'une structure qui, bien que plus simple, n'est pas sans rapport avec celle du conte merveilleux telle que Vladimir Propp l'a mise en lumière ; elle s'apparente surtout à celle des *exempla*[1]. Il faut retenir aussi la nécessité d'une définition large du rêve qui, s'enracinant dans la vie du rêveur, commence avant le sommeil et se poursuit après lui.

Il en va de même pour le grand rêve de la mère de Guibert : la veille qui précède le sommeil et le rêve doit être prise en considération, de même que les actes qui suivent le réveil. Guibert note que sa mère avait « l'amour de son veuvage », mais que le souci d'aider son mari défunt dans la *purgatio* de ses fautes ne la quittait pas. De fréquentes visions lui révélaient ses épreuves dans l'au-delà, comme ce rêve qu'elle fit une nuit de dimanche après matines, en plein été, quand, « ayant rassemblé ses membres sur un banc très étroit », elle n'avait pas tardé à sombrer dans le sommeil.

Le rêve proprement dit est une suite de tableaux juxtaposés qui se succèdent chronologiquement, comme les scènes au théâtre. Guibert lui-même parle de *sacra mysteria* à propos de ce rêve[2], de même qu'il relate ailleurs la vision diabolique de *spectacula nova* et d'histrions par l'un des conjurés de la com-

1. Voir l'analyse de la structure de l'*exemplum* par C. BRÉMOND dans C. BRÉMOND, J. LE GOFF, J.-C. SCHMITT, *L'Exemplum*, Turnhout, 1982, pp. 109-143.

2. *Autobiographie, op. cit.*, p. 152.

mune de Laon[1]. Le modèle des mystères religieux ou du théâtre profane a peut-être exercé sur ces rêves et visions un rôle important, même s'il est moins sensible que les modèles littéraires augustiniens des songes de Monique.

1. *Le voyage.* La mère de Guibert sent son âme sortir de son corps *(« sua ipsius anima de corpore sensibiliter sibi visa est egredi »)* ; elle est conduite le long d'une galerie *(« per quendam porticum duceretur »)*, dont elle émerge pour s'approcher de l'orifice d'un puits.

2. *La mise à l'épreuve de l'âme de la rêveuse.* Des fantômes *(« larvali specie homines »)* sortent du puits et tentent de l'y entraîner. Une voix, derrière son dos, leur interdit de la toucher et les met en fuite. Cette scène de l'épreuve identifie le lieu où elle se trouve comme n'étant pas l'enfer, qui doit se trouver au fond du puits. Elle marque aussi un tournant dans le récit : la vertu de la mère de Guibert, qui a surmonté l'épreuve, est reconnue ; de victime potentielle elle peut devenir elle-même l'auxiliaire de l'âme de son mari.

3. *La rencontre avec Évrard, son mari défunt.* Évrard, le père défunt de Guibert, apparaît à son épouse à côté du puits où elle était venue s'appuyer. Il a l'aspect du *juvenis* qu'il était lors de sa mort prématurée. Commence alors l'*interrogatio* du mort par sa veuve qui lui demande successivement :

a) *s'il est bien Évrard* : il nie cette évidence, car, précise Guibert, si les âmes gardaient dans l'au-delà le nom qu'elles ont porté sur terre, elles ne pourraient y reconnaître que les âmes de parents et d'amis. « L'âme de mon père refusa donc d'être ainsi appelée. » Mais, au-delà de cette justification théologique, on peut aussi se demander si la question posée ne s'apparente pas à une invocation de nécromant : le refus du mort de se laisser reconnaître et nommer tendrait ainsi, chez le narrateur, à écarter tout risque de confusion entre le rêve « divin » de sa

1. *Ibid.*, p. 341.

mère et une pratique diabolique condamnée traditionnellement par l'Église. Au XIVe siècle, celle-ci saura mettre en forme une *interrogatio* orthodoxe, exclusivement confiée aux clercs, afin d'identifier les « bons esprits » et connaître leurs volontés[1].

b) *où il séjourne* : il répond qu'il demeure en une « place » non loin du présent « lieu » *(« ille acsi plateam haud procul a loco positam insinuat, et ibidem se commorari »).* Le lieu de la rencontre paraît donc servir d'antichambre à cette *platea* non précisée comme à l'enfer au fond du puits. L'espace de l'au-delà n'est pas encore organisé de manière claire et définitive : Guibert de Nogent, au début du XIIe siècle, ne peut encore concevoir qu'un « pré-purgatoire[2] ».

c) *quel est son état* : Évrard découvre les terribles blessures qu'il porte au bras et au flanc ; sa veuve aperçoit de plus à ses côtés un fantôme de petit enfant *(« pueruli cujuspiam species »)* qui pousse des cris à peine supportables.

Guibert insère ici dans le récit l'explication de ces blessures et de la présence du petit fantôme : à la suite d'un « maléfice », ses parents n'avaient pas consommé leur mariage pendant sept ans ; sous la pression de parents de son lignage[3], le mari, suivant l'avis de « conseillers dépravés », voulut « savoir par expérience » ce qu'il en était de sa virilité ; or, de son commerce avec une femme légère, il eut un fils qui mourut aussitôt sans baptême. Il revint ensuite à son épouse qui, bientôt, lui donna des enfants légitimes, dont Guibert. Commentant le rêve de sa mère, celui-ci explique : « La blessure au côté signifiait donc qu'il avait souillé son engagement conjugal ; quant aux clameurs de cette voix insupportable, elles signifiaient la damnation de l'enfant conçu dans le péché. »

1. Voir, du dominicain JEAN GOBI, *Disputatio inter quemdam priorem Ordinis Predicatorum et Spiritum Guidonis de Corvo* (1323), trad. par Marie-Anne POLO DE BEAULIEU, *Jean Gobi. Dialogue avec un fantôme,* Paris, Les Belles Lettres, 1994, et les ouvrages plus théoriques : le traité de JACQUES DE JUTERBORG (de Paradisio), *Tractatus des animabus exutis a corporibus,* et ceux de JEAN GERSON et HENRI DE LANGENSTEIN sur la manière de distinguer les bons et les mauvais esprits. Cf. P. BOLLAND, *The Concept of Discretio Spiritum in John Gerson's. « De Probatione Spiritum » and « De Distinctione Verarum Visionum a falsis »,* Washington, 1959.

2. Selon la terminologie proposée par J. LE GOFF, *La Naissance du purgatoire,* Paris, 1981 (sur Guibert de Nogent, pp. 246-250).

3. *Autobiographie, op. cit.*, p. 76.

d) *si les prières, les aumônes et les messes qu'elle offre pour lui lui procurent du soulagement* : il répond par l'affirmative et se recommande particulièrement aux prières d'une certaine Liutgarde, sainte femme dont la fonction était d'aider les morts pour lesquels on s'adressait à elle[1].

La mère de Guibert met alors un terme à cet entretien *(« loquendi ad patrem meum finem faciens »)*. Mais de nouvelles scènes s'offrent à elle.

4. *La vision des damnés.* Elle voit, à genoux sur une planche posée sur la margelle du puits, le chevalier Renaud qui attise en soufflant le feu d'un bûcher ; comme le feu dévore la planche, il va se précipiter lui-même dans le puits infernal. Cette vision est prémonitoire de l'assassinat de Renaud — le jour même à midi — et de sa damnation, puisque ce sont ses propres fautes qui ont « allumé » le feu et que c'est lui qui l'alimente de son souffle suicidaire. Elle aperçoit aussi sur la même planche un frère de Guibert, qui aide Renaud à souffler et qui blasphème : celui-ci ne mourra que plus tard, mais il est promis au même châtiment. Enfin, la mère de Guibert voit deux démons « fort noirs » emporter le fantôme *(« speciem umbraticam »)* d'une amie défunte ; celui-ci lui avait promis avant de mourir de lui apparaître après son décès pour lui révéler son sort dans l'au-delà[2]. Cette femme, au moment de mourir, avait eu déjà la révélation que le ciel lui resterait fermé. Mais au terme de son agonie, elle avait repoussé deux démons qui voulaient emporter son âme et, une fois morte, elle était apparue à une autre femme, l'assurant que ses prières la libéreraient. La vision de la mère de Guibert paraît infirmer cette issue. Cependant, l'essentiel est de noter une certaine difficulté de Guibert à distinguer les âmes qui peuvent être libérées des peines de l'au-

1. *Ibid.*, p. 152. On pourra rapprocher ce nom de celui de la sainte attitrée des âmes du purgatoire. Lutgarde, au XIIIe siècle, mentionnée par J. LE GOFF, *La Naissance du purgatoire, op. cit.*, pp. 434-436. Simple coïncidence ?

2. Thème extrêmement fréquent dans toute la littérature des revenants au Moyen Âge que ce pacte de deux amis : voir désormais Jean-Claude SCHMITT, *Les Revenants. Les vivants et les morts dans la société médiévale*, Paris, Gallimard, 1994.

delà par les suffrages des vivants, et celles qui sont irrémédiablement damnées. Comme pour l'espace de l'au-delà, la « naissance du purgatoire » allait, un demi-siècle plus tard environ, apporter une clarification nécessaire concernant le destin des âmes après la mort.

Cette succession de scènes oniriques qui surgissent et disparaissent subitement dans le rêve de la mère de Guibert obéit en effet à une évidente logique : il s'agit de définir le statut de l'âme d'Évrard par rapport à toutes celles des damnés : le bâtard, Renaud, le frère de Guibert, les fantômes sortis du puits et peut-être la vieille femme. Seul Évrard peut être racheté de manière certaine. Le rêve conduit ainsi à l'action : au réveil, la mère de Guibert comprend qu'elle doit intensifier les suffrages pour son époux décédé et racheter les tourments de celui-ci au prix de sa propre mortification. À cette fin, elle recueille un enfant dont les cris incessants, toute la nuit, lui donnent, par analogie avec ceux qui tourmentent Évrard, la certitude qu'elle contribue par ses souffrances à la libération de celui-ci.

LES SUJETS ET LES OBJETS DES RÊVES

L'objet principal de chaque rêve est une ou des figures d'hommes vivants ou déjà morts, de personnages surnaturels, soit positifs (Christ, Vierge, ange, saint), soit négatifs (des démons). Ces « objets » peuvent être mis en relation avec les rêveurs, disposés dans quatre cercles concentriques : Guibert lui-même, son entourage immédiat (sa mère, son précepteur, l'intendant de sa mère), un cercle de relative proximité culturelle et spatiale (moines, nonnes, chevaliers), le cercle des rêveurs éloignés dans le temps ou l'espace (l'abbé Didier et le roi légendaire Quilius). Le *tableau 1* systématise cette relation.

Ce tableau fait bien apparaître trois groupes distincts de rêveurs :

— Guibert se souvient de cauchemars d'enfant où lui apparaissaient des morts, victimes de mort violente (il aurait même

		OBJETS DES RÊVES																		
		HOMMES VIVANTS					HOMMES MORTS							ÊTRES SURNATURELS						
														positifs					négatifs	
RÊVEURS :	N° D'ORDRE DU RÊVE	Guibert	mère de G.	moines	Renaud	frère de G.	guerriers tués	noyé	fantômes	Évrard	bâtard	vieille femme	nonne	Christ	vieillard	vierge	jeune servante	St. Benoît	démons	deux ours
	1						*													
GUIBERT enfant	2							*											*	
	3															×			*	
MÈRE de G.	4	*		*												*	*			
	5				*	*			*	*	*	*								
PRÉCEPTEUR	6	*													*					
	7	×													*					
INTENDANT	8		*																	
MOINE (1)	9													*						
NONNE	10												*						*	
MOINE (2)	11																		*	
CONJURÉ	12																			*
CHEVALIER	13															*				
DIDIER	15																	*		
ROI QUILIUS	14																			

× Présence virtuelle

Tableau 1.
Sujets et objets des rêves.

assisté au trépas de certains d'entre eux) et des démons qui l'agressaient.

— D'après lui, sa mère, le précepteur et l'intendant rêvaient principalement de Guibert lui-même et de parents et d'hommes proches, vivants ou, le plus souvent, morts ou destinés à mourir à plus ou moins brève échéance.

— Les personnages surnaturels positifs ou négatifs sont exclusivement présents dans les rêves des sujets plus éloignés dans l'espace et/ou le temps.

Ces observations rejoignent la remarque faite par Jacques Paul à propos des apparitions démoniaques chez Guibert : le récit rapporté par des témoins et réélaboré en conformité avec la tradition lettrée tend à s'éloigner de récits qui relatent le souvenir d'expériences personnelles. Les *tableaux 2* et *3* permettent de préciser cette hypothèse, en comparant les récits de rêves à ceux de visions non explicitement désignées comme rêves.

Le *tableau 2* montre la nette prépondérance des rêves sur les autres visions concernant Guibert et son entourage immédiat (huit contre deux) ; le rapport inverse caractérise les personnes plus éloignées (vingt-six visions pour sept rêves). Le *tableau 3* détaille le contenu des rêves et des visions ; il confirme l'importance des hommes vivants et morts parmi les objets des rêves, et celle des personnages surnaturels, avant tout démoniaques, dans les autres visions. On peut donc dire globalement que la distance et la tradition favorisent l'élaboration de récits conformes au merveilleux chrétien, surtout sous la forme de visions de personnages surnaturels avant tout démoniaques, et en utilisant le vocabulaire objectiviste de la présence *(astitit diabolus)* ; au contraire, les récits concernant le narrateur lui-même ou des personnes proches restent plus fidèles à l'expérience onirique originelle : ce sont des rêves et non des visions à l'état de veille, qui utilisent le vocabulaire de la semblance *(videbatur)* et non de la présence, et qui ont pour objet le réseau de relations sociales auquel appartient le rêveur, un groupe d'hommes vivants ou morts, plus que des personnages surnaturels.

L'INTERPRÉTATION DES RÊVES

Pour Guibert, le contenu des rêves *(tenor visionis)* a toujours un sens *(sententia)*, un sens nécessairement religieux en raison de l'origine surnaturelle du rêve (qu'elle soit divine ou diabolique) et le plus souvent en raison de la finalité du rêve, explicitée par son interprétation. Celle-ci relève de véritables « professionnels » de l'interprétation *(interpretes)*, qui sont ici le précepteur et surtout la mère de Guibert. Cette dernière interprète les rêves d'autrui, par exemple de son intendant qui avait rêvé qu'elle se remariait : « Ma mère, qui était extrêmement subtile en semblable matière *("in talibus versutissima")*, n'eut aucun besoin d'interprète, mais se tournant vers mon maître elle lui fit comprendre, d'un regard silencieux, qu'une telle vision était un présage de cet amour de Dieu dont ils s'entretenaient ensemble, de Dieu qu'elle avait le désir d'épouser[1]. » Ailleurs, Guibert dit que sa mère avait aussi été consultée par une servante au sujet de démons qui, sous la forme de chiens, terrorisaient sa petite fille au berceau[2]. Elle-même et le précepteur interprètent aussi leurs propres rêves, soit qu'ils les concernent personnellement (lorsque le précepteur rêve que son élève lui est conduit dans sa chambre), soit qu'ils aient pour objet Guibert. Sa mère surtout jouit d'un véritable « œil intérieur » qui lui permettait en rêve de deviner les angoisses de son fils et même de prédire son avenir. Alors même qu'elle était déjà morte au moment où Guibert écrivait, ses prédictions *(portenta)* continuaient de se réaliser ou, si elles ne s'étaient pas encore vérifiées, Guibert s'en trouvait paralysé au point de ne pouvoir en parler : « De très fréquentes visions, dans lesquelles je figurais avec d'autres personnes, lui permettaient de prévoir, très longtemps à l'avance, ce qui devait se produire ; certains de ces évé-

1. *Autobiographie, op. cit.*, p. 98.
2. *Ibid.*, pp. 174-175.

	RÊVES	VISIONS
Guibert	3	0
Mère Précepteur Intendant	5	2
Moines Nonnes Chevaliers	5	22
Personnages plus éloignés dans l'espace / temps	2	4
Divers		3
TOTAL	15	31

Tableau 2.
Nombre de rêves et d'autres visions
selon les types de sujets.

Hommes vivants	4	1
Hommes morts	4	3
Christ	1	
Vierge	2	2
Anges, vieillard, bons esprits	2	1
Saints	1	1
Paysage céleste		2
Démons	4	14
Démons sous forme animale	1	2
Divers		4

Tableau 3.
Nombre de rêves et d'autres visions
selon les types d'objets.

nements, je constate à n'en pas douter qu'ils se réalisent ou se sont réalisés, ce qui fait que j'attends les autres comme devant tout aussi survenir, et je pense délibérément que je dois m'abstenir d'en ajouter ici la relation[1]. » Ce don de clairvoyance et de prémonition oniriques lui venaient de sa grande vertu : « Comme indubitablement les songes *(somnia)* dérivent de la multiplicité des soucis (Ecclésiaste, V, 2), en elle toutefois ces soucis étaient provoqués, non par le bouillonnement de l'avidité, mais par une véritable jalousie de mon bien spirituel[2]. » Cependant, l'interprète ne dégageait pas seul(e) le sens de son rêve, mais avec la personne concernée, en discutant avec elle du contenu du rêve. Pour le maître comme pour la mère de Guibert, l'interprétation est l'occasion d'une pédagogie de la parole qui débouche sur l'aveu *(confessio)* de l'enfant : « Mon maître devait me rapporter la chose, et nous eûmes l'un comme l'autre une même explication sur la teneur de ce songe[3]. » Sa mère n'agit pas autrement : « Sitôt, donc, que sa pieuse pensée était traversée de cette importune vision, elle qui, pour résoudre de tels problèmes, était extraordinairement fine et perspicace *("in talibus exsolvendis admodum subtilis et perspicax")* aussitôt, dis-je, interprétant comme présage *(portentum)* le désagrément que lui causaient ses songes, elle me faisait venir et, en grand secret, elle révisait avec moi mon application à l'étude, mes actes et mes occupations. Or, c'était mon habitude de ne lui refuser jamais une entière harmonie de nos âmes : aussi m'empressais-je de lui faire des aveux au sujet de tout ce que je l'écoutais me relater d'après le témoignage de ses songes, de tout ce qui lui paraissait engluer mon âme ; m'invitait-elle à me corriger, je le lui promettais dans la sincérité du cœur[4]. »

De tels textes sont d'une extrême densité. Ils éclairent tous les aspects de l'interprétation : sa forme dialoguée ; sa finalité, qui

1. *Ibid.*, p. 168.
2. *Ibid.*, p. 122.
3. *Ibid.*, p. 136.
4. *Ibid.*, pp. 122-125. Tous ces textes seraient à verser au dossier de la préhistoire du canon 21 du IVe concile de Latran (1215), sur lequel on consultera *Pratiques de la confession des Pères du désert à Vatican II. Quinze études d'histoire. Groupe de La Bussière*, Paris, 1983.

est de déboucher sur l'aveu et la correction morale ; son principe même, qui est double : l'interprétation est globale, c'est-à-dire que le sens est tiré de la totalité du récit : par ailleurs, elle est fondée sur la confrontation des images oniriques et de la situation objective des personnes concernées par le rêve, soit avant, soit après celui-ci. Cette technique interprétative est bien mise en lumière par Guibert à propos de sa mère, qui interprète son rêve « *ex convenentia visionis veris vera conferens*[1] ». Elle rapproche, fait coïncider, deux types de faits « vrais » : ceux de la réalité objective, future ou passée, et ceux de la réalité onirique ; ainsi l'assassinat de Renaud le jour même du rêve confirma l'image prémonitoire de l'homme souillant sur le feu au-dessus du puits ; et la naissance du bâtard, dont en fait « elle n'avait pas ignoré l'existence », appelait, à l'avance cette fois, l'apparition fantomatique de cet enfant dans le rêve. Ainsi l'interprétation du rêve s'appuie-t-elle sur une situation singulière et non sur un symbolisme extérieur aux acteurs. Un bon exemple est fourni par le rêve du conjuré, dont deux ours viennent dévorer le foie et le poumon. La réminiscence d'un passage biblique ne fait guère de doute : deux ourses dévorèrent les deux enfants qui s'étaient moqués d'Élisée (II Rois, II) ; dans la littérature l'ours symbolise l'ennemi, le païen[2]. Mais ici le lien des ours et des enfants est transposé sur une situation singulière où les enfants ne sont pas les agresseurs, mais les victimes : ils s'identifient aux ours pour châtier symboliquement leur meurtrier à travers le complice de celui-ci. Cependant, cette identification symbolique reste implicite et n'a pas à être formulée sous cette forme par Guibert, car c'est l'ensemble du récit qui fait sens, et non l'une de ses images particulières. L'interprétation globale des rêves, qui est la règle dans le *De vita sua*, est fort différente de l'interprétation analytique qui caractérise les clefs des songes, où chaque image de rêve est reliée terme à terme à un sens symbolique universel. Le cas des rêves et de leur interprétation chez Guibert de Nogent amène à poser au moins la question de l'utilisation

1. *Autobiographie, op. cit.*, p. 154.

2. H. BRAET, *Le Songe dans la chanson de gestes au XIIe siècle* (« Romanica Gandensia », XV), Gent, 1975, *op. cit.*, p. 187.

réelle des clefs des songes au Moyen Âge, et des raisons pour lesquelles celles-ci étaient reproduites[1]. Les principes de l'interprétation décrite par Guibert sont en effet très différents de ceux sur lesquels reposent les clefs des songes.

Les rêves positifs de la mère de Guibert sont décrits comme des *portenta*, des présages qui concernent soit la vie de Guibert, soit le destin de son autre fils et du chevalier Renaud. Les rêves sont donc tournés vers le futur, conformément à toute la tradition classique, biblique et médiévale du rêve signifiant, notamment dans l'oniromancie. Toutefois, le rêve n'annonce pas un destin inéluctable, un *fatum* prédéterminé par la volonté divine, sauf dans le cas où l'homme, par sa faute, s'est déjà condamné lui-même. Le plus souvent, le futur prévu en rêve reste à construire, à choisir par le sujet lui-même. Et ce choix est toujours de nature religieuse : c'est un choix entre le vice et la vertu. Le rêve a pour fonction d'éclairer les éléments de ce choix ; l'interprétation l'explicite et le guide. Mais les données entre lesquelles choisir sont déjà présentes avant le rêve dans la situation conflictuelle qui lui donne naissance.

Le meilleur exemple en est fourni par le rêve du précepteur, dont la structure narrative a été analysée plus haut : le maître hésite à venir habiter chez la mère de Guibert, et ce n'est qu'à l'issue du rêve — dans lequel il voit un vieillard lui conduire l'enfant — qu'il est censé se mettre à son service. En fait, à suivre le récit de Guibert, la chambre dans laquelle dort le précepteur et dont il rêve est déjà celle qu'il n'habitera normalement qu'après le rêve. Le récit onirique opère une inversion du temps, preuve que le rêve et son interprétation sont préprogrammés par une situation individuelle et sociale antérieure. Tout autant que vers

1. Voir notamment W. SUCHIER, « Altfranzösische Traumbücher », *Zeitschrift für französische Sprache und Literatur*, LXVII, 1956, pp. 129-167. A. ÖNNERFORS, *Über die alphabetischen Traumbücher (Somnialia Danielis) des Mittelalters*, Medievalia. Abhandlungen und Aufsätze. Lateinische Sprache und Literatur des Mittelalters, VI, Francfort, Berne et Las Vegas, 1977, pp. 33-331. M. FORSTER, « Beiträge zur mittelalterlichen Volkskunde », *Archiv für das Studium der neueren Sprachen und Literaturen*, CXX, 1908, pp. 302-305 ; CXXV, 1910, pp. 39-70 ; CXXVII, 1911, pp. 31-84 ; CXXXIV, 1916, pp. 264-293. Les premières listes publiées remontent au XIe siècle (anglo-saxon).

le futur, le rêve est tourné vers le passé. C'est pourquoi s'impose ici une autre lecture du rêve, inspirée de la psychanalyse[1].

CONTENU MANIFESTE ET CONTENU LATENT

Guibert lui-même est, à des titres divers, concerné par tous les rêves qu'il relate : dans tous les cas à titre de narrateur, parfois en tant qu'objet de rêves (de sa mère, du précepteur) ou encore en tant que sujet (lorsqu'il relate ses cauchemars d'enfance). Plus de la moitié des rêves (huit sur quinze) le concernent au premier chef, qui tous remontent à son enfance. Ces récits autobiographiques de rêves sont le produit d'un triple « travail » : le « travail du rêve », de la mémoire et de l'écriture. C'est dire que l'historien doit tenir compte de toutes les censures possibles, conscientes ou non, qui ont pesé sur ces récits et qui peuvent en expliquer les silences : Guibert ne dit pas avoir rêvé de sa mère en dépit de la grande affection qu'il lui vouait ; il ne relate aucun rêve personnel où son père lui serait apparu ; il tait tout rêve à contenu explicitement sexuel, en dépit des fortes tentations de la chair qu'il dit par ailleurs avoir subies. Il ne rapporte, en ce qui le concerne, aucun rêve d'adulte. En revanche, la présence de Guibert lui-même et de son père au centre des rêves de sa mère et du précepteur est le trait marquant de ces récits. La relation onirique qu'entretiennent ces quatre personnages doit donc être tenue pour essentielle. On peut même affirmer que Guibert poursuit son propre rêve en racontant ceux de sa mère et de son maître. C'est l'ensemble de ces rêves qui constitue son autobiographie rêvée.

Guibert était âgé de huit mois lorsque son père est mort. Or, lorsqu'il écrit son autobiographie, il n'hésite pas à rendre grâces à Dieu de cette mort qui empêcha son père de se

1. Je me réfère ici essentiellement à S. FREUD, *L'Interprétation des rêves*, trad. fr. I. Meyerson, Paris, 1926 (rééd. 1976).

rétracter après avoir voué son fils à la Vierge et à l'Église. Grâce à cette mort, dit Guibert en s'adressant à Dieu, « tu allais me servir de Père[1] ». Ce n'est pas un hasard si Guibert insiste sur sa date de naissance, veille du jour de Pâques où est ressuscité le Fils de Dieu auquel, symboliquement, il s'identifie... Mais la perte prématurée de son père terrestre a beaucoup pesé sur la formation et l'équilibre psychique de l'enfant, en déterminant envers sa mère un attachement insurmontable, sauf à être sublimé dans la vénération de la Vierge[2]. Les relations ambiguës de Guibert et du précepteur ne sont pas moins remarquables : l'amour débordant du maître (voir le baiser onirique) alternait avec une excessive rigueur à l'égard de l'enfant, pour qui il était, à tous égards, un substitut du père défunt. Pourtant, si Guibert semble s'être réjoui de la mort de son père et si celui-ci est absent de ses rêves tels qu'il les relate, on peut se demander si le père défunt ne faisait pas retour symboliquement dans les rêves de l'enfant, sous les traits de défunts victimes de morts violentes et prématurées, par l'épée ou aux bains. Le grand rêve de la mère de Guibert n'apporte-t-il pas une réponse ?

Le mariage des parents de Guibert, tel que celui-ci le raconte[3], est l'histoire d'un échec. Très jeunes l'un et l'autre, ils furent empêchés sept ans durant de consommer leur union sous l'effet, dit Guibert, de maléfices jetés par une marâtre envieuse. Le rejet obsessionnel de la chair, de la part de la mère de Guibert, a sans doute joué un rôle : alors que son époux avait surmonté ses propres difficultés, elle continuait de « supporter avec horreur les devoirs de la couche conjugale[4] ». Pour elle, la mort d'Évrard fut une libération : refusant de se remarier, alors que sa beauté et son héritage attisaient les convoitises, elle s'identifia de plus en plus à la Vierge : n'est-elle pas elle-même la jeune servante qu'elle voit en rêve reproduire tous les gestes et les paroles de la Vierge ? Mais

1. *Autobiographie, op. cit.*, p. 24.
2. Voir à ce sujet les études XXX de J. F. Benton et J. Kantor.
3. *Autobiographie, op. cit.*, p. 76.
4. *Ibid.*, p. 146.

Évrard, l'époux défunt, fait retour dans ses rêves et de la façon la plus explicite.

Les rêves de Guibert et le long rêve de sa mère, tel qu'il le raconte, ont donc en commun de semblables images de mort et de sexe : Guibert rêve d'hommes tués par l'épée (peut-être sous ses yeux) ou d'un homme mort aux bains, allusion empreinte, dans la culture médiévale, d'une évidente connotation sexuelle. Sa mère rêve d'Évrard accompagné du fantôme de son bâtard, incarnation de son péché sexuel ; ses blessures sont le châtiment de son excessive sexualité et de l'adultère : elles sont l'image symbolique de la castration ; ce phantasme habite d'autant plus le petit garçon qu'il est soumis à la sévérité de son maître, qui s'est partiellement substitué à son père ; un autre récit du *De vita* en renvoie l'écho de manière plus explicite encore[1].

La mère comme le fils semblent avoir refoulé l'image de l'époux, Évrard, ou du père défunt. Mais celui-ci fait retour dans leurs rêves : sans doute parce que, selon Freud, le rêve libère les images refoulées de l'inconscient, mais aussi parce que c'était la fonction sociale des rêves de guider l'action des hommes à l'égard des parents défunts : de permettre, grâce à l'expérience onirique, la « réinsertion sociale » des morts en peine quand il y avait encore pour eux un espoir de salut ; le rêve permet au mort anonyme qui a perdu son nom terrestre de devenir un mort légitime, objet de la sollicitude et des suffrages de ses parents vivants.

Le rêve marque ainsi un moment clef d'une « histoire de vie » familiale qui commence bien avant lui et se poursuit après lui. Or, ce qui noue le rêve et la réalité, c'est une chaîne de trois enfants qui ont, pour deux d'entre eux au moins, une double existence onirique et réelle qui, chacune, semble renvoyer à l'autre son image, comme en un miroir. Les trois enfants sont :

— l'enfant bâtard, dont la naissance a apporté la preuve de la virilité d'Évrard, lui permettant ainsi de procréer des enfants légitimes, dont Guibert lui-même ; mais cette preuve n'a été admi-

1. *Ibid.*, p. 180 : la foudre vient brûler le sexe d'un moine.

nistrée qu'au prix d'un excès sexuel grave dont les cris du fantôme de l'enfant dans l'au-delà seront l'insupportable châtiment ;

— Guibert lui-même, dont la naissance a donc été permise par celle du bâtard ;

— le petit enfant recueilli par la mère de Guibert après son rêve, véritable double de celui qui tourmente l'âme d'Évrard. Ses cris sont la réplique de ceux que pousse le petit fantôme et les tourments qu'il inflige à la mère de Guibert doivent racheter ceux qu'endure le père de celui-ci. Pas plus que le petit bâtard, damné pour une faute qu'il n'a point commise, l'enfant « adopté » n'a pas d'existence propre : il n'est que l'instrument du rachat du père de Guibert[1].

L'INTERPRÈTE DES RÊVES ENTRE VIVANTS ET MORTS

Assurément, le document analysé est exceptionnellement riche. Malgré le poids des modèles littéraires (Augustin), il permet de saisir le psychisme d'un individu. Mais toujours le rêve apparaît en même temps comme une activité fortement socialisée. Dans les sociétés traditionnelles tout particulièrement, comme l'a montré Roger Bastide, le rêve n'est jamais réductible à un acte du psychisme individuel[2]. Dans le cas présent, il est le fait d'un groupe familial qui est centré sur la mère de Guibert et dont les membres discutent des rêves des uns et des autres afin d'en tirer les leçons propres à résoudre les relations sociales, entre les vivants eux-mêmes et entre les vivants et les morts.

Certes, ce rôle central de la mère obéit à plusieurs modèles :

— le modèle hagiographique des « songes de la mère enceinte », d'origine très ancienne, et qu'on retrouve par exemple au XIIe siècle dans le cas de la mère de saint Bernard. Guibert

1. Plutôt que dire que « l'enfant n'existe pas au Moyen Âge », on dira qu'une conception « instrumentale » de l'enfant a été longtemps dominante.

2. R. BASTIDE, *Le Rêve, la transe et la folie*, Paris, 1972.

ne va pas jusqu'à revendiquer pour sa mère (et pour lui-même) une forme de rêve réservée aux saints. À moins qu'aux trois rêves traditionnels de la mère enceinte Guibert ait substitué ses trois rêves personnels[1]. En tout cas, cette hypothèse peut renforcer l'idée que les rêves de Guibert et ceux de sa mère et de son maître ne forment qu'une seule et même autobiographie rêvée, la sienne. S'il est indéniable que l'individu s'affirme à cette époque[2], notamment en racontant sa vie et ses rêves, il se définit à travers son groupe de parenté charnelle ou symbolique : le rêve narcissique de Guibert se poursuit dans le récit des rêves de sa mère ; le conjuré de Laon, qui voit en rêve deux ours le dévorer, n'est pas le véritable destinataire de ce présage onirique : celui qui est visé est son seigneur, Gérard de Quierzy, auquel il s'est substitué en rêve. En rêve, le seigneur et son « homme », la mère et le fils, ne forment qu'un.

— Le modèle de l'incubation est à l'œuvre dans la manière rituelle, d'inspiration ascétique, dont la mère de Guibert recherche le sommeil et suscite son rêve divin.

— Le modèle du voyage de l'âme qui se détache un temps du corps et visite l'au-delà informe ce même rêve de la mère. Il caractérise de très nombreux récits de visions du Moyen Âge. Donné souvent sous une forme littéraire (dans le *Roman de la rose*, par exemple) il reposait sur un substrat de type chamanique[3].

— Le modèle des *Confessions* de saint Augustin est le plus prégnant : il se retrouve notamment dans le rêve maternel qui éclaire la conversion du fils et aussi dans le thème de la tentation de la chair qui fait obstacle à cette conversion[4]. Toutefois,

1. Je remercie Christiane MARCHELLO-NIZIA de m'avoir suggéré cette hypothèse.

2. W. ULLMANN, *The Individual and the Society in the Middle Ages*, Londres, 1967. C. MORRIS, *The Discovery in the Individual, 1050-1200*, New York, 2ᵉ éd., 1973. C. W. BYNUM, « Did the Twelth Century Discover the Individual ? », *Journal of Ecclesiastical History*, XXXI, 1980, pp. 1-17, repris dans *Jesus as Mother. Studies in the Spirituality of the High Middle Ages*, Berkeley, Los Angeles et Londres, 1982, pp. 82-109.

3. Voir, au XVIᵉ siècle encore, le « rituel onirique » décrit par C. GINZBURG, *Les Batailles nocturnes. Sorcellerie et rituels agraires en Frioul, XVIᵉ-XVIIᵉ siècle*, Lagrasse, Verdier, 1980.

4. Voir les études citées de G. MISCH et F. AMORY. Le fameux rêve de Monique est relaté au livre III, chap. XI, des *Confessions*. Voir aussi livre VI, chap. XIII.

ce modèle n'est pas repris tel quel : il est adapté à la situation singulière des relations de Guibert et de sa mère, qui sont différentes de celles d'Augustin et de Monique. Avec Guibert, au XIIe siècle, l'*auctoritas* n'est plus totalement contraignante : elle s'adapte pour pouvoir servir efficacement d'instrument d'analyse face à une situation inédite.

Le rôle d'interprète de la mère de Guibert ne se réduit en aucune manière à ces modèles. Il est déterminé par une situation sociale spécifique : celle d'une femme issue de l'aristocratie moyenne, veuve et pénitente vivant sur les marges d'un monastère d'hommes. Il s'agit d'une situation « liminale[1] » qui est la condition de son rôle d'« intermédiaire culturel[2] », dont le rêve est l'instrument. Un tel rôle caractérise de nombreux visionnaires, femmes telles certaines béguines, hommes parmi lesquels nombre de convers, de frères lais et surtout d'ermites : soit autant de types sociaux qui ne forment pas une catégorie socioculturelle homogène, mais définissent un rôle social au contact des groupes, statuts, sexes et âges différents de la société. Ce rôle leur permet de transmettre d'une catégorie à l'autre un *savoir* sur le futur et sur l'au-delà sans passer par les médiations officielles de la société féodale et de l'Église : la médiation masculine des clercs et la médiation lettrée de l'écriture[3]. Le savoir des rêves tel qu'il apparaît ici appartient au monde laïc et de l'oralité.

Ce rôle consiste surtout en l'exercice d'un *pouvoir*, qu'illustre bien la domination de la mère de Guibert sur l'existence entière de son fils. Il ne s'agit pas seulement pour l'interprète de pouvoir contrôler l'imaginaire d'autrui, mais d'agir véritablement sur les rapports sociaux puisque l'interprétation guide l'action des hommes, oriente leurs comportements. Dans la

1. Selon la terminologie de V. TURNER, *The Ritual Process*, Chicago, 1969, et *Dramas, Fields and Metaphors*, Ithaca, 1974, et V. et E. TURNER, *Image and Pilgrimage in Christian Culture*, New York, 1978.

2. J'emprunte ici à Michel Vovelle un concept qui lui est familier et que je crois particulièrement opératoire pour l'étude de la circulation des modèles culturels.

3. *Autobiographie, op. cit.*, p. 169, ce que Guibert dit de sa mère est très révélateur : « À la voir ainsi disserter, on aurait pu la prendre non pas pour une femme sans instruction (ce qu'elle était), mais pour *un très éloquent évêque* » (souligné par moi).

société féodale, le rêve n'a pas seulement une valeur individuelle, il a une efficacité sociale. Aujourd'hui, l'efficacité sociale est reconnue au travail, alors que, au XIIe siècle, au contraire, le travail *(labor)* se détachait encore avec peine du système de valeurs symboliques, morales et religieuses, qui le définissait traditionnellement.

Si l'interprète peut guider l'action des hommes, c'est surtout parce que le rêve dont il donne le sens fait entendre la voix des morts. Le lien essentiel du rêve et des morts est d'ailleurs confirmé par l'étymologie[1]. Les morts — le père — reviennent dans les rêves d'au-delà de la conscience, parlent au rêveur, demandent et ordonnent[2]. L'interprète des rêves occupe une place cruciale entre eux et les vivants.

À l'écoute des rêves de chacun, l'interprète déchiffre avec lui la voix des morts ; et il l'apaise en obtenant satisfaction pour les parents défunts, sous la forme de messes, de prières et d'offrandes. Car en libérant le père ou l'époux de ses tourments dans l'au-delà, c'est lui-même que le dormeur libère.

Le rêve est la scene imaginaire des échanges entre vivants et morts. L'intérêt du texte de Guibert est de montrer ces échanges soumis au contrôle coutumier de deux femmes, indépendamment de toute médiation cléricale et monastique (médiation qui reprend ses droits au moment de dire des messes). Leurs rôles sont complémentaires ; la mère de Guibert est l'interprète attitrée des rêves, tandis que la pieuse Liutgarde est chargée, en réponse aux requêtes des morts, de prier pour les soulager.

Les récits de Guibert éclairent ainsi une étape remarquable de l'histoire des rapports entre morts et vivants, avant que se mette en place, avec une doctrine mieux affirmée du purgatoire, un contrôle clérical plus strict de l'économie de ces échanges entre

1. Du moins dans les langues germaniques : l'allemand *Traum*, l'anglais *dream*, de la même racine que *trügen*, « tromper », sont apparentés au vieux norvégien *draugr*, « fantôme », « apparition trompeuse », ou bien (selon Grimm) au verbe *dreugr*, « chercher à nuire » (d'où les « morts malfaisants »). Cf. *The Oxford English Dictionary*, 1933, *s.v. Dream*.

2. Qu'on me permette de renvoyer à mon étude « Les revenants dans la société féodale », *Le Temps de la réflexion*, III, Paris, 1983, pp. 285-306, et aussi à *Les Revenants, op. cit.*, supra.

l'ici-bas et l'au-delà. Il y faudra encore un progrès décisif de la pensée théologique et l'essor de structures ecclésiales inédites et beaucoup plus efficaces (grâce surtout aux ordres mendiants), à la faveur d'une urbanisation conquérante de la société médiévale à partir du XIIIe siècle : celle-ci a entraîné, entre autres, du moins en ville, le bouleversement des rapports traditionnels entre vivants et morts[1]. La fin du Moyen Âge a vu aussi le développement de l'État : ne peut-on penser que c'est lui qui, désormais, dans l'inconscient des sujets, va incarner la Loi, comme les morts, les ancêtres le faisaient jusqu'alors[2] ?

Les rêves de Guibert de Nogent comme d'autres auteurs contemporains qui, du reste, ont chacun leur spécificité (Orderic Vital, Otloh de Saint-Emmeran, Pierre le Vénérable, Césaire de Heisterbach, etc.) éclairent donc un moment et un milieu historiques précis : aux marges du monachisme traditionnel, ils expriment une réalité culturelle avant tout rurale, un monde de l'oralité et du folklore où les relations entre les morts et les vivants sont essentielles à la définition et au respect des normes, monde où les rôles pleinement socialisés de rêveur et d'interprète des songes garderont leur force le plus longtemps. Mais, même là, ces rôles s'exerçaient à la limite du licite et de l'illicite, sous la menace des prohibitions canoniques visant les *vetulae* qui lisaient l'avenir dans les songes et les devins qui se rendaient complices des « phantasmes » diaboliques.

1. Voir l'étude de J. CHIFFOLEAU, *La Comptabilité de l'au-delà, op. cit.*

2. E. ORTIGUES, « La psychanalyse et les institutions familiales », *Annales. E.S.C.*, XXIV, 1972, pp. 1091-1104.

XII

LE SUJET DU RÊVE

Le rêve (ou plutôt son souvenir évanescent, et le récit reconstitué de l'activité imaginaire propre au sommeil sans lequel le rêve ne pourrait socialement exister) est un phénomène universel. Universel aussi est le statut ambigu des rêves, qui fascinent et toujours aussi inquiètent : parce qu'ils témoignent d'une activité de l'esprit au moment même, paradoxalement, où l'homme est plongé dans un état de léthargie et d'inaction parfois assimilé à la mort, et aussi parce que l'individu considère ses rêves comme une expérience qui lui appartient absolument en propre, mais qui lui renvoie pourtant le sentiment d'une certaine aliénation, comme si un autre que lui avait rêvé à sa place ou comme si les visages reconnus dans son rêve n'étaient pas, ou pas au même degré, ceux des personnes qu'il connaît par ailleurs[1]. Les rêves s'apparentent à l'expérience des sens

1. Marc AUGÉ (*La Guerre des rêves. Exercices d'ethnofiction*, Paris, Éd. du Seuil, 1997, p. 48) note que le rêve instaure un « rapport problématique de soi à soi », constitué autour de trois pôles ; le rêveur-narrateur du rêve ; l'auditeur-interprète du rêve, dont le récit lui a été confié ; le « sujet » du rêve, qui peut être le rêveur (rêve réflexif) ou une autre personne (un ancêtre, Dieu, un être aimé, etc.). Mais l'identité de cette tierce personne est tout sauf claire ; je rêve de moi, mais est-ce bien moi ? Je rêve d'un autre, mais est-ce bien lui ?

Repris de « The Liminality and Centrality of Dreams in the Medieval West », *in* David SHULMAN et Guy G. STROUMSA (éd.), *Dream Cultures. Explorations in the Comparative History of Dreaming*, New York et Oxford, Oxford University Press, 1999, pp. 274-287.

(dans les deux cas, il est question de « voir » et d'« entendre ») et produisent des « images » et des « sons » qui, dans l'instant, semblent réels, mais pour être condamnés au réveil par l'évidence, qui s'impose peu à peu, de leur caractère illusoire et par un oubli presque immédiat si un récit ne vient pas au plus vite les fixer. Ils manifestent une créativité intense, mais échappent à tout contrôle de la raison individuelle comme de l'autorité collective. À ce titre, ils suscitent la méfiance et parfois la réprobation de la société, bien qu'ils soient reconnus comme un moyen privilégié d'accéder à tout ce qui se dérobe par ailleurs à la connaissance objective : le savoir divin, le monde des êtres invisibles et, notamment, des ancêtres et des morts, la prescience de l'avenir, les signes du destin.

S'il est un phénomène universel, le rêve est aussi pris dans l'histoire et, selon les lieux et les époques, se rattache à des systèmes de valeurs différents, tout en variant de contenu. Ainsi dans la culture de l'Occident médiéval, dont on peut dire, comme de bien d'autres cultures traditionnelles, mais d'une manière qui lui est propre, qu'elle est une « culture religieuse », les rêves y participent en effet du système général de la croyance, enrichissent l'expérience religieuse des individus et de la société, repoussent les limites de la connaissance des mystères de l'au-delà. Bien qu'ils consistent, par définition, en une expérience individuelle, les rêves d'un seul, du moment qu'ils sont racontés, mis par écrit, diffusés, s'adressent à tous, acquièrent une valeur commune, une portée sociale, ce qui explique le caractère massif de la documentation les concernant. De manière générale, dans cette société attachée par nature à la tradition, les rêves, en tant que recours immédiat à la source surnaturelle de toute légitimité, contribuent à la justification de toutes les innovations : l'introduction d'un nouvel usage (par exemple le culte des images), d'une nouvelle doctrine (par exemple celle du purgatoire), l'avènement d'une nouvelle dynastie ou l'élection d'un nouveau dignitaire ecclésiastique se doivent d'être annoncés, confortés, légitimés par des rêves.

En même temps, en tant qu'expérience individuelle, leur est reconnue une valeur personnelle qu'illustre, par exemple, la place du rêve dans les récits de conversion. Mais cette valeur personnelle du rêve a un tout autre sens que dans notre culture : loin de renvoyer à un *moi* autonome — valeur du rêve soulignée plus que jamais en notre temps par la psychanalyse —, elle suppose une notion du sujet en rapport avec la puissance invisible du divin. À ce titre, alors même que le récit autobiographique de rêves est dans cette culture religieuse, comme on le verra, un des modes d'affirmation du sujet, il met au jour un mode de relation aliénante de soi à un autre qui lui commande jusque dans ses rêves.

La culture religieuse qui donne sens aux rêves dans la chrétienté médiévale présente une structure particulière du fait du rôle dominant de l'Église. Celle-ci, à travers son clergé, prétend à un rôle de médiatrice entre les puissances cachées et les hommes. Or le rêve, en tant que moyen d'accès immédiat aux puissances et aux connaissances cachées, tend à se passer de cette médiation ou, même, à en dénier la valeur. Le rêve révèle ainsi une limite essentielle de l'institution ecclésiale, incapable de contrôler toutes les arcanes de l'expérience religieuse individuelle, même s'il revient aux clercs pour l'essentiel d'arracher par l'écriture les récits de rêve à l'oubli, de les classer et de les juger. Dans l'Occident médiéval, la tension entre individu et institution ecclésiale a donné à la mise en scène (et en écrit) de l'expérience onirique un caractère particulièrement dramatique, qui se vérifie aussi bien au niveau de l'élaboration du cadre théorique et normatif assigné aux rêves par la culture savante qu'à celui de la constitution sélective du corpus narratif des rêves. J'insisterai sur le rôle joué par les rêves dans le développement historique de ce que j'appelle la subjectivité chrétienne.

LA CLASSIFICATION DES RÊVES

Le cadre théorique et normatif original dans lequel la culture savante médiévale a apprécié les rêves s'est élaboré à partir d'un double héritage, païen (gréco-romain) et biblique (avant tout vétéro-testamentaire[1]). Dans ce double héritage s'enracine dès l'abord la catégorisation du rêve comme relation entre le rêveur et les puissances invisibles. C'est elle qui justifie, entre autres, la poursuite de la tradition des « clefs des songes » qui permettent d'interpréter chaque image onirique comme un présage bénéfique ou maléfique de l'avenir. L'onirocritique avait connu un grand développement dans l'Antiquité, par exemple avec Artémidore, et les auteurs arabes, tel Achmet, en ont poursuivi la tradition. Dans l'Occident latin se multiplient, à partir du Xe siècle, les manuscrits des « clefs des songes » attribuées au prophète Daniel *(Somnialia Danielis)*. L'ordre auquel obéissent ces manuscrits est presque exclusivement alphabétique et leur logique est binaire : ils concernent le gain *(lucrum)* ou la perte *(damnum)*, le bonheur ou le malheur, la santé ou la maladie, la longévité ou la brièveté de la vie, l'hostilité ou la paix, qu'on pourrait attendre de l'apparition onirique de telle image ou de telle autre[2]. L'abondance des manuscrits traduit un vif intérêt pour ces listes au cours du Moyen Âge. Pourtant, les récits de rêves, tels qu'ils sont mentionnés dans les sources narratives — chroniques, vies de saints, etc. —, ne semblent guère faire d'emprunts aux clefs des songes : la logique du récit et de l'interprétation des rêves y est en général fort différente de celle des « clefs » ; les récits font des rêves une globalité et les rattachent à une situation personnelle ou sociale singulière, tandis que les clefs font éclater les contenus oniriques en une myriade d'éléments discrets, d'images isolées, dont l'interprétation obéit à une autre logique, indépendamment de tout

1. Jacques LE GOFF, « Le christianisme et les rêves (IIe-VIIe siècles) », *in* Tullio GREGORY (éd.), *I sogni nel Medioevo, Seminario internazionale, Roma, 2-4 ottobre 1983*, Rome, Edizioni dell'Ateneo, 1985, pp. 171-218 (rééd. in *L'Imaginaire médiéval. Essais*, Paris, Gallimard, 1985, pp. 265-316).

2. Alf ÖNNERFORS, « Über die alphabetischen Traumbücher *(Somnialia Danielis)* des Mittelalters », *Mediaevalia. Abhandlungen und Aufsätze*, Francfort-sur-le-Main, Berne et Las Vegas, Lateinische Sprache und Literatur des Mittelalters, 6, pp. 32-57. Max FORSTER, « Beiträge zur mittelalterlichen Volkskunde », *Archiv für das Studium der neueren Sprachen und Literaturen*, vol. CXX, 1908, CXXV, 1910, CXXVII, 1911, CXXXIV, 1916 (publication de plusieurs de ces opuscules, en vieil anglais ou en latin). Simone COLLET-ROSSET, « Le *Liber Thesauri Occulti* de Pascalis Romanus (un traité d'interprétation des songes du XIIe siècle) », *Archives d'histoire doctrinale et littéraire du Moyen Âge*, 30, 1963, pp. 111-198.

contexte. Le contraste est si fort qu'on peut douter que les « Songes de Daniel » aient fait l'objet d'un usage systématique et fréquent dans la société médiévale, exception faite, peut-être, des milieux lettrés et ecclésiastiques, forcément limités, qui les tenaient en faveur.

Venant du double héritage antique et biblique, et surtout du second, persiste une forte méfiance de principe à l'égard des rêves. Celle-ci, toutefois, n'exclut pas la possibilité de reconnaître une valeur positive à certains rêves, encore que l'exercice critique d'une telle *discretio* ne soit pas séparable des préjugés sociaux selon lesquels les saints, bien sûr, de même que les rois, les moines et les clercs, avaient plus de chance de bénéficier de rêves véridiques, d'origine divine, que les simples hommes, les illettrés, les laïcs, les *rustici* et, à plus forte raison, les femmes. Cette situation concerne surtout le haut Moyen Âge, durant le premier millénaire, où l'idéologie cléricale qui domine la société présente une forte tendance « dualiste » : Dieu et diable, rêves « vrais » et rêves « faux », hommes d'Église et simples laïcs s'opposent suivant un partage généralisé et largement intangible de l'ici-bas et de l'au-delà. L'époque carolingienne voit par exemple une forte promotion des rêves royaux, ce que Paul Edward Dutton a appelé la *via regia* des rêves[1]. L'empereur rêve et les dignitaires du royaume rêvent de lui et pour lui, et tous ces rêves finissent par définir un véritable mode de gouvernement, par la masse d'informations et de « signes » divins qui concernent le destin de l'empire en général et, plus encore, celui du souverain en particulier, dans son existence ici-bas et dans la vie qui lui est promise au-delà. À ce titre, les rêves, notamment ceux de moines qui bénéficient de grandes visions de l'au-delà, n'épargnent pas toujours la personne et les décisions de l'empereur, mais leur dure leçon doit être tolérée puisqu'il s'agit justement, de manière indubitable, de rêves « vrais » et de « signes » divins. Ils sont donc de puissants moyens de critique (notamment à l'égard des comportements sexuels de Charlemagne), de mises en garde adressées à

1. Paul Edward DUTTON, *The Politics of Dreaming in the Carolingian Empire*, Lincoln et Londres, University of Nebraska Press, 1994, p. 23.

l'empereur, de pression de la hiérarchie ecclésiastique sur le souverain : par exemple, quand le moine de la Reichenau Wetti, quelques jours avant de mourir, a la vision, devenue célèbre, de Charlemagne torturé dans son sexe, le sens de cette image se laisse lire aisément, et, de même, quand l'évêque de Bâle, Heito, et l'abbé de la Reichenau, Walafrid Strabo, se chargent d'en diffuser le récit, sans nommer explicitement l'empereur, personne n'est dupe du véritable destinataire de cette admonestation onirique. À la génération suivante, la « vision d'une pauvre femme de Laon » permet pareillement à une partie de l'aristocratie laïque et ecclésiastique de reprocher à l'empereur Louis le Pieux la mise à l'écart brutale et l'aveuglement de son neveu Bernard de Septimanie[1].

À partir du XIe siècle, l'évolution sociale et idéologique donne plus d'importance, dans tous les domaines, aux solutions moyennes et intermédiaires, et ouvre des possibilités inédites de transgresser les catégories anciennement établies : l'ambivalence des rêves est mieux prise en compte et, de même, la valeur des rêves des plus humbles est plus volontiers reconnue. Les rêves royaux et ceux des moines ne sont pas oubliés, il s'en faut de beaucoup, mais on assiste, selon le mot de Jacques Le Goff, à une « démocratisation des rêves » en Occident. Démocratisation et aussi féminisation, sinon toujours des rêveurs (les femmes, dans les textes, restent minoritaires), du moins, plus sûrement, des interprètes des rêves. Commencent alors à émerger dans la documentation des figures féminines de spécialistes de l'interprétation des rêves, parfois traitées par les clercs de *vetulae* — vieilles femmes, sorcières — complices du diable, mais parfois aussi reconnues avec admiration et respect quand elles paraissent exercer leurs dons dans le sens souhaité par l'Église : à la fin du XIe siècle, dans les Ardennes, la *Vie de saint Thierry* (mort en 1086) utilise, à propos de la mère du saint, le *topos* bien connu des hagiographes du rêve de la mère enceinte. Dans ce récit, la future mère de Thierry, inquiète des images qu'elle a vues dans son sommeil, sans douter pourtant que son rêve fût « vrai » et non entaché d'illusions diaboliques, s'en va

1. *Ibid.*, p. 63.

consulter, sous l'inspiration divine, une femme réputée pour son don d'interprète des songes.

> En ce temps-là, il y avait dans la région une vieille femme *(quaedam anus longaeva)* vivant dans une sainte continence, à laquelle Dieu avait concédé, grâce à ses mérites, parmi d'autres vertus, le don d'annoncer, souvent et à de nombreuses personnes, le futur. En raison de cette réputation, la femme [de Gozon] se rendit auprès d'elle, avec l'espoir que fût interprété son songe. S'étant confiée à elle, après de mutuels embrassements et des discussions, en tremblant et en pleurant, elle lui raconta sa vision, suppliant tout d'abord [la vieille femme] que celle-ci prie pour elle, afin que la vision n'annonce pas pour elle un prodige et ensuite pour qu'elle lui indique le sens de la vision. Ayant fait une prière, dotée de la grâce prophétique, [la vieille femme] dit : « Sois confiante, femme, car ce que tu as vu, c'est une vision qui vient de Dieu[1]... »

Ce texte, traduit par Michel Lauwers, éclaire magnifiquement plusieurs aspects essentiels du rêve et de son interprétation : le caractère rituel de toute la séquence, les doutes qui assaillent la rêveuse et, au contraire, la sérénité de la vieille femme qui est sûre de son art.

Au début du siècle suivant, le moine Guibert de Nogent ne tarit pas d'éloges sur la sagesse de sa propre mère, qui sait décrypter ses rêves comme ceux de son jeune fils et des hommes et femmes de son entourage : « De fréquentes visions, dans lesquelles je figurais avec d'autres personnes, lui permettaient de prévoir, très longtemps à l'avance, ce qui devait se produire ; certains de ces événements, je constate à n'en pas douter qu'ils se réalisent ou se sont réalisés, ce qui fait que j'attends les autres comme devant tout aussi bien survenir[2]... »

1. Traduction et commentaire par Michel LAUWERS, « L'institution et le genre. À propos de l'accès des femmes au sacré dans l'Occident médiéval », *Clio, Histoire, femmes et sociétés*, 2, 1995, pp. 279-317.

2. GUIBERT DE NOGENT, *Autobiographie*, éd. Edmond-René LABANDE, Paris, Les Belles Lettres, 1981, pp. 168-169.

À cette époque, la distance entre rêves « vrais », d'origine divine, et rêves « faux » — ces *fantasmata* qui ne seraient qu'illusions diaboliques — se fait d'autant plus ténue que les rêves qui proviennent de l'homme seul, de son esprit et de son corps attirent de plus en plus l'attention. Dans ces conditions, comment répondre avec certitude à l'angoissante question de la « vérité » du rêve, surtout si le critère social traditionnellement retenu — l'autorité d'un témoin jugé « digne de foi » parce qu'il appartient au sommet de la hiérarchie sociale et ecclésiastique — joue désormais un moindre rôle ?

Ainsi l'Occident médiéval ne s'est-il pas contenté de reprendre à son compte les classifications antiques des rêves, il les a fait évoluer. L'une des plus fameuses classifications anciennes des rêves se trouve dans le commentaire, par Macrobe, auteur tardif (vers 400), du « Songe de Scipion » relaté par Cicéron dans le livre VI de sa *République*. Macrobe distingue cinq sortes de rêves, en insistant sur leurs différences, mais aussi, dans la tradition platonicienne, sur leur hiérarchie, depuis les rêves les plus divins jusqu'à ceux qui sont le plus liés aux passions humaines : soit donc la vision prophétique *(visio)*, le cauchemar *(insomnium)*, l'apparition *(phantasma)*, le songe énigmatique *(somnium)*, le songe oraculaire *(oraculum)*[1]. Les auteurs chrétiens se sont plutôt détournés dans un premier temps de cette classification, pour mettre l'accent sur d'autres modes de classement sans doute mieux adaptés à l'idéologie nouvelle et à la représentation chrétienne des rapports entre l'homme et le divin : Augustin, dans son commentaire en douze livres de la Genèse, met en avant la catégorie fondamentale de *visio spiritalis*, qui comprend indifféremment tout le domaine des rêves et des visions, par opposition, d'une part, à la *visio corporalis*, le sens corporel de la vue, et, d'autre part, à la *visio intellectualis*, la vision rationnelle qui est au-delà de toute image et demeure exceptionnelle ici-bas (saint Paul, emporté au « troisième ciel », en fit peut-être l'expérience) et anticipe sur le face-à-face des élus avec Dieu. Quant à la typologie tripartie

1. Steven F. KRUGER, *Dreaming in the Middle Ages*, Cambridge, Cambridge University Press, 1992, p. 21.

des rêves selon leur origine, dont l'importance ne fut pas moins grande pour le christianisme médiéval, elle est due en premier lieu à Tertullien *(De anima)*[1] : il faut avant tout savoir d'où proviennent les rêves, du démon (le plus souvent), de Dieu (si toutes les garanties idéologiques et sociales sont remplies) ou de l'homme lui-même, de l'activité de son esprit, des vestiges de son activité diurne et de son corps, ce qui n'est généralement pas bon signe quand l'activité onirique est stimulée par l'abus de nourritures et de boissons ou par les pulsions de la chair (explication ordinaire des pollutions nocturnes). À la fin du VIe siècle, le pape Grégoire le Grand propose dans ses *Dialogues* (IV, 50), une classification de six types de rêves, qui n'est en fait que la reprise de la tripartition traditionnelle, mais multipliée par deux grâce à la distinction de trois types mixtes (par exemple la réflexion et la révélation) résultant de la combinaison de trois types simples. La complexité croissante de la typologie traduit à l'évidence la conscience accrue de la difficulté qu'il y a à s'assurer de l'origine et donc de la valeur des songes[2]. C'est au XIIe siècle que ressurgit la classification de Macrobe, dans un traité anonyme intitulé *Liber de spiritu et anima*, dont la fausse attribution à saint Augustin a permis d'assurer le succès durable. Il serait dû, en fait, au cistercien Alcher de Clairvaux et consiste autant en une adaptation qu'en une reprise de son modèle, dans laquelle les mots employés, s'ils restent les mêmes, n'ont plus nécessairement le même sens : *fantasma* est désormais chargé de toutes les connotations négatives que la culture chrétienne lui a données, en relation avec l'influence trompeuse du diable. Cependant, la diversité accrue des catégories d'analyse traduit la volonté de parvenir à une compréhension plus fine des composantes psycho-physiologiques du rêve, dont témoigne aussi le chapitre XV du *Policraticus* de Jean de Salisbury. Au XIIe siècle, les rêves, pourrait-on dire, prennent corps, sont de plus en plus rapportés à la personne singulière du rêveur, à son existence concrète, à ses émotions propres, au sommeil dans sa réalité physique, au

1. J. LE GOFF, art. cité, p. 190 et suiv.
2. *Ibid.*, p. 209.

moins autant qu'à l'influence des anges et des démons. La voie est tracée par les moines (par exemple Guibert de Nogent) ou, même, par une nonne médecin et visionnaire, Hildegarde de Bingen. Cette dernière aussi parle en connaissance de cause puisqu'on ne lui doit pas moins de trois ouvrages de récits autobiographiques de visions *(Liber Scivias, Liber de operibus divinis, Liber vitae meritorum)* où elle prend soin, cependant, de bien préciser que ses visions ne sont pas des rêves *(« non in somnis »)*, car pèserait dans ce cas le soupçon du fantasme diabolique, qu'elles ne sont pas dues non plus à la folie *(« de phrenesi »)* et pas davantage à l'expérience des sens corporels *(« nec corporeis oculis aut auribus exterioris hominis »)* : elles sont des visions éveillées de l'âme, des yeux et des oreilles « intérieurs » de la raison *(« vigilans, circumspiciens in pura mente oculis et auribus interioris hominis »)*. Voilà qui en dit long sur le soupçon durable qui pèse sur le songe, porte du diable, et même sur la méfiance à l'égard du corps et des sens. La *visio* éveillée, pour cette pionnière de la mystique féminine, est la forme la plus haute de la révélation, même si, Hildegarde elle-même en convient, il est difficile de comprendre ce qu'est une vision éveillée qui ne soit pas une hallucination *(« Quod commodo sit, carnali homini perquirere difficile est*[1] *»)*. Dans un autre traité, ouvertement médical celui-là, le *Causae et curae*, la même Hildegarde propose une véritable psycho-physiologie du sommeil[2]. Les rêves y ont aussi leur place, surtout quand il est question des « fantasmes » diaboliques et des pollutions nocturnes. Les « soins » reposent sur la combinaison et l'opposition des éléments naturels et des humeurs du corps : contre les « fantasmes diaboliques », Hildegarde recommande, par exemple, de ceindre en croix le corps du patient d'une peau d'élan et d'une peau de chevreuil, en prononçant des paroles d'exorcisme qui repousseront les démons et renforceront les défenses de l'homme. Observations et remèdes continuent d'appartenir au monde enchanté de la « pensée sauvage », d'une approche

1. Préface à *Liber Scivias*, éd. A. FÜHRKÖTTER, Turnhout, Brepols, Corpus Christianorum, Series Latina, XLIII et XLIIIa, 1978, vol. 1.

2. *Hildegardis Causae et curae*, éd. Paulus KAISER, Leipzig, Teubner, 1903.

symbolique et tout entière religieuse du réel. Ils n'en manifestent pas moins un souci croissant pour les mécanismes du corps et de l'esprit, chez Hildegarde et d'autres auteurs du XIIe siècle, dont bénéficiera, au siècle suivant, la redécouverte de la tradition scientifique aristotélicienne, avec, entre autres, sa féconde lignée de traités sur le sommeil *(De somno)* et sur les songes *(De somniis)*[1].

LA RHÉTORIQUE DU RÊVE

Le corpus narratif des rêves confirme le caractère liminal du statut des rêves, mais aussi la centralité de leur fonction dans l'Occident médiéval. Dans les récits (hagiographie, chronique, *exempla*, littérature vernaculaire, etc.), les rêves sont désignés par le substantif *somnium* (de la racine de *somnus*, le sommeil) ou par une périphrase expliquant que le sujet dormait lors de sa perception onirique puis qu'il s'est réveillé à l'issue de son rêve. Le rêve est ainsi rattaché au domaine beaucoup plus vaste de la *visio* ou, pour parler comme saint Augustin, de la *visio spiritalis* : soit la perception d'images le plus souvent visuelles et auditives, mais non corporelles (à l'opposé de la perception des sens). Comme on l'a déjà vu à propos de Hildegarde de Bingen, le rêve est tenu en suspicion par la culture cléricale en raison des menées toujours possibles et difficiles à déceler du diable. Au contraire, d'autres types de « visions » jouissent *a priori* chez les clercs d'un jugement plus favorable : c'est le cas du voyage que l'âme peut accomplir dans l'au-delà, tandis que le corps est endormi ou dans un état cataleptique. La tradition de ces longs récits de « voyage » est bien représentée depuis Bède (visions de Fursy, de Drythelm) et les grandes visions « politiques » de l'époque carolingienne (telles les visions déjà citées de la pauvre femme de Laon ou du moine Wetti)

1. Jacques LE GOFF, « Les rêves dans la culture et la psychologie collective de l'Occident médiéval », in *Pour un autre Moyen Âge. Temps, travail et culture en Occident, 18 essais*, Paris, Gallimard, 1977, pp. 299-306 (p. 305 en particulier).

jusqu'à l'éclosion du genre au XIIe siècle, avec les visions de Tnugdall et du paysan Turckill, véritables exposés sur la géographie imaginaire de l'au-delà. La littérature allégorique en langue vernaculaire s'en empare ensuite, avec le *Voyage de l'âme* de Guillaume de Digulevillle, le *Roman de la rose* de Guillaume de Lorris et de Jean de Meung et *La Divine Comédie* de Dante[1]. Ces récits évoquent explicitement une dissociation provisoire, durant le sommeil, du corps inerte qui gît comme mort et de l'âme vagabonde qui découvre les espaces et les êtres invisibles avant de regagner le corps. Le *Roman de la rose* met en garde contre les folles croyances de ceux qui pensent que l'âme est capable de voyager toute seule la nuit dans le cortège des figures mythiques diabolisées par l'Église (Dame Abonde, les « bonnes dames ») et qui craignent qu'elle ne puisse à son retour retrouver l'ouverture du corps :

> C'est ainsi que maintes gens dans leur folie croient être des estries [du latin *strigae*, des « sorcières »] errant la nuit avec Dame Abonde ; ils racontent que les troisièmes enfants ont cette faculté d'y aller trois fois dans la semaine ; ils se jettent dans toutes les maisons, ne redoutant ni clefs ni barreaux, et entrant par fentes, chatières et crevasses ; leurs âmes, quittant leurs corps, vont avec les bonnes dames à travers maisons et lieux forains, et ils le prouvent en disant que les étrangetés auxquelles ils ont assisté ne leur sont pas venues dans leurs lits, mais que ce sont leurs âmes qui agissent et courent ainsi par le monde. Et ils font accroire aux gens que si, pendant ce voyage nocturne, on leur retournait le corps, l'âme n'y pourrait rentrer. Mais c'est là une horrible folie et une chose impossible, car le corps humain n'est qu'un cadavre, lorsqu'il ne porte plus en soi son âme[2]...

1. Peter DINZELBACHER, *Vision und Visionsliteratur im Mittelalter*, Stuttgart, Anton Hiersemann, 1981, et Claude CAROZZI, *Le Voyage de l'âme dans l'au-delà d'après la littérature latine (Ve-XIIIe siècle)*, Rome, École française de Rome, 1994.

2. GUILLAUME DE LORRIS et JEAN DE MEUNG, *Le Roman de la rose*, texte mis en français moderne par A. Mary, Paris, Gallimard, « Folio », 1984, p. 310.

Cette représentation a été mise en relation avec les croyances caractéristiques du chamanisme dans bien des cultures traditionnelles[1]. Elle est conforme à l'étymologie du mot français « rêve », liée aux notions d'égarement, de folie, de sortie de soi : en ancien français, *desver*, qui semble provenir de la racine **esver*, « vagabonder », signifie perdre le sens, délirer. Dans le rêve, l'âme quitte le corps et vagabonde. Pourtant, le français médiéval ne connaît pas encore le mot « rêve », mais utilise seulement le mot « songe », dérivé, comme dans toutes les autres langues romanes (l'italien *sogno*, par exemple) du latin *somnium*. Dans le français médiéval, le jeu de mots habituel sur « songe » et « mensonge » montre assez la prégnance du soupçon de fausseté pesant sur le domaine du rêve, en conformité avec l'interprétation savante, *a priori* méfiante, du domaine des rêves. Les langues germaniques ont conservé, quant à elles, jusqu'à aujourd'hui, par exemple avec l'allemand *Traum* ou l'anglais *dream*, des mots dérivant de la racine ancienne *draugr*, qui désigne un mort qui revient hanter les vivants. Cette étymologie montre, quant à elle, le lien très fort qui existe entre le rêve et le monde des morts[2]. En français, mais seulement dans cette langue, une évolution s'est produite à l'époque moderne, qui a conduit à l'usage différencié de deux termes : « songe », devenu plutôt littéraire, sinon précieux, et « rêve », qui est devenu d'usage courant au XVIIe siècle seulement. Cette distinction des deux mots est contemporaine de la transformation des représentations savantes du rêve, que l'on doit tout particulièrement au *Traité de l'homme* de Descartes (1633) : pour la première fois est décrite une physiologie du rêve qui en rabat le processus sur l'individu, son cerveau et son système nerveux, l'arrachant aux cadres interprétatifs anciens qui valorisaient tout à la fois les forces surnaturelles et la dimension collective et rituelle de l'expérience onirique. La nouvelle explication proposée par Descartes n'est pas isolée, elle s'inscrit dans un ensemble de découvertes qui affectent notamment

1. Carlo GINZBURG, *Le Sabbat des sorcières* [1989], Paris, Gallimard, 1992.
2. G. D. KELCHNER, *Dreams in Old Norse Literature and Their Affinities in Folklore with an Appendix Containing the Icelandic Texts and Translations*, Cambridge, Cambridge University Press, 1935, pp. 66-72.

l'optique : avec Kepler, l'explication de la vision oculaire par la réflexion rétinienne de la lumière tend à refouler les théories anciennes de l'extramission, suivant lesquelles la vision résulterait d'une force émanant de l'œil pour s'emparer au dehors de la forme des objets et la ramener dans l'œil afin qu'elle soit perçue. C'est donc l'ensemble des phénomènes ayant trait à la vision oculaire et onirique qui est alors soumis à un nouveau paradigme explicatif, physiologiste et individualiste. Le paradoxe est que le mot « rêve » choisi pour marquer ces changements renvoyait plutôt, par son étymologie, aux représentations traditionnelles dont il devait signifier le refoulement. C'est la nouveauté du mot, et non pas son sens étymologique, qui sembla propre à marquer ce grand changement heuristique ouvrant à terme, la voie à la « révolution » freudienne de l'« interprétation des rêves »[1].

Un des effets de ces transformations est que nous ne rangeons plus aujourd'hui dans le même ensemble de phénomènes le rêve, considéré comme normal et même nécessaire à l'équilibre psychique de l'homme, et la « vision éveillée », que nous serions plutôt tentés de placer du côté de la pathologie mentale, ou des délires dus à l'ivresse, à la maladie ou à l'agonie, ou encore du côté de l'affabulation. Il n'en allait pas de même au Moyen Âge. À cette époque, au contraire, les « visions éveillées » sont relatées en très grand nombre et sont considérées le plus souvent de manière positive, comme le signe de la valeur morale de celui qui en bénéficie, de son élection divine ou de sa sainteté. Nous avons dit déjà comment Hildegarde de Bingen insistait pour que ses visions fussent reconnues comme telles, et non comme des songes que le diable, peut-être, aurait inspirés ou comme les délires d'une « frénétique ». Il arrive souvent qu'un récit médiéval faisant explicitement référence à un *somnium* précise, pour en certifier la vérité, qu'il s'agissait en fait d'une *visio*. Par exemple, la chronique de l'abbaye de Waltham, écrite dans la seconde moitié du XIIe siècle par un chanoine de cette abbaye du sud-est de l'Angleterre, rapporte, pour commencer, le rêve admirable que fit un forgeron au début du siècle précédent : durant son

1. Daniel FABRE, « Rêver », *Terrain*, 26 mars 1996, pp. 69-82.

sommeil, trois nuits de suite, l'effigie vénérable du Christ lui apparut en songe et lui donna l'ordre, de manière de plus en plus pressante, d'aller trouver le curé de la paroisse et de le guider jusqu'au sommet d'une montagne où serait découverte, enfouie dans la terre, une croix merveilleuse. Cette « invention » de la relique est à l'origine même de l'abbaye. Le chroniqueur se doit donc d'insister sur la nature divine du rêve fondateur du forgeron. Il décrit dans le détail comment celui-ci a sombré dans le sommeil après une journée de dur labeur ; mais s'il nomme bien un « songe », il se reprend aussitôt pour écarter le doute possible de son lecteur en précisant que le rêve du forgeron était en fait une « vision » : « Une nuit, ce forgeron dont j'ai parlé, ce serviteur de l'église, abandonna ses membres au sommeil tant il était, à son habitude, épuisé par le travail de la forge. En effet, plus le labeur qui éprouve les os et étire les muscles est implacable, plus soudainement il plonge dans un sommeil profond. Ainsi abandonné au sommeil, il vit en songe (en vérité c'était une vision) une figure d'une beauté vénérable[1]...

Cet exemple, parmi bien d'autres, montre combien il faut être attentif aux contraintes, propres à l'époque, de la rhétorique du rêve et de la vision, et, à travers elles, aux structures de la croyance, aux critères de vraisemblance et de vérité qui avaient cours alors. La vision éveillée, diurne, attestée par des témoins jugés « dignes de foi » qui, le plus souvent, étaient des clercs, semblait bénéficier d'une valeur d'authenticité qu'on hésitait à reconnaître au rêve. Un récit visionnaire qu'on voulait irréfutable prenait donc de préférence la forme rhétorique traditionnelle de la vision éveillée. Mais il s'agissait généralement d'un récit rapporté à la troisième personne, dont l'auteur — nécessairement un clerc, puisque seuls les clercs écrivaient — énonçait

1. *The Waltham Chronicle. An Account of the Discovery of our Holy, Cross at Montacute and its Conveyance to Waltham*, éd. et trad. par Leslie WATKISS et Marjorie CHIBNALL, Oxford, Clarendon Press, 1994, pp. 2-3 : *« Denique faber predictus, ille officialis ecclesie, cum nocte quadam membra sopori composuisset, fessus opere fabrili, ut assolet, qui scilicet labor indefessus quanto magis ossa concutit, et omnia membrorum liniamenta dissoluit, tanto vehementiorem sompni profundioris quietem incutit. Sompno itaque deditus videt per sompnium, enimvero ut verum fatear set per visionem, venerandi decoris effigiem... »*

soigneusement les étapes de la transmission du récit et les noms des témoins et relais qui étaient intervenus dans cette transmission et qui contribuaient à en garantir la vérité. En revanche, lorsqu'un auteur relatait une vision dont il avait lui-même bénéficié et qu'il pouvait lui-même garantir, il n'hésitait pas à parler de rêve, comme nous pourrions le faire nous-mêmes sans craindre d'être soupçonnés d'affabuler. La répartition dans la documentation écrite dont nous disposons entre visions éveillées et visions oniriques ne relève donc pas, ou pas seulement, de l'éventuelle réalité objective de ces expériences, mais des règles narratives de cette littérature et du système contemporain de la croyance : à la vision rapportée s'oppose le rêve autobiographique. Cette distinction tranchée est nette, en tout cas, dans l'abondant corpus médiéval des récits d'apparition des morts que j'ai étudié[1]. L'authentification ecclésiastique de tous ces récits est essentielle à leur transmission, elle leur donne forme tout en leur servant, en quelque sorte, d'*imprimatur* : le *Liber exemplorum*, un recueil franciscain anglais du début du XIIIe siècle, raconte par exemple l'apparition en rêve d'un mort à un homme laïc de l'Ulster. Un franciscain, frère Dunekan, entend l'histoire et en fait le récit oral au frère Robert de Dodington, qui l'utilise dans un sermon, ce qui permet à l'auteur, qui ne se nomme pas, d'en prendre connaissance[2]. Le canal de la transmission est décrit en détail parce qu'il sert de garantie au contenu du récit de rêve. Et nous ne pouvons douter aussi qu'il engage réellement à la croyance en ce récit, chez ceux qui le transmettent, comme ici les frères, et chez ceux, les laïcs auditeurs du sermon, qui entendent de leur bouche l'*exemplum* tout auréolé de l'autorité des frères. Rappelons que le rêve n'existe socialement que parce qu'il est devenu un récit, qui appartient non seulement à un individu, mais à un groupe social qui le reçoit, le transmet, l'adapte à ses valeurs et au cadre de ses croyances.

1. Jean-Claude SCHMITT, *Les Revenants. Les vivants et les morts dans la société médiévale*, Paris, Gallimard, 1994.
2. *Ibid.*, p. 160.

LE SUJET DU RÊVE

Dans certains cas, moins nombreux il est vrai, c'est le rêveur lui-même qui a mis par écrit le récit de son propre rêve et qui en garantit, de sa seule *auctoritas*, la vérité. Les récits autobiographiques de rêve ne se multiplient qu'à partir des XIe-XIIe siècles, quand la tradition des récits oniriques croise une autre tendance essentielle de la culture de cette époque : ce qu'on peut appeler, mieux que la « découverte de l'individu », l'approfondissement de la subjectivité chrétienne. La culture monastique et cléricale renoue alors avec le fil, presque complètement perdu depuis les *Confessions* de saint Augustin, de l'autobiographie chrétienne ou, plus spécifiquement, de l'autobiographie de conversion. Un fil qui ne s'était pas totalement rompu cependant : à l'époque carolingienne, par exemple, le chorévêque Audrade de Sens avait compilé vers 840 et révisé en 854 un *Liber revelationum* qui fit alors figure d'exception. L'originalité de cet écrit semble s'expliquer par le contexte polémique dans lequel l'auteur s'est trouvé impliqué : devant justifier son orthodoxie devant le pape, il soumit à Léon IV ses œuvres et, parmi elles, la collection des révélations dont il aurait bénéficié. La première, du reste, sous le nom d'*« oraculum divinum »*, consistait en une apparition de saint Pierre propre à le réconcilier avec le successeur de ce dernier ! Au chapitre VIII, la vision du tribunal céleste éclaire bien les limites, à cette époque encore, du « moi » chrétien : Audrade voit l'empereur Louis le Pieux amené devant le Seigneur et lui expliquant qu'il a choisi comme successeur son fils Charles le Chauve et non pas Lothaire, parce que celui-ci s'en était montré indigne. Dieu fait alors comparaître Lothaire à qui il annonce en effet qu'il a été déposé parce qu'il avait eu la présomption de dire *« Ego sum »*, « Je suis[1]... »

1. AUDRADUS, *Liber revelationum*, dans *P. L.* (115), col. 23-30. P. E. DOTTON, *op. cit.* (p. 128 et suiv.) note (p. 137) qu'Audrade évite presque complètement le langage habituel des rêves et des visions, parce que ses révélations appartiennent à la communication plus directe de la prophétie.

Au XIIe siècle, une telle affirmation n'est plus sanctionnée par les hommes ni par Dieu, tandis que le rêve, moyen d'écoute immédiate de la volonté divine, devient l'instrument privilégié de la conversion personnelle. Soit une conversion « interne », par exemple celle qui, jalonnée par le récit de nombreux rêves autobiographiques, conduit le jeune oblat Guibert de Nogent à assumer positivement l'habit monastique, comme il le relate à la fin de sa vie, vers 1115, dans le *De vita sua*[1]. Avant lui déjà, le moine Otloh de Saint-Emmeran (mort vers 1070) avait composé un *Liber visionum*, qui est une collection de vingt-trois visions : à l'exception des quatre premières, il s'agit de visions éveillées et rapportées à la troisième personne. Les quatre premières sont au contraire des rêves personnels, dont Otloh a gardé le souvenir, bien qu'elles remontent à des années déjà anciennes. Mais chacun de ces quatre rêves a marqué un tournant important de l'existence du jeune moine : sa « conversion » quand il était encore tout jeune, un conflit avec les autorités ecclésiastiques qui l'a forcé un moment à s'exiler, enfin un cauchemar, alors qu'il était malade et en conflit avec son abbé. Les rêves, ceux, du moins, dont on se souvient au soir de la vie et dans l'acte, alors tout nouveau, de l'écriture autobiographique, sont ceux qui touchent le plus fortement à son existence et à la représentation de soi et de son destin : ils sont pleinement interprétés *a posteriori* comme des signes de ce que l'on devait devenir, conformément au plan de Dieu.

Cela n'est pas moins vrai des rêves en relation avec la conversion « externe », telle que celle qu'aurait connue, à l'âge de vingt ans, le juif Hermann de Cologne et dont la relation écrite, peut-être posthume, l'*Opusculum de conversione sua*, se présente sous une forme autobiographique[2]. Cet opuscule commence par le récit du rêve que le jeune juif a fait dans sa treizième année : il s'y voit couvert de présents par l'empereur et invité par celui-ci à partager son repas. L'enfant ne comprend pas le sens de son rêve et ne se satisfait pas des explications que lui

1. Voir *supra*, chap. XI, « Les rêves de Guibert de Nogent ».

2. G. NIEMEYER (éd.), *Hermanus quondam Judaeus, Opusculum de conversione sua*, Weimar, MGH, Quellen zur Geistesgeschichte des Mittelalters, 1963.

en donne un vieux sage de la communauté juive de la ville. Une affaire de remboursement de prêt lui donne, sept ans plus tard, l'occasion de s'approcher de l'évêque de Münster et de clercs grâce à qui il découvre la religion chrétienne et son culte, dont la vénération des images qui, au premier abord, le scandalise plus que tout. À la suite de deux nouvelles visions, il accepte finalement le baptême, entre dans l'ordre de Prémontré, devient prêtre. Le dernier chapitre de l'opuscule donne *a posteriori* le sens — évidemment chrétien — du rêve initial de l'enfance, un sens que Hermann, devenu entre-temps chrétien et prêtre, est à présent capable de déchiffrer par lui-même : il annonçait symboliquement la conversion au christianisme et même l'accès au sacerdoce, la figure de l'empereur cachant celle de Dieu et le repas dans le palais impérial préfigurant la table eucharistique. Peu importe ici que ce texte, qui s'adressait aux chanoines et aux nonnes de l'ordre de Prémontré en Westphalie[1], soit tout entier écrit dans une perspective chrétienne, ecclésiastique et plus précisément canoniale. Hermann n'aurait-il, à la limite, jamais existé, il n'en serait pas moins important de noter la forme autobiographique, alors encore assez nouvelle, de ce récit, et le rôle très particulier qu'y jouent le rêve et son auto-interprétation, qui encadrent complètement l'histoire de la conversion.

Et ce texte n'est pas isolé. À la même époque, entre le XIIe et le XIIIe siècle, se développe la littérature allégorique latine (Alain de Lille) et vernaculaire *(Le Roman de la rose)*, qui renoue avec les œuvres de la fin de l'Antiquité (Macrobe, Martianus Capella) pour proposer une réflexion originale sur les sentiments, les émotions, les passions, les ressorts de l'âme humaine et aussi la condition spirituelle, sociale et politique de l'homme dans le temps. Notons, toutefois, que tous les secteurs de la vie culturelle, tous les modes d'expression symbolique n'évoluent

1. Jean-Claude SCHMITT, « La mémoire des Prémontrés. À propos de l'autobiographie du Prémontré Hermann le Juif », *in* Marek DERWICH (éd.), *La Vie quotidienne des moines et des chanoines réguliers au Moyen Âge et Temps modernes*, Wroclaw, Publications de l'Institut d'histoire de l'université de Wroclaw, 1995, vol. 2, pp. 438-452.

pas nécessairement au même rythme dans une société : tandis que la théologie morale et les textes en langue vernaculaire approfondissent à propos du rêve ce qu'on a pu appeler la « subjectivité littéraire[1] », les arts figurés en restent, pendant tout le Moyen Âge, à des images traditionnelles du rêve, caractérisées par la juxtaposition d'un dormeur, la tête appuyée sur le coude replié, les yeux généralement clos, et de l'objet de son rêve, par exemple l'échelle de Jacob, pour ne mentionner que cette image des plus communes[2]. Alors qu'il existe, surtout à partir du XIIe siècle, des récits autobiographiques de rêve, il n'existe pas avant le XVIe siècle (avec Albrecht Dürer) d'image autobiographique de rêve[3]. Cela s'explique assez bien si l'on tient compte des différences de statut social, tant en ce qui concerne les œuvres (la relative nouveauté de la peinture, en comparaison de l'ancienneté et de la dignité supérieures de l'écriture dans la tradition de l'Église) que les hommes (les peintres, sculpteurs ont justement, dans cette période, à conquérir leur place dans la hiérarchie sociale).

C'est donc avant tout dans la littérature, ecclésiastique ou profane, que la figure du rêve, traitée comme la mise en scène onirique d'un sujet, occupe de plus en plus une place centrale, au point que *Le Roman de la rose* se présente comme un unique récit de rêve à la première personne :

> À la vingtième année de mon âge, à cette époque où l'amour réclame son tribut des jeunes gens, je m'étais couché une nuit comme à l'accoutumée, et je dormais profondément, lorsque je fis un songe très beau et qui me plut fort, mais, dans ce songe, il n'y eut rien que les faits n'aient confirmé point par point. Je veux vous le raconter

1. Michel ZINK, *La Subjectivité littéraire. Autour du siècle de Saint Louis*, Paris, P.U.F., 1985.

2. Agostino PARAVICINI BAGLIANI et Giorgio STABILE (éd.), *Träume im Mittelalter. Ikonologische Studien*, Stuttgart et Zürich, Belser Verlag, 1989. Sur l'échelle de Jacob : Christian HECK, *L'Échelle céleste dans l'art du Moyen Âge. Une image de la quête du ciel*, Paris, Flammarion, 1997.

3. Jean-Claude SCHMITT, « La culture de l'*imago* », *Annales, histoire, sciences sociales*, 1996, 1, pp. 3-36 (p. 33 et *fig. 10* : le cauchemar de Dürer).

> pour vous réjouir le cœur : c'est Amour qui m'en prie et me l'ordonne[1]...

Le rêve apparaît alors pleinement comme un des grands moyens de définition et d'approfondissement du sujet, mais d'un sujet qui, jusque dans la littérature profane, demeure impensable hors de sa relation à la source du sens, à Dieu. Ce sujet chrétien, qui, par ailleurs, découvre son moi dans les exercices spirituels de l'introspection pénitentielle, en fait ici l'expérience dans le souvenir et la réflexion sur ses propres rêves, où se déchiffrent les signes que Dieu lui adresse personnellement pour l'informer du sens de son destin, dans le cercle privé de son âme en éveil, quand son corps est endormi et comme abandonné à lui-même.

1. GUILLAUME DE LORRIS et JEAN DE MEUNG, *op. cit.*, p. 20.

IV

Le corps et le temps

XIII

CORPS MALADE, CORPS POSSÉDÉ

Le renouvellement récent de l'interrogation historique sur le corps, la maladie, la médecine traduit indirectement la crise des modèles de la médecine occidentale contemporaine, telle qu'elle est pratiquée ou, du moins, telle qu'elle est perçue et reçue : les immenses acquis scientifiques et techniques de la médecine aujourd'hui s'accompagnent du sentiment vrai ou faux chez les patients d'une dépossession de l'intelligence de leur mal et leur corps, et de la nostalgie, peut-être illusoire, d'une relation intime entre le malade et sa maladie ; cette relation caractériserait les sociétés « traditionnelles » : c'est pourquoi l'historien, comme l'anthropologue, est sollicité pour apporter des éléments de réponse à cette aspiration : comment, dans le passé, fut prise en compte la dimension symbolique de la maladie ? Le corps et son environnement naturel n'ont-ils pas été en symbiose avant que l'homme, par sa technique, ne se coupe de la nature et particulièrement du monde animal et végétal ?

De nouvelles voies de recherche se sont donc ouvertes : les historiens ont fait « l'archéologie » de ce savoir contesté ou, pour reprendre le titre de l'ouvrage pionnier de Michel Foucault, se

---

Repris de « Religion et guérison dans l'Occident médiéval », in *Historiens et sociologues aujourd'hui* (Journées d'études annuelles de la Société française de sociologie, université de Lille I, 14-15 juin 1984), Paris, Éd. du C.N.R.S., 1986, pp. 135-150.

sont interrogés sur la « naissance de la clinique[1] » ; empruntant à l'anthropologie les modèles d'interprétation, définis par Marc Augé, ils ont tenté de restituer les systèmes de représentation de la maladie et de la guérison dans les sociétés passées[2] ; enfin, ils se sont demandé si, aujourd'hui même, un autre rapport au corps et au « malheur biologique » ne se cachait pas sous les apparences officielles[3].

Trois observations se dégagent d'ores et déjà.

Dans toute société, y compris la nôtre, existe une pluralité des conceptions de la maladie et des recours thérapeutiques : c'est donc leur articulation qu'il importe de mettre en lumière, leurs rapports de concurrence, d'exclusion, mais aussi de complémentarité et de succession ; c'est ce à quoi on s'emploiera ici s'agissant de la société médiévale.

En dehors de la médecine occidentale moderne importe moins la maladie, qui est un concept historiquement daté, que le malade ; comme le dit l'historien de la médecine médiévale H. Schipperges : « *Es gibt kein Krank-sein*[4]. » C'est dire que le problème, ainsi déplacé vers le malade et ses proches, est d'emblée un problème social ; à ce titre, le mal est immédiatement perçu comme un langage, avec tous ses niveaux de signification symbolique ; enfin, la guérison existe seulement comme rituel collectif[5].

1. Michel FOUCAULT, *La Naissance de la clinique*, Paris, P.U.F., 1963.

2. Marc AUGÉ et C. HERZLICH, *Le Sens du mal. Anthropologie, histoire, sociologie de la maladie*, Paris, Éditions des Archives contemporaines, 1984.

3. Voir l'enquête de Jeanne FAVRET-SAADA, *Les Mots, la mort, les sorts*, Paris, Gallimard, 1981 ; A. BENSA, *Les Saints guérisseurs du Perche-Gouet. Espace symbolique du Bocage*, Paris, Institut d'ethnologie, 1978 ; Jacques REVEL et Jean-Pierre PETER, « Le corps : l'homme malade et son histoire », *in* Jacques LE GOFF, Pierre NORA, *Faire de l'histoire*, vol. III, *Nouveaux objets*, Paris, Gallimard, 1974, pp. 169-191 ; M. BOUTEILLER, *Médecine populaire d'hier et d'aujourd'hui*, Paris, Maisonneuve, 1966.

4. H. SCHIPPERGES, « Antike und Mittelalter », *in* H. SCHIPPERGES, E. SEIDLER, P. U. UNSCHULD (éd.), *Krankheit, Heilkunst, Heilung*, Fribourg et Munich, K. Alber, 1978, pp. 229-269.

5. Voir A. DI NOLA, « Mallattia e Guarigione », *Enciclopedia delle religioni*, Florence, Vallechi, 1972, mais aussi A. ADLER et A. ZEMPLENI, *Le Bâton de l'aveugle. Divination et pouvoir chez les Moundang du Tchad*, Paris, Hermann, 1972 ; E. E. EVANS-PRITCHARD, *Sorcellerie, oracles et magie chez les Azandé*, Paris, Gallimard, 1972.

CARACTÈRES GÉNÉRAUX

Problèmes structuraux

On peut dire de la société de l'Occident médiéval, entre le IVe et le XIVe siècle — dates limites de cette étude —, qu'elle fut dominée par une représentation religieuse du monde et, en particulier, du malheur sous toutes ses formes, de ses causes, des moyens de s'en préserver et d'y remédier. Cette définition doit faire une large place à l'Église, qui intervient de multiples façons dans l'interprétation du mal comme dans la manipulation du corps malade.

La lecture « religieuse » de la maladie n'excluait pas, en certains cas au moins, l'idée d'une causalité naturelle, dans la mesure où celle-ci était toujours comprise dans le plan divin de la Création et interprétée comme un ordre de correspondances symboliques et non comme un enchaînement causal expérimentalement vérifiable.

Dans cette représentation symbolique de la nature, toute perturbation de l'ordre était rapportée au jeu des pouvoirs antagonistes qui étaient attribués à des intentionnalités, celles de personnages surnaturels (Dieu, démons, saints, etc.) ou de personnages humains (jeteurs de sorts, sorcières, etc.).

Évolution historique

Deux problèmes dominent l'évolution pluriséculaire de cette histoire : comment s'est mis en place un système chrétien d'interprétation et de guérison du mal dans lequel l'Église a pu jouer un rôle aussi essentiel que dans d'autres domaines ? Comment de ce système, miné de l'intérieur, a pu se dégager peu à peu un savoir médical de plus en plus autonome par rapport à l'institution ecclésiastique et au personnage clérical.

D'une part, l'Église et les clercs sont intervenus pour substituer des conceptions et des pratiques autorisées aux formes païennes et/ou folkloriques (« superstitieuses ») de guérison ; parfois, celles-ci furent ouvertement combattues, mais, dans d'autres cas, elles furent « baptisées » et purent se maintenir sous le masque imposé du christianisme. Aline Rousselle a tout particulièrement bien montré toutes les transactions qui assurèrent le passage du sanctuaire païen ou de la source sacrée au saint thaumaturge et au pèlerinage chrétien[1] ; les *Vies* de saint Martin écrites par Sulpice Sévère et par Grégoire de Tours recèlent des exemples classiques de telles substitutions.

D'autre part, l'Église dut aussi se concilier un système de représentation symbolique de la nature et du corps légué par la science et la médecine de l'Antiquité. Elle n'y est pas parvenue d'un coup, et l'on peut même distinguer grossièrement trois périodes : jusqu'aux Ve-VIe siècles ont prévalu la méfiance et le rejet ; puis, jusqu'au XIIe siècle, ce savoir antique fut intégré avec réussite à la culture monastique ; enfin, aux derniers siècles du Moyen Âge, l'affranchissement progressif du savoir médical tendit à inverser le rapport de forces et à entamer, au nom des lois naturelles, la critique des notions cléricales comme celle des savoirs populaires. En somme, ce vaste débat qui se déploie à travers les siècles s'est instauré entre trois types de personnages : le *medicus*, tenant de la Nature, c'est-à-dire de l'héritage de la médecine antique ; le *sanctus* et le *presbyter*, médiateurs légitimes des pouvoirs surnaturels de guérison ; le *maleficus*, lui aussi détenteur de pouvoirs surnaturels, mais illégitimes. On aurait bien tort, cependant, de ne retenir que l'aspect potentiellement conflictuel de leurs relations, puisqu'ils occupaient dans le champ des pratiques symboliques des positions complémentaires, quand ils ne tendaient pas à se confondre.

1. Dans « Du sanctuaire au thaumaturge : la guérison en Gaule au IVe siècle », *Annales. E.S.C.*, 1976, 6, pp. 1085-1107. Voir aussi, de la même, *Porneia. De la maîtrise du corps à la privation sensorielle, IIe-IVe siècles de l'ère chrétienne*, Paris, P.U.F., 1983.

Tendances historiographiques

La sectorisation croissante de la recherche est le caractère le plus net de la production historiographique : d'une part se poursuit avec très grand profit l'histoire érudite de la médecine et des médecins, mais qui est perçue comme un secteur autonome au sein des études médiévales. On peut en distinguer l'histoire des maladies, illustrée notamment ces dernières années par J.N. Biraben ou M.D. Grmek[1]. D'autre part, il nous faudra prendre en compte les nombreux travaux récents qui relèvent de l'histoire du miracle ; ils tentent parfois des diagnostics rétrospectifs, mais au risque de perdre de vue la dimension symbolique des typologies médiévales et des descriptions des maladies, telles qu'elles sont données par les « livres des miracles » des grands sanctuaires d'Occident.

Sans prétendre apporter de nouveaux éléments d'information, nous voudrions du moins tenter de nouer ensemble tous ces fils et de proposer les cadres synthétiques d'une réflexion historique dans laquelle s'engagent depuis peu quelques historiens.

LES MALADIES ET LEURS INTERPRÉTATIONS

La prise de corps

Le vocabulaire en usage dans les textes traduit bien ce qu'était alors l'expérience du mal *(infirmitas)* : celui-ci saisit le corps, l'agresse violemment ou l'envahit, comme on le dit d'une ville assiégée puis investie par l'ennemi : *capit, arripit, invadit, occupat,*

1. Voir J. N. BIRABEN, *Les Hommes et la peste en France et dans les pays européens et méditerranéens,* t. I, *La Peste dans l'histoire,* Paris, Mouton, 1975, t. II, *Les Hommes face à la peste,* Paris, Mouton, 1978, ainsi que M. D. GRMEK, *Les Maladies à l'aube de la civilisation occidentale. Recherches sur la réalité pathologique dans le monde grec préhistorique, archaïque et classique,* Paris, Payot, 1983.

tenet. Le corps est *possédé* par la maladie, et c'est bien la possession démoniaque qui est le paradigme de toutes les atteintes de la maladie et de leurs modalités. Par ailleurs, la douleur qui accompagne cette agression est décrite avec toutes ses nuances et dans toutes ses manifestations, au point de présenter une sorte d'autonomie par rapport à la maladie : elle est comme personnifiée, agissant sur le mode du bourreau qui soumet le corps à la torture : *torquet, opprimit, gravat, vexat, molestat.* Troisième caractéristique de l'*infirmitas,* sa dimension sociale est toujours notée, car la maladie a pour effet d'interdire de travailler, de plonger dans le dénuement, de contraindre à la mendicité ; le malade est ainsi une charge pour son entourage qui souvent se plaint de ne pouvoir le nourrir ou faire face aux soins qu'il réclame ; il devient insupportable à ses proches par ses cris, ses odeurs putrides, ou même ses violences dans le cas des *furiosi*[1]. Par là même, le malade était renvoyé devant la société tout entière pour y assumer un rôle social déterminé à l'avance et idéologiquement nécessaire : le rôle du *pauper* qui fait son salut en souffrant comme le Christ et offre aux autres l'occasion de se sauver eux-mêmes en lui faisant la charité.

Le diagnostic

Les termes désignant les différentes affections, du moins dans les textes médicaux ou d'origine ecclésiastique, provenaient de la médecine antique : *paralysis, lepra, scabies,* etc. Ils permettaient à la fois d'identifier des maux divers et de fonder une typologie des recours et un choix entre les diverses sortes de remèdes, mais aussi de miracles et de saints spécialisés. En fait, les formes de morbidité se répartissaient selon une hiérarchie allant des « fièvres » aux maux mieux caractérisés : cécité, paralysie, épilepsie, frénésie, possession ; la lèpre s'en distinguait en raison d'une charge symbolique particulière, qui la

1. A. I. Galetti, « *Infirmitas* e terapia sacra in una città medievale (Orvieto, 1240) », *in* T. Sepilli (éd.), *La medicina popolare in Italia. La ricerca folklorika,* 8, Brescia, Gralo, 1984.

liait aux péchés de la chair (les lépreux passaient pour expier la luxure de leurs parents) et à la mort : le corps du lépreux endure la corruption qui caractérise les cadavres, et l'exclusion sociale dans les léproseries s'apparente, jusque dans le rituel d'admission, à une mort rituelle. Mais parce que la lèpre exprimait le comble de l'abjection physique, elle suscitait aussi le geste le plus spectaculaire de l'héroïsme chrétien : le baiser au lépreux, dont Saint Louis donna l'exemple. L'exclusion plus ou moins rigoureuse des lépreux était justifiée par la conviction que la lèpre était contagieuse ; mais le réseau des léproseries était plus dense en France qu'en Angleterre où les lépreux, sans doute plus mobiles, figuraient aussi plus souvent dans les livres de miracles des sanctuaires. Le mal a amorcé son recul définitif au bas Moyen Âge. Mais à partir de 1348, l'Occident fut de nouveau frappé par la peste qui l'avait épargné depuis six ou sept siècles : les attitudes à l'égard de ce fléau ne pouvaient plus rien avoir de commun avec celles que suscitaient les autres maladies, y compris la lèpre. En raison du caractère collectif et meurtrier de la peste, mais aussi parce qu'on n'en guérit pas : au mieux peut-on chercher à s'en protéger[1].

Les interprétations

Si l'on s'en tient aux origines, on peut dire qu'il existait au Moyen Âge deux grands systèmes d'interprétation de la maladie : l'interprétation médicale, héritée des médecins antiques et arabes, et l'interprétation religieuse, sur laquelle l'Église a très fortement imprimé sa marque. Mais il va de soi qu'elles se sont longtemps fondues l'une dans l'autre et que le savoir païen n'a été reçu que parce qu'il était christianisé.

L'interprétation médicale, placée sous le nom d'Hippocrate, à qui l'on attribue la théorie des quatre humeurs, a été successivement enrichie par les médecins grecs (Oribase), puis latins :

1. N. BULST, « Der Schwarze Tod. Demographische, Wirtschafts- und Kulturgeschichtliche Aspekte der Pestkatastrophe von 1347-1352. Bilanz der neueren Forschung », *Saeculum*, 30, 1979, pp. 45-67, et J. N. BIRABEN et Jacques LE GOFF, « La peste dans le haut Moyen Âge », *Annales. E.S.C.*, 1969, pp. 1484-1510.

Galien pour la théorie des tempéraments ou encore Marcellus. Elle fut reprise avec quelques variations par les encyclopédistes du Moyen Âge : Isidore de Séville, Raban Maur ou, au XIIe siècle, la nonne Hildegarde de Bingen. Elle voit dans la maladie une perturbation de l'ordre cosmique dont le corps de l'homme fait partie intégrante : il est soumis au même ordre quaternaire de correspondances entre les quatre éléments dont il est composé, à l'instar de toute la nature (air, feu, terre, eau), les quatre humeurs qui leur sont respectivement associées (sang, bile jaune, bile noire, pituite ou flegme), les quatre qualités du froid et du chaud, de l'humide et du sec, les quatre tempéraments (sanguin, colérique, mélancolique, flegmatique), etc.[1]. Au Moyen Âge, cette interprétation n'était jamais dissociée de la conception chrétienne du monde et du devenir de l'homme : si la maladie est due à une rupture de l'équilibre entre les humeurs, provoquée par l'influence néfaste de telle planète ou par la chaleur ou l'humidité excessive pour la saison, elle traduit en dernière instance un défaut ou une défaillance de l'organisme (*« modus deficiens, destitutio corporis »*, dit Isidore) rendus possibles par l'affaiblissement original de l'homme, par la chute d'Adam. Le corps de l'homme ne retrouvera donc sa pleine santé physique et morale, sa *restitutio* complète et définitive, qu'à la Résurrection[2].

L'interprétation religieuse a donc une fonction englobante et fondatrice. Elle explicite la source de la maladie et elle fait de celle-ci un signe. L'origine de la maladie est référée à une intentionnalité et un pouvoir surnaturels, attribués selon les cas à Dieu (suivant le modèle biblique des épreuves subies par Job), au diable ou aux saints. Mais ils peuvent être aussi incarnés par un être humain, un sorcier ou une sorcière usant de maléfices, soit par contact (fascination du regard, attouchement, souffle, parole), soit à distance, au moyen de charmes placés sous le seuil, de poupées magiques percées d'aiguilles,

1. G. M. ENGBRING, « Saint Hildegard, Twelft-Century Physician », *Bulletin of the History of Medicine*, VIII, 1940, pp. 770-784.

2. C. CRISCIANI, « Valeurs éthiques et savoir médical entre le XIIe et le XIXe siècle. Problèmes et thèmes d'une recherche », *in* M. D. GRMEK (éd.), *History and Philosophy of the Life Sciences*, 5, 1, 1983, Florence, Olschki, 1984, pp. 33-52.

etc. Quelle qu'en soit l'origine, la maladie est un signe ambigu : signe du péché, elle apparaît comme un juste châtiment, tout en étant une incitation positive à la conversion individuelle ou, dans le cas des épidémies, collective. Mais elle est aussi signe de la vertu, voire de l'amour de Dieu, lorsque sa fonction est de mettre à l'épreuve le chrétien et surtout le saint. Dans les deux cas, la maladie peut s'interpréter comme une bénédiction, puisqu'elle donne l'occasion de persévérer dans la voie du salut ou de la rejoindre. La maladie-signe réfère au sujet, au pécheur qu'elle punit ou au saint qu'elle met à l'épreuve, mais tout autant à celui qui a le pouvoir de les rendre malades : elle a alors une fonction de preuve, puisqu'elle démontre le pouvoir du sorcier de mettre ses menaces à exécution ou celui du saint de frapper ceux qui doutent de lui, quitte à les guérir ensuite. La maladie-signe s'adresse enfin à tous les autres hommes, invités à accomplir, à leur profit spirituel autant qu'au profit du malade, les œuvres de miséricorde : même si l'on a eu peut-être trop tendance à sous-estimer la part des soins réels dans l'activité des hospices du Moyen Âge, il n'en est pas moins certain qu'ils permettaient d'entourer d'une attention ritualisée les « seigneurs malades » qu'on y servait humblement.

De toutes ces conditions découle la métaphorisation de la maladie, si caractéristique du discours idéologique de cette époque : la maladie et le péché y sont interchangeables, comme le sont aussi la guérison et la conversion ; Raban Maur, par exemple, peut classer les maladies selon une liste des péchés où *« lepra est doctrina haereticorum falsa atque varia*[1] ». En effet, cette métaphorisation concerne surtout les maux ayant la plus forte charge symbolique (la peste, la lèpre), associés aussi aux transgressions religieuses et morales les plus graves : au XIIIe siècle, la progression objective et de la lèpre et des courants hérétiques (cathares et vaudois) semble avoir considérablement renforcé l'assimilation de l'une à l'autre dans le discours polémique des hommes d'Église[2]...

1. RABAN MAUR, *De Universo*, XVIII, cap. v, *De medicina*, dans *P.L.* (111), col. 501-502.

2. R. I. MOORE, « Heresy as Disease », *in* W. LOURDAUX, D. VERHELST (éd.), *The Concept of Heresy in the Middle Ages (11th-12th C.)*, Louvain et La Haye, 1976, pp. 1-11.

LES RECOURS

Face à la maladie existaient trois possibilités d'intervention :

Se protéger

En ancien français, « guarison » signifie d'abord protection. Les moyens de préserver le corps des atteintes de la maladie étaient de divers ordres. D'abord, suivre le « régime de santé » recommandé par les médecins, observer la diète, se faire régulièrement saigner, de la manière et en temps opportuns. Ensuite, veiller à la santé de l'âme, dont dépend celle du corps : par des oraisons individuelles et collectives, le chant des litanies, les processions, comme celle des Rogations, l'invocation des saints, notamment des « saints protecteurs de la peste », Antoine, Sébastien, Roch. On pouvait aussi porter sur soi une amulette ou se faire asperger d'eau bénite salée (par exemple contre les morsures de serpent) : dès le VIe siècle, Grégoire de Tours atteste l'emploi d'un tau (de saint Antoine) fixé sur les maisons pour que la peste les évite, et le port de reliques en guise d'amulettes[1].

Soigner

Soigner *(sanari)*, donner des soins *(curae)* étaient du ressort de la médecine humaine. Celle-ci distinguait trois types d'interventions, classées dans l'ordre croissant d'intensité : la diète, la

1. GRÉGOIRE DE TOURS, *Historia Francorum*, IV, 5, cité par J. N. BIRABEN, *Les Hommes face à la peste, op. cit. supra*, p. 323, n. 1. En 543, saint Gall, évêque de Clermont, institua la procession des Rogations pour préserver son diocèse de la peste : GRÉGOIRE DE TOURS, *Liber in gloria confessorum*, L, 3. Les reliques de saint Rémi détournèrent aussi l'épidémie : *ibid.*, LXXVIII.

pharmacopée et la chirurgie, qui visait à extirper le mal, à le faire sortir du corps par la saignée, l'incision, la suppuration. Cette médecine s'exerçait en des lieux précis, en particulier dans les monastères et dans les cours des souverains : la *Règle de saint Benoît* (chapitre XXXVI) prévoyait déjà l'organisation et le fonctionnement des infirmeries dans les monastères de l'ordre[1]. Sur ce même modèle fonctionnèrent aussi les hospices *(xenodochia)*. Mais à la suite de la réforme grégorienne, interdiction fut faite aux religieux et aux clercs d'exercer la médecine, dans le souci d'une distinction plus rigoureuse des activités des laïcs et des clercs : il ne convenait pas que ceux-ci fussent trop près des corps, exposés à la luxure, contraints de verser le sang, tandis que la rétribution matérielle tirée de leur activité risquait aussi d'aiguiser leur cupidité. Traditionnellement, la cour du roi était aussi le lieu privilégié où s'exerçait la médecine : dans le haut Moyen Âge, les *archiatri* des rois ostrogoths devaient, pour entrer en fonctions, prêter un serment analogue à ceux des prêtres qui servaient le roi *(sacerdotii sacramentum)*[2].

Cependant, dans la hiérarchie des valeurs et des rôles sociaux, la médecine n'occupait qu'une place secondaire puisqu'elle ne connaissait que les corps ; à la limite, elle pouvait apparaître comme un danger pour l'âme. Le premier récit du livre des miracles de sainte Foy de Conques est éloquent : un homme, dont les yeux ont été sauvagement arrachés par son ennemi, est sauvé par sa mère ; mais il n'a pas pour autant retrouvé ses yeux et, pis encore, tirant parti de son infirmité, il devient jongleur et oublie les promesses que la sainte lui avait faites ; au bout d'une année, comprenant enfin son erreur, il part en

1. E. PATZELT, « Moines-médecins », *Mélanges E. R. Labande, Études de civilisation médiévale, IXe-XIIe siècles*, Poitiers, C.E.S.M., 1974, pp. 577-588 ; L. GOUGAUD, « La pratique de la phlébotomie dans les cloîtres », *Revue Mabillon*, 1923, pp. 1-23 ; ainsi que le numéro 13 des *Cahiers de Fangeaux, Assistance et charité*, Toulouse, Privat, 1978 ; F. LOUX et P. RICHARD, *Sagesses du corps. La santé et la maladie dans les proverbes français*, Paris, Maisonneuve, 1978 ; A. JULLIARD et R. LUNEAU, « La médecine populaire dans les campagnes françaises aujourd'hui. Bibliographie thématique », *Archives de sciences sociales des religions*, 54/1, 1982, pp. 77-83.

2. L. C. MAC KINNEY, *Early Medieval Medicine with Special Reference to France and Chartres*, Baltimore, The Johns Hopkins Press, 1937.

pèlerinage à Conques où il est miraculeusement guéri[1]. Dans son propre ressort, qui est le soin des corps, la médecine humaine a donc une efficacité limitée : là même s'impose rapidement la nécessité d'un recours supérieur.

Guérir

a) Parce qu'elle se voulait la médiatrice obligée de la conversion, l'Église se pensait comme seule apte à offrir une guérison véritable, totale, du corps et de l'âme à la fois. Saint Augustin, déjà, était formel : *« Cura corporis ad sanitatem animi referenda est. »* Or, l'Église n'était-elle pas l'épouse ou le corps du Christ-médecin, *Christus medicus ?* Deux ensembles de moyens étaient susceptibles d'assurer cette guérison totale : l'exercice des sacrements et le contrôle du miracle.

Au XIIIe siècle, saint Bonaventure donne cette définition du *sacramentum : « Res sacra quae ordinata est ut medicina contra morbum. »* La métaphore médicale est explicite pour exprimer que le sacrement n'est pas qu'un simple « signe », mais qu'il est efficace : en mettant en fuite les démons, il manifeste le pouvoir de Dieu[2]. Tel est avant tout le baptême, dont le premier acte est un exorcisme, et dont le *Marteau des sorcières* — ce n'est pas un hasard — décrit minutieusement le déroulement rituel et les effets[3]. Il en va de même de la confession, dont Burchard de Worms (début du XIe siècle) dit qu'elle est « la médecine de l'âme[4] », ce que Henri de Lancastre développe amplement à la fin du Moyen Âge dans son *Livre des saintes médecines*[5]. Entre

1. *Liber Miraculorum sancte Fidis*, éd. A. Bouillet, Paris, 1897, pp. 6-15.

2. Saint BONAVENTURE, *In IV Sent., dist.* 1 B, art. 5, *ad* 1 (Bo 29, 16) cité par J. CHYDENIUS, *The Theory of Medieval Symbolism*, Helsingfors, 1960, p. 29.

3. Henry INSTITORIS et Jacques SPRENGER, *Le Marteau des sorcières*, trad. fr. par A. Danet, Paris, Plon, 1973, pp. 491-494.

4. BURCHARD DE WORMS, *Decretorum liber decimus nonus de poenitentia*, dans *P.L.* (140), col. 949 : « *Liber hic* Corrector *vocatur et* Medicus, *quia correctiones corporum et animarum medicinas plene continet...* »

5. HENRI DE LANCASTRE, *Le Livre des Seyntz Medecines (1354)*, Oxford, Blackwell, 1940. E. J. ARNOULT, *Étude sur le livre des Saintes Médecines du duc Henri de Lancastre*, Paris, 1948.

le VIIIe et le Xe siècle, le sacrement des malades, qui était d'abord conçu comme un rite de guérison, prit la forme de « l'extrême onction » des mourants, au fur et à mesure que se renforçait sa finalité spirituelle : guérir l'âme avant le corps[1]. L'exorcisme, quant à lui, n'est en principe qu'un *sacramentalium* et non un *sacramentum*, mais ces distinctions eurent de moins en moins d'importance pratique : comme on l'a vu, l'exorcisme est présent dans l'accomplissement d'autres sacrements ; il bénéficie aussi d'une ritualisation dramatique et solennelle, justifiant l'existence d'un « ordre » spécifique au sein du clergé, celui de l'exorciste[2]. Cette importance de l'exorcisme est à la mesure du rôle de la possession diabolique dans les représentations de la maladie en général : l'ensemble des pratiques de guérison trouvait un modèle dans l'exorcisme, comme la possession était le paradigme de toutes les atteintes morbides.

Un autre mode d'intervention contre la maladie, lui aussi exalté par l'Église, était le miracle. Les miracles de guérison étaient les plus nombreux de tous les miracles attribués aux saints par leurs biographes ou recensés par écrit dans les sanctuaires. Dans une étude chiffrée, P.-A. Sigal montre que 60 % des miracles mentionnés dans la littérature hagiographique de la France des XIe-XIIe siècles étaient des miracles de guérison. Il s'agissait en majorité de miracles posthumes, accomplis sur la tombe du saint ou à plus ou moins grande distance de son sanctuaire : 2 050 miracles de guérison de ce type ont été dénombrés, contre 658 miracles de guérison accomplis par un

1. E. J. NOYE, s.v. « Maladie », *Dictionnaire de spiritualité*, t. X, Paris, Cerf, 1980, col. 137-152. Notamment BURCHARD DE WORMS, *Decretorum...*, dans *P.L.* (140), col. 933-936. Pour Césaire d'Arles (mort en 542), le « sacrement des malades » était encore une sorte de remède apte à guérir le corps : « Quelqu'un est-il malade ? Qu'il appelle le prêtre de l'église, pour le bénir et l'oindre d'huile au nom du Seigneur. La prière divine lui rendra la santé. Le Seigneur jugera ses péchés et les lui remettra. » À l'inverse des sorciers qui usent de phylactères diaboliques, l'Église offre, dit-il, la double *guérison (« duplicata bona »)* du corps et de l'âme *(« et corporis sanitatem recipere et peccatorum indulgentiam obtinere »)* : CÉSAIRE D'ARLES, *Sermo in parochiis necessarius*, cité par D. HARMENING, *Superstitio. Ueberlieferungs-und theoriegeschichtliche Untersuchungen zur Kirchlich-theologischen Aberglaubenliteratur des Mittelalters*, Berlin, E. Schmidt, 1979, pp. 58-59.

2. A. FRANZ, *Die Kirchlische Benedictionen im Mittelalter*, I, Fribourg, 1909.

saint de son vivant[1]. Les affections les plus souvent concernées sont, durant cette période et dans cette aire géographique, comme à d'autres époques du Moyen Âge ou dans d'autres régions[2], la paralysie et la cécité. L'efficacité miraculeuse était subordonnée à l'accomplissement d'une relation doublement contractuelle entre trois « personnes » : l'homme malade, le saint et Dieu. Les deux premiers s'engageaient mutuellement dans une relation d'échange : le vœu, les prières et les offrandes du malade devaient en quelque sorte « forcer la main » au saint ; puis en retour, en échange de la guérison, le miraculé, conformément à son vœu, laissait des ex-voto ou même faisait don de sa personne au saint et à ses ayant droits : les *censuales* miraculés par le saint, les « sainteurs » (appellation un peu plus tardive) venaient ainsi accroître la *familia* du saint ; d'autre part, les mérites acquis par le saint auprès de Dieu devaient lui permettre d'obtenir la guérison de ceux qui l'imploraient : mais cela non plus n'allait pas de soi.

Dans le cas des miracles posthumes, qui étaient les plus nombreux, un corps mort — mais un corps saint, censé conserver les marques de la vie — était imploré au profit d'un corps malade, afin de lui rendre la santé : la guérison consistait en un transfert de pouvoir entre deux corps, l'incorruptibilité de l'un venant combattre la corruption de l'autre. Il faut noter aussi l'importance du rêve dans l'accomplissement de ce transfert de pouvoir d'un corps à l'autre : le rêve, en effet, conformément à la pratique ancestrale de l'incubation, manifestait la présence réelle du saint dans son sanctuaire, au moment même de la guérison ou lors de ses premières manifestations.

1. P.-A. SIGAL, « Miracles et guérisons au XIIe siècle », *Annales. E.S.C.*, 1969, pp. 1522-1539, ainsi que *L'Homme et le miracle dans la France médiévale, XIe-XIIe siècles*, Paris, Cerf, 1985.

2. R. C. FINUCANE, *Miracles and Pilgrims, Populars Beliefs in Medieval England*, Londres, Melbourne, Toronto, J. M. Dent, 1977 ; M. ROUCHE, « Miracles, maladies et psychologie de la foi à l'époque carolingienne en Francie », dans *Hagiographie, cultures et sociétés, IVe-Ve siècles*, Paris, Études augustiniennes, 1981, pp. 319-337 ; A. VAUCHEZ, *La Sainteté en Occident aux derniers siècles du Moyen Âge d'après les procès de canonisation et les documents hagiographiques*, Rome, École française de Rome, 1981.

La guérison, résultat de ce transfert, prenait toujours la forme d'un rituel, plus précisément d'un déplacement ritualisé, soit du malade vers les reliques (cas du pèlerinage), soit des reliques vers le malade (cas des translations de reliques). Cette structure spatiale fut assez stable à partir du haut Moyen Âge, et l'on n'observe pas non plus de différences importantes dans l'espace, par exemple entre l'Angleterre et le continent. Il faut noter cependant deux critères de différenciation, l'un social et l'autre chronologique.

P.-A. Sigal a montré que les attitudes à l'égard du miracle n'étaient pas exactement les mêmes dans l'aristocratie et les classes populaires : la première a recouru plus tôt à l'invocation à distance du saint, faisant ainsi l'économie d'un pèlerinage jusqu'à son tombeau. Les affections les plus fréquentes qui justifiaient l'invocation étaient aussi sensiblement différentes : les maladies internes, les maladies à évolution rapide, les blessures caractéristiques du mode de vie violent des chevaliers, faisaient l'objet des requêtes habituelles de l'aristocratie, tandis que pour le peuple le groupe traditionnel formé par la cécité, la surdité, la mutité, la paralysie a connu une plus grande permanence[1].

Au XIVe siècle s'amorça cependant une transformation des attitudes qui concernait tous les types de pèlerins : pour eux tous, la nécessité d'un rapprochement physique du saint et du miraculé se fit alors moins pressante ; les pèlerinages vicaires (où le malade se faisait représenter) devinrent plus nombreux : les « livres de miracles » enregistrèrent aussi un plus grand nombre de guérisons à distance, sur simple prière du malade, sans même qu'un pèlerinage fût nécessaire. Ces mutations ont été mises en relation par André Vauchez avec la diffusion du culte des images, qui a permis une démultiplication de la présence efficiente du saint, assurée traditionnellement par la seule diffusion des reliques[2]. Cette hypothèse me paraît confirmée par l'évolution du statut de l'image religieuse depuis l'an mille : cette image, en trois ou en deux dimensions, a connu une sorte de promotion religieuse qui aboutit à la reconnaissance

1. P.-A. SIGAL, « Comment on concevait et on traitait la paralysie en Occident dans le haut Moyen Âge (XIe-XIIIe siècles) », *Revue d'histoire des sciences*, 197, 1971, pp. 193-211.

2. A. VAUCHEZ, *La Sainteté en Occident*, *op. cit.*, p. 519 sq.

de sa vertu miraculeuse autonome ; ainsi, dès le XIIIe siècle, les reliques qui y étaient enchâssées (comme c'était le cas depuis le IXe siècle, un des exemples les plus célèbres étant celui de la statue-reliquaire de sainte Foy de Conques), ne furent-elles plus indispensables pour garantir ce pouvoir de faire des miracles. À la fin du Moyen Âge et à l'époque moderne se multiplièrent les découvertes d'images miraculeuses qui justifièrent l'établissement de nouveaux centres de pèlerinage[1].

Le plus souvent, le pèlerinage était collectif : les pèlerins partaient en groupe, parfois même curé en tête, et d'autres pèlerins venaient en chemin s'agréger à leur troupe. Cette dimension collective est un facteur important de la « liminalité » du pèlerinage, au sens que V. Turner a donné à ce mot : expérience collective des marges, il était le lieu où s'abolissaient les hiérarchies habituelles, dans une commune exaltation religieuse et sociale[2]. Cependant, le clergé contrôlait l'ensemble de ces manifestations, en tenant le registre des guérisons miraculeuses, en surveillant de près miraculés et témoins, en faisant la chasse aux imposteurs comme aux fraudeurs, en énonçant aussi le sens des miracles comme celui des échecs : ces derniers ne pouvaient conduire à mettre en cause la puissance du saint, mais toujours le manque de foi du pèlerin…

Dès le VIe siècle sont attestées les processions de reliques, qui visaient à protéger les communautés contre les épidémies. Il en existait différences formes, qui témoignent d'autant de manières, pour le saint, de s'approprier le territoire et d'y apposer sa marque : les unes allaient du centre du culte à un autre sanctuaire, telle une chapelle ; les autres décrivaient approximativement un cercle (circumambulation), soit autour des remparts d'une ville ou aux limites d'un terroir, soit à travers une région entière lorsqu'était accompli un voyage de quête, par exemple pour la reconstruction d'une église détruite par l'incendie. Les habitants des localités visitées et des environs affluaient dans ces cas-là et

1. Voir en particulier les recherches sur la Castille moderne de W. A. CHRISTIAN, *Local Religion in Sixteenth-Century Spain*, Princeton, P.U.P., 1981, et *Apparitions in Late Medieval and Renaissance Spain*, Princeton, P.U.P., 1981.

2. V. et E. TURNER, *Image and Pilgrimage in Christian Culture. Anthropological Perspectives*, New York, Columbia U. P., 1978.

les malades, tout particulièrement, se traînaient ou se faisaient porter à la rencontre des reliques dans l'espoir d'être guéris.

b) Des miracles des saints, étroitement contrôlés par l'Église, il convient de distinguer le miracle royal, caractéristique des monarchies françaises (toucher des écrouelles) et anglaise, à partir du XIIIe siècle. Différent, ce miracle l'est d'abord parce que limité dans son accomplissement au vivant du roi. Ce sont au contraire les corps morts des saints qui, le plus souvent, faisaient des miracles. Dans le cas de Saint Louis, roi canonisé, on distingue nettement le miracle royal, du vivant du roi, et les miracles *post mortem*, beaucoup plus diversifiés, accomplis en raison de sa sainteté. Ce cas est exceptionnel, et l'Église, méfiante à l'égard de toute forme de « royauté sacrée » qui eût concurrencé sa propre prééminence idéologique, a toujours veillé à ce que les deux rôles de roi et de saint — sauf cas particulier de la conversion au christianisme des nations d'Europe centrale — ne fussent pas confondus. En France, le toucher des écrouelles s'imposa avec Saint Louis, en liaison étroite avec la formation d'un rituel précis du sacre : le roi tenait son pouvoir de guérison de l'onction reçue au sacre au moyen d'une huile surnaturelle, celle que la colombe du Saint Esprit avait apportée à saint Rémi au moment du baptême de Clovis. Le miracle royal était ainsi l'instrument de l'affirmation du pouvoir éminent du roi de France, face à la noblesse, face aux autres rois (qui, même quand ils étaient oints, ne bénéficiaient pas d'une onction aussi sainte) et aussi face à l'Église : il s'agissait en effet d'un rituel que le roi accomplissait seul, à l'inverse du sacre et du couronnement qui requéraient l'intervention et, d'une certaine manière, le contrôle du haut clergé (archevêque de Reims, abbé de Saint-Denis, etc.). Le rituel fut légèrement plus tardif en Angleterre et différent : le roi y rachetait sur l'autel des anneaux médicinaux *(cramp-rings)* qu'il donnait aux épileptiques ; mais ici aussi, on assista à « la conquête d'une recette magique par la royauté miraculeuse[1] ».

1. M. Bloch, *Les Rois thaumaturges. Étude sur le caractère surnaturel attribué à la puissance royale particulièrement en France et en Angleterre*, Paris, 1924, nouv. éd., Paris, Gallimard, 1983, préface de J. Le Goff.

c) Dans l'éventail des recours possibles, les sorciers occupaient une troisième position. Mais ils inspiraient à l'Église une attitude toute différente. Dès les premiers siècles, les autorités ecclésiastiques ont repris à leur compte la dénonciation antique des *magi, harioli, haruspices, divini, praecantatores*, de l'usage qu'ils faisaient des *characteres, ligaturae*, des *carmina* et autres formules qu'ils récitaient, de leur prétention à prédire la vie ou la mort ou encore à « libérer » les corps « liés » par d'autres sorciers : au XVe siècle, le *Malleus maleficarum* est le point d'aboutissement de cette immense tradition polémique, à laquelle il ajoute des observations contemporaines, par exemple sur la clientèle régionale des sorciers[1].

Certes, l'attitude des clercs n'était pas dépourvue d'ambiguïté : pour saint Augustin, les charmes sont efficaces, bien qu'ils n'aient aucun pouvoir en eux-mêmes ; mais Dieu les autorise pour éprouver la foi des chrétiens[2]... En fait, les pratiques de sorcellerie ne différaient fondamentalement ni des pratiques de guérison légitimes prônées par l'Église, qui recommandait par exemple l'aspersion d'eau bénite et prohibait seulement les bains d'eau bénite[3], ni des recettes empiriques, qui mêlaient les prescriptions d'onguents dont on pouvait attendre une efficacité naturelle[4], aux invocations et aux prières. Deux raisons

1. Sur les très nombreuses condamnations ecclésiastiques au haut Moyen Âge, voir D. HARMENING, *Superstitio, op. cit.* ; pour la fin du Moyen Âge, voir les textes très riches édités par R. VAULTIER, *Le Folkore pendant la guerre de Cent Ans d'après les lettres de rémission du Trésor des Chartes*, Paris, Guénégaud, 1965, p. 226 sq.

2. Ce jugement d'Augustin, dans la *Cité de Dieu*, se retrouve chez Raban Maur, Burchard de Worms, Yves de Chartres, Gratien : les guérisseurs *(magi, sortilegi)* semblent parfois guérir les malades ou nuire aux gens sains, bien que *« aliquid propriae virtutis ae potestatis non habeant »*, mais Dieu le leur permet pour éprouver ceux qui les voient ou les entendent et s'assurer de leur foi.

3. A. FRANZ, *Die Kirchlische Benedictionen, op. cit.*, p. 91 ; première mention d'eau bénite mêlée de sel dans le *Liber Pontificalis* sous le pontificat de Boniface II (530-532). Nombreuses attestations ensuite : Grégoire de Tours, Hincmar, Pierre Damien (contre les morsures de serpent). L'évêque Atton de Verceil (mort en 961) interdit les bains d'eau bénite : *« In aqua vero sanctificata nullus balneum facere audeat pro aliqua infirmitate vel necessitate, quae spargi tantummodo concessa est. Huiuscemodi lavacra nec in sacris scripturis invenimus nec in patribus acta audivimus nec nobis utilia videntur »* (*Capitula*, c. 76, dans *P.L.* [134], col. 43, cité par A. FRANZ, *op. cit.*, p. 109).

4. C. BRUNEL, « Recettes médicales du XIIIe siècle en langue romane », *Romania*, 83, 1962, pp. 145-182.

justifiaient cependant l'opposition cléricale : d'une part, le fait que ces pratiques fussent dépourvues d'*auctoritas*, c'est-à-dire de toute marque formelle d'authentification ecclésiastique : la pratique elle-même importait moins que sa marque de reconnaissance : on le voit bien dans un canon d'Halitgarius, évêque de Cambrai au VIIIe siècle, reproduit encore par saint Thomas d'Aquin, qui admet certaines invocations si elles s'accompagnent du Symbole divin (le *Credo*), mais pas si elles se font « à un nom inconnu[1] » ; d'autre part, de telles pratiques, comme toutes les « superstitions », étaient, en fin de compte, référées au diable : les *ligaturae*, affirme Isidore, relèvent d'un *ars demonum* qui s'oppose à l'*ars medicorum*[2] ; le discours clérical tendait à déposséder les sorciers de leur savoir au profit des puissances démoniaques, en les présentant soit comme les victimes des « illusions » ou « phantasmes » diaboliques, soit comme leurs complices, s'ils se liaient au diable par un pacte exprès ou tacite[3].

1. HALITGARIUS, *Liber poenitentialis*, dans *P.L.* (105), col. 796 : *« Non liceat in collectione herbarum quae medicinales sunt, aliquas observationes vel incantationes attendere, nisi tantum cum symbolo divino et oratione dominica ut Deus et Dominus honoretur. »* À rapprocher, trois ou quatre siècles plus tard, de GRATIEN, *Decretum*, Pars II, Causa XXVI, Quaestio V, c. 3, et THOMAS D'AQUIN, *Summa theologica*, II[a], II[b], 96, 4 : *« Nec in collectionibus herbarum quae medicinales sunt aliquas observationes aut incantationes liceat attendere, nisi tantum cum symbolo divino aut oratione dominica »*, cité par D. HARMENING, *Superstitio, op. cit.*, p. 238.

2. ISIDORE DE SÉVILLE, *Etymologiae*, VIII, 9, *De magis*, dans *P. L.* (82), cité par L. C. MAC KINNEY, *Early Medieval Medicine, op. cit.*, p. 26. À côté de l'opposition bien attestée « religion vs superstition », il faut noter aussi l'opposition « médecine *vs* superstition » : saint AUGUSTIN, dans le *De doctrina christiana*, II, cap. XX, écrit : *« Ad hoc genius etiam pertinenet omnes ligaturae atque remedia quae medicorum quoque disciplina condemnat »* (souligné par moi), repris par GRATIEN, *Decretum*, Pars II, Causa XXVI, Quaestio II, c. 6, cité par D. HARMENING, *Superstitio, op. cit.*, p. 236 et note 158. De même GRÉGOIRE DE TOURS, *De virtutibus Sancti Martini*, I, 27 : *« Plus valet parumper de pulvere basilicae quam illi (harioli) cum medicamentis insaniae. »*

3. Concile de Tours de 813 : *« Admoneant sacerdotes fideles populos ut noverint magicas artes incantationesque quibuslibet infirmitatibus hominum nihil posse remedii confere. Non animalibus languentibus claudicantibusque vel etiam moribundis quincquam medere, non ligaturas ossum vel herbarum cuiquam mortalium adhibitas prodesse, sed haec esse* laqueos et insidias antiqui hostis, *quibus ille perfidus genus humanum decipere nititur »* (souligné par moi), cité par D. HARMENING, *Superstitio, op. cit.*, p. 236. Voir J.-Cl. SCHMITT, *Le Saint Lévrier. Guénifort, guérisseur d'enfants depuis le XIIIe siècle*, Paris, Flammarion, 1979.

La complémentarité des recours

Dans l'économie de la guérison, l'Église, le roi, les médecins, les prêtres, les sorciers étaient concurrents. Mais les recours à l'un ou à l'autre pouvaient se succéder : tel malade, abandonné par les médecins, avait recours au sorcier, ou au saint... Tous les cas de figure étaient possibles, à condition que la suite des démarches se conformât à la hiérarchie non réversible de l'échelle des dignités : le médecin n'était pas autorisé à se rendre au chevet du mourant après que celui-ci s'était confessé et avait reçu du prêtre le sacrement de l'extrême-onction ; en effet, si la médecine divine ne le guérissait pas, c'est que le poids de ses péchés était trop grand, et contre cela la médecine humaine ne pouvait rien. De même, le médecin n'avait pas le droit de visiter une seconde fois le malade si celui-ci n'avait pas fait appel entre-temps au confesseur. Au XIVe siècle, les médecins commencèrent à se révolter contre ces prescriptions de l'Église : Henri de Mondeville se fit l'écho de leur ressentiment. Naturellement, les intérêts matériels n'étaient pas non plus étrangers à ces interdictions. Quand le médecin était impuissant à sauver le malade, celui-ci pouvait aussi se rendre auprès d'un saint ou du roi : des soixante miraculés recensés par Guillaume de Saint-Pathus dans les *Miracles de Saint Louis* (1302-1303), vingt avaient d'abord consulté un médecin et pris en vain des remèdes et, dans un cas, le médecin avait lui-même conseillé de faire plutôt un pèlerinage à Saint Éloi[1]. Entre deux ou plusieurs saints, la concurrence n'était pas moins vive, mais au-dessus d'eux tous, la Vierge semblait exercer un pouvoir de guérison supérieur et, surtout, non spécialisé : elle était la généraliste du miracle.

Pourtant, plus que la concurrence et l'exclusion prévalait l'intégration de ces divers recours. L'image des saints Côme et Damien, patrons des chirurgiens, est exemplaire. Tantôt les

1. S. CHENNAF et O. REDON, « Les miracles de Saint Louis », *in* J. GELIS et O. REDON, *Les Miracles, miroirs des corps*, Saint-Denis, Presses et publications de l'université de Paris-VIII-Vincennes-Saint-Denis, 1983, pp. 53-86.

pratiques médicales se prolongeaient dans la sphère religieuse : Hildegarde de Bingen, auteur des *Causae et Curae*, fut aussi l'une des grandes visionnaires de la fin du XIIe siècle et, chez elle, l'explication des maladies est indissociable de la théologie du péché. Une miniature d'un manuscrit du XIIIe siècle de la *Therapeutica* d'Alexandre de Tralles est partagée en deux moitiés : dans l'une est assis le médecin grec ; dans l'autre se dresse la croix du Christ. Le frontispice d'un *Apothicarius Moralis* du XIVe siècle présente en parallèle d'un côté une analyse d'urine et la confection d'une drogue, de l'autre le baptême et la pénitence[1]. Tantôt les pratiques religieuses se conciliaient les secours de la médecine : l'abbé Odon de Cluny recommanda un jour à deux moines de prier plutôt que de s'en remettre aux médecines humaines, qu'il disait inefficaces, mais il leur donna tout de même des *medicamenta*[2]... Dans les sanctuaires, les malades se bousculaient pour boire le « vinage », pris comme une potion, mais qui tirait toute sa force du contact des reliques. Parfois aussi, le saint qui apparaissait en rêve au malade prenait l'apparence d'un médecin : à Conques, un malade rêva que sainte Foy lui introduisait les doigts dans la bouche pour lui remettre les dents en place[3] ; à un pèlerin, saint Benoît apparut muni d'un couteau avec lequel il découpa la pellicule qui lui recouvrait l'œil. Offrant des traitements oniriques semblables, saint Étienne d'Obazine et sainte Hélène réduisaient les fractures[4].

LAÏCISATION DE LA MÉDECINE ?

Le médecin et le prêtre

Dès le XIe siècle, la réforme grégorienne, en cherchant à imposer une distinction plus radicale des statuts et des activités

1. L. C. MAC KINNEY, *Early Medieval Medicine, op. cit.*, pp. 146-147.
2. *Ibid.*, p. 84.
3. *Liber miraculorum sancte Fidis*, II, 8, éd. citée.
4. P.-A. SIGAL, *op. cit. supra*, p. 332, n. 1.

des clercs et des laïcs, a posé les bases de la laïcisation de la médecine. Jusqu'alors, les praticiens étaient le plus souvent des moines et des clercs, désormais écartés des métiers qui mettent en contact avec les corps et obligent à faire couler le sang. L'application de ces décisions fut progressive, et les conciles du XIIe siècle durent les rappeler sans cesse. La spécificité « mondaine » du savoir médical fut encore soulignée par la diffusion de la médecine antique et arabe : dès le XIe siècle, l'œuvre de Constantin l'Africain fit mieux connaître Hippocrate, Galien ainsi qu'Al-Farabi et Avicenne. Au XIIIe siècle, des pans entiers de l'œuvre d'Aristote, jusqu'alors inconnus, furent traduits d'abord de l'arabe, puis directement des manuscrits grecs, en particulier par Gérard de Crémone. Mais cette inflation du savoir médical entraînait aussi une division lourde de conséquences intellectuelles et sociales entre la pratique, abandonnée aux chirurgiens laïcs, et la réflexion théorique, la *physica*, dont les clercs gardaient le contrôle direct dans les écoles (Salerne, Chartres), puis les universités : dans le système universitaire qui s'instaura au début du XIIIe siècle, l'enseignement de la médecine ne tarda pas à se ménager une place à côté des autres facultés (Arts, Droit, Théologie)[1] ; en 1289 fut fondée la faculté de médecine de Montpellier.

Cependant, d'importantes mutations se préparèrent dès le XIVe siècle. Il s'agit d'abord de la mise en question de la distinction entre pratique et théorie : dans la première moitié du siècle, Henri de Mondeville, médecin de Philippe le Bel, puis Guy de Chauliac revendiquèrent une science médicale plus manuelle, faisant sa place à l'expérience. Ils se voulaient médecins-chirurgiens. Pourtant, du moins dans l'immédiat, ils ne furent guère entendus : après 1350, l'opposition des clercs, médecins universitaires, et des laïcs, les « manuels », reprit de plus belle et elle caractérisera ensuite une bonne part de l'histoire d'Ancien Régime de la médecine. Dans ces conditions, les laïcs s'organisèrent en métiers analogues à tous les autres. À Paris, le *Livre des Métiers* d'Étienne Boileau (XIIIe siècle) renseigne

1. B. LAWN, *The Salernitan Questions. An Introduction to the History of Medieval and Renaissance Problem Literature*, Oxford, Clarendon Press, 1937.

pour la première fois sur l'association de métier des chirurgiens, placée sous le patronage des saints Côme et Damien et spécialisée dans le traitement des blessures mortelles ainsi que dans la manipulation des corps morts : ce sont les chirurgiens, non les médecins, qui pratiquèrent les premières autopsies. Mais les chirurgiens, regardés de haut par les médecins, tentaient eux-mêmes de se prémunir contre les empiétements, dans leur sphère d'activité, des barbiers : en principe, ces derniers n'avaient à connaître que de la petite chirurgie non mortelle, mais, en fait, ils concurrençaient de plus en plus les chirurgiens sur leur propre terrain.

Ces mutations modifièrent sensiblement les rapports de la médecine et de la religion. Tout en reconnaissant les limites des soins donnés au corps, sans commune mesure avec les perspectives eschatologiques promises par le Christ, les médecins avaient aussi tendance à rejeter les pratiques de guérison relevant de la religion : énumérant ce qu'il appelle les cinq « sectes de praticiens », Guy de Chauliac dénonce « celle des chevaliers teutoniques et gens de guerre qui avec conjurations et breuvages, huiles, laine et feuilles de choux, pansent toutes plaies, se fondant sur cela que Dieu a mis sa vertu aux paroles, aux herbes et aux pierres » ; et aussi « celle des femmes et de plusieurs *idiotae* qui remettent les malades de toutes maladies aux saints seuls, se fondant sur cela : le Seigneur me l'a donnée ainsi qu'il lui a plu, le Seigneur me l'ôtera quand il lui plaira, le nom du Seigneur soit béni. Amen[1] ». Sans doute ces critiques reproduisent-elles pour une part celles que les clercs adressaient traditionnellement aux « superstitieux », mais la citation biblique, la mention du culte des saints, l'usage même de formules propitiatoires montrent bien que les clercs n'étaient pas moins visés. De plus, Henri de Mondeville, Guy de Chauliac ou encore Pierre de Maricourt savaient observer et même tirer parti des recettes des *vetulae*, ces vieilles femmes que l'Église était prompte, au contraire, à accuser de sorcellerie ; enfin, la concurrence des prêtres et des médecins autour des agonisants

1. *La Grande Chirurgie de Guy de Chauliac composée en l'an 1363*, éd. A. Nicaise, Paris, 1890, LXXI.

éclaire assez le conflit latent qui les opposait. Cet antagonisme reçut même son expression philosophique, aux limites de l'hérésie, de la doctrine averroïste de la « double vérité » : j'accepte évidemment la Révélation, dit en substance Henri de Mondeville, mais elle ne change rien à ma pratique de médecin et aux lois de la nature que je découvre et utilise pour guérir mes malades[1]...

Une nouvelle religion du médecin ?

Il ne faudrait pas pourtant opposer trop brutalement médecine et religion à la fin du Moyen Âge : Marie-Christine Pouchelle a excellemment montré la persistance du discours symbolique, religieux et éthique, dans l'œuvre écrite d'Henri de Mondeville, dont les propos se voulaient techniques et dont les audaces, face au christianisme et à l'Église, ne pouvaient guère être dépassées alors. Par ailleurs, à la même époque, le prodigieux engouement des milieux savants pour l'alchimie offrait, me semble-t-il, le cadre d'un nouveau discours et de nouvelles pratiques qui n'étaient pas moins symboliques que celles de la religion traditionnelle (on pense par exemple à l'usage des talismans), mais qui avaient deux avantages : celui d'affranchir du carcan doctrinal et hiérarchique de l'Église, et celui d'offrir à ces savants, qui commençaient à entrevoir quels secrets immenses recèle la nature, une voie d'accès à des vérités inédites. Dès le XIIIe siècle, Roger Bacon, à Oxford, pouvait soutenir que celui qui « ignore l'*alchemia speculativa* ne peut comprendre les autres sciences de la nature ni la médecine proprement dite ». Ce sont des médecins, Arnaud de Villeneuve, Jean de Roquetaillade, qui, au siècle suivant, apportèrent une contribution décisive à l'essor de l'alchimie, avant que Paracelse ne fît de celle-ci un des quatre piliers de la *theoria medica*, à côté de la Philosophie, de l'Astronomie et

1. Voir M.-C. POUCHELLE, *Corps et chirurgie à l'apogée du Moyen Âge. Savoir et imaginaire du corps chez Henri de Mondeville, chirurgien de Philippe le Bel*, Paris, Flammarion, 1983, p. 80.

de la Physique[1]. N'est-ce pas l'alchimie qui donna aux médecins-chirurgiens la « tentation luciférienne » des pratiques illicites, telle la dissection ?

Dans la civilisation médiévale, il était possible de s'opposer à l'autorité et même à l'enseignement de l'Église, mais il était inconcevable de s'affranchir du champ religieux, en l'occurrence d'une conception et d'une pratique symbolique de la médecine, fondées sur le postulat de relations nécessaires entre le corps humain et le macrocosme. C'est cet ensemble de représentations qui furent peu à peu refusées par la médecine savante à partir du XVIIe siècle, et radicalement au XIXe siècle, tout en se maintenant dans la « médecine populaire ». Pour cette dernière, il serait cependant inexact de parler dès lors de simples survivances, puisque c'est l'ensemble des structures sociales et idéologiques et donc le sens même des relations entre niveaux de culture qui ont changé : la domination du langage religieux de l'Église a cédé la place au discours objectif de la médecine moderne. Mais on se gardera de juger de manière univoque de changement : sauf qualitatif indéniable ou substitution d'une orthodoxie à une autre ? Les deux sans doute.

1. H. SCHIPPERGES, « Antike und Mittelalter », art. cité ; M. PRÉAUD, *Les Astrologues à la fin du Moyen Âge*, Paris, Lattès, 1984 ; D. JACQUART, « Le regard d'un médecin sur son temps : Jacques Despars (1380 ? -1458) », *Bibliothèque de l'École des chartes*, 138, 1980, pp. 35-86.

XIV

LE CORPS EN CHRÉTIENTÉ

Au moyen de l'étude historique de textes (scripturaires, narratifs, théologiques, etc.) et d'images peuvent être posées quelques questions relatives au corps dans la chrétienté médiévale, entendue ici principalement comme le système des croyances, des doctrines et des pratiques rituelles caractéristiques d'une société profondément marquée par l'idéologie chrétienne pendant une quinzaine de siècles. Je retiendrai trois aspects majeurs, pour les mettre en relation : le corps de l'homme individuel, le corps divin et le corps social. Soit, contre la tentation de parler *du* corps, la prise en compte de diverses *modalités* du corps ou même de la *corporéité*, entendue plus largement comme un ensemble de valeurs, actif dans des corps de chair — peinant, souffrant, riant —, dans les humeurs corporelles (sang, sueur, larmes, lait, sperme), dans le ton et la chaleur des voix, comme dans les métaphores du langage, le rendu des images (en deux ou trois dimensions) ou l'imaginaire des corps absents dont on rêve.

Repris de « Le corps en chrétienté », in *La Production du corps. Approches anthropologiques et historiques* (textes rassemblés et édités par Maurice GODELIER et Michel PANOFF), Paris, Éditions des archives contemporaines, 1998, pp. 339-355.

LE CORPS DE L'HOMME

Si l'anthropologue est d'entrée de jeu confronté à des systèmes de classification et un vocabulaire radicalement différents de ceux dont il est familier, l'historien des périodes anciennes de la culture occidentale doit prendre garde à ne pas considérer comme allant de soi une terminologie qu'il lui semble reconnaître, mais dont les valeurs sémantiques ont pu, au fil des siècles, changer plus vite que la forme. Autant l'anthropologue doit éviter de plaquer sur une culture différente ses propres catégories, autant l'historien doit mettre le passé à distance, surtout quand il lui semble proche.

Selon les représentations les plus communes de la personne dans la chrétienté médiévale, le « corps » y est conçu, dans la tradition de l'hellénisme, comme la part matérielle et périssable de la personne humaine, dont l'existence relève de la volonté créatrice de Dieu, par opposition à l'« âme », elle aussi créée, mais immortelle. Le couple des termes opposés *corpus* et *anima* est omniprésent dans les textes doctrinaux et théologiques et, plus largement encore, il appartient au vocabulaire le plus courant de l'époque médiévale, en latin comme dans les langues vernaculaires.

Ce premier système d'oppositions en croise un autre qui a joui, lui aussi, d'une très grande faveur, celui de la « chair » *(caro)* et de l'« esprit » *(spiritus)*. Ces termes désignent moins les composantes fondamentales de la personne que des valeurs auxquelles celle-ci doit s'attacher ou dont elle doit se détourner. La structure binaire est comparable, mais on passe ici de la considération de l'être de l'homme, composé d'un corps et d'une âme, à celle de ses actions et de son devenir. Le discours qui accueille ces nouvelles distinctions est, pourrait-on dire, moins psychophysiologique et plus éthique et eschatologique. En témoigne, dans l'Évangile, l'opposition de « la chair qui tue et de l'esprit qui vivifie » (Jean, VI, 63).

Au cœur de ces oppositions se trouve le lien étroit et tôt établi entre le principe corporel (ou charnel) et le *péché*. Ce lien est définitivement admis à partir d'Augustin (mort en 430). Il pose, d'une part, que la macule du péché originel, la faute des premiers parents, se transmet par la génération humaine et, d'autre part, que le corps, dans ses émotions (la « concupiscence », la « tentation de la chair »), est le lieu et l'instrument par excellence du péché.

C'est dans ce contexte, théologique et moral, qu'il faut considérer une miniature inattendue illustrant une vision de la moniale Hildegarde de Bingen, décrite et commentée par elle-même dans le *Liber Scivias* (XIIe siècle) *(ill. 14*[1]*)*. Cette vision et l'image correspondante concernent l'animation du fœtus dans le ventre de sa mère, donc l'association — fondement de toute l'existence terrestre de l'homme — d'une âme et d'un corps. Une sorte de chalumeau doré descend depuis un losange qui figure la Trinité jusqu'au cœur de l'enfant. À hauteur de la tête de celui-ci, un renflement paraît indiquer la position de l'âme en train de descendre. Le fœtus, commente Hildegarde, est « comme une forme complète de l'homme » qui, « par l'ordre secret et la volonté cachée de Dieu, reçoit l'esprit dans le ventre maternel, à l'instant adapté et justement fixé par Dieu » au moment où « une apparence de sphère de feu, ne présentant aucun trait du corps humain, prend possession du cœur de cette forme ». Ensuite, Hildegarde a la vision des tribulations de l'âme, qui, aux attaques des démons, résiste victorieusement grâce au secours des anges.

Cependant, le christianisme médiéval, même durant le haut Moyen Âge, ne s'est jamais satisfait d'un dualisme rigoureux, qui caractérisa plutôt certains courants hérétiques, les manichéens des premiers siècles et, bien plus tard, les bogomiles et les cathares. Tout, à commencer par la représentation dialectique et eschatologique que le christianisme s'est donnée de son histoire, militait pour des solutions autrement nuancées et ambivalentes : ni le « corps », ni la « chair » ne pouvaient être pensés comme des principes entièrement négatifs,

1. HILDEGARDE DE BINGEN, *Scivias*, éd. A. FÜHRKÖTTER et A. CARLEVARIS, Turnhout, Brepols (Corpus Christianorum Continuatio Mediaevalis, 43-43 a), 2 vol., 1978, t. I, p. 78 (Ia Pars, Visio 4 a, c. 16).

ni « l'âme », ni l'« esprit » ne pouvaient bénéficier dans l'absolu d'un préjugé définitivement favorable. Au IIe siècle, Tertullien écrit par exemple que « la chair est le gond du salut » *(caro salutis est cardo)*, montrant ainsi comment les entraves dans lesquelles la chair tient l'âme prisonnière (suivant le *topos* de la « chair prison de l'âme ») peuvent être converties en moyens de salut grâce aux rituels du baptême et de l'eucharistie institués par le Fils de Dieu *incarné* : « La chair est le gond du salut. C'est par elle que l'âme se lie à Dieu, car c'est elle qui permet que l'âme puisse être liée. L'ablution de la chair rend l'âme immaculée ; l'onction de la chair consacre l'âme ; l'imposition des mains projette son ombre sur la chair pour que l'âme soit illuminée par l'Esprit ; la chair se nourrit du corps et du sang du Christ pour que l'âme se gorge de Dieu[1]. »

Un autre effet de cette représentation dialectique du corps et de l'âme était de passer d'une typologie duelle à une relation de trois termes. De fait, dès que l'on accède au niveau plus élevé des discours médical et théologique, s'impose alors une trilogie, avec les termes *corpus* (grec : *sôma*), *anima* (au sens de « principe vital », en grec : *psuchê*) et *spiritus* (au sens de principe pensant, rationnel, en grec : *pneuma*). Cette trilogie, autant que les oppositions binaires plus communes, est déjà présente dans les Écritures, en particulier chez saint Paul, qui a fait entrer dans les conceptions issues du judaïsme ancien les notions de la philosophie grecque, mais en les organisant dans la perspective eschatologique de la Résurrection : « Que le Dieu de la paix lui-même vous sanctifie totalement, et que votre être entier, l'esprit, l'âme et le corps, soit gardé sans reproche à l'avènement de notre Seigneur Jésus-Christ » (I Thess., V, 23).

Le moment de plus grande faveur de cette trilogie est le XIIe siècle, et son lieu d'expression privilégié est la théologie monastique et mystique, cistercienne aussi bien que victorine. Elle permettait en effet une analyse plus fine des facultés psychiques de la personne humaine dans son ascension vers

1. TERTULLIEN, *De resurrectione carnis*, 8.

Dieu[1]. En même temps qu'Alcher de Clairvaux (*De spiritu et anima*, longtemps attribué à tort à saint Augustin) ou Achard de Saint-Victor *(De discretione animae, spiritus et mentis)*, Hugues de Saint-Victor en fait usage dans le *De unione corporis et spiritus*, en posant qu'une relation dynamique entre le corps et l'esprit suppose un troisième terme, l'âme. Évidemment, un modèle divin sous-tend cette « trinité » de la personne humaine, même s'il ne lui est pas réductible et si leur rapport est plus d'homologie structurelle que d'influence. Du reste, c'est au XIIe siècle que se précisent aussi les images de la trinité des personnes divines.

Cependant, au XIIIe siècle, la mise en cause scolastique des modèles monastiques, tant sur le plan social que sur le plan métaphysique, favorisa la réception d'Aristote et de sa conception de l'homme et de la nature. Le corps en soi devint plus digne d'attention, induisant un certain retour à un schéma binaire corps/âme. Mais celui-ci, moins que jamais, n'était dualiste. La promotion du corps, la considération joyeuse de sa liberté et de ses pouvoirs, ne se fit pas — bien au contraire — au détriment de l'unité de la nature humaine. Marie-Dominique Chenu l'a parfaitement expliqué à propos de Thomas d'Aquin : « Contre tout dualisme, l'homme est constitué d'un seul être, où la matière et l'esprit sont les principes consubstantiels d'une totalité déterminée, sans solution de continuité, par leur mutuelle inhérence : non pas deux choses, non pas une âme ayant un corps ou mouvant un corps, mais une âme-incarnée et un corps-animé, de telle sorte que l'âme est déterminée, comme "forme" du corps, jusqu'au plus intime d'elle-

1. P. MICHAUD-QUENTIN, « La classification des puissances de l'âme au XIIe siècle », *Revue du Moyen Âge latin*, 5, 1949, pp. 13-34. M.-D. CHENU, « *Spiritus.* Le vocabulaire de l'âme au XIIe siècle », *Revue des sciences philosophiques et théologiques*, XLI, 1957, pp. 209-232. A.-M. BAUTIER, « Spiritus dans les textes antérieurs à 1200. Itinéraire lexicographique médiolatin : du souffle vital à l'au-delà », dans *Spiritus* (IVe Colloquio Internazionale, Roma 7-9 gennaio 1983. Atti in cura di M. Fattori e M. Bianchi. Lessico Internazionale Europeo XXXII), Rome, Edizioni dell Ateneo, 1984, pp. 113-132. J. HAMESSE, *ibid.*, « *Spiritus* chez les auteurs philosophiques des XIIe et XIIIe siècles », pp. 157-190. M. FROMAGET, *Corps, âme, esprit. Introduction à l'anthropologie ternaire*, Paris, Albin Michel, 1991.

même, à ce point que, sans corps, il lui serait impossible de prendre conscience de son être propre [...][1]. »

L'approche « naturaliste », voire médicale, du corps, imprégnée d'aristotélisme, est parfaitement illustrée par la réception d'un traité d'un savant arabe du IXe siècle, Costa ben Luca, traduit au XIIe siècle par Jean de Tolède et attribué tour à tour à Augustin, Isaac de l'Étoile, Avicenne, Alexandre Neckam, Thomas de Cantimpré ou Albert le Grand. L'auteur distingue deux « esprits » dans le corps de l'homme : l'un est dit « vital » *(spiritus vitalis)*, son siège est dans le cœur, il provoque le pouls et la respiration ; l'autre est dit « animal » *(spiritus animalis)*, son siège est dans le cerveau, et de lui dépendent les opérations des sens et les facultés cognitives (mémoire, connaissance, prudence). De ces deux esprits, dont les sièges respectifs et les modes d'action supposent toute une topologie corporelle, se distingue l'âme *(anima)*, qui est responsable du mouvement du corps *(movet corpus)*, mais qui, contrairement aux esprits, n'est pas corporelle et ne périt pas une fois séparée du corps[2]. Deux lettrines d'un des nombreux manuscrits de cette œuvre dépeignent le moment de la mort et la sortie de l'âme. La première montre deux prêtres aspergeant d'eau bénite le catafalque, au-dessus duquel s'élève l'âme, représentée comme de coutume sous la forme d'un homoncule que deux anges tiennent dans un linge, tandis que les deux bras de Dieu sortent de la nuée céleste pour l'accueillir *(ill. 15)*[3]. La seconde, infiniment plus originale, montre le corps du mort couché tout habillé sur le sol, tandis que — conformément au texte — deux formes d'âme sortent de sa bouche pour s'élever ensemble vers Dieu qui, du haut du ciel, tend les bras vers elles : il s'agit, d'une part, comme précédemment, de l'*anima* sous forme d'homoncule et, d'autre part, du *spiritus* sous la forme d'une blanche colombe *(ill. 16)*[4]. Il ne fait aucun doute que l'artiste, surpris de trouver dans le traité aristotélicien

1. M.-D. CHENU, *Saint Thomas et la théologie*, Paris, Éd. du Seuil, 1959, p. 122.

2. L. THORNDIKE, *A History of Magic and Experimental Science*, New York, Columbia University Press, t. I (2e éd.), 1929, pp. 657-660.

3. Paris, B.N.F., Ms. Lat. 6323 A, f° 181, *Libri naturales*, attribué à Aristote (Angleterre, vers 1350-1375).

4. Paris, B.N.F., Ms. Lat. 6323 A, f° 232 v°.

l'expression d'une dualité âme/esprit distincte du corps, a cherché à l'illustrer par les moyens traditionnels de l'iconographie chrétienne, habituée qu'elle était à dépeindre l'« âme » sous la forme d'un petit homme nu et l'« esprit » sous la forme de la colombe du Saint-Esprit.

Il n'est évidemment pas possible de s'en tenir à ces classifications de la culture la plus savante. Leur intérêt réside pour nous dans le fait qu'elles renvoient l'écho systématisé des modes d'expression plus largement répandus dans la société. Or tous, à des degrés divers suivant les milieux et les moments historiques, s'accordent sur la forte ambivalence du corps. Mue par l'ascèse la plus austère, le fondateur des frères mineurs, François d'Assise, hésitait lui-même entre le dénigrement de son corps, qu'il nommait « frère âne », et la reconnaissance de sa dignité, lorsqu'il le gratifiait du titre de « frère corps ». Chantant les beautés de la nature, dont son « frère loup » ou sa « sœur eau », il ne faisait pas d'exception pour son corps : « Les actes corporels, disait-il, sont nécessaires aux actes spirituels [...]. Dans le manger, le boire et le dormir et dans les autres besoins du corps, le serviteur de Dieu doit se satisfaire raisonnablement lui-même afin que le frère corps ne puisse murmurer. » Certes, d'un côté le corps, dans la tradition monastique et ascétique issue du haut Moyen Âge, était bien la « prison de l'âme », le lieu par excellence du péché (le « péché de chair ») et du vice (la luxure), le vecteur du péché originel, la proie favorite du diable (dans les rêves lorsque la volonté est en sommeil, ou dans la possession démoniaque, paradigme de toute attaque de la maladie)[1]. Il fallait par conséquent, sinon mépriser le corps, du moins se méfier de lui, le dompter par les pénitences et le jeûne[2] et pour les âmes les plus fortes, s'en échapper dans l'extase, à l'image de saint Paul qui s'interrogeait à la troisième personne sur le sens de son expérience : « Était-ce en son corps ? Je ne sais. Était-ce hors de son corps ? Je ne sais... » (II Cor., XII, 2-3). Du reste, ne convenait-il pas de rappeler sans cesse que ce n'était pas en tant que

1. Voir *supra*, chap. XIII, « Corps malade, corps possédé ».
2. C. W. BYNUM, *Jeûnes et festins sacrés. Les femmes et la nourriture dans la spiritualité médiévale* [1987], trad. fr., Paris, Éd. du Cerf, 1994.

corps que l'homme avait été créé « à l'image de Dieu » (Gen., I, 26), mais en tant qu'âme douée de raison *(mens).*

Pourtant, si le christianisme a introduit une rupture dans l'histoire occidentale, si l'Antiquité tardive est à ce titre le moment d'une vraie révolution, c'est bien, en tout premier lieu, parce que le corps en chrétienté a acquis alors une dignité qu'il n'avait jamais eue jusque-là[1] : n'est-ce pas le corps de l'homme, passible et mortel, qui fut assumé par le Fils de Dieu lui-même, quand « le Verbe s'est fait chair » (Jean, I, 2) ? Le corps n'est-il pas pareillement promis à une résurrection glorieuse à la fin des temps, quand l'âme séparée se réunira à lui[2] ? À cette fin, pour assurer le salut, il lui faut être oint dans le baptême (qui entend marquer le corps spirituellement et non meurtrir la chair comme la circoncision) et accomplir les gestes et actes rituels prescrits par l'Église : le signe de croix, la communion eucharistique et de raisonnables macérations[3]. Au XIIe siècle, le corps humain semble devenir la mesure idéale de toutes choses, quand l'image du microcosme organise la représentation du macrocosme tout entier.

Cependant, ce corps de plus en plus « désenchanté », vidé d'une partie de ses valeurs symboliques traditionnelles, devient bientôt l'objet d'un nouveau regard, médical ou judiciaire. Il est soumis à l'*experimentum* des nouveaux chirurgiens et, bientôt, aux premières dissections[4]. Simultanément, la torture,

1. P. BROWN, *Le Renoncement à la chair. Virginité, célibat et continence dans le christianisme primitif* [1988], Paris, Gallimard, 1995 ; J. LE GOFF, « Corps et idéologie dans l'Occident médiéval » et « Le refus du plaisir », rééd. dans *L'Imaginaire médiéval. Essais*, Paris, Gallimard, 1985, pp. 123-126 et 136-148.

2. Cf. les art. « Corps glorieux » et « Résurrection des morts » dans le *Dictionnaire de théologie catholique*, III, col. 1879, et XIII, col. 2501-2571, ainsi que C. W. BYNUM, « Material Continuity, Personal Survival and the Resurrection of the Body : A Scholastic Discussion in its Medieval and Modern Contexts », dans *Fragmentation and Redemption, Essays on Gender and the Human Body in Medieval Religion*, New York, Zone Books, 1991, pp. 239-298, et depuis : *The Resurrection of the Body in Western Christianity, 200-1336*, New York, Columbia University Press, 1995.

3. J.-Cl. SCHMITT, *La Raison des gestes dans l'Occident médiéval*, Paris, Gallimard, 1990.

4. M.-Chr. POUCHELLE, *Corps et chirurgie à l'apogée du Moyen Âge. Savoir et imaginaire du corps chez Henri de Mondeville, chirurgien de Philippe Le Bel*, Paris, Flammarion, 1983 ; M.D. GRMEK (éd.), *Storia del pensiero medico occidentale*, vol. I, *Antiquità e Medioevo*, Bari, Laterza, 1993.

réservée dans l'Antiquité aux esclaves, reprend du service, et pour tous les hommes[1]. Pendant un temps, à la faveur de la croissance économique des XIe-XIIIe siècle — avant la dépression et la Peste Noire du XIVe siècle —, les corps furent mieux nourris et jouirent de nouvelles libertés. Mais de nouvelles contraintes allaient s'abattre sur eux, quand se généralisèrent dans les villes les conceptions et les cadences du travail salarié[2].

LE CORPS DE DIEU

L'originalité du christianisme ne réside pas tant dans le monothéisme (commun aux autres religions du Livre) que dans la croyance en l'incarnation du Fils de Dieu et, corrélativement, en la Trinité divine, dont l'affirmation doctrinale ne prit forme définitivement qu'au début du IVe siècle face à l'arianisme (concile de Nicée de 325). Cette doctrine est née de la rencontre entre l'attente messianique juive, encore sensible dans les paroles de Jésus évoquant ses relations avec son Père céleste, et la philosophie gréco-romaine (bien présente chez saint Paul lorsqu'il parle de l'Esprit). Dieu n'échappe pas à la structure ternaire qui aide à penser l'homme, qu'il a créé « à son image » et qui est triple lui aussi, par les puissances de son âme (mémoire, volonté, intelligence) ou dans son être tout entier (corps, âme, esprit).

Le mythe chrétien, fixé canoniquement par l'Écriture, raconte la naissance humaine, la vie et le sacrifice sur la croix, la résurrection puis l'ascension aux cieux du Fils de Dieu. Au cœur de la Passion, la Cène annonce le sacrifice du Christ en donnant pour équivalents les espèces du pain et du vin et les réalités du corps et du sang du Christ : « Ceci est mon corps… Prenez et

1. *L'Aveu, Antiquité et Moyen Âge* (Actes de la table ronde organisée le 28-30 mai 1984 à Rome), Rome, École française de Rome, 1986.

2. B. Geremek, *Le Salariat dans l'artisanat parisien aux XIIIe-XVe siècles. Étude sur le marché de la main-d'œuvre au Moyen Âge*, Paris et La Haye, Mouton et École pratique des hautes études, 1962.

mangez... » (Matth. XXVI, 26-27). Ainsi fondé par l'Homme-Dieu lui-même (« Faites ceci en mémoire de moi », Lc. XXII, 14-20 ; I Cor. XI, 24), le sacrifice chrétien se distingue par le fait qu'il n'est pas seulement un sacrifice consenti au dieu, mais le sacrifice sans cesse réitéré de Dieu lui-même. Sur l'autel, le corps et le sang ne sont pas ceux d'une ordinaire victime animale ou humaine : ils signent la présence réelle de Dieu, s'offrant volontairement à une forme euphémisée de consommation alimentaire : lors de la célébration eucharistique, le prêtre (substitut du Christ dont il prononce les paroles sacramentelles : *Hoc est corpus meum... Hoc est sanguis meus*) restitue et consomme réellement le corps sacrificiel du Christ, sous les deux espèces du pain et du vin consacrés, puis l'offre aux fidèles qui en principe, dans les siècles centraux du Moyen Âge, n'ont accès qu'à la seule espèce du pain et une fois l'an seulement, à Pâques.

Bien sûr, le dogme eucharistique, autant que celui de la Trinité, a une histoire. L'insistance sur la présence réelle, sur le *corpus verum mysticum*, c'est-à-dire « mystérieusement réel », ne devient forte qu'au XIe siècle, en réponse aux dénégations de Bérenger de Tours. L'affermissement doctrinal s'accompagne dans les deux siècles suivants d'importants changements dans les rituels, notamment au tournant du XIIe au XIIIe siècle à propos de l'élévation de l'hostie par le prêtre au moment de la consécration[1] ou, un peu plus tard, à l'occasion de la généralisation de la fête du *Corpus Christi* (la Fête-Dieu), déclarée universelle par la papauté en 1264[2].

C'est bien parce que l'Incarnation est au centre de la religion chrétienne et que le corps du Christ est au centre de ses rites que toutes les représentations et tous les actes des chrétiens sont en permanence placés sous le signe du corps, de ses humeurs (en premier lieu le sang) de ses métaphores et de ses valeurs symboliques. Les corps constituent ainsi des lieux privilégiés de

1. J.-Cl. SCHMITT, *La Raison des gestes, op. cit.*, pp. 344-355.

2. M. RUBIN, *Corpus Christi. The Eucharist in Late Medieval Culture*, Cambridge, Cambridge University Press, 1991. À l'échelle locale et dans une perspective ethnologique, voir aussi Cl. MACHEREL et J. STEINAUER, *L'État de ciel. Portrait de ville avec rite. La Fête-Dieu de Fribourg (Suisse)*, Fribourg, 1989.

l'intervention du surnaturel : en témoignent dans l'hagiographie et la littérature des miracles les nombreux cas de guérison[1], de possession, de miracles eucharistiques, souvent liés à de prétendues profanations d'hosties par des juifs, etc. L'insistance de plus en plus marquée sur le culte eucharistique impose au vocabulaire religieux, à partir du XIIIe siècle, d'importants glissements sémantiques : désormais, le terme *corpus Christi* désigne l'hostie, aussi appelée *corpus verum*, et non plus l'Église universelle, qualifiée à présent de *corpus mysticum*[2]. À convoiter toujours davantage la réalité corporelle du Christ, on se mit à rechercher aussi les *reliques* corporelles de son existence historique : non seulement les reliques de la vraie croix (le bois, les clous, la sainte lance, etc.) ou des images portant l'empreinte de son corps et de son visage (telle la Véronique conservée à Saint-Pierre de Rome), mais des fragments du corps enfant (le Saint Prépuce, notamment à Charroux et à Rome) ou des gouttes du Précieux Sang (à Bruges ou à Londres, entre autres). Le risque, bien exprimé par le moine Guibert de Nogent au début du XIIe siècle dans son traité *Des reliques des saints*, était à la fois de rabaisser le Christ au rang des saints, de nier la plénitude de son ascension corporelle et de ne pas reconnaître dans l'hostie la seule vraie relique christique possible. Au XIIIe siècle, Matthieu Paris, le très éclairé moine et chroniqueur de l'abbaye de Saint Albans, en Angleterre, rapporte le sermon de l'évêque de Norwich qui, pour concilier les exigences contradictoires des cultes locaux et du dogme, proposa de distinguer « deux genres de sang du Christ » : d'une part, le « sang substantiel », nécessaire à la vie, siège de l'âme *(anima)* et qui a participé totalement à la résurrection et à l'ascension de Jésus. Celui-ci, en effet, est ressuscité « dans l'intégrité de son corps, et non exsangue ». « De ce sang du Christ, nous n'avons rien conservé sur terre, fût-ce fortuitement. » D'autre part, le sang « superflu », produit en excès par les aliments et qui parfois s'écoule spontanément par le nez ou se trouve libéré par la saignée : « Nous avons conservé

1. P.-A. SIGAL, *L'Homme et le miracle dans la France médiévale (XIe-XIIe siècle)*, Paris, Cerf, 1985.
2. J. MOINGT, « Polymorphisme du corps du Christ », *Le Temps de la réflexion*, VII, *Corps des dieux*, 1986, pp. 47-61.

du sang de cette sorte sur terre, bien que Jésus ne fût pas sujet à des hémorragies *(sanguinolentus)*[1]. »

Le corps en chrétienté est aussi omniprésent par les représentations figurées dont il est très tôt l'objet. À l'inverse du judaïsme et, plus tard, de l'islam, le christianisme a non seulement admis, mais légitimé son recours aux images, de type anthropomorphe, attribuant une apparence de corps humain même aux êtres surnaturels et invisibles, tels Dieu le Père, les anges ou les démons. En Occident, à partir du Xe-XIe siècle, s'observe simultanément l'essor d'un culte des images, jusqu'alors bridé par la crainte d'un retour à l'idolâtrie, et le recours, pour ces images insignes dénommées *majestés*, à la troisième dimension. Les premiers exemples sont des crucifix sculptés (Gerokreuz de Cologne, Volto Santo de Lucques) ou des statues-reliquaires de la Vierge à l'Enfant, d'un saint ou d'une sainte (telle la *majestas* de sainte Foy de Conques). Ces images et sculptures sont conçues comme des personnes vivantes, qui fixent les hommes de leur regard lumineux, leur parlent, se meuvent, saignent, pleurent, guérissent miraculeusement les malades qui les implorent. Ils attirent les foules et font affluer les dons, sont le but de pèlerinages et, à la fin du Moyen Âge, suscitent l'émotion des mystiques qui rêvent de les tenir dans leurs bras et de s'assimiler à eux. L'adoration du crucifix est surtout un thème majeur de la piété franciscaine, depuis que saint François a reçu du crucifix de San Damiano l'ordre de se convertir, avant de bénéficier, à la fin de sa vie, dans son corps, de la réception des stigmates du Christ[2].

1. MATTHIEU PARIS, *Chronica Majora*, éd. H.R. LUARD, 1876, vol. III, Londres (Rolls Series 57), p. 143.

2. Ch. FRUGONI, *Francesco e l'invenzione delle stigmate. Una storia per parole e immagini fino a Bonaventura e Giotto*, Turin, Einaudi, 1993, pp. 137-180 ; M. CHELLINI-NARI, « La contemplazione e le immagini : il ruolo dell'iconografia nel pensiero della beata Angela da Foligno », *in* E. MENESTO (éd.), *Angela da Foligno, terziara francescana*, Spolète, Centro Italiano di studi sull'Alto Medioevo, pp. 227-259.

LE CORPS SOCIAL

Seule l'Église a pu donner à la chrétienté, pendant plus d'un millier d'années, son unité dans l'espace et le temps. Or, dès l'origine, l'Église s'est pensée symboliquement, selon la métaphore paulinienne omniprésente du corps et des membres, comme un « corps » réuni pour la fête du corps, la célébration eucharistique : « Ainsi donc, mes frères, quand vous vous réunissez pour le Repas, attendez-vous les uns les autres » (I Cor., XI, 33).

L'Église est le « corps du Christ », mais aussi « l'Épouse du Christ », la *sponsa Christi*, suivant la lecture allégorique du Cantique des cantiques. Dans l'iconographie, l'Église est ainsi dépeinte allégoriquement sous les traits d'une femme couronnée. À ce titre, elle tend à se confondre avec la Vierge, qui pour sa part est tout à la fois la mère terrestre de Jésus, sa fille (en tant qu'elle est un être humain) et son épouse mystique (en tant qu'elle s'identifie à l'Église).

Une fois de plus, le langage et les images du corps sont donc sollicités, cette fois pour signifier la relation complexe entre le Christ et son Église, c'est-à-dire tous les chrétiens. Dans l'iconographie de la crucifixion, le sang et l'eau qui jaillissent de la plaie du côté droit du Christ sont recueillis dans un calice (en référence au rite eucharistique), soit par un ange, soit par l'*Ecclesia* personnifiée. Dans un nombre plus rare d'images qui mettent en scène les relations typologiques de l'Ancien et du Nouveau Testament, l'Église, engendrée par ce sang, sort de la plaie du côté du Christ comme Ève est tirée par Dieu de la côte d'Adam endormi *(ill. 17)*[1].

Cet engendrement de l'Église par le Christ (son époux et sa mère) peut être dit « spirituel », dans la mesure où il n'est pas assimilable à un engendrement physique[2]. Il n'en met pas

1. Oxford, Bodleian Library, Ms. Bodley 270 B, f° 6 (*Bible moralisée*, Paris, XIIIe siècle). Voir aussi une image correspondante dans les Heures de Rohan, Paris, B.N., Ms. Lat. 947 t, f° 10.

2. Sur le thème de « Jésus Mère » dans la spiritualité monastique puis la mystique, voir C. W. BYNUM, *Jesus as Mother. Studies in the Spirituality of the High Middle Ages*, Berkeley, Los Angeles et Londres, University of California Press, 1982.

moins en œuvre des attributs qui sont ceux des corps biologiques, mais en inversant leurs relations de manière à signifier justement qu'il est d'une tout autre nature. Même si le Christ fut pleinement homme, sa « sexualité » n'eut rien de commun avec celle des hommes[1]. En lui se cumulent symboliquement les relations d'alliance et de filiation : à l'égard de la Vierge et de l'Église, il est tout à la fois père, fils, époux et mère. Même quand il est nu sur la croix, il n'exhibe aucun organe sexuel humain, car, bien que mâle, il est au-dessus du partage des sexes *(genders)*. Sa plaie semble à l'image d'un sexe féminin qui donne naissance à la petite figure de l'Église, mais ce « sexe » sanglant est situé en haut, sur la poitrine, et non au bas de son corps[2]. Le liquide qui s'en écoule et qui symbolise la puissance d'engendrement spirituel du Christ n'est pas du sperme, mais bien du sang et de l'eau, le sang du sacrifice reproduit quotidiennement par le sacrement de l'eucharistie et l'eau du baptême.

Dans l'Église engendrée spirituellement comme « corps du Christ », les clercs occupent une place privilégiée. Ils la gouvernent et tendent à s'identifier seuls à elle. La Réforme grégorienne (XIe siècle) a consacré le partage entre clercs et laïcs. Pour marquer ce qui les distingue des autres, les clercs ont recours, une fois encore, au langage du corps et de la sexualité. C'est en fonction des interdits et des comportements sexuels que sont placés, du haut en bas d'une stricte hiérarchie des mérites, les *virgines*, les *continents* et les *conjugati*.

Les uns doivent rester chastes comme le Christ, afin de poursuivre son œuvre d'engendrement spirituel, par le rite sans cesse réitéré de l'eucharistie. Les autres doivent par nécessité s'adonner à une sexualité réglée, au sein du mariage monogame et stable que l'Église prescrit et consacre[3]. Comme le Christ, les prêtres sont pleinement hommes (dès le VIe siècle, Grégoire

1. L. STEINBERG, *La Sexualité du Christ dans l'art de la Renaissance et son refoulement moderne* [1983], Paris, Gallimard, 1987.

2. J. WIRTH, *L'Image médiévale. Naissance et développements (VIe-XVe siècle)*, Paris, Méridiens Klincksieck, 1989.

3. J.-L. FLANDRIN, *Un temps pour embrasser. Aux origines de la morale sexuelle occidentale (VIe-XIe siècle)*, Paris, Éd. du Seuil, 1983 ; J. A. BRUNDAGE, *Law, Sex and Christian Society in Medieval Europe*, Chicago et Londres, The University of Chicago Press, 1987.

le Grand s'est soucié d'écarter de la prêtrise les boiteux et les eunuques). Mais comme le Christ, les « époux » de l'Église doivent rester vierges ou, au moins, chastes. Le signe distinctif de leur état est, outre l'habit, une double marque corporelle qui, en affectant leur pilosité, les oppose aux simples baptisés : d'une part la *corona*, la tonsure du crâne, d'autre part — du moins pour les clercs séculiers — l'obligation de rester glabre.

Cependant, la métaphore du corps n'est pas restée limitée dans ses usages à l'Église, ni même au clergé. Dès le XIIe siècle, à la faveur du morcellement de la chrétienté en un grand nombre de royaumes distincts et souvent rivaux, il devient évident que les individus ne peuvent être identifiés seulement par référence au « corps » de l'Église. Dans les écoles parisiennes s'élabore la métaphore organiciste du royaume, à laquelle Jean de Salisbury donne sa première expression cohérente : le roi est la tête du grand corps du royaume, dont les officiers, les clercs, les chevaliers, les marchands sont les différents membres, sans oublier les paysans qui en sont les pieds[1]. Un tel modèle accompagne l'essor de la notion abstraite de l'État, qui s'incarne dans le « second corps du roi », le corps abstrait, dynastique et immortel du souverain, par opposition à son corps individuel et périssable[2]. Cette conception mystique de la royauté, largement conquise contre la sacralité de l'Église, s'exprime dans de nouvelles pratiques corporelles qui consacrent la sacralité du souverain : c'est par exemple le cas du toucher des écrouelles par les rois de France et d'Angleterre à partir du XIIIe siècle[3]. Elle s'exprime aussi dans des rituels, notamment funéraires, soucieux de distinguer les « deux corps du roi » : lors des obsèques royales, la « représentation » du roi, c'est-à-dire l'effigie funéraire de bois ou de cire couchée sur un catafalque vide, est totalement distincte de la bière contenant réellement le cadavre du défunt ; les tombeaux de Saint-Denis, au début du XVIe siècle,

1. J.-Cl. SCHMITT, *La Raison des gestes, op. cit.*, pp. 191-192.
2. E. KANTOROWICZ, *Les Deux Corps du roi. Essai sur la théologie politique au Moyen Âge* [1957], Paris, Gallimard, 1989.
3. M. BLOCH, *Les Rois thaumaturges. Étude sur le caractère surnaturel attribué à la puissance royale particulièrement en France et en Angleterre* [1924], rééd. Paris, Gallimard, 1983.

disposent sur deux étages, en bas la sculpture du cadavre nu du roi homme, en haut l'effigie vivante et en prière du souverain[1].

Au-delà de l'Église et du royaume, la symbolique du corps n'a eu de cesse de se répandre, de se démultiplier, dans une infinité de « corporations », professionnelles, universitaires, religieuses, au gré d'une extension presque sans limite de la parenté spirituelle. À chaque fois, le corps entre en jeu, comme image organiciste d'unité et de cohésion sociale, et comme instrument et objet de rituels, depuis l'adoubement chevaleresque[2] jusqu'à l'admission solennelle des nouveaux membres des confréries[3].

Dans tous les cas, la prise de corps, l'Incarnation, celle des hommes comme celle de Dieu, est bien le paradigme efficace donnant sens et cohésion à toute une société, à toute une culture.

1. R. E. GIESEY, *Le roi ne meurt jamais. Les obsèques royales dans la France de la Renaissance* [1960], Paris, Flammarion, 1987.
2. I. FLORI, *L'Essor de la chevalerie, XIe-XIIe siècle*, Genève, Droz, 1986.
3. C. VINCENT, *Les Confréries médiévales dans le royaume de France, XIIIe-XVe siècle*, Paris, Albin Michel, 1994.

XV

TEMPS, FOLKLORE ET POLITIQUE AU XIIe SIÈCLE

À propos de deux récits de Walter Map, *De Nugis Curialium*, I, 9, et IV, 13

Comprendre le temps comme un paramètre de la langue, l'analyser comme objet de représentation d'une culture (ou mieux des traditions diverses et souvent contradictoires qui la composent), étudier enfin le temps comme enjeu idéologique d'une société : je voudrais poser ces problèmes d'historien, sans jamais les dissocier. Partant d'un document du XIIe siècle, un récit écrit en latin par un clerc, je montrerai comment les formes linguistiques de l'expression du temps et l'articulation de diverses représentations du temps — le plus souvent étrangères à la culture savante de l'auteur — concourent à l'intention idéologique d'une œuvre tout entière sous-tendue par une réflexion sur le temps.

L'auteur est Walter Map, né vers 1140 dans le comté d'Hereford, à la limite de l'Angleterre et du pays de Galles[1]. C'est un clerc du roi *(clericus regis)* qui a fait d'abord partie de l'entourage du prince Henri le Jeune (mort en 1182), comme d'autres écrivains d'origine galloise (Giraud de Cambrie, Geoffroi de Monmouth). Il fut très proche ensuite du roi Henri II Plantagenêt, mort en 1189. Lui-même est mort après 1196. Entre 1182 et 1193 il a mis par écrit en latin la matière du *De Nugis Curialium*,

1. E. TÜRK, *Nugae Curialium. Le règne d'Henri II Plantagenêt (1145-1189) et l'éthique politique*, Genève, Droz, 1977, pp. 158-177.

Repris de « Temps, folklore et politique au XIIe siècle. À propos de deux récits de Walter Map, *De nugis curialum*, I, 9 et IV, 13 », in *Le Temps chrétien de la fin de l'Antiquité au Moyen Âge. IIIe-XIIIe siècles*, Paris, C.N.R.S., 1984, pp. 489-515.

recueil d'histoires très diverses et notamment de *mirabilia* réunis après sa mort sans ordre apparent ; mais l'inspiration générale de l'œuvre est claire : il s'agit d'une réflexion sur les tribulations de la cour royale, comparées, dès la première phrase du livre, aux tribulations et aux incertitudes du *temps*. L'auteur part d'une phrase célèbre de saint Augustin : « Je suis dans le temps et je parle du temps et pourtant je ne sais ce qu'est le temps » (*Confessions*, XI, 25). Cette citation liminaire que Walter Map rappelle en tête du dernier chapitre de son livre encadre complètement l'ouvrage : elle est le principe de sa réflexion sur le temps et sur la cour. À quoi lui sert-elle ? À dire que la cour du roi, sans être le temps, est comme le temps : changeante, diverse et trompeuse, au point que celui qui la quitte un moment n'y reconnaît plus personne à son retour et y est considéré comme un étranger. Lui-même en a fait la triste expérience. Comme le développe aussi le premier chapitre du livre, cette cour est infernale : en elle règne l'*error*, l'errance et l'erreur, comme si elle avait été contaminée par la troupe errante des revenants, la mesnie Hellequin ici nommée *familia Herlethingi*[1]. En effet, de même que l'auteur est comme un étranger à la cour quand il y revient après une brève absence, de même, selon la légende, le chef de cette *familia*, Herla, ne retrouva plus les siens lorsqu'il revint de chez les nains ; avec ses compagnons, il fut alors condamné à errer perpétuellement. Toutefois, cette troupe fantastique n'a plus été aperçue depuis le début du règne d'Henri II Plantagenêt (couronné en 1154) comme si la cour de ce dernier s'était substituée à celle du roi légendaire. L'histoire de la *familia Herlethingi*, dont l'errance aurait contaminé la cour présente du Plantagenêt, occupe donc une place capitale dans l'ouvrage de Walter Map. Elle y est d'ailleurs présentée dans deux chapitres distincts[2].

1. Cette assimilation des *curiales* des Plantagenêts à la mesnie Hellequin n'est pas propre à Walter Map. Voir aussi PIERRE DE BLOIS, *Epistola XIV ad sacellanos aulicos regis Anglorum* (1175) : *« Nunc autem sunt martyres saeculi, mundi professores, discipuli curiae, milites Herlewini »* dans *P. L.* (207), col. 44.

2. WALTER MAP, *De Nugis Curialium*, Dist. I, cap. XI et Dist. IV, cap. XIII. À l'édition de Thomas WRIGHT (Londres, 1850, pp. 14-17 et p. 180-181) préférer celle de M.R. JAMES (Oxford, 1914, pp. 13-16 et 186-188). On trouvera ces deux textes en latin dans l'Annexe du chapitre. À propos de la mesnie Hellequin, voir les pages que je leur ai consacrées dans *Les Revenants. Les vivants et les morts dans la société médiévale*, Paris, Gallimard, 1994.

De Nugis Curialium, Distinctio I, cap. XI : *Du roi Herla*

Il n'a existé qu'une seule cour semblable à la nôtre, d'après les récits fabuleux *(fabulae)* qui disent qu'Herla, roi des très anciens Bretons, fut convoqué par un autre roi qui avait l'apparence d'un pygmée n'atteignant pas la moitié de la taille humaine et qui n'était pas plus grand qu'un singe. Le petit homme se tenait assis sur le dos d'un très grand bouc, conformément à la légende (*secundum fabulam*[1]) ; tel Pan, cet homme pourrait être décrit, le visage en feu, une tête très grande, une abondante barbe rougeoyante descendant jusqu'à la poitrine, dont la peau brillait comme les étoiles ; son ventre, hérissé de poils, et ses cuisses s'achevaient en pieds de chèvre.

Herla lui parla en tête à tête. Le pygmée dit : « Moi, roi de nombreux rois et princes, d'un peuple innombrable et infini, envoyé par eux, je viens à toi, bien volontiers ; je suis inconnu de toi, mais je me réjouis de la renommée qui te porte au-dessus des autres rois, tu es très bon et nous sommes voisins, et parents par le sang ; aussi es-tu digne de couvrir de gloire tes noces en m'y comptant comme convive ; le roi des Francs t'a donné sa fille — cela se règle à ton insu — et voici que des envoyés arrivent aujourd'hui. Concluons entre nous un traité éternel *(foedus aeternum)* prévoyant que je participe en premier lieu à tes noces et toi aux miennes un an plus tard jour pour jour. » À ces mots, plus rapide que le tigre, il tourna le dos et échappa à son regard. Le roi s'en revint donc saisi d'étonnement, reçut les envoyés et accepta leurs prières.

Le voici en train de célébrer ses noces solennellement, lorsque surgit le pygmée, avant le premier plat, avec la multitude de ses semblables, si grande que, les tables étant pleines, les pygmées qui s'étendent dehors, dans leurs

1. *Fabula* a ici le sens de récit mythologique de l'Antiquité. Ailleurs, dans le texte, il désigne des traditions orales folkloriques.

propres tentes montées en un instant, sont plus nombreux que ceux qui se couchent dedans ; de ces mêmes tentes jaillissent des serviteurs avec des vases en pierres précieuses d'une grande perfection et d'une facture inimitable ; ils emplissent le palais royal et les tentes de vaisselle d'or et de pierreries ; rien de ce qu'ils apportent n'est en argent ou en bois ; partout où l'on désire leur présence ils sont là, et ils ne servent rien qui appartienne au roi ou à quelqu'un d'autre ; ils répandent en abondance leur bien propre, et ce qu'ils ont apporté dépasse les prières et les vœux de tous. Les provisions d'Herla restent intactes ; ses serviteurs sont assis, désœuvrés ; on ne les réclame pas et ils n'offrent rien. Les pygmées vont en tous sens, poursuivis par la reconnaissance de tout le monde : les habits et les gemmes de grand prix les font briller comme luminaires à côté de tous les autres ; ils n'incommodent personne, ni en parole, ni en acte, ni par leur présence, ni par leur absence. Au milieu de ses serviteurs affairés leur roi s'adresse ainsi au roi Herla :

« Très bon roi, le Seigneur m'est témoin que j'assiste à vos noces conformément à notre pacte. Si pour votre part vous voyez quelque chose de plus à me réclamer, je m'en acquitterai volontiers avec soin pourvu qu'en retour tu ne diffères pas le moment d'honorer ta dette, comme je l'ai rappelé. »

À ces mots, sans attendre la réponse, il se rendit subitement dans sa tente et au chant du coq disparut avec les siens.

Au bout d'un an, il se présenta subitement à Herla réclamant que le pacte soit honoré à son égard. Herla acquiesça, s'étant assez préparé à rendre le contre-don *(ad repensam talionis)*, et il suit l'autre là où il lui dit d'aller. Ils entrent dans une caverne sous un rocher immensément haut et, après quelques ténèbres, ils traversent une lumière qui ne semblait pas provenir du soleil ou de la lune mais de nombreuses lampes, pour parvenir aux demeures du pygmée, une bonne maison en tous points semblable au royaume du soleil tel que le décrit Nason. Les noces y sont donc célébrées, et le contre-don ayant ainsi été rendu honorablement au pygmée *(tallone pigmeo decenter impenso)* Herla, après en avoir reçu l'autorisation, repart comblé de présents, de chevaux, de chiens et de faucons qui lui ont été offerts, et de toutes les choses qui paraissent les plus utiles à la chasse à courre et à la chasse aux oiseaux. Le pygmée les conduit jusqu'aux ténèbres et offre à Herla un petit limier[1] portatif, interdisant à tous ses compagnons de descendre à terre, sous aucun prétexte, avant que ce chien ne saute de son porteur. Après avoir salué, il s'en retourna chez lui.

Herla, ayant un peu marché à la lumière du soleil et de retour dans son royaume, adresse la parole à un vieux berger, lui demandant quelles sont les rumeurs qui circulent au sujet de la reine, qu'il désigne par son nom. Le berger le regarde avec étonnement et dit : « Seigneur, je comprends à peine ta langue, car je suis Saxon, et toi Breton ; je n'ai jamais entendu le nom de cette reine, sauf pour ce qu'on dit à son propos depuis peu : cette reine des très anciens Bretons fut l'épouse du roi Herla qui, selon des récits fabuleux *(fabulose dicitur)*, a disparu vers ce rocher avec certains pygmées et ensuite n'a plus jamais réapparu sur Terre. Les Saxons ont pris possession de ce royaume il y a déjà deux cents ans, après en avoir chassé les habitants. » Stupéfait, le roi, qui pensait ne s'être absenté que trois jours, faillit tomber de cheval. Certains de ses compagnons, oubliant les ordres du pygmée, descendirent avant le chien et furent aussitôt réduits en poussière. Le roi, comprenant la raison du conseil du pygmée, interdit à quiconque, sous la menace d'une mort semblable, de mettre pied à terre avant que le chien ne soit descendu. Mais le chien ne descendit jamais. Un récit fabuleux affirme que ce roi Herla poursuit toujours ses folles rondes en compagnie de son armée, dans une errance infinie, sans repos ni relâche. Beaucoup de gens, croit-on, ont vu

1. « *Canis sanguinarius* » : l'anglais moderne a l'équivalent *bloodhound* qui se traduit par limier, c'est-à-dire un chien de chasse avide du sang du gibier.

fréquemment cette armée. Mais on dit qu'elle cessa finalement, la première année du règne de notre roi Henri, de visiter périodiquement notre royaume comme elle le faisait auparavant. De nombreux Gallois la virent alors s'immerger au bord de la Wye, le fleuve d'Hereford. Cette ronde fantastique s'est apaisée depuis cette heure, comme si elle nous avait communiqué son errance pour prix de son repos [...].

Distinctio IV, cap. XIII :
De Nicolas Pipe, homme aquatique

Ce chapitre contient quatre histoires : celle de l'homme aquatique — *homo aequoreus*, Nicolas Pipe, celle du troupeau de chèvres qui apparut dans le ciel du Mans. Et les deux autres qui concernent la « Chasse sauvage », et dont voici la traduction :

En Petite Bretagne [Armorique], on vit des proies nocturnes et des chevaliers les conduisant, qui passaient toujours en silence. Fréquemment les Bretons leur dérobaient des chevaux et des animaux et s'en servaient : les uns en moururent, les autres restèrent indemnes.

La troupe et les phalanges divagantes de la nuit, que l'on disait d'*Herlethingi*, assez fameuses en Angleterre sont apparues jusqu'à l'époque du roi Henri II notre maître ; dans cette armée de l'errance infinie, de la ronde insensée, de l'étourdissant silence, bien des hommes apparurent vivants alors qu'on les savait décédés. Pour la dernière fois, cette mesnie *(familia)* d'*Herlethingi* a été vue dans la marche des Galles et d'Hereford la première année du règne d'Henri II, vers midi ; elle était semblable à nous lorsque nous errons avec des chariots et des bêtes de somme, avec des corbeilles et des paniers, des oiseaux et des chiens, et un grand concours d'hommes et de femmes. Les premiers qui les virent ameutèrent contre eux tout le voisinage avec des trompettes et des cris, et comme c'est l'usage chez ce peuple très vigilant, ils se munirent

> aussitôt de toutes sortes d'armes ; une troupe nombreuse arriva, et n'ayant pu par la parole leur extorquer le moindre mot, ils se préparaient à leur répondre avec des javelots. Mais s'élevant dans les airs, les autres disparurent d'un seul coup. Depuis ce jour, on n'a jamais revu ces guerriers, comme s'ils nous avaient communiqué leur errance, nous qui sommes fous, qui usons nos vêtements, dévastons les royaumes, rompons nos corps et ceux de nos montures, ne cessons de chercher un remède à nos âmes malades, ne trouvons rien d'utile sans devoir l'acheter, ne faisons aucun gain que ne compensent des pertes, ne réalisons rien avec économie, manquons de tout sauf de choses vaines, et nous comportons en fous dans une hâte stérile [...]. Je voudrais manifester ceci au sujet de notre cour, car de cour semblable à elle on n'a jamais entendu parler dans le passé et on n'en redoute pas dans le futur [...].

Ces deux textes ne se contredisent jamais, ils se complètent au contraire. Ils pourraient être mis bout à bout, dans l'ordre où ils sont donnés, même si cet ordre conforme à la logique du récit n'est pas nécessairement l'ordre chronologique dans lequel ils furent rédigés[1]. Nous pouvons seulement supposer qu'ils furent l'un et l'autre écrits avant 1189, date de la mort du roi Henri II, qui n'est désigné comme défunt dans aucun des deux récits.

L'ensemble de la narration frappe d'abord par l'utilisation de temps verbaux très divers. Leur répartition dans le récit doit être analysée en relation avec les autres modes d'expression du temps et avec la structure narrative.

1. De son propre aveu (IV, II), Walter Map a écrit ses récits sur des *schedulae*, à des époques diverses. L'ordre chronologique de rédaction n'est pas celui dans lequel furent ensuite réunies ces notes : ainsi I, XV a été écrit à la fin de 1187, mais IV, I, après juin 1183 et IV, XI au début de 1182, etc.

LES TEMPS DU RÉCIT

Le présent du narrateur

L'ensemble du récit est pensé à partir du *temps présent* : celui de l'auteur et de la cour du roi, amèrement critiquée au début et à la fin du premier récit et plus longuement encore à la fin du second. En ce temps présent circulent des « fables » *(« fabulae quae dicunt... »)* et, plus généralement, des traditions orales *(« ut aiunt »)*, que rapporte l'auteur.

À ce présent du narrateur s'oppose :

— tantôt le *passé historique*, qui sert à évoquer les dernières apparitions de la troupe fantastique jusqu'au couronnement du roi Henri II en 1154 ; ce temps verbal domine la fin du premier récit, et tout le deuxième récit, qui décrit l'apparition, cette année-là, de la *familia Herlethingi* aux Gallois, puis sa disparition définitive l'année suivante ;

— tantôt l'*imparfait de description* servant à décrire, selon la fable, la rencontre d'Herla et du pygmée au début du premier récit (jusqu'à *« Herla solo cum solo loquebatur »*).

Les trois cycles temporels de la légende

Si l'on analyse maintenant la *fabula* dans son entier, on s'aperçoit qu'elle fait usage de trois temps différents (le *présent de narration*, le *présent d'élocution* au style direct et le *parfait d'action*) ; ces trois temps sont toujours utilisés dans l'ordre précité, à l'intérieur de trois séquences narratives successives ; enfin, dans la structure du récit, marquée plus ou moins explicitement, l'indication d'une certaine durée sert à chaque fois de limite entre ces trois séquences narratives. Reprenons le récit où nous l'avons laissé, après la description (à l'*imparfait*) de la rencontre d'Herla et du pygmée.

Première séquence :

1. Présent de narration : « *Ait pygmaeus* ».

2. Présent d'élocution au style direct de : « *Ego rex... venio* » à « *intersim... post annum* ».

Relevons en outre, dans ce discours, deux notations lexicales de temps : « *foedus aeternum* » et « *die post annum* ».

3. Parfait d'action : de « *His dictis... vertit et se rapuit* » ... à « *preces acceptavit* ».

Cette suite de verbes au parfait comporte toutefois un participe présent : « *rediens* ». Celui-ci exprime un mouvement d'une certaine durée, entre deux séries d'actions, celles du nain (très rapides), puis celles d'Herla.

Entre cette première séquence et la suivante, aucune durée de temps n'est indiquée explicitement. Mais, implicitement, le passage d'une séquence à l'autre correspond au temps de préparation des noces d'Herla, entre l'acceptation de la fille du roi des Francs et la cérémonie que décrit la deuxième séquence narrative.

Deuxième séquence :

1. Présent de narration : de « *Quo residente...* » à « *alloquitur sic* » :

Notons en plus le moment où se présentent les pygmées, « *ante prima fercula* », avant le premier plat, et la rapidité extrême avec laquelle ils dressent les tables : « *in momento* ».

2. Présent d'élocution ou style direct suivi d'un futur simple : de « *Rex optime...* » à « *non differas* ». Ce dernier verbe nous intéresse par sa signification (il met en garde contre un *retard* éventuel) autant que par son temps verbal. Le futur simple (« *supplebo* ») indique l'éventualité d'une action à venir dans les limites du délai d'un an prévu par le pacte.

3. Parfait d'action : de « *His dictis...* » à « *abscessit* ».

Comme précédemment, la rapidité de l'action du pygmée est soulignée « *responso non expectato* », « *subitus* » ; ce n'est pas le moment où elle débute qui est maintenant mentionné, mais celui où elle s'achève : « *circa gallicinium* ».

Entre la fin de cette deuxième séquence et la troisième (qui débute par les mots : « *Post annum autem...* ») s'écoule exactement un an, conformément au pacte proposé précédemment par le pygmée.

Troisième séquence :

1. Présent de narration : de « *Post annum autem... expetit...* » à « *respiciens ait* ».

Dans cette longue description abondent les autres notations temporelles, qui expriment une fois encore la rapidité des actions du pygmée *(« subitus »)* ; notons aussi la progression d'Herla dans la caverne à l'aller *(« post aliquantas tenebras »)* et au retour *(« post modicum in lumine solis »)* ; l'absence des rythmes naturels du temps solaire et lunaire dans la caverne, qui bénéficie seulement d'un éclairage artificiel ; le temps des adieux : « *licentia data recedit* », « *dictaque salute repatriat* » et, enfin, l'expression d'un interdit temporel : « *ne quis... descendat usquam donec...* ».

2. Présent d'élocution au style direct : de « *Domine... vix intelligo* » à « *incolis* ». Mais je vais revenir sur cette séquence.

3. Parfait d'action : de « *Stupefactus... vix haesit* » à « *nondum descendit* ».

Trois notations de temps sont à relever en outre : le sentiment qu'a eu Herla de ne s'être absenté que trois jours *(« per solum triduum »)* indique l'équivalent subjectif d'une durée objective : plus de deux cents ans *(« jam ducentis annis »)* ; l'extrême rapidité de la pulvérisation des compagnons d'Herla : « *statim* », mot qui caractérise par ailleurs certains mouvements des pygmées ; et enfin le rappel par Herla, qui s'identifie ainsi au roi des pygmées, de l'interdit temporel édicté par celui-ci : « *Ne quis ante canis descensum.* »

Avec cette troisième séquence s'achève l'énoncé du contenu de la *fabula* principale. On en revient alors au temps présent de l'auteur — collecteur de traditions orales ou moraliste jugeant la cour royale — et au parfait par lequel, historien, il rappelle ce qui est arrivé depuis 1154. On a déjà noté que ce passé historique est surtout utilisé tout au long du deuxième récit.

Les paroles du berger ou le retour à l'histoire

Dans le troisième « cycle temporel » de la *fabula*, la deuxième séquence, qui utilise le temps du présent, décrit le dialogue du roi Herla et du vieux berger. Or, dans les propos de ce dernier, qui est pourtant un personnage de la légende, se reproduit le même rapport entre le présent de l'énonciation, l'infinitif passé de la description *(« dicitur... disparuisse... », « nusquam apparuisse »)* et le parfait de l'affirmation historique *(« Saxones jam ducentis annis hoc regnum possederunt, expulsis incolis »)* qui caractérise plus généralement l'ensemble du récit de Walter Map lui-même. De même que celui-ci, qui est extérieur à la *fabula*, dit l'histoire *récente* (autour de la date de 1154), de même le vieux berger dit, selon le même procédé, mais de l'intérieur de la « fable », l'histoire *ancienne* : celle qui concerne les invasions saxonnes. Ainsi s'enchevêtrent mieux encore la légende et l'histoire : l'une s'emboîte dans l'autre et réciproquement.

Le temps de la fable et le temps de l'histoire

Les notations lexicales de temps autres que les verbes (substantifs, adjectifs, adverbes, etc.) ont été recueillies au fur et à mesure qu'elle se présentaient, en relation avec les temps des verbes et avec la *structure* du récit. Elles confirment l'identification de deux types de temps :

1. Le temps du folklore, qui comprend :

— Le temps des rituels : les moments d'arrivée ou de départ (avant le premier plat, au chant du coq, etc.). Le délai d'un an séparant les deux noces conformément à un pacte « éternel ». Et, enfin, l'interdit temporel : ne pas descendre de cheval *avant* le chien.

— Le temps merveilleux : il se caractérise par des temps excessivement brefs ou excessivement lents. D'une part, les mouvements très rapides, voire instantanés (*subitus*, *statim*, etc.) du pygmée, des siens, puis de ceux qui subissent son pouvoir (les compagnons d'Herla pulvérisés) ; et, d'autre part, l'écoulement merveilleux du temps, négation des rythmes naturels du soleil et de la lune, des facultés sensorielles et de la mort. Ce temps merveilleux du folklore est aussi réversible : identique à elle-même, la *familia Herlethingi* réapparaît fréquemment, *« circa meridiem »*.

2. Le temps de l'histoire : il est linéaire ; imprécis dans les périodes les plus reculées *(« rex antiquissimorum Britonum »)*, puis mesuré avec plus d'exactitude *(« iam ducentis annis »)* il est enfin daté [1155] quand il s'agit de l'histoire contemporaine.

Cette histoire est politique, faite de la succession des peuples ou des dynasties. Par deux fois, c'est à l'occasion de telles successions que la légende s'attache à l'histoire : pour rappeler l'effondrement des anciens Bretons sous les coups des Saxons, puis pour expliquer la disparition de la *familia Herlethingi* après l'avènement d'Henri II. Après avoir étudié plus précisément le temps folklorique, on s'interrogera donc sur sa double articulation avec le temps de l'histoire, dont l'importance, pour interpréter la signification du récit, se laisse déjà deviner.

LE TEMPS DES MORTS

L'analyse des motifs folkloriques concernant le temps cherchera à la fois à montrer leur enchaînement à l'intérieur du récit et à les caractériser par comparaison avec d'autres récits ou des rituels attestés par ailleurs à l'époque. Cette comparaison, nécessaire à l'interprétation, s'impose d'autant plus que le récit du roi Herla n'est qu'une version du « conte type » 470[1], et que la description de la *familia Herlethingi* n'est que l'un des

1. A. Aarne, S. Thompson, *The Types of the Folktales*, Helsinki, 2e éd., 1973, pp. 161-162.

nombreux témoignages sur la troupe errante des morts, la mesnie Hellequin ou la Chasse sauvage[1].

Le « pacte éternel »

Le déroulement de l'ensemble du récit procède de l'acceptation, par Herla, du « pacte éternel » proposé par le nain. Celui-ci semble d'abord proposer un pacte entre *égaux*, puisque lui-même, comme Herla, est roi. Ayant fortement loué la *fama* d'Herla, il lui rappelle leurs liens de parenté et de voisinage, et souligne la réciprocité des invitations qu'il propose. La forme du pacte est bien celle du don et du contre-don justifié par les relations préexistantes des deux rois : l'échange a pour fonction de renforcer ces liens. En outre, la parenté du pygmée et d'Herla donne au roi légendaire des Bretons des origines surnaturelles. Cependant, tous les éléments du pacte contredisent aussitôt l'égalité des contractants et la possibilité même d'une réciprocité : parce que le nain est un personnage surnaturel, qu'il vient d'un autre monde que celui des hommes, il lie à son pouvoir Herla et conduit celui-ci à sa perte, sans même lui laisser le temps d'accepter son offre. Ainsi l'initiative appartient-elle au nain, qui « convoque » le roi Herla ; puis il affirme qu'il « couvre de gloire » Herla en s'invitant lui-même à ses noces ; il lui donne une femme, puis toute la nourriture à consommer pendant son mariage ; un an plus tard, il le couvre de présents qui marquent définitivement Herla comme chasseur, comme meneur de la Chasse sauvage ; il lui offre enfin un petit chien, don symétrique de celui de la femme, et qui achève de sceller son destin. En échange, Herla ne peut rien donner. Il vient seulement assister aux noces du roi des pygmées.

1. Cette croyance est largement attestée à cette époque, notamment en Grande-Bretagne et en Armorique, et souvent sous des noms proches de celui qui est attesté ici. Je les réunis sous le vocable traditionnel « mesnie Hellequin ». La plupart de ces textes ont été rassemblés par K. MEISEN, *Die Sagen vom Wütenden Heer und Wilden Jäger*, Münster in W., 1935.

Dans le système de l'échange des dons, tout don est, en un certain sens, « éternel », car il donne au donateur une sorte de droit de suite perpétuel sur le donataire ; selon le sens étymologique du mot *gift*, le don est toujours un « cadeau empoisonné » qui poursuit celui qui l'a reçu ; celui-ci, bénéficiaire de la chose reçue *(res)*, est comme un accusé *(reus)*, qui a le plus grand mal à se libérer[1]. Il doit se « venger » de son bienfaiteur, selon l'expression *« talionem impendere »* employée par Walter Map[2]. Mais la vengeance est impossible dans ce cas, car le pacte éternel lie Herla à un pouvoir surnaturel contre lequel il ne peut rien. L'échange n'est ici qu'une apparence trompeuse.

Ce pacte ressemble à un pacte diabolique, de même que la description du pygmée sous les traits de Pan évoque le diable. Ce serait sans doute le cas si le récit avait fait l'objet d'une réélaboration cléricale et chrétienne. Mais la seule trace de christianisation réside dans l'invocation de Dieu *(Domino teste)* proférée par le pygmée lui-même, pour détourner justement de cette interprétation : ce nain n'est pas le diable, mais un personnage surnaturel ambivalent, caractéristique du folklore, et qui échappe au dualisme rigide de la religion officielle.

Le délai d'un an

Le délai d'un an qui, aux termes du pacte, sépare les deux noces se retrouve à cette époque dans des récits littéraires qui évoquent pareillement la fausse réciprocité des relations entre un homme et un être surnaturel du folklore. Il s'agit de récits de double décollation. Un être surnaturel vient demander au

1. M. Mauss, *Essai sur le don. Forme et raison de l'échange dans les sociétés archaïques*, 1923-24, rééd. dans *Sociologie et anthropologie*, Paris, P.U.F., 1968. Voir depuis P. Bourdieu, « L'action du temps » dans *Le Sens pratique*, Paris, Éd. de Minuit, 1980, pp. 167-189.

2. Le mot *talio* a bien à cette époque, outre les sens de « vengeance » et d'« indemnité », celui de « cadeau en retour » et d'« échange » : cf. J.F. Niermeyer, *Mediae Latinitatis Lexikon Minus*, Leyde, E.J. Brill, 1976, p. 1012.

héros de lui trancher la tête — qu'il remet aussitôt sur ses épaules — à charge pour le héros de lui offrir la sienne au terme d'un certain délai, qui est le plus souvent d'un an[1]. Ce motif, attesté dans la littérature en langue vulgaire du XIIe au XIVe siècle, a été mis en relation avec d'anciens rites, identifiés au « potlatch » observé ailleurs par les anthropologues et allant jusqu'à la « contre-prestation suprême », à la mort de celui qui ne peut plus s'acquitter du contre-don matériel[2]. Ces pratiques semblent encore attestées au VIIIe siècle d'après un récit irlandais, le *Festin de Bricriu*[3]. S'il est probable que les récits médiévaux de double décollation dérivent de ces traditions, ils présentent surtout une différence notable, qui est, comme dans le récit d'Herla, de nier *a priori* la possibilité même d'une réciprocité. En se remettant la tête sur les épaules dès qu'elle a été tranchée, le personnage surnaturel montre qu'il n'est pas un mortel ; en revanche, il a plein pouvoir de vie et de mort sur le chevalier qu'il a défié : au bout d'un an, ayant mis à l'épreuve la bravoure du héros, il l'épargne au dernier instant selon un cérémonial qu'on peut mettre en relation avec le rite de l'adoubement chevaleresque.

Le récit d'Herla doit surtout être rapproché des autres versions médiévales du « conte type » 470. Le plus ancien de ces récits, après le nôtre, est connu par un manuscrit du XIIIe siècle

1. Voir J. MARX, *La Légende arthurienne et le Graal*, Paris, P.U.F., 1952, pp. 71-79. Les principaux textes sont : *The Continuations of the Old French Perceval of Chretien de Troyes*, éd. W. ROACH, vol. I : *The First Continuation*, Philadelphie, University of Pennsylvania Press, 1949, pp. 84-238 ; *Le Haut Livre du Graal. Perlesvaus*, éd. W.A. NITZE-J.A. JENKINS, Chicago, The University of Chicago Press, 1932, pp. 136-138 et 284-286 ; *La Mule sans frein*, éd. R.C. JOHNSTON-D.D.R. OWEN, *Two Old French Gauvain Romances*, Édimbourg et Londres, Scottish Academic Press, 1972, pp. 61-89, A.C. CAWLEY, *Pearl, Sir Gauvain and the Green Knight*, Londres et New York, J.M. Dent, 1962 ; *Sire Gauvain et le Chevalier Vert, Poème anglais du XIVe siècle*..., éd. E. PONS, Paris, Bibliothèque de philologie germanique, IX, 1946.

2. Sur les Celtes anciens : M. MAUSS, « Sur un texte de Posidonius. Le suicide, contre-prestation suprême », *Revue celtique*, 42, 1925, pp. 324-329, et H. HUBERT, « Le système des prestations totales dans les littératures celtiques », *ibid.*, pp. 330-335.

3. D. D'ARBOIS DE JUBAINVILLE, *Cours de littérature celtique*, V, Paris, 1892, p. 81 et suiv. ; *Fled Bricrend. The Feast of Bricriu*, éd. G. HENDERSON, Londres (Irish Texts Society, 2), 1899, p. 199.

provenant d'Italie du Nord[1]. Trois autres versions sont fournies par des *exempla* des XIVe-XVe siècles[2]. La cinquième est extraite de la chronique d'Hermann Corner au début du XVe siècle[3]. À l'inverse du récit d'Herla, ces récits portent la marque d'une réinterprétation cléricale extrêmement sensible. Mais cette transformation ne s'est pas faite dans le sens d'une diabolisation du récit, comme on aurait pu l'attendre, mais au contraire d'une valorisation systématique : l'au-delà merveilleux indifférencié, royaume des nains, y devient le paradis, d'où un ange vient trouver le héros, qui est un jeune homme très pieux ; celui-ci célèbre ses noces en présence de l'ange ; mais l'ange, qui n'est pas susceptible de se marier, invite seulement le héros à une grande fête au paradis.

Or, entre les deux invitations, le délai se réduit d'un an à trois jours dans la version du XIIIe siècle et à un jour seulement dans les versions postérieures, ce qui signifie, implicitement, que le jeune homme pieux a respecté les Trois Nuits de Tobie : resté chaste, il a mérité de gagner le paradis.

L'écoulement merveilleux du temps

L'écoulement merveilleux du temps est un motif folklorique très répandu[4]. On le trouve notamment dans le *Lai de Guin-*

1. Publié par J. SCHWARZER, « Visions Legende », *Zeitschrift für deutsche Philologie*, 1882, pp. 338-351, ce récit a fait l'objet d'une étude récente : G. GATTO, « La christianisation des traditions folkloriques : le voyage au paradis », *Annales. E.S.C.*, 1979, pp. 929-942.

2. Les versions ont été recensées par K. MEISEN, « Der in den Himmel entrückte Brautigam. Entstehung, Wanderung und Wandlung einer Volkserzählung », *Rheinisches Jahrbuch für Volkskunde*, 6, 1955, pp. 118-175. Ce sont surtout, au milieu du XIVe siècle : *« De hospitalitate et fundatione claustri cluniacensis sive de nuptiis eternis »*, éd. J. KLAPPER, *Erzählungen des Mittelalters in deutschen Übersetzung und lateinischen Urtext*, Breslau, 1914, pp. 347-348 ; au XVe siècle, J. HILKA (éd.), *Das Viaticum Narracionum des Hermannus Bononiensis, Abhandlungen der Gesellschaft der Wissenschaften zu Göttingen, Phil. Hist. Kl.*, 3. Folge, 16, Berlin, 1935, pp. 63-69.

3. HERMANN CORNER O.P., *Chronica Novella usque ad annum 1435 deducta*, éd. J.G. ECKHART, *Corpus Historicum Medii Aevi*, II, Leipzig, 1723, col. 452-459.

4. S. THOMPSON, *Motiv Index of Folk Literature*, Helsinki, 3e éd., 1975, D. 2011.

gamor : s'étant égaré lors d'une chasse au sanglier, Guingamor parvient dans un palais merveilleux où il est brillamment accueilli par des fées. Guingamor ne pensait y rester que deux jours. Le troisième, il prend congé de la fée, qui lui apprend que trois cents ans se sont écoulés. Dans les nombreux récits celtiques conservés qui possèdent ce motif, le temps de l'au-delà semble pareillement s'écouler plus rapidement que le temps terrestre : c'est le cas, entre autres, dans le *Voyage de Bran* (plusieurs années passées à l'île des Femmes paraissent « seulement un an ») ou dans les *Aventures de Teigue fils de Cian* (douze mois semblent un jour). Il existe pourtant au moins une exception : dans *Les Aventures de Nera*, le héros a le sentiment d'être resté trois jours et trois nuits dans l'au-delà, le *Sid*, mais, à son retour, il retrouve ses compagnons assis autour du même chaudron qu'à son départ et il comprend ainsi qu'il ne s'est absenté qu'un très bref instant[1]. Cette inversion du rapport entre temps terrestre et temps surnaturel montre que dans ce type de récits il s'agissait d'abord de marquer la différence de nature entre ces temps différents, plus que de leur donner une valeur propre. D'où une flexibilité des récits folkloriques que les récits christianisés de voyage *au paradis* ont complètement perdue : il s'agit, cette fois, de démontrer que le sentiment d'un temps plus rapide est, dans tous les cas, un aspect *nécessaire* du bonheur paradisiaque réservé aux justes.

Tel est le cas dans les nombreuses versions médiévales du voyage dans l'au-delà du « moine Félix » ou encore dans le *Panthéon* de Geoffroy de Viterbe : des moines venus en bateau de Grande-Bretagne atteignent le paradis où ils apprennent par Énoch et Élie qu'un jour passé en ce lieu équivaut à cent

1. Sur *le Lai de Guingamor*, voir P.M. O'HARA TOBIN, *Les Lais anonymes des XIIe et XIIIe siècles. Édition critique de quelques lais bretons*, Genève, Droz, 1976, pp. 127-155. Voir aussi *Le Cœur mangé. Récits érotiques et courtois des XIIe et XIIIe siècles*, mis en français moderne par D. RÉGNIER-BÖHLER, Préface de C. Gaignebet, Postface de D. Régnier-Böhler, Paris, Stock, 1979, pp. 47-66. Les autres récits cités le sont d'après H. R. PATCH, *The Other World according to Descriptions in Medieval Literature*, Cambridge, Mass., Harvard University Press, 1950, pp. 58-59.

jours passés sur terre[1]. Dans les versions « cléricales » du « conte type » 470, où le jeune homme pieux suit l'ange au paradis, le motif est également présent : le héros a cru s'absenter moins d'une journée, mais il découvre que trois cents ans, et même trois cent quarante-six dans la version de Corner (la nature historiographique du document imposait sans doute cette précision), se sont écoulés durant son séjour au paradis. La substitution de l'image positive du paradis à celle du royaume « neutre » du roi des nains a ainsi renforcé ce motif puisque les délices intenses du paradis donnent à celui qui en jouit le sentiment que le temps s'y écoule beaucoup plus vite que dans la réalité. Mais le rapport entre temps paradisiaque et temps terrestre est devenu univoque et irréversible : la flexibilité des récits folkloriques n'a pas survécu à la christianisation du motif.

Cependant, à l'autre monde merveilleux du folklore — pays des fées ou royaume des nains — ne correspond pas un seul lieu de l'au-delà chrétien, mais trois au moins, le paradis, l'enfer et le purgatoire. Grâce à ce dernier, dont la localisation s'est précisée à la fin du XIIe siècle, une nouvelle série de transformations de nos récits et de leurs motifs temporels devint possible. Elle est illustrée dès le XIVe siècle par plusieurs versions du « conte type » 470 A, ou *Légende de Don Juan*[2].

Le héros, un ivrogne, est ici marqué négativement. Dans un cimetière, il se moque d'un mort en l'invitant à sa table. Le mort s'y rend, pour la plus grande frayeur de son hôte, qu'il invite en retour à venir huit jours plus tard dans sa propre demeure : celle-ci est le purgatoire, où le mort expie dans les tourments la *crapula* dont il s'était lui-même rendu coupable de son vivant. Le héros n'y reste qu'une petite heure, qui lui

1. Le récit du « moine Félix » correspond au « conte type » 471, bien attesté dans la littérature homélitique médiévale à partir d'un *exemplum* de Maurice de Sully : C.A. ROBSON, *Maurice of Sully and the Medieval Vernacular Homily with the Text of Maurice's French Homilies from a Sens Cathedral Chapter Ms.*, Oxford, 1952, pp. 122-127. Cf. F.C. TUBACH, *Index exemplorum. A Handbook of Medieval Religious Tales*, Helsinki (FFC 204), 1969, n° 3378. Sur Geoffroy de Viterbe, voir H.R. PATCH, *op. cit.*, pp. 159-160.

2. L. PETZOLDT, *Der Tote als Gast. Volksage und Exempel*, Helsinki (FFC 200), 1968, notamment, pp. 99-100 et 112.

semble mille ans. Fort de la leçon, il s'amende et termine vertueusement sa vie.

Le récit du voyage dans l'au-delà garde ainsi la même structure. Le motif du temps merveilleusement écoulé se maintient également, mais il subit, en même temps que le statut des lieux et des personnages, une inversion complète de signes : autant dans le paradis le temps paraît s'écouler trop vite, autant, à qui endure les peines du purgatoire, son cours semble toujours trop lent. C'est sur ce rapport entre temps de l'au-delà et temps terrestre, d'abord affirmé dans les traditions folkloriques, puis adopté, fixé et au besoin inversé par les clercs du Moyen Âge, que s'est fondée l'arithmétique de la durée des peines du purgatoire et du nombre des suffrages (souvent estimés en temps de prière) que les vivants destinent aux âmes qui souffrent. On calculait par exemple qu'un an de prières pouvait entraîner une remise de peine de mille ans de purgatoire[1].

L'interdit

Le roi des pygmées interdit à Herla et à ses compagnons de descendre de cheval *avant* le petit chien qu'il leur a donné. Ce petit chien est « portatif », c'est-à-dire qu'il est « disjoint » du sol et qu'il va le rester éternellement puisque jamais il ne descendra : cette « disjonction » est le signe — présenté à l'avance à Herla qui ne le comprend pas — de la chevauchée aérienne à laquelle il est déjà condamné à son insu. Le même type d'interdit se retrouve partiellement dans la légende irlandaise de Loégairé Liban[2]. Le héros est parti au pays des morts secourir le guerrier Fiachna. Au bout d'*un an*, son hôte, dont il a épousé la fille, l'autorise à retourner chez son père le roi de Connaught, mais lui ordonne *de ne pas* descendre de cheval. Loégairé *respecte l'interdit*, et peut ainsi revenir dans le pays mystérieux dont il partage désormais la souveraineté avec son beau-père.

1. F.C. Tubach, *op. cit.*, n° 4001.
2. H. d'Arbois de Jubainville, *op. cit.*, II : *Le Cycle mythologique irlandais et la mythologie celtique*, Paris, 1884, pp. 356-363.

Mais le plus souvent l'interdit est alimentaire : c'est le cas dans le *Lai de Guingamor*, où il présente en même temps un caractère spatio-temporel. « Quand vous aurez passé la rivière pour retourner dans votre contrée, ne mangez ni ne buvez, quelle que soit votre faim, jusqu'à votre retour. Il vous arriverait aussitôt un grand malheur[1] ! » Mais Guingamor, ayant passé la rivière, s'égare, est saisi d'une grande faim et mange trois pommes sauvages. Il tombe aussitôt *à terre*, agonisant, sous les yeux d'un charbonnier. Mais trois fées surviennent, le *remettent en selle* avec d'infinies précautions et le reconduisent au-delà de la rivière. Nul ne le revit jamais. Le contact de la terre et celui des nourritures humaines sont les signes équivalents de la transgression, la marque du retour prohibé parmi les hommes.

Dans les versions « cléricales » du « conte type » 470, l'interdit n'est pas explicitement formulé par l'ange au moment où le jeune homme pieux le quitte. Mais quand il retourne parmi les hommes, il est accueilli par des moines qui l'invitent à manger. Il finit par céder à leurs prières et aussitôt vieillit avec une grande rapidité, comme pour rattraper le temps qui pendant si longtemps avait été sans prise sur lui. Enfin, il meurt comme un saint, entouré de tous les moines, qui ensuite l'ensevelissent dignement. Ainsi la malédiction qu'entraîne la transgression de l'interdit est-elle retournée ici dans un sens positif : la mort des corps est en fait une libération pour l'âme qui est définitivement sauvée.

L'ensemble de cette séquence, qui définit la « bonne mort » chrétienne, s'oppose à l'issue de tous les autres récits. Dans ces derniers, il importe peu, le plus souvent, que l'interdit soit ou non transgressé : quel que soit le « choix » du héros, il est *soustrait à la vue des vivants.*

Loégairé Liban, qui a respecté l'interdit, et Guingamor, qui l'a transgressé, disparaissent à jamais dans l'autre monde, *avec leur corps* ce que le christianisme officiel ne pouvait pas admettre. À plus forte raison, le compagnon d'Herla, étant descendu de cheval avant le chien, ne laisse, pour l'instant, *plus rien à voir* : *« in pulverem statim resoluti sunt »*. Le même motif est

1. Trad. D. Régnier-Böhler, in *Le Cœur mangé…*, *op. cit.*, p. 59.

présent dans le *Voyage de Bran* (rédigé sans doute au Xe siècle) : dès que l'un des compagnons de Bran touche la terre d'Irlande, il est réduit en cendres « comme si son corps avait été en terre depuis plusieurs centaines d'années[1] ».

Herla lui-même faillit subir le même sort : *« Stupefactus ergo rex [...] vix haesit equo. »* Mais s'étant ressaisi, il rappela à ses compagnons l'interdit du pygmée, qu'ils respectèrent, malgré eux, indéfiniment. C'est l'origine de la chevauchée errante de la *familia Herlethingi* et de ses apparitions fréquentes aux yeux des hommes.

Dans le récit d'Herla, les deux termes de l'alternative (transgression et respect de l'interdit) sont effectivement mentionnés, et leurs conséquences sont symétriquement opposées par rapport à la bonne mort chrétienne : celle-ci offre le spectacle d'un double « passage » ritualisé du corps, promis à une lente décomposition dans la tombe, et de l'âme, qui monte au ciel. Le récit d'Herla retient, au contraire, soit la disparition totale et instantanée du héros, dont il n'y a plus *rien* à voir, soit ses réapparitions périodiques, où il y a *trop* à voir. L'opposition à l'image cléricale de la mort porte ainsi sur le code visuel, sur le temps et sur la définition ontologique de la mort. Herla a « raté » sa mort. Comme ces hommes qui « apparurent vivants alors qu'on les savait décédés », il est devenu un revenant.

L'anniversaire

Dans le christianisme médiéval, un ensemble de rituels avant, pendant et après le trépas, devait prémunir contre un tel échec. Au cœur de ces rituels était l'anniversaire.

L'anniversaire peut être considéré dans les sociétés occidentales traditionnelles comme l'équivalent des « doubles funérailles » observées par ailleurs par les anthropologues[2]. Comme les deux

1. K. MEYER (éd.), *The Voyage of Bran Son of Febal to the Land of the Living...*, Londres (Grimm Library 4), 1895, p. 32.

2. R. HERTZ, « Contribution à une étude sur la représentation collective de la mort », *L'Année sociologique*, 1re série, X, 1907, rééd. dans *Sociologie religieuse et folklore*, Paris, P.U.F., 1970, pp. 1-83.

noces du récit d'Herla, il revêtait une forme alimentaire : au bout d'un an était célébré un repas *(convivia mortuorum)* auquel les morts, parfois représentés par des masques *(larvae, talamascae)*, étaient censés participer[1]. Même dans les monastères, la place du défunt était laissée libre et sa part de nourriture *(panis defuncti, praebendae)* était donnée aux pauvres. Cet acte de charité de la communauté des frères vivants valait au mort les grâces spirituelles dont il avait besoin[2]. La distribution de telles « prébendes » aux pauvres symboliquement substitués aux défunts a connu son plus grand développement à Cluny, qui, au XIIe siècle, ne nourrissait pas moins de dix-huit mille pauvres tous les ans ; ce chiffre correspondait au nombre des défunts inscrits dans les obituaires clunisiens. Les noms des morts y étaient consignés à la date de leur décès et, ainsi, la mention liturgique de chaque nom avec la distribution des « prébendes » correspondantes revenaient tous les ans à date fixe[3]. Une conception cyclique du temps soustendait donc ces rituels et ces récits, en rapport avec leur visée eschatologique : au XIIIe siècle, Guillaume Durand souligne que l'anniversaire permet aux défunts « de parvenir aux années de l'éternité ou à la vie éternelle, qui est sans fin et tourne sur elle-même comme le fait l'année[4] ».

Autant que ce thème des nourritures, le thème de la noce est à mettre en relation avec cette représentation du temps de la mort. Dans les traditions folkloriques, des rites funéraires accompagnaient toujours la célébration du mariage (et du remariage). Inversement, le banquet funéraire pouvait être qualifié de « noce du défunt[5] ». Mort, noces et banquet : ces

1. Par exemple : HINCMAR, *Capitula presbyteris data*, cap. XIV, « *Quomodo in conviviis defunctorum aliarumve collectarum gerere se debeant* », *P.L.* (125), col. 776-777.

2. E. MARTENE, *De Antiquis Ecclesiae Ritribus*, V, cap. XIII : « *De suffragiis pro defunctis deque societatibus apud veteres monachos* », Anvers, 1764, t. IV, p. 275, § XXIII.

3. J. WOLLASCH, « Les obituaires, témoins de la vie clunisienne », *Cahiers de civilisation médiévale*, 1979, 2, pp. 139-171.

4. GUILLAUME DURAND, *Rationale Divinorum Officiorum*, Lib. VII, cap. XXXV : « De officio mortuorum », Lyon, 1672, p. 452, § 17.

5. A. VAN GENNEP, *Manuel de folklore français contemporain*, I, vol. 2, Paris, A. et J. Picard, 1946, p. 811.

trois termes sont indissociables. En parlant de « noces éternelles » à propos de la mort de son héros, l'auteur d'une des versions « cléricales » du « conte type » 470 est donc resté plus fidèle qu'il n'en avait sans doute conscience à la signification originelle du récit folklorique[1].

Dans le récit d'Herla, la double invitation aux noces n'est-elle pas à mettre en relation avec le « rite de passage » de la mort, dont l'anniversaire, par l'échange de nourritures matérielles et spirituelles, assurait par ailleurs l'accomplissement ? Il est d'autant plus important de souligner l'homologie structurelle de la « fable » et du rite que celui-ci vise à empêcher l'issue malheureuse de celle-là : Herla est l'obligé du nain, et parce qu'il ne peut se libérer de son obligation il devient, un an plus tard, un revenant ; de même, les vivants sont les obligés des morts : dans l'année qui suit le décès, par leurs prières, les aumônes qu'ils font aux pauvres et les messes qu'ils font dire pour l'âme du mort, ils cherchent à se libérer de leurs obligations à l'égard de leur parent défunt ; *au bout d'un an*, la séparation des vivants et du mort est consommée : le mort, en principe, ne risque plus de *revenir* auprès des vivants qui, de leur côté, quittent le deuil.

Cependant, entre Herla et les revenants tels que les accepte l'Église et que les présentent de nombreux récits d'apparitions au XIIe siècle, il y a une différence essentielle : dans les représentations ecclésiastiques, les revenants expient dans l'au-delà les fautes qu'ils ont commises de leur vivant à l'égard de la morale chrétienne. Parce qu'ils ont cédé aux tentations du diable, ils subissent un châtiment en un lieu de plus en plus souvent identifié au purgatoire, dont ils reviennent parfois pour décrire leur sort aux vivants et leur demander leurs suffrages. Vers 1140, une quarantaine d'années avant que Walter Map

1. L'équivalence symbolique des nourritures matérielles et des prières apparaît bien dans le récit — dont il existe deux versions apparemment indépendantes l'une de l'autre, aux XIe et XIIe siècles — du mineur enseveli dans un éboulement pendant près d'un an, mais sauvé miraculeusement par un oiseau qui venait le nourrir au rythme des prières que la « veuve » faisait pour l'âme de son mari : PIERRE DAMIEN, *Opusculum 33um*, cap. V, *P.L.* (145), col. 567. PIERRE LE VÉNÉRABLE, *De miraculis*, II, cap. II, *P.L.* (189), col. 911-913.

n'écrive son récit, Orderic Vital présente la mesnie Hellequin *(familia Herlechini)* comme une troupe fantastique d'âmes en peine[1]. Mais dans le récit de Walter Map, la morale chrétienne n'a pas de place : Herla est châtié pour avoir agi comme si l'échange d'égal à égal avec le roi des nains était possible, mais il n'a pas commis de péché. Walter Map, en signifiant expressément que le roi des pygmées, en dépit des apparences, n'est pas le diable, écarte consciemment et résolument l'interprétation morale cléricale et chrétienne du récit. À quel système de valeurs a-t-il sacrifié celui de l'Église ?

LE TEMPS DU ROI

Selon les traditions recueillies par Walter Map, l'errance de la *familia Herlethingi* aurait cessé en 1155. Herla et les siens auraient disparu alors sur les bords de la Wye, à la frontière des Galles. Comment expliquer cette disparition qui interrompt une errance présentée d'abord comme « infinie », conséquence d'un pacte qualifié d'« éternel » ?

Comme le font souvent les informateurs des ethnologues, ceux de Walter Map ont pu vouloir prendre ainsi leur distance par rapport aux traditions qu'ils rapportaient, en affirmant qu'elles s'étaient éteintes récemment à une date importante de la mémoire collective. (Aujourd'hui, c'est la guerre de 14-18 qui est citée à cette fin.)

Par ailleurs, la mesnie Hellequin semble avoir effectivement subi à la fin du XIIe siècle la concurrence de la nouvelle croyance officielle au purgatoire comme à un lieu déterminé de l'au-delà, où les âmes demeurent avant d'être pleinement sauvées. Hélinand de Froidmont raconte au début du XIIIe siècle que son serviteur Natalis lui est apparu peu après s'être noyé. Il demanda au mort s'il avait été « envoyé dans cette milice

1. ORDERIC VITAL, *Historia ecclesiastica*, éd. M. CHIBNALL, Oxford, Clarendon Press, 1973, IV, pp. 236-250.

que l'on dit d'Hellequin ». Natalis répondit : « Non Seigneur. Cette milice ne marche plus, elle a récemment cessé d'aller, puisqu'elle a achevé sa pénitence[1]... ». Natalis ne dit pas expressément qu'il revient du purgatoire, mais il en a toutes les marques. L'établissement du purgatoire a eu pour effet, sinon pour but, de *fixer* les âmes en peine, d'arrêter leur errance dans le monde des vivants, de contrôler leurs apparitions, rares et individuelles, aux yeux de ces derniers[2].

Mais dans le récit particulier qui nous occupa, la raison principale de la disparition définitive de la *familia Herlethingi* en 1155 est à chercher dans les termes mêmes qu'utilise Walter Map pour dater cette disparition de « la première année du règne d'Henri II ». La référence est dynastique, la date, 1155, appartient à l'histoire politique.

De fait, l'intention de tout le traité est politique : Walter Map y critique la cour royale et notamment son extrême mobilité, son errance perpétuelle. Cette mobilité était un trait caractéristique de toutes les cours féodales, mais elle distinguait peut-être plus encore celle d'Henri II. La reconstitution des itinéraires du roi confirme amplement les plaintes de Walter Map[3]. On peut admettre que Walter Map, pour plaisanter conformément au genre littéraire des *nugae* qu'il rassemblait, identifiait cette errance de la cour royale à celle de la Chasse sauvage, l'une succédant à l'autre.

Mais derrière le trait d'ironie se cache peut-être une intention politique plus profonde. De fait, Walter Map pouvait difficilement identifier complètement le roi d'Angleterre au roi des revenants. Au contraire, parce qu'Henri II était le seul personnage de la cour épargné par ses critiques, Walter Map pouvait chercher plutôt à le défendre et à protéger la nouvelle dynastie. Or, les retours périodiques du roi légendaire des « très anciens Bretons » ne constituaient-ils pas une menace symbolique pour le nouveau roi ? Et, inversement, la dispari-

1. HÉLINAND DE FROIDMONT, *De Cognitione Sui*, dans *P.L.* (212), col. 732.
2. H. NEVEUX, « Les lendemains de la mort dans les croyances occidentales vers 1250-vers 1300) », *Annales. E.S.C.*, 1979, 2, pp. 245-263.
3. R.W. EYTON, *Court, Housefold and Itinerary of King Henri II...*, Londres, 1878.

tion de la troupe fantastique des revenants l'année même du couronnement du nouveau roi ne soulignait-elle pas la légitimité de ce dernier ? Ainsi l'usage de la « fable » aurait-il eu un but politique caché et même paradoxal, la défense du roi Henri II. Ce n'est là qu'une hypothèse, que semble pourtant confirmer le rapprochement de la légende d'Herla d'une autre légende utilisée au même moment à des fins politiques : la légende d'Arthur.

Le roi Arthur, selon les traditions savantes de l'époque, aurait été blessé en 542 à la bataille de Camlan par son neveu, Modred, et le duc des Saxons, Childeric, puis transporté et soigné par la fée Morgane dans l'île d'Avallon ; il pourrait un jour en revenir pour reprendre le commandement des Bretons et chasser l'envahisseur. Au XIIe siècle, « l'espoir breton » — selon le mot de Paul Zumthor — est également attesté dans les couches inférieures des populations d'origine celtique de Grande-Bretagne[1]. Hermann de Tournai rapporte après 1135 comment des Bretons de Domnonée et des missionnaires français venus de Laon échangèrent des coups en 1113, parce que les premiers affirmaient qu'Arthur était toujours en vie, ce que contestaient les seconds[2]. Contrairement au tombeau de Gauvain, « le tombeau d'Arthur ne se voit nulle part, et c'est pourquoi de *vieilles fables* racontent qu'il reviendra », écrit vers 1125 Guillaume de Malmesbury[3]. Contre ces traditions, Geoffroy de Monmouth réagit dans l'*Historia Regum Britaniae* (1136-1138), puis dans la *Vita Merlini* (vers 1148) d'une part, en affirmant qu'Arthur est bien mort à Avallon, d'autre part en cherchant à donner un contenu clérical et chrétien à « l'espoir breton » : ce n'est pas Arthur qui, un jour peut-être, reviendra prendre la tête des Bretons, mais saint Cadwalladr et saint Conan de retour de leur exil armoricain[4]. L'oblitération

1. P. ZUMTHOR, *Merlin le Prophète. Un thème de la littérature polémique, de l'historiographie et des romans*, Lausanne, 1943, rééd. Genève, Slatkine Reprints, 1973, p. 22.

2. E. FARAL, *La Légende arthurienne. Études et documents*, Paris, 1929, I, pp. 235-238.

3. *Ibid.*, I, pp. 246-248.

4. *Ibid.*, II, pp. 371-372.

de la légende de la survie d'Arthur alla plus loin encore sous les Plantagenêts, en même temps que s'accentuait la pression militaire sur le pays de Galles, qui allait aboutir à sa soumission définitive au XIIIe siècle. La menace que le roi Arthur, toujours vivant, aurait fait peser sur le nouveau roi Henri II est encore décrite explicitement vers 1168 par Étienne de Rouen, qui cite la correspondance fictive de l'ancien et du nouveau roi : Henri II aurait finalement accepté de se soumettre à Arthur[1]. Mais en 1191, à l'instigation directe du roi Henri II (selon le témoignage de Giraud de Cambrie), on prétendit avoir découvert enfin le tombeau d'Arthur dans l'abbaye de Glastonburry — identifiée comme étant Avallon à grand renfort d'étymologies hasardeuses[2]. Ainsi devait être ruinée définitivement tout espoir en la survie d'Arthur[3], tandis que s'amorçait un long processus d'appropriation par la royauté anglaise de la symbolique arthurienne. Dès cette époque, le prénom d'Arthur fut donné à un petit-fils du roi[4].

Certes, Herla n'est pas Arthur. Mais les deux rois légendaires des Bretons avaient en commun d'avoir disparu dans des conditions fabuleuses assez comparables. Ils ne tardèrent pas d'ailleurs à être assimilés l'un à l'autre : quelques années à peine après Walter Map, vers 1211, Gervais de Tilbury affirme, sur la foi de récits locaux recueillis en Sicile *(indigenae narrant)*, qu'Arthur *demeure* dans une cour splendide au centre de l'Etna, volcan identifié par d'autres auteurs, à la même époque, comme étant le purgatoire. Or, ce récit lui rappelle les traditions orales de « Grande et de Petite Bretagne [l'Armorique] » concernant les apparitions de la Chasse sauvage « un jour sur deux à midi ou au crépuscule, à la pleine lune », qu'il appelle la « *familia*

1. ÉTIENNE DE ROUEN, *Draco Normannicus*, éd. R. HOWLETT, Londres, 1885, pp. 105-117.

2. E. FARAL, *op. cit.*, II, pp. 436-451.

3. En réalité, la croyance au retour d'Arthur n'est pas dissipée au XIIIe siècle ; voir les témoignages rassemblés par J. LOTH, « À propos du roi Arthur », *Annales de Bretagne*, 9, 1893-94, pp. 632-633, et par A. GRAF, « Artù nel Etna », in *Miti, Leggende, e Superstizioni nel Medio Evo*, t. II, rééd. New York, 1971, pp. 303-359.

4. B. GUENÉE, *L'Occident aux XIVe-XVe siècles. Les États*, Paris, P.U.F., 1971, p. 129.

Arturi[1] ». La localisation et la stabilisation du purgatoire n'ont donc pas empêché complètement la poursuite de l'errance collective des morts, sous la conduite du même héros, Arthur, assimilé à Hellequin ou Herla. Au XIIIe siècle, les deux traditions achèvent même de se confondre dans un *exemplum* d'Étienne de Bourbon, qui évoque à propos d'une même *montagne*, le mont Chat, dans le Jura, la demeure stable et merveilleuse du roi Arthur (*dans* la montagne) et la Chasse sauvage (*autour* de la montagne). De manière significative, cette troupe errante est appelée « *familia Allequini vulgariter vel Arturi*[2] ». Mais ce récit porte aussi la marque d'une autre évolution : la diabolisation de la mesnie Hellequin. Étienne de Bourbon explique en effet que cette troupe est constituée de démons qui ont pris l'apparence des chasseurs fantastiques. À partir du moment où ils cherchaient à imposer la croyance au purgatoire, les clercs ont vu dans la diabolisation de la Chasse sauvage le meilleur moyen de la rejeter ; et la tradition d'abord distincte de la légende d'Arthur a subi dans cette culture ecclésiastique la même évolution.

La culture ecclésiastique du XIIIe siècle a fait subir aux traditions folkloriques que Walter Map évoque à la fin du XIIe siècle (mais sans porter sur elle de jugement de valeur) deux évolutions simultanées, mais symétriquement opposées : l'une positive, qui assimile le voyage dans l'au-delà à un voyage au paradis (c'est l'évolution du « conte type » 470), l'autre, négative, qui fait de la mesnie Hellequin une troupe de démons. Entre ces deux solutions — paradisiaque et infernale —, une troisième solution s'est cherchée dans la première moitié du XIIIe siècle, en même temps que se diffusait la croyance en un troisième lieu, intermédiaire, de l'au-delà, le purgatoire. Elle consistait à associer à ce lieu la mesnie Hellequin identifiée traditionnellement par les clercs depuis le XIe-XIIe siècle à une troupe d'âmes en peine. Mais cette « greffe » n'a pas réussi, du moins dans les croyances officielles, tant était forte pour l'Église la nécessité de *fixer* et *d'enfermer* les revenants dans un lieu précis et de contrôler leurs sorties, surtout quand elles

1. GERVAIS DE TILBURY, *Otia imperialia*, éd. Leibniz, *Scriptores Rerum Brunsvicensium*, I, Hanovre, 1707, p. 921.

2. A. LECOY DE LA MARCHE, *Anecdotes historiques, légendes et apologues... d'Étienne de Bourbon*, Paris, 1877, p. 321.

étaient collectives. Après un effort d'assimilation par l'Église, la Chasse sauvage a été définitivement rejetée dans les croyances folkloriques. Elle s'y trouve toujours.

Si la logique de l'idéologie ecclésiastique imposait la « moralisation » et surtout la diabolisation des traditions folkloriques, il en allait autrement de la logique de l'idéologie monarchique défendue par Walter Map. L'une et l'autre concouraient au maintien de la structure sociale. Elles n'étaient pas, au fond, contradictoires, et d'ailleurs Walter Map était lui-même un clerc. Mais elles usaient de moyens spécifiques.

Dans le récit de Walter Map, l'absence consciente, presque totale, de toute référence à la morale et aux croyances de l'Église, montre que l'auteur cherchait avant tout, face aux *curiales* et plus encore peut-être face aux Gallois, à ancrer la légitimité du roi angevin dans l'histoire bretonne, tout en privant celle-ci de sa charge subversive : il n'y a plus de place dans cette histoire pour « l'espoir des Bretons ». La disparition d'Herla en 1155 y a la même fonction politique que la découverte du squelette d'Arthur en 1191.

Le motif de la disparition définitive de la *familia Herlethingi* en 1155 n'a pas été inventé par Walter Map, qui l'a recueilli de traditions orales. Mais l'introduisant dans son récit, il lui a donné un sens particulier, idéologique, sur lequel il insiste en le répétant par deux fois. Le peuple belliqueux des Gallois qu'il décrit, à la manière de Giraud de Cambrie, usant d'armes sauvages — arcs et javelots —, par opposition aux épées et aux lances des chevaliers[1], doit convenir que son roi légendaire a disparu à jamais près de la Wye, à la limite d'un pays trop longtemps rebelle, comme pour en abolir la frontière.

Selon un procédé familier à la cour des Plantagenêts[2], le message politique se cache dans l'utilisation des traditions fol-

1. Le *topos* du guerrier gallois anti-chevalier se retrouve dans la littérature romane. Cf. P. Le Rider, *Le Chevalier dans le conte du graal de Chrétien de Troyes*, Paris, SEDES, 1978, p. 147 et suiv.

2. Selon Giraud de Cambrie, les Plantagenêts prétendaient descendre d'une femme-démon, avatar de Mélusine. Richard Cœur de Lion tira gloire de cette légende familiale déjà attestée à propos de Foulques Nera. Philippe-Auguste en tira prétexte pour attaquer les Plantagenêts, ces « enfants de la démone ». Cf. Bradford B. Broughton, *The Legends of King Richard I Cœur de Lion. A*

kloriques ; mais celles-ci sont détournées de leur sens originel ; elles sont retournées contre leurs détenteurs légitimes, les Gallois ; elles changent même de sens, puisque au mépris du pacte « éternel » dont fait état le conte, l'idéologie royale exige que l'errance d'Herla s'achève à l'avènement d'Henri II. La légende d'Herla ne fut pas la seule à être utilisée pour légitimer la montée sur le trône d'Henri II : au XIe siècle, Goscelin de Saint-Bertin rapporta le rêve d'Édouard le Confesseur ; le roi avait rêvé d'un arbre vert coupé, qui lui était apparu comme le présage d'un temps de misères et de détresses ; ces calamités ne devaient cesser que lorsque les racines et le tronc se rejoindraient de nouveau. Goscelin n'avait pas su interpréter ce rêve, « vision de quelque chose d'impossible ». Mais cent ans plus tard, au contraire, Aelred de Rielvaulx pensait en saisir le sens : le mariage d'Henri Ier et de Maud, fille de Marguerite d'Écosse, descendante de la vieille maison de Wessex, a permis à l'arbre abattu de rejoindre ses racines, réunion qui s'est accomplie et a assuré le rétablissement de la paix à l'avènement de leur petit-fils Henri II Plantagenêt[1].

Tel qu'il est rapporté par Walter Map, le récit d'Herla est lui aussi tout entier politique, il n'exige aucune « moralisation » (positive ou négative) du folklore, comme c'est le cas lorsque la culture ecclésiastique s'empare de celui-ci pour le soumettre à ses impératifs. La manipulation idéologique mise ici au service du roi, et non de l'Église, n'en est pas moins sensible, même si elle use de moyens différents.

Study of Sources and Variations to the Year 1600, La Haye et Paris, Mouton, 1966 ; J. LE GOFF, T. FAHD, M. RODINSON, *L'Étrange et le Merveilleux dans l'Islam médiéval*, Paris, Éditions J.A., 1978, p. 72. Dans le cas du récit d'Herla, on peut se demander — pure hypothèse que rien ne permet de confirmer — si le « cadeau empoisonné » que le nain fait au roi en le mariant à la fille du roi des Francs n'est pas une allusion au mariage d'Henri II, en 1152, avec non la fille, mais l'ex-femme du *rex Francorum* Louis VII : Aliénor d'Aquitaine. Celle-ci est en effet honnie par Walter Map, qui l'accuse d'avoir « jeté sur le roi des yeux incestueux » ; elle avait, dit-il, couché d'abord avec le père d'Henri II, Geoffroy Plantagenêt, dans le lit même de son premier mari, Louis VII… (éd. citée de M.R. JAMES, p. 237).

1. C.J. HOLDSWORTH, *Visions and visionaries in the Middle Ages*, *History*, XLVIII, 163, 1963, p. 151.

*

Pour Walter Map, le récit est l'instrument d'une manipulation idéologique qui concerne avant tout le temps. Son argument est politique et, pour le défendre, il se réfère à l'histoire ; dans le passé, il cherche des précédents. Le *temps linéaire de l'histoire*, mesuré par la succession des peuples et des rois, scandé par les dates politiques, est l'axe fondamental de sa pensée.

Dans ce temps de l'histoire, il intègre *le temps du folklore*. Au temps de l'histoire savante, le temps du folklore s'oppose par son caractère qualitatif et réversible : la durée d'un an qui sépare les noces d'Herla de celle du nain ne donne pas la mesure objective et irréversible du temps, elle est plutôt la figure de l'éternité et du retour annuel de la mémoire sur elle-même. Mieux encore, l'écoulement merveilleux du temps au royaume des nains s'oppose aux deux cents ans écoulés depuis l'invasion saxonne.

Tout en utilisant le temps du folklore, Walter Map se le soumet, le contrôle. Cela apparaît bien dans l'emboîtement subtil du présent de la fable et du passé de l'histoire : ainsi le vieux berger, personnage du récit légendaire, a-t-il pour fonction de révéler à Herla les événements historiques qui se sont produits en son absence, c'est-à-dire en dehors de la légende. Or, si l'on considère que cette *fabula* appartient au folklore gallois, l'enjeu politique de sa récupération est évident au moment où la monarchie anglaise accroît sur le pays de Galles sa pression militaire. La violence symbolique accompagne et légitime celle des armes.

Non moins efficacement, Walter Map maîtrise le *temps de l'Église*, mais cette fois en l'écartant du récit. C'est pourtant le temps de l'Église qui domine alors la société féodale. Mais dans ce récit, il n'est question ni de fêtes liturgiques, ni d'heures canoniales, ni d'eschatologie chrétienne. Pour ce clerc, il ne peut s'agir que d'un choix conscient : d'un côté il puise dans le folklore, de l'autre il cite Ovide et Pline, mais jamais il ne mentionne — du moins à propos du récit lui-même — une seule *auctoritas* chrétienne ; et c'est le plus diabolique des personnages du récit qui prononce le nom de Dieu, pour dire justement que lui-même n'est pas le diable... La raison de ce choix de Walter Map ne réside pas dans une hostilité de principe à l'Église (encore que Map n'ait pas ménagé ses critiques à l'égard de certaines institutions ecclésiastiques, tel l'ordre cistercien et celui des Templiers) ; elle procède plutôt, face aux Gallois encore insoumis, face aux Bretons d'Angleterre, face aux *curiales* même, du désir de légitimer le nouveau roi par une conciliation habile de la légende galloise et de l'histoire anglaise, en le présentant à la fois comme le successeur du « roi des très anciens Bretons », Herla, et comme celui qui le premier et par la seule vertu de son avènement, a pu mettre un terme aux apparitions inquiétantes de ce revenant. Conséquences d'un pacte qualifié d'« éternel », ces apparitions auraient dû se reproduire à perpétuité. Grâce à l'avènement d'Henri II, elles n'auront eu qu'un temps. En vérité, quel pouvoir plus grand Walter Map pouvait-il rêver de donner au roi que le pouvoir sur le temps ?

ANNEXE

WALTER MAP, *De Nugis Curialium*, Dist. I, cap. XI, « De Herla rege »

Unam tamen et solam huic nostre curie similem fuisse fabule dederunt, que dicunt Herlam regem antiquissimorum Britonum positum ad racionem ab altero rege, qui pigmeus videbatur modicitate staturae, que non excedebat simiam. Institit homuncio capro maximo secundum fabulam insidens, vir qualis describi posset Pan, ardenti facie, capite maximo, barba rubente prolixa, pectus contingenteque, nebride preclarum stellata, cui venter hispidus, et crura pedes in caprinos degenerabant. Herla solus cum solo loquebatur. Ait pigmeus, « Ego rex multorum regum et principum, innumerabilis et infiniti populi, missus ab eis ad te libens venio, tibi quidem ignotus, sed de fama que te super alios reges extulit exultans, quoniam et optimus es et loco mihi proximus et sanguine, dignusque qui nupcias tuas me conuiua gloriose uenustes, cum tibi Francorum rex filiam suam dederit, quod quidem te nesciente disponitur, et ecce legati veniunt hodie. Sitque fedus eternum inter nos, quod tuis primum intersim nupciis, et tu meis consimili die post annum. » His dictis ei tygride uelocius et terga uertit et se rapuit ab oculis eius. Rex igitur inde cum admiracione rediens, legatos suscepit, precesque acceptauit. Quo residente solempniter ad nupcias, ecce pigmeus ante prima fercula, cum tanta multitudine sibi consimilium quod mensis repletis plures foris quam intus discumberent in papilionibus pigmei propriis in momento protensis ; prosiliunt ab eisdem ministri cum vasis ex lapidibus preciosis et integris et artificio non imitabili conpactis, regiam et papiliones implent aurea uel lapidea suppellectile, nichil in argento uel ligno propinant uel apponunt ; ubicunque desiderantur assunt, et non de regio uel alieno ministrant, totum de proprio effundunt, et de secum allatis omnium excedunt preces et uota. Salua sunt Herle que preparauerat ; sui sedent in ocio ministri, qui nec petuntur nec tribuunt. Circumeunt pigmei, graciam ab omnibus consecuti, preciositate uestium gemmarumque quasi luminaria pre ceteris accensi, nemini verbo uel opere uel presencia uel absencia tediosi. Rex igitur eorum in mediis ministrorum suorum occupacionibus Herlam regem alloquitur sic : « Rex optime, Domino teste, vobis assum iuxta pactum nostrum in nupciis vestris ; si quid autem diffinicionis vestre potest amplius a me peti quam quod cernitis, acurate supplebo libens ; si non, uicem honoris inpensi cum repetam non differas. » His dictis, responso non expectato, se subitus inde papilioni suo reddit, et circa gallicinium cum suis abscessit.

Post annum autem coram Herla subitus expetit ut sibi paccio seruetur. Annuit ille, prouisusque satis ad repensam talionis, quo ductus est sequitur. Cauernam igitur altissime rupis ingrediuntur, et post aliquantas tenebras in lumine, quod non uidebatur solis aut lune sed lampadarum multarum, ad domos pigmei transeunt, mansionem quidem honestam per omnia qualem Naso regiam describit solis. Celebratis igitur ibi nupciis, et talione pigmeo decenter inpenso, licencia data recedit Herla muneribus onustus et xenniis equorum, canum, accipitrum, et omnium que uenatui uel aucupio prestanciora videntur. Conducit eos ad tenebras usque pigmeus, et canem modicum sanguinarium portatilem presentat, omnibus modis interdicens ne quis de toto comitatu suo descendat usquam donec ille canis a portatore suo prosiliat, dictaque salute repatriat. Herla post modicum in lumine solis et regno receptus veteranum pastorem alloquitur, petens de regina sua rumores ex nomine, quem pastor cum admiracione respiciens ait : « Domine, linguam tuam uix intelligo, cum sim Saxo, tu Brito : nomen autem illius non audiui regine, nisi quod aiunt hoc nomine dudum dictam reginam antiquissimorum Britonum que fuit uxor Herle regis, qui fabulose dicitur cum pigmeo quodam ad hanc rupem disparuisse, nusquam autem postea super terram apparuisse. Saxones vero iam ducentis annis hoc regnum possederunt, expulsis incolis. » Stupefactus ergo rex, qui per solum triduum moram fecisse putabat, vix hesit equo. Quidam autem ex sociis suis ante canis descensum immemores mandatorum pigmei descenderunt, et in puluerem statim resoluti sunt. Rex vero racionem eius intelligens resolucionis, prohibuit sub interminacione mortis consimilis ne quis ante canis descensum terram contingeret. Canis autem nondum descendit.

Unde fabula dat illum Herlam regem errore semper infinito circuitus cum exercitu suo tenere vesanos sine quiete uel residencia. Multi frequenter illum, ut autumant, exercitum uiderunt. Ultimo tamen, ut aiunt, anno primo coronacionis nostri regis Henrici cessauit regnum nostrum celebriter ut ante visitare. Tunc autem visus fuit a multis Wallensibus immergi iuxta Waiam Herefordie flumen. Quieuit autem ab illa hora fantasticus ille circuitus, tanquam nobis suos tradiderint errores, ad quietem sibi. Sed si uelis attendere quam plorandus fiat, non solum in nostra sed in omnibus fere potentum curiis, silencium mihi libencius et certe iustius indicere placebit. Libetne nuper actis aurem dare parumper ?

Dist. IV, cap. XIII (Extraits)

In Britania minori uise sunt prede nocturne militesque ducentes eas cum silencio semper transeuntes, ex quibus Britones frequenter excusserunt equos et animalia, et eis usi sunt, quidam sibi ad mortem, quidam indempniter.

Cetus eciam et phalanges noctiuage quas Herlethingi dicebant famose satis in Anglia usque ad Henrici secundi, domini scilicet nostri, tempora regis comparuerunt, exercitus erroris infiniti, insani circuitus, et attoniti silencii, in quo viui multi apparuerunt quos decessisse nouerant. He huius Herlethingi visa est ultimo familia in marchia Walliarum et Herefordie anno primo regni Henrici secundi, circa meridiem, eo modo quo nos erramus cum bigis et summariis, cum clitellis et panariolis, auibus et canibus, concurrentibus viris et mulieribus. Qui tunc primi uiderunt tibiis et clamoribus totam in eos viciniam concitauerunt, et ut illius est mos vigilantissime gentis statim omnibus armis instructi multa manus aduenit, et quia uerbum ab eis extorquere non potuerunt uerbis, telis adigere responsa parabant. Illi autem eleuati sursum in aera subito disparuerunt.

Ab illa die nusquam visa est illa milicia, tanquam nobis insipientibus illi suos tradiderint errores, quibus uestes atterimus, regna usatamus, corpora nostra et iumentorum frangimus, egris animabus querere medelam non vacamus ; nulla nobis utilitas accedit inempta, nichil ersolumenti prouenit, si dampna pensentur, nichil dispensanter agimus, nichil vacant<er> ; vana nobis infructuosa<que> adeo properacione deferimur insani ; et cum semper in abscondito secrecius nostri colloquantur principes, seratis et obseruatis aditibus, nichil in nobis consilio fit. Furia invehimur et impetu ; presencia necligenter et insulse curamus, futura casui committimus ; et quia scienter et prudenter in nostrum semper tendimus interitum, uagi et palantes, pauidi pre ceteris hominum exterminati sumus et tristes. Inter alios queri solet que causa doloris, quia raro dolent ; inter nos <que> causa leticie, quia raro gaudemus. Doloris aliquando leuamen habemus, leticiam nescimus ; subleuamur solacio, gaudio non beamur. Ascendit autem in nobis cum diuiciis meror, quia quanto quis maior est, tanto maiori quassatur sue voluntatis assultu, et in predam aliorum diripitur.

In hac ego miserabili et curiosa languesco curia, meis abrenuncians voluntatibus, ut placeam aliis. Cum enim paucissimi iuuare possint, quiuis nocere potest ; nisi placatam habuero solus uniuersitatem, nichil sum ; si virtuosum precessero ut fiam inuidiosus, clam detrahent, et defensores meos deceptos apparencia dicunt. Simplicem fatuum iudicant, pacificum desidem, tacitum nequam, bene loquentem mimum, benignum adulatorem, nichilum sollicitum cupidum, [...] pestilentem, pium remissum, divitem avarum, orantem hipocritam, non orantem publicanum. Necesse habent ad hos succincti tumultus, ut uirtutibus supressis armentur viciis ; utriusque locum caute distinguant, ut bonis iusti uideantur, malis pessimi. Consilium autem salubre nemo ambigit, ut semper in occulto colatur Trinitas, et in cordis archana puritate sincera deuocio celebretur, quatinus interius solempnitate seruata decenter et caste defensa, quocunque modo saccum concidi permittat Dominus, non permutent extrinseci casus interiorem hominem, nec transeuncium perturbent accidencia residenciam anime substancialem in Domino.

Hoc de nostra velim manifestari curia, quia nondum audita est ei similis preterita uel timetur futura. Cupio eciam ut postera recordetur huius malicie milicia, sciantque tollerabilia perpeti, a nobis intoleranciam passis edocti. Surgite igitur, eamus hinc, quia inter eius operas cui abrenunciauimus in baptismo Deum placare uel ei placere non vacamus ; hic enim omnis homo uel uxorem ducit uel iuga boum probat. Quas excusaciones quomodo Salius vitauerit, audite.

XVI

DE L'ATTENTE
À L'ERRANCE

Genèse médiévale de la légende du Juif Errant

Il y a trois manières, au moins, d'entendre les relations entre récit et mémoire.

Un récit est un acte de communication. Non seulement il transmet un donné, mais il est lui-même transmis. Ce faisant, il porte inscrite en lui la mémoire de sa transmission. Ce qu'on nomme la tradition (orale ou écrite) produit une stratification de marques d'énonciation et de réception, d'appropriation et d'adaptation, de transformations. À travers les marques linguistiques, mais aussi sociales (d'un individu, d'une famille, d'un lieu), par la transmission et la transformation de ses motifs, le récit garde la mémoire de sa propre histoire.

Souvent, un récit raconte un fait passé, une histoire. En ce sens aussi, il est un acte de mémoire. Par exemple, le récit historique est l'expression savante de la relation entre récit et mémoire, qui peut prendre bien d'autres formes, moins nobles peut-être, mais pas toujours, moins élaborées : contes et légendes, anecdotes et souvenirs personnels, récits édifiants du type de l'*exemplum*, etc.

Enfin, le récit peut avoir pour thème la mémoire elle-même. En Grèce ancienne, les trois muses qui inspirent l'aède et font que son récit semble la réalité même sont filles

---

Communication présentée le 26 mai 2000 au colloque international organisé au Collège de France par Nicole Belmont et Danielle Bohler sur « La mémoire du récit ».

de Zeus et de Mnémosynè, la déesse de la mémoire. Cette filiation mythique illustre l'idéal d'un récit qui paraît abolir le temps écoulé entre le passé héroïque que chante l'aède et le présent de sa performance. Il n'y a pas dans le christianisme — qui ne connaît qu'un Dieu — de mythe de la mémoire personnifiée. Mais, à sa manière, la lecture quotidienne de l'Écriture actualise elle aussi l'événement de l'Incarnation et de la passion du Christ, en fait un événement toujours présent, ici et maintenant. Le rite central de l'eucharistie reproduit à l'identique les gestes et les paroles de la Cène, suivant les instructions du Christ lui-même : « Faites ceci *en mémoire de moi.* » Toute la culture chrétienne est fondée sur cette tension entre, d'une part, la conscience du fossé temporel qui ne cesse de se creuser entre le présent et l'événement *passé* de la vie du Christ, dont le récit des Évangiles garde la mémoire, et, d'autre part, la volonté d'abolir cette distance et de rendre de nouveau présent le temps fondateur des origines. La croyance en la Présence réelle, devenue dogme au concile du Latran IV de 1215, est la meilleure illustration de cette volonté d'actualisation, où la mémoire du récit évangélique s'abolit dans son objet rendu présent et visible par tous. La recherche effrénée des reliques de la Passion — avant tout le bois de la Vraie Croix — procède du même désir. La légende du Juif Errant, acteur et témoin *hic et nunc* — puisqu'il est condamné à ne pas mourir — des tourments qu'il a contribué à infliger au Christ, en est une autre illustration.

LES VERSIONS MÉDIÉVALES DU RÉCIT

La forme aboutie de ce récit est donnée pour la première fois dans un livre de colportage allemand *(Volksbuch)* paru à Leipzig en 1602 sous le titre *Kurtze Beschreibung und Erzehlung von einem Juden mit Namen Ahasverus*, souvent réédité sous des titres variables, rapidement traduit dans d'autres langues, dont le français dès 1609[1]. Cet ouvrage anonyme prétend citer le témoignage de l'évêque réformé du Schleswig Paulus von Eitzen, affirmant que dans sa jeunesse, en 1547, il avait vu à Hambourg un cordonnier juif nommé Ahasverus qui affirmait avoir assisté à la crucifixion du Christ. Comme ce dernier montait au calvaire, il avait demandé au cordonnier de pouvoir se reposer un instant dans sa maison. Le cordonnier l'ayant repoussé brutalement, Jésus le regarda fixement et lui dit : « Je m'arrêterai et je me reposerai, mais toi tu marcheras jusqu'au Jugement dernier. » À ces mots, Ahasverus quitta sa famille et sa maison, assista à la mort du Christ, puis commença une errance sans fin, apparaissant à l'improviste dans de nombreux pays, frappant chacun par sa sagesse, sa connaissance universelle des langues et ses tristes soupirs à l'évocation du nom de Jésus. Dès 1640, la « Complainte » du Juif Errant — en particulier, sous la forme de la *Complainte brabançonne* — rencontre un vif succès, qui se poursuit jusqu'au XIXe siècle : une version le nomme Isaac Laquedem (du nom hébreu *kedem*, Orient). Récits et complaintes insistent sur l'errance éternelle et ajoutent des détails, au sujet, par exemple, des cinq sous qui sont tout son bien, qui jamais ne diminue ni ne grossit. L'imagerie populaire et les estampes contribuent au renom du Juif Errant, qui figure — sous le numéro Q 502.1 : *The Wandering Jew* — au catalogue des motifs de la littérature populaire, dont il constitue le « type » 777 : *The Wandering Jew. Ceaseless wandering with inability to die, as punishment for blasphemy*[2]. Dans les pages suivantes, je me référerai à la légende en parlant

1. Edgar KNECHT, *Le Mythe du Juif errant. Essai de mythologie littéraire et de sociologie religieuse*, Grenoble, Presses universitaires de Grenoble, 1977, p. 27 sq. ; Gaël MILIN, *Le Cordonnier de Jérusalem. La véritable histoire du Juif Errant*, Préface d'Hervé Martin, Rennes, Presses universitaires de Rennes, 1997, p. 65.

2. Stith THOMPSON, *Motif-Index of Folk-Literature. A Classification of Narrative Elements in Folk-Tales, Ballads, Myths, Fables, Medieval Romances Exempla, Fashiaux, Jest-Books and Local Legends*, Helsinki, 1932-1936, 6 vol. (F.F.C. n°s 106-109, 116, 117), Q 502-1 ; Antti AARNE et Stith THOMPSON, *The Types of the Folk-Tales. A Classification and Bibliography*, Helsinki, 1928 (F.F.C., n° 74), T. 777.

du Juif Errant, mais indépendamment du statut (est-il toujours un Juif ?) et du nom du personnage.

Il ne fait aucun doute que l'auteur anonyme de 1602, vraisemblablement luthérien, a composé son récit en utilisant des sources médiévales rendues accessibles par l'imprimerie. La dépendance à l'égard de la chronique anglaise du XIIIe siècle de Matthieu Paris, imprimée à Londres en 1571 et de nouveau à Zurich en 1586, est particulièrement frappante. Tout un ensemble de sources, les unes indirectes et très générales, les autres directes et beaucoup plus précises, ont contribué à la genèse de la légende, et celle-ci garde, dans ses multiples variantes, la *mémoire* de ces filiations complexes. Dans son étude pionnière sur la légende du Juif Errant, Gaston Paris[1] insistait avec raison sur le rôle de la Bible en amont de la légende apocryphe. Plusieurs personnages y sont voués à une existence qui ne doit jamais prendre fin. La privation de mort désigne alors et plus tard encore au Moyen Âge des personnages qui sont réputés échapper à l'humanité ordinaire, puisque c'est justement le propre de l'homme de savoir qu'il doit mourir. Dans le prolongement de ces traditions et en parallèle avec elles, il faut mentionner aussi le sort des saints du christianisme dont le cadavre échappe à l'imputrescibilité. Dans tous les cas, ne pas mourir, ne pas pourrir, c'est se retrancher du commun des hommes.

Les sources scripturaires paraissent accorder, non sans ambiguïté, une certaine attention à la possibilité d'une immortalité terrestre. Selon l'Évangile de Jean (XXI, 23), Jésus aurait dit à saint Pierre qu'il lui plairait que son « disciple bien-aimé » « demeure jusqu'à ce que je vienne » et les disciples en auraient conclu à tort que Jean ne mourrait pas. Jésus déclara solennellement à ses disciples : « Il en est d'ici présents qui ne goûteront pas la mort avant d'avoir vu le Fils de l'Homme venant avec son royaume » (Mtt, XVI, 27-28 ; Lc, IX, 27 ; Mc, IX, 1). Si la privation de la mort et l'attente de la parousie semblent ici rétribuer les justes, comme c'est aussi le cas dans maints apo-

1. Gaston PARIS, « Le Juif Errant. Première étude, 1880 », reprise dans *Légendes du Moyen Âge*, Paris, 1908, pp. 149-186, ici p. 165.

cryphes (à propos notamment de la survie d'Élie et Énoch)[1], ailleurs la privation de la mort et l'errance éternelle sont les effets d'une malédiction (Ps. CIX (CVIII), 10)[2], dont le prototype est le châtiment qui frappe Caïn le fratricide : « Tu seras un errant parcourant la terre » (Gen., IV, 12), lui déclare Yahvé[3]. L'Apocalypse de Jean annonce aussi que lorsque le cinquième ange sonnera de la trompette et libérera des scorpions et des sauterelles, ceux-ci auront ordre de ne pas tuer les mauvais, mais de les torturer pendant cinq mois : « En ces jours-là, les hommes chercheront la mort et ne la trouveront pas. Ils souhaiteront mourir et la mort les fuira » (IX, 6).

Un autre personnage dont les traits se confondent parfois avec ceux du Juif Errant est Malchus. Dans cette unique figure de légende se concentrent deux personnages différents mentionnés par l'Évangile de Jean lors de l'arrestation de Jésus : « un serviteur qui s'appelait Malchus » (XVIII, 1-10), à qui Pierre trancha l'oreille que Jésus guérit aussitôt, et un « garde de Pilate », qui n'est pas nommé. Il « souffleta Jésus en lui disant : c'est ainsi que tu réponds au grand prêtre ? » (Jn, XVIII, 20-22). La réunion du serviteur et du garde en un seul personnage, le Malchus de la légende, rendit le crime de celui-ci d'autant plus ignoble qu'il aurait frappé le Christ *après* avoir été guéri par lui. Même s'il n'y porte pas son nom, la plus ancienne mention de son châtiment sans fin est due au moine Jean Moschos,

1. Cette légende, partagée par les trois grandes religions du Livre, mériterait une étude collective d'histoire comparée. Genèse (V, 24) dit qu'Énoch fut ravi par Dieu quand il atteignit l'âge confortable de trois cent soixante-cinq ans. II Samuel (II, 11) décrit l'ascension du char céleste d'Élie. Ensemble, Énoch et Élie sont assimilés par la tradition aux « deux témoins » d'Apocalypse (XI, 7) que l'Antéchrist fait tuer et dont il fait exposer les cadavres pendant trois jours sur la place de Sodome. La durée symbolique de trois cent soixante-cinq ans — une année d'années, c'est presque l'éternité ! — et le prestige du *Livre d'Énoch* ont-ils favorisé l'idée qu'Énoch et Élie survivent au paradis terrestre ?

2. « Qu'ils errent et qu'ils errent, ses fils / Qu'ils mendient et qu'on les chasse de leurs ruines. » Dans son mémoire, présenté le 27 juin 2000 pour l'obtention du diplôme de l'E.P.H.E. (Section des sciences religieuses), Jeanne Raynaud a bien montré la place de ce psaume dans tous les commentaires sur Judas. Une constellation se dessine aisément : Judas-le Juif Errant-le peuple juif.

3. Ruth MELLINKOFF, « Cain and the Jews », *Journal of Jewish Art*, IX, 1982, pp. 16-38.

né à Damas entre 540 et 550 et mort à Rome vers 619-634. Au chapitre XXX du *Pré spirituel*, il rappelle sa visite au monastère de Tadé à Chypre[1]. Il y trouva le moine Isidore de Mélitène, qui ne cessait de se lamenter sur son énorme péché : alors qu'il était encore sectateur de Sévère, il avait forcé sa femme à régurgiter la sainte hostie pour aussitôt la fouler aux pieds dans la boue. Deux jours plus tard, un Éthiopien vêtu de haillons se présente à lui en lui disant : « Toi et moi nous avons été condamnés au même supplice. Je suis celui qui a frappé sur la joue le créateur de l'univers, Notre Seigneur Jésus-Christ, au temps de sa passion. » En fait, l'Éthiopien, figure traditionnelle du diable, pourrait faire penser plutôt à l'apparition d'une âme damnée qu'à un homme dont le châtiment terrestre consiste à ne jamais mourir. La figure de Malchus (ou Marcus) ne se répand ensuite qu'à partir du XIIe siècle — dans *Fierabras* il est aussi affligé à jamais de la lèpre[2]. À tout prendre, c'est un personnage bien différent du Juif Errant : un réprouvé, comme Judas, non un témoin.

Même si les figures légendaires de la tradition judéo-chrétienne autorisée ou apocryphe qui se profilent plus ou moins nettement derrière le personnage du Juif Errant ne manquent pas, il reste que les plus anciennes mentions explicites de cette légende ne remontent pas plus haut que le premier tiers du XIIIe siècle. Elles sont remarquablement concentrées dans le temps.

En 1223, une chronique cistercienne italienne anonyme *(Ignoti Monachi Cisterciensis Santae Mariae de Ferrari Chronica)*[3] note que des pèlerins venus de Terre sainte ont déclaré avoir vu en « Arménie » un juif, lequel n'est pas nommé, qui leur aurait déclaré qu'il avait frappé le Christ lors de la Passion.

1. Jean MOSCHOS, *Le Pré spirituel*, éd. M.-J. ROUET DE JOURNEL, Paris, Cerf, 1946, pp. 70-71.

2. *Fierabras, Chanson de geste*, Publié pour la première fois d'après les manuscrits de Paris, de Rome et de Londres, par A. KROEBNER et G. SERVOIS, Paris, 1860 (Les Anciens Poètes de la France), p. 37 : « Dix, tu garis Marcus, ki tout estoit liéprés. »

3. Cette version, la plus anciennement attestée, était restée inconnue de Gaston Paris, bien qu'elle fût publiée à Naples en 1888 par A. Gaudenzi. Voir G. MILIN, *Le Cordonnier de Jérusalem, op. cit.*, p. 18.

Jésus lui aurait dit : « Moi, je vais, et toi tu m'attendras jusqu'à ce que je revienne. » De fait, il ne peut mourir : chaque fois qu'il atteint l'âge de cent ans, il recouvre l'âge de trente ans qu'il avait au moment de la Passion.

En 1228 — pas plus de cinq ans plus tard —, le chroniqueur bénédictin anglais Roger de Wendover, moine à Saint Albans, raconte qu'un archevêque arménien rendit visite à son abbaye lors d'un pèlerinage en Angleterre[1]. Par le truchement de son interprète, un chevalier parlant français, les moines l'ont interrogé, entre autres, sur « ce Joseph dont les hommes parlent tellement », qui fut présent à la mort du Christ et dont la survie jusqu'à aujourd'hui est « une preuve de l'authenticité de la foi chrétienne ». L'archevêque affirme qu'il l'a eu à sa table avant de quitter l'Arménie et qu'il lui a raconté comment, ancien portier du prétoire de Pilate, sous le nom de Cartaphilus, il avait frappé Jésus dans le dos en lui disant : « Va plus vite, Jésus, va, que tardes-tu ? » À quoi Jésus lui aurait répondu : « Moi, je vais, et toi tu attendras jusqu'à ce que je revienne » *(« Ego vado, et tu expectabis donec redeam »)*. Il avait trente ans au moment de la Passion du Christ et chaque fois qu'il a cent ans, il recouvre cet âge. Il fut baptisé par Ananie, qui avait baptisé l'apôtre Paul (Act., IX, 17), et prit à ce moment-là le nom de Joseph. Il vit dans les deux Arménie et dans les autres régions d'Orient, parmi les évêques et les religieux, cédant humblement à leur requête quand ils le prient de leur raconter le récit de la Passion. Il ne rit pas, mais pleure dans la crainte de Dieu. Les hommes viennent le voir *(« veniunt ad eum »)* depuis les régions les plus reculées du monde, pour jouir de sa vue et de ses paroles *(« visione et confabulatione »)*. Il répond brièvement à leurs questions et refuse toute offrande, se contentant de peu et gardant l'espoir d'être

1. ROGER DE WENDOVER, *Flores Historiarum*, éd. Henry G. HEWLETT, Londres, 1887, vol. II, pp. 352-355 (Anno 1228, *De Joseph, qui ultimum Christi adventum adhuc vivus exspectebat*). Ce récit se retrouve sous la forme d'un *exemplum* dans un manuscrit anglais du XVe siècle contenant diverses œuvres religieuses et théologiques : J. A. HERBERT, *Catalogue of Romances...*, Londres, III, 1910, p. 691, n° 56. British Museum, ms. Additional 6716, f° 60 b. C'est Herbert qui fait le lien avec Roger de Wendover. Je remercie Marie-Anne Polo de Beaulieu de m'avoir donné cette information.

sauvé parce que c'est dans l'ignorance qu'il a commis sa faute *(« quia ignorans delinquit »).*

Le nom Cartaphilus est depuis longtemps une énigme. Gaston Paris en notait la « bizarrerie ». Il est sûr qu'il se veut grec, en associant l'adverbe *karta*, « fort », « très », « fortement », et l'adjectif *philos*, « ami », « aimé ». Ce recours approximatif au grec, qui produit dans le récit un effet d'enchantement pour l'Orient, pourrait viser à dissuader de faire un juif de ce premier Juif Errant. Comme Saul/Paul, il serait un païen, et l'essentiel est qu'il se soit converti et qu'il ait reçu le baptême des mains d'Ananie, tout comme saint Paul. Paradoxalement, c'est le nom reçu au baptême qui est le plus juif : Joseph, allusion plus vraisemblable à l'époux de Marie qu'au fils de Jacob. Le nom de « Très Aimé » évoque par ailleurs le « disciple bien-aimé », saint Jean, dont les autres disciples pensaient « qu'il ne mourrait pas » (Jn, XXI, 20-23). Il y a chez les deux personnages, du reste, une dimension eschatologique forte : Cartaphilus/Joseph ne mourra pas avant le retour du Christ, dont l'Apocalypse de Jean dit par ailleurs de quelles tribulations elle sera accompagnée. On verra que toute une branche de la tradition légendaire cultive, à propos du Juif Errant, le prénom Jean...

Ce récit fut repris peu après, sans doute à partir de 1235, et légèrement amplifié par un autre chroniqueur de Saint Albans, Matthieu Paris, dans sa *Chronica Majora*. Il fait aussi allusion à l'histoire du « fameux Joseph » dans plusieurs autres écrits : son *Abbreviatio Chronicarum* et son *Historia Anglorum*, preuve de l'importance qu'il accorde à ce récit[1]. Dans la « Grande Chronique », il ajoute qu'en 1252 « certains Arméniens » revinrent à Saint Albans et qu'ils confirmèrent l'existence de Joseph Cartaphila, témoin toujours vivant de la crucifixion[2].

1. MATTHIEU PARIS, *Chronica Majora*, éd. Henry R. LUARD, III, Londres, 1876, pp. 161-164 ; ID., *Abbreviatio Chronicarum*, éd. Fr. MADDEN, vol. II, Londres, 1869, p. 257 : à la date de 1228, une simple mention : *« Floruit fama de Cartaphila Joseph, qui vidit Christum crucifigendum »* ; ID., *Historia Anglorum*, éd. Fr. MADDEN, II, p. 305 : *« A.D. 1228. Floruit fama de Joseph, qui viderat Christum. Eodem tempore floruit fama longe lateque dispersa de Joseph Cartaphila, quem Ananias baptizavit et qui vidit Christum crucifixendum. »*

2. MATTHIEU PARIS, *Chronica Majora*, éd. citée, V, Londres, 1880, pp. 340-341.

Dans un manuscrit autographe de la *Chronica Majora*[1], un dessin dans la marge inférieure, tracé de la main de Matthieu Paris, constitue la plus ancienne représentation certaine du Juif Errant *(ill. 18)*. Certes, deux autres dessins datés de la seconde moitié du XIIe siècle — donc antérieurs aux premières attestations écrites de la légende — ont été interprétés comme des représentations du Juif Errant[2]. Ils figurent sur des pages blanches d'un *Tractatus in Epistolam Iohannis* de saint Augustin, dans un manuscrit de Munich écrit en 1140[3]. Le premier dessin (f° 89 v°) montre un vieillard debout qui de la main gauche prend appui sur la poignée de son bâton et, de la droite paraît se lisser une très longue barbe qui s'enroule sur le bâton. Le deuxième dessin (f° 183 v°), lui aussi mal conservé, semble montrer le même vieillard (mais la tête et le chapeau ne sont pas visibles). Il est assis sur l'orbe terrestre, la main gauche posée sur la poignée de son bâton, autour duquel vient s'enrouler une très longue barbe, comme dans le premier cas. C'est la longueur exceptionnelle de la barbe qui a incité à voir dans ce personnage le Juif Errant, dont la longévité est exceptionnelle. Ce fut peut-être l'idée du dessinateur qui a ajouté un chapeau juif disproportionné au-dessus de la première figure. Mais aucune inscription n'identifie formellement notre personnage, et il me paraît plus vraisemblable qu'il s'agit d'un Patriarche dont l'âge se comptait par centaines d'années... L'identification au Juif Errant est d'autant moins plausible que les images qui, au siècle suivant, sont indubitables ne représentent jamais le Juif Errant très âgé contemporain, mais ce personnage au temps de la Passion du

1. Cambridge, Corpus Christi College 16, f° 70 v°. Ce manuscrit, daté des années 1240-1253, est autographe et a été donné par Matthieu à son abbaye. Pour la description du manuscrit : Nigel MORGAN, *Early Gothic Manuscripts* [I] *1190-1250* (avec 300 illustrations), Oxford, Harvey Miller Publishers et Oxford University Press, 1982, p. 136 sq.

2. Diana WOLFTHAL, « The Wandering Jews : Some Medieval and Renaissance Depictions », *in* William W. CLARCK, Colin EISLER, William S. HECKSCHER et Barbara G. LANE (éd.), *Tribute to Lotte Brand Philip, Art Historian and Detective*, New York, Abaris Books Inc., 1985, p. 221, et, avec des réserves, A. J. VAN RUN, « *Bene barbatus.* Over de oudste Eeuwige Jood in de beeldende kunt », *Nederlands Kunsthistorisch Jaarboek*, 1987, Deel 38, pp. 293-295, et fig. 3 et 4.

3. Munich, Bayerische Staatsbibliothek, Clm f° 89 v° et 183 v°.

Christ. Et surtout, une inscription, à chaque fois, dissipe toute hésitation.

C'est le cas dans le dessin de Matthieu Paris. À gauche, Cartaphila, de profil, les traits grossiers, un chapeau rond rabattu sur les épaules et tenu par une cordelette, le corps voûté et appuyé sur une houe comme sur une béquille, s'adresse au Christ en levant son index droit d'où part un phylactère qui vient toucher le coude droit de Jésus. Celui-ci se retourne de trois quarts vers lui, soutenant de la main droite le bras transversal de la croix. La torsion du Christ, qui tout à la fois poursuit son chemin vers la droite de la page — direction indiquée par le phylactère qui sort de la main gauche de Jésus — et se tourne en arrière vers Cartaphila, appartient à un type de figuration fréquent au Moyen Âge : elle exprime la tension entre deux forces et directions contradictoires, ici le fait que le Christ *va*, tandis que Cartaphila *attend*. Leur dialogue, écrit dans les deux phylactères, reprend les formules du texte : *« Vade, Jhesu, ad judicium tibi preparatum »* et *« Vado sicut scriptum est de me. Tu vero expectabis donec veniam ».*

Si le texte ne dit à aucun moment que Cartaphila était juif, l'image le suggère davantage par les traits du visage et le chapeau, bien que celui-ci ne soit pas caractéristique[1]. L'argument n'est pas décisif et mieux vaut conserver à l'image son ambiguïté. Mais la houe est l'emblème de Caïn[2], ce qui, au moins visuellement, lui associe notre personnage, que les textes, pourtant, ne désignent jamais comme jardinier ou cultivateur, mais comme portier, bien plus tard comme cordonnier. Comme Suzanne Lewis l'a noté[3], le Christ porte une croix processionnelle, ce qui est une manière d'actualiser par l'image le récit de Matthieu Paris : la scène se passe au temps de la Passion, mais cette croix à usage liturgique fait peut-être allusion à l'arrivée récente et au culte en plein essor des reliques de la Vraie Croix. Il reste que c'est bien la rencontre sur la *Via Crucis* que Matthieu

1. Bernhard BLUMENKRANZ, *Le Juif médiéval au miroir de l'art chrétien*, Paris, Études augustiniennes, 1966.

2. R. MELLINKOFF, « Cain and the Jews », art. cité, fig. 14, 29.

3. Suzanne LEWIS, *The Art of Matthew Paris in the « Chronica Majora »*, Berkeley, Los Angeles et Londres, University of California Press, 1987, p. 301 sq.

Paris a représentée, et non le Joseph Cartaphila *actuel*, lors de sa rencontre avec l'évêque d'Arménie.

L'Arménie n'est pas à entendre au sens moderne[1]. Matthieu Paris fait figurer ce vaste pays dans sa *mappa mundi*, et il la décrit précisément : c'est, à trente jours de marche de Jérusalem, une « terre chrétienne » que domine le mont Ararat, où demeure l'arche de Noé, gardée par de féroces serpents ; elle se maintient au sommet pour que le souvenir de la destruction du monde et de la réconciliation divine se perpétue dans l'humanité. Ainsi l'Arménie est-elle aux yeux de Matthieu Paris le réservoir matériel d'une double mémoire : celle de l'Ancienne Alliance, renouée au moment du Déluge et matériellement attestée par l'arche de Noé ; et celle de l'Alliance Nouvelle, nouée par la passion du Seigneur, dont Joseph Cartaphila, bien vivant en ces terres lointaines, garde le souvenir[2].

Peu après, vers 1240, le peintre d'Oxford William de Brailes, chargé d'enluminer un psautier pour une dame laïque anglaise, introduit la figure du Juif Errant dans une pleine page représentant de haut en bas et de gauche à droite, quatre scènes de la Passion du Christ[3] : la rencontre du Christ et du Juif Errant, le portement de la croix, Jésus dépouillé de ses vêtements, le Christ au pied de la croix avec ses bourreaux. La scène qui nous intéresse marque donc le tout début du chemin de croix, elle lui est même antérieure puisque Jésus ne porte pas encore sa croix comme c'est le cas sur le dessin de Matthieu Paris *(ill. 19)*. Le Juif Errant, la tête recouverte du même voile que celui que possède le Grand Prêtre dans ce manuscrit, s'adresse au Christ en pointant vers lui l'index. Bien que le

1. *Ibid.*, p. 350 et fig. 214.

2. *Ibid.*, p. 507, n. 77, cite le passage, en français, de l'*Historia Anglorum*, où les deux témoins sont associés : « En Hermenie est l'arche Noe. Vers cestes parties [...] a vint jurnes est armenie, ki est crestienne, u l'arche noe est, ki encore dure. La meint Joseph cartaphila, ki vit u hon mena nostre seignur a crucifier ; Ananie ki baptiza seint polle le baptiza. » Voir H. MICHELANT et G. REYNAUD, *Itinéraires à Jérusalem*, Paris, 1882, p. 126.

3. Londres, British Library, Ms. Add. 49 999, f° 43 v°. N. MORGAN, *Early Gothic Manuscripts, op. cit.*, n° 73, pp. 117-120, et fig. 246. Claire DONOVAN, *The de Brailes Hours. Shaping the Book of Hours in Thirteenth Century Oxford*, Londres, The British Library, 1991, pp. 79-80, et fig. 47 et 48.

haut de la page ait été rogné, on lit encore une partie de la légende en français qui accompagnait cette image : « … regarde et dit e tu remeines ici desque ieo reveine » (regarde et dis et tu resteras ici jusqu'à ce que je revienne). Aucune impression de violence ne se dégage de cette scène qui, par le jeu des mains et des index pointés, évoque conventionnellement un dialogue. Mais Jésus, en se retournant, subit la même torsion du corps que sur l'image précédente. Une fois encore, c'est l'événement fondateur de la légende qui est représenté, non le Juif Errant actuel.

À la même époque, le récit est attesté, de manière semble-t-il indépendante, dans la région de Tournai : Philippe Mouskès note dans sa *Chronique rimée* l'arrivée dans cette cité de l'archevêque arménien de Nicée, qui se rendait en pèlerinage sur le tombeau de saint Thomas de Canterbury, puis à Saint-Jacques-de-Compostelle. L'archevêque affirma qu'il avait vu le témoin de la Passion du Christ, lequel n'est pas nommé. Voyant les Juifs conduire Jésus à son supplice, celui-ci leur avait crié de l'attendre. Jésus lui dit : « Icist ne t'atenderont pas, Mais saces, tu m'atenderas. » Il fut baptisé par Ananie. Il rajeunit quand il atteint l'âge de cent ans. Il vivra ainsi jusqu'au jour du Jugement dernier[1].

Un autre ensemble de textes contemporains, mais d'origine plutôt italienne, évoque le Juif Errant sous le nom de *Johannes Buttadeus*, dont la forme française, *Jehan Boutedieu*, est attestée par Philippe de Novarre vers 1250-1255 dans son *Livre de forme de plait* : l'auteur y plaisante sur l'âge très avancé de certain juriste « en si auroit il passé Jehan Boute Dieu[2] ». Le grand âge du Juif Errant est devenu proverbial !

L'astrologue Guido Bonatti affirme avoir vu Johannes Buttadeus lors d'un séjour à Forli en 1267. Jésus lui aurait dit après qu'il l'eut frappé : « Tu attendras mon retour. » Vers 1350, le dominicain Pierre de Penna, auteur d'un *Libellus de locis ultramarinis*, affirme — bien qu'il ne soit sans doute pas allé lui-même en Terre sainte — qu'on voit à Jérusalem le

1. *Chronique de Philippe Mouskès*, éd. F. de Reiffenberg, Bruxelles, 2 tomes en 3 vol., 1836-1838, t. II, 1838, pp. 491-494, vers 25485-25558.

2. G. PARIS, « Le Juif Errant. Seconde étude, 1891 », repris dans *Légendes du Moyen Âge, op. cit.*, pp. 187-221, ici p. 191.

« lieu » *(locus)* où Johannes *Butadius* frappa le Seigneur en lui disant : « Avance, va à la mort ! » Le Christ lui répondit : « Moi, je vais à la mort, mais toi par ta faute tu ne mourras pas avant le Jugement. » L'auteur rapproche ce récit de l'histoire — citée avec des variantes par d'autres auteurs — de Johannes Devotus Domini, l'écuyer de Charlemagne qui vécut deux cent dix ans[1]. Une autre tradition, attestée par Vincent de Beauvais, donne à cet *« armiger Karoli Magni »* le nom de « Johannes de Temporibus » : ce « Jean des Temps » méritait bien son nom puisqu'il aurait vécu trois cent soixante et un ans, de 778 à 1139. On le rencontre également sous le nom de Richard, ancien écuyer d'Olivier, mort en 1234[2].

Même nom et même récit se retrouvent vers 1400 chez le chroniqueur siennois Sigismondo Tizio, qui ajoute que Johannes Buttadeus aurait reconnu les traits du Christ dans un tableau peint par Andrea Vanni[3]. Au début du XVe siècle également, Antonio di Francesco di Andrea mentionne « Giovanni Bottadio » qui se fait appeler aussi « Giovanni servo di Dio ». On l'aurait déjà vu en Italie vers 1310-1320, un siècle plus tôt ; il met environ un siècle avant de revenir dans un même pays. L'auteur le vit pour la première fois en 1410 ou 1416 : en plein hiver, il sauva les enfants de Gianno di Duccio qui s'étaient perdus dans la neige. À leur père il prédit un rapide retour à Bologne, d'où il avait été exilé. L'année suivante, on le voit à Florence. Il connaît toutes les langues et toutes les sciences. Une autre année, Giovanni Morelli le fait enfermer au Mugello, mais il s'en échappe miraculeusement en se rendant invisible. Et l'auteur de commenter, en faisant allusion à l'Apocalypse : « Et il y en a qui disent et qui affirment qu'il sera le troisième témoin des faits du Seigneur. Car il y en a deux dans le paradis terrestre, c'est Énoch et Élie, et sur la terre il y a ce Giovanni. »

1. Charles KOHLER, « Le Libellus de locis Ultramarinis de Pierre de Pennis », *Revue de l'Orient latin*, IX, 1902, pp. 313-383 (chap. XI, pp. 358-359). Je remercie Mme Christiane Deluz des informations qu'elle m'a fournies sur cet auteur.

2. G. PARIS, « Le Juif Errant. Seconde étude », art. cité, pp. 200-202.

3. Il est intéressant de voir comment l'argument d'authenticité de la peinture s'appuie sur le témoignage « authentique » d'une pure légende. Mais nul n'était dupe sans doute, au XVe siècle, de ces jeux de miroir entre peinture et légende.

LE TEMPS DE LA MÉMOIRE

Sans prolonger ce rapide examen des versions médiévales du récit du Juif Errant, on voit déjà comment le récit de la légende publié au début du XVIIe siècle a bénéficié de la rencontre de plusieurs filons antérieurs différents et parfois même indépendants les uns des autres. De cette diversité témoigne la variété des identifications du personnage, qui soit n'est pas nommé du tout, soit reçoit des noms aussi différents que Joseph Cartaphila, Johannes Buttadeus ou Jean Boutedieu, Johannes Devotus (ou Servus) Domini. À aucun moment il ne porte le nom Ahasverus, qu'il recevra pour la première fois en 1602.

Plus remarquable encore est le fait que ce personnage n'est que rarement désigné explicitement comme juif. C'est un juif qui aurait été aperçu à Ferrare en 1223. Mais quelques années plus tard, dans les récits recueillis en Angleterre et dans la chronique de Philippe Mouskès, il pourrait aussi bien s'agir d'un païen baptisé par Ananie, comme le fut saint Paul. Les images contemporaines semblent évoquer un juif. Mais de nouveau, les récits italiens attestant le passage du personnage ne précisent pas sa confession. Comme les récits du Nord, ils maintiennent une certaine ambiguïté, évitent de trancher pour insister plutôt sur l'étape positive de la conversion, sur l'immense douleur d'avoir commis la faute par ignorance et enfin sur l'attente du retour du Christ. Tout différent devient le récit à l'époque moderne : désormais, le héros est un vagabond et il est juif.

Entre la plupart des traditions médiévales et celles qui se développent à partir du XVIIe siècle, la différence la plus notable concerne la représentation de l'espace. Dans les récits de l'époque moderne, le Juif Errant apparaît périodiquement dans telle ou telle région d'Europe là où et quand on ne l'attend pas. C'est bien son éternelle *errance* qui le caractérise et qui justifie bien la dénomination générique de Juif Errant. Dans certains des récits médiévaux, il apparaît déjà en Europe, plus exactement en Italie (Forli, 1267 ; Sienne et Florence au XVe siècle). Mais, le plus souvent, c'est un informateur venu de Jérusalem (selon Pierre de Penna) ou, plus fréquemment encore, d'Arménie (selon le cistercien anonyme de 1223, puis Roger de Wendover, Matthieu Paris, Philippe Mouskès), qui affirme l'avoir vu dans l'Orient chrétien. Le rapport à l'espace s'est donc inversé, et ce dès les chroniques italiennes de la fin du Moyen Âge. Au XIIIe siècle, ce n'est pas l'errance en Europe du personnage qui attire, c'est son *attente* à proximité des Lieux saints.

Du coup, la connaissance du personnage n'est pas immédiate et elle ne dépend pas d'une rencontre et du regard, à l'occasion d'une de ses apparitions. Elle dépend d'un intermédiaire venu d'Orient qui affirme qu'il a vu ce personnage : c'est le récit oral, et non le témoignage visuel direct, qui fonde la croyance.

C'est pourquoi les images médiévales ne figurent pas non plus le personnage tel qu'il aurait été aperçu ici et maintenant au hasard d'une rencontre, comme vont le faire les estampes de l'époque moderne. Elles le saisissent dans le moment mythique qui explique son sort, dans sa confrontation avec le Christ. Ce ne sont pas des images pour mémoire, mais des images de mémoire.

À l'époque moderne, le Juif Errant devient le « Bonhomme misère[1] », un peu craint, mais bienveillant, omniscient, familier de retours périodiques qui sont matière à philosopher sur le cours du temps et du destin. Au XIXe siècle, les perspectives ouvertes par l'émancipation des juifs, tandis que se développe par ailleurs l'espoir d'une rédemption de l'humanité à travers les épreuves de « l'ère des révolutions », font de la figure ambivalente du Juif Errant le point d'ancrage privilégié (chez Edgar Quinet ou Eugène Sue par exemple) de la réflexion littéraire et politique[2]. Au Moyen Âge, le Juif Errant — à supposer qu'il soit reconnu comme juif — illustre un autre espace-temps et éveille des préoccupations bien différentes. Il n'est pas encore

1. G. MILIN, *Le Cordonnier de Jérusalem, op. cit.*

2. L'ouvrage d'Edgar QUINET, *Les Tablettes du Juif errant*, date de 1823, et c'est sous forme de feuilleton qu'Eugène Sue a publié *Le Juif Errant* en 1844-1845. Les deux pages de Maurice KRIEGEL (« La légende du Juif Errant », *in* Élie BARNAVI [éd.], *Histoire universelle des Juifs*, Paris, Hachette, 1992, pp. 170-171) résument avec une finesse et une densité également remarquables l'évolution de la réception de la figure du Juif Errant depuis 1602. Pour lui, et je le suis pleinement, Ahasverus est totalement distinct de ses prototypes médiévaux.

le vagabond indépendant qu'on dira rencontrer sur les chemins d'Europe et dont apprécie le savoir encyclopédique. Il vit en Orient et suscite une attirance due au fait d'avoir été le témoin douloureux de la Passion du Christ dont il attend le retour. Entre Passion et Parousie, il est la mémoire vivante et douloureuse de Jésus.

Sous ses traits médiévaux les plus caractéristiques, le Juif Errant n'apparaît que dans le premier tiers du XIIIe siècle. Il participe en effet pleinement à plusieurs traits culturels et idéologiques essentiels à cette époque.

Il est d'abord le témoin d'un merveilleux géographique dont le principal réservoir est la Terre sainte, et ce d'autant mieux que les Francs sont en passe d'en être complètement chassés. La « topographie légendaire des évangiles de la Terre sainte », pour parler comme Maurice Halbwachs[1], est présentée dans le détail des itinéraires et des jours de marche depuis Jérusalem dans la chronique de Matthieu Paris, aussitôt après la relation du pèlerinage en Occident de l'évêque d'Arménie. De même s'attache-t-on à restituer la *via crucis*, la montée de Jésus vers le Calvaire, en faisant une mention spéciale de l'endroit où Jean Boutedieu a souffleté le Christ.

D'Orient viennent — par des intermédiaires et des truchements — les reliques, les images, les récits qui sont les garants *(pignora)* de la foi chrétienne. En 1204, la prise de Constantinople a libéré un flot de reliques en direction de l'Occident. Le roi de France Louis IX acquiert la Couronne d'épines. Matthieu Paris rapporte que le roi d'Angleterre fut guéri au contact de la Vraie Croix et que la « croix de Bromhold » fut apportée dans son royaume en 1205-1223 de Constantinople par le chapelain du roi Baudoin[2]. Les empereurs byzantins la portaient à la bataille comme un *palladium*. Il n'est pas impossible que la croix processionnelle que le Christ, dans le dessin tient sur l'épaule en se tournant vers Joseph Cartaphila fasse référence à cette croix vénérée par le roi.

1. Maurice HALBWACHS, *Topographie légendaire des Évangiles en Terre sainte : étude de mémoire collective*, Paris, P.U.F., 1941.

2. Suzanne LEWIS, *The Art of Matthew Paris in the « Chronica Majora »*, Berkeley, Los Angeles et Londres, University of California Press, 1987, p. 310.

Si le héros du récit n'est pas clairement désigné comme juif, il est explicitement un converti. Il a donc volontairement adhéré à la foi chrétienne dont il témoigne de l'authenticité par son impossibilité de mourir. Cette figure du converti volontaire, étayée par l'exemple paulinien, apparaît comme un modèle dont les chrétiens des XIIe et XIIIe siècles ont un temps exploré les promesses, après le constat des limites des conversions forcées de la première et de la seconde croisades, et sans céder encore totalement à la violence des disputes entre juifs et chrétiens où les jeux — comme à Paris ou Barcelone — étaient faits d'avance et préludaient à l'expulsion collective[1].

Mémoire vivante de la Passion, Joseph Cartaphila et ses semblables le sont par leur immortalité au moment même où s'impose le dogme eucharistique de la Présence réelle. Le récit de leur vie sans fin authentifie la vérité du Sacrifice que le prêtre, tous les jours, réitère réellement sur l'autel *en mémoire* de la première Cène. L'ambiance christologique et eucharistique de la première moitié du XIIIe siècle a dû compter largement dans la naissance puis l'essor de ce récit.

L'insistance sur l'attente du personnage n'est pas moins caractéristique de cette époque : le succès contemporain des légendes apocryphes relatives à l'immortalité d'Énoch et d'Élie (Antonio di Francesco di Andrea fait lui-même le rapprochement), voire de Moïse, ou encore de Malchus ou de Joseph d'Arimathie, soutient sans nul doute l'adhésion à ce nouveau récit. Plus généralement, l'attente est au centre des nouvelles croyances en l'au-delà et des pratiques liturgiques de la *memoria* funéraire : le purgatoire des âmes en peine et les limbes des enfants sont le règne de l'attente d'une libération prévisible, grâce aux suffrages des vivants, une attente qui au pire se prolongea — comme pour Joseph Cartaphila — jusqu'au Jugement dernier[2]. À l'époque moderne, le personnage se judaïse

1. Gilbert DAHAN, *Le Brûlement du Talmud à Paris, 1242-1244*, Paris, Cerf, 1999.

2. Jacques LE GOFF, *La Naissance du purgatoire*, Paris, Gallimard, 1981 ; « Les Limbes », *Nouvelle revue de psychanalyse*, XXXIV, *L'Attente*, automne 1986, pp. 151-174 ; « L'attente dans le christianisme : le purgatoire », *Communications*, 70, 2000, pp. 295-301.

et paraît voué avant tout à l'*errance*, à l'image peut-être de son peuple, chassé du royaume d'Espagne en 1492 et condamné à de nouveaux exils. Potentiellement, tous les juifs deviennent le Juif Errant.

Au Moyen Âge, le récit est tout entier tendu ainsi vers les fins dernières. L'axe de la mémoire se prolonge dans celui de l'eschatologie, suivant une représentation du temps qui, sans doute, est inhérente au christianisme, mais qui a reçu, au début du XIIIe siècle, une cohérence et une vigueur sans précédent : j'en veux pour preuve l'organisation du programme explicitement temporel des images pleine page du psautier dit de Blanche de Castille, mère de Saint Louis[1] : partant de la mémoire de l'Histoire sainte depuis la chute des anges et la Création, il débouche, après l'illustration des psaumes, sur la mise en images du Jugement dernier et de l'abolition de l'histoire dans l'éternité. Le récit médiéval du Juif Errant évoque à sa manière cette fin prévisible de l'histoire. Sans doute en est-il même un *signe* annonciateur ou sert-il de mise en garde contre les péchés, qui sont autant d'outrages au Christ en personne. Matthieu Paris note dans les mêmes années un grand nombre d'autres *mirabilia* dont il donne une interprétation eschatologique : ainsi pour les éclipses de soleil (il en compte dix-huit, dont celle, incomplète, de 1256), une bataille de onze baleines, le vol anormal d'oiseaux voraces et une inondation de la Tamise. De ces événements, comme du récit relatif à Cartaphila, il laisse, outre sa relation, des croquis, ce qui témoigne de l'importance qu'il leur accorde.

Quand le folkloriste, au XIXe siècle, ou l'ethnologue, aujourd'hui encore, recueille le récit du Juif Errant, il sait que ce récit a une très longue histoire, mais il ne mesure peut-être pas les glissements de sens que la légende a connus depuis le Moyen Âge du fait des transformations sociales et idéologiques. En fait, on assiste à un véritable retournement du sens du récit entre le XIIIe siècle et le XVIIe siècle : ce n'est plus

1. Paris, Bibliothèque de l'Arsenal, Ms. 1186. Reproduction photographique : Henry MARTIN, *Les Joyaux de l'Arsenal*, I, *Psautier de Saint Louis et de Blanche de Castille*, Paris [s.d.].

l'Orient, réservoir de merveilleux, qui est privilégié, mais l'Occident, cadre du quotidien ; ce n'est plus l'attente eschatologique du témoin du Christ, mais l'errance d'un étrange vagabond ; ce n'est plus le temps chrétien eschatologique, mais l'espace d'une Europe mieux consciente de ses limites et de ses routes ; ce n'est plus la valeur d'un témoignage direct sur la mort de Jésus, le récit reliquaire du Sauveur, mais la possibilité de discourir sur le destin de l'homme à partir des créations de la littérature populaire[1].

Le récit médiéval, dans ses diverses versions, est donc irréductible au récit qui, à l'époque moderne, en est issu. Dans le premier tiers du XIIIe siècle, avcc sa forme toute nouvelle et soudainement apparue, il renvoie à la mémoire des origines chrétiennes et, tout en même temps, s'ouvre sur l'attente des *futura.* Si le récit du XVIIe siècle porte en lui la mémoire d'un vieux récit, celui du XIIIe siècle apparaît plutôt, dans sa fraîche nouveauté, comme le récit de *la* mémoire. Amplifiant le récit évangélique et le rendant *réellement présent,* il surgit tout constitué de la matrice de tout récit chrétien.

1. Marie-France ROUART, *Le Mythe du Juif Errant dans l'Europe du XIXe siècle,* Paris, José Corti, 1988.

XVII

L'APPROPRIATION DU FUTUR

Les historiens entretiennent d'étranges liens avec le futur. Tantôt ils sont tentés de donner à leur discipline une fonction prophétique, comme s'il suffisait de projeter dans l'avenir les évolutions du passé dont ils ont le savoir pour faire des prédictions et prétendre guider l'action dans le futur[1]. Mais jamais l'histoire ne se répète, et si la réflexion sur le fonctionnement des sociétés passées aide à comprendre nos propres sociétés, elle ne nous donne aucune certitude quant à ce qui doit advenir.

Parfois, ils se détournent au contraire du futur et même du présent, sous prétexte que le passé seul est leur terrain de compétence, comme si notre interprétation du passé ne dépendait pas de tout ce que nous sommes aujourd'hui, de ce que nous savons et aussi de tout ce que nous espérons pour l'avenir.

Plus grave encore, il leur arrive d'oublier que nous sommes le futur des sociétés passées que nous étudions en historiens : ces sociétés, nous avons l'habitude d'examiner leurs *gesta*, c'est-à-dire les actions qu'elles ont accomplies dans le présent qui était le leur. Depuis quelque temps, nous autres historiens

1. Voir à ce sujet la critique célèbre, par Marc BLOCH *(Apologie pour l'histoire ou métier d'historien)*, de l'idée reçue selon laquelle l'histoire donnerait « les moyens de guider l'action ».

Repris de « Appropriating the Future », *in* Ian P. WEI et John A. BURROUGH, *Medieval Futures. Attitudes to the Future in the Middle Ages*, Woodbridge, The Boydell Press, 2000, pp. 3-17.

nous préoccupons beaucoup aussi de leur *memoria*, c'est-à-dire de la manière dont elles ont reconstruit leur propre passé, et des « lieux de mémoire » dans lesquels elles en ont cristallisé le souvenir efficace. Mais nous devons nous soucier aussi de leurs *futura*, c'est-à-dire de la manière dont ces sociétés du passé se sont projetées dans leur futur, ce futur que nous sommes en partie. Le regard que nous portons sur le passé ne peut évincer l'idée que nous sommes le « futur du passé » — *« die vergangene Zukunft »*, écrit Reinhard Koselleck[1] — des sociétés anciennes, en précisant que ce futur dont notre présent est partiellement l'accomplissement n'est que l'un des futurs qui étaient alors possibles. Car l'histoire n'est pas un progrès linéaire et univoque, un fil continu et nécessaire qu'il nous suffirait de dérouler du passé jusqu'à nous et de nous jusque dans un futur prévisible avec certitude. Elle est au contraire une succession de choix possibles, de futurs ouverts à chaque moment, dont quelques-uns seulement se réalisent et que nous ne pouvons connaître à l'avance.

Que nous étudions la *memoria* des sociétés passées ou, à l'inverse, leurs représentations du futur, leurs *futura*, c'est toujours leur présent que nous scrutons en historiens. C'est pour assurer leur fonctionnement du moment, résoudre leurs conflits présents, que les sociétés font un effort de mémoire et reconstruisent leur passé. De même, quand elles se projettent imaginairement dans le futur — par la voix de leurs prophètes, de leurs penseurs utopistes ou des auteurs de science-fiction —, elles ne parlent que d'elles-mêmes au présent, de leurs aspirations, de leurs espoirs, de leurs craintes, de leurs contradictions présentes. Saint Augustin déjà en avait fait très finement la remarque : il y a en apparence trois temps, le passé *(praeteritum)* qui relève de la mémoire *(memoria)*, le présent *(praesens)* soumis à l'observation *(contuitus)*, le futur *(futurum)* qui est l'objet de nos attentes *(expectatio)*. En réalité, seul le présent existe, puisque le passé n'est plus et que le futur n'est pas

1. Reinhard KOSELLECK, *Le Futur passé. Constitution à la sémantique des temps historiques* [1979], trad. fr., Paris, E.H.E.S.S., 1990. L'idée n'est pas étrangère, déjà, à M. BLOCH. Voir à ce sujet : Ulrich RAULFF, *Ein Historiker im 20. Jahrundert : Marc Bloch* (Francfort-sur-le-Main, Fischer, 1995), p. 92.

encore. N'existent, mais au présent, dans notre esprit, que les *images* du passé et du futur. Le futur, comme le passé, n'est qu'une « extension » de notre esprit[1].

Ce qu'Augustin observe pour la conscience individuelle vaut pareillement pour les sociétés qu'étudie l'historien : le futur des sociétés, comme la mémoire collective, pose le problème de leur fonctionnement présent. C'est pourquoi il convient de saisir ce problème dans toute sa généralité, toute son ampleur : la conception qu'une société a du futur ne se limite pas aux grands systèmes prophétiques, eschatologiques ou utopiques qu'elle a mis en œuvre. Nous-mêmes, au XXe siècle, avons eu ou avons bien d'autres manières de nous approprier le futur que par les grandes idéologies — d'ailleurs caduques — de la modernité[2]. Le futur est aussi, plus modestement, à l'échelle individuelle comme à l'échelle des groupes, affaire d'attente, d'espoir, de projets, de spéculation, de compétition, de tirage au sort, de crédit, d'espérance de vie, etc. La question du futur se pose dès que, sans que nous y prenions garde, au détour de nos phrases les plus ordinaires, nous employons le temps grammatical du futur.

PARLER AU FUTUR

Notre expérience la plus commune du futur n'est-elle pas celle de la langue ? Mais ici la question se révèle déjà complexe, parce qu'il n'y a pas un seul temps grammatical du futur, mais plusieurs, ou, plutôt, plusieurs *modalités* grammaticales d'expres-

1. AUGUSTIN, *Confessions*, livre XI, XVIII, 24 : « *Futura ergo nondum sunt et si nondum sunt, non sunt, et si non sunt, videri omnino non possunt sed praedici possunt ex praesentibus, quae iam sunt et videntur.* » *Ibid.*, XX, 26 : « *Quod autem nunc liquet et claret, nec futura sunt nec praeterita, nec proprie dicitur : tempora sunt tria, praeteritum, praesens et futurum, sed fortasse proprie diceretur : tempora sunt tria, praesens de praeteritis, praesens de praesentibus, praesens de futuris. Sunt enim haec in anima tria quaedam et alibi ea non video, praesens de praeteritis memoria, praesens de praesentibus contuitus, praesens de futuris expectatio...* »

2. Ce en quoi je ne sépare radicalement de l'essai récent de Georges MINOIS, *Histoire de l'avenir, des prophéties à la prospective* (Paris, Fayard, 1996).

sion du futur. Et cela vaut, au moins, me semble-t-il, pour toutes les langues indo-européennes, anciennes ou modernes : pour les langues que nous parlons comme pour le latin médiéval. Cette constatation faite, il resterait à étudier les usages de ces modes d'expression aux diverses périodes historiques et dans les diverses langues, savante et vernaculaire. Il y a le *futur simple*, qui désigne clairement une action à venir. Il y a aussi le *futur antérieur*, qui délimite un passé dans le futur, désigne une action qui est future par rapport à nous, mais passée par rapport à un futur plus lointain (« quand j'aurai labouré, je sèmerai »). D'autres formes verbales, sans être à proprement parler des temps du futur, ont une dimension de futur : le *participe présent* désigne une action en cours, dont l'achèvement est seulement prévisible ; en latin, l'*adjectif verbal* indique la nécessité d'une action qu'il convient d'accomplir, mais qui n'est pas encore réalisée ; le mode *conditionnel* désigne, de son côté, la possibilité de ce qui pourrait advenir dans le futur si une condition préalable se réalisait. D'aussi simples remarques montrent déjà combien le langage est un moyen fondamental d'approcher, en deçà de toute représentation élaborée des temps passés, présent ou futur, les usages sociaux du temps, dans leur expression la plus spontanée et largement inconsciente : je puis dire ce que je ferai demain ou dans une semaine, sans élaborer une théorie du futur, des probabilités, du risque ou de la providence.

Non seulement nous parlons au futur, mais nous parlons du futur, nous le nommons. Comme on l'a dit déjà, Augustin distinguait trois temps (ramenés, en fait, au seul présent) mis en relation avec trois modes d'appréhension : le *praeteritum* accessible à la *memoria*, le *praesens* relevant du *contuitus* (le regard sur les choses présentes), le *futurum* sur lequel anticipe l'*expectatio*, l'attente. Le plus souvent, dans le latin médiéval, « futur » est un mot pluriel : *futura*. Peut-être faut-il voir dans ce pluriel la reconnaissance d'une complexité du futur, dont, au mieux, le cadre eschatologique est connu grâce à la croyance religieuse, mais dont les échéances — on ne connaît ni l'heure de sa mort ni le moment de la fin du monde — et les modalités précises restent mystérieuses. Non moins remarquable est le nom, lui aussi pluriel, de la fin des temps : *novissima*. Les faits les plus « nouveaux » sont aussi les plus éloignés dans le temps, ce qui sans doute traduit l'idée que le terme de l'histoire est depuis toujours inscrit dans le plan divin, qu'il n'y aura rien de « nouveau » à la fin des temps sous le regard de Dieu. En ce sens, *novissima* exprime bien la dualité de la représentation chrétienne du temps de l'histoire, tout à la fois linéaire (depuis la création jusqu'à la fin du monde) et cyclique, parce que profondément religieux et lié au mythe, en tant qu'il est créé et réglé par la volonté transcendante de Dieu[1].

Les langues romanes ont suivi les usages latins. *Le Roman de la rose* utilise plusieurs fois le substantif « futur ». Brunet Latin énumère pour sa part « cil trois tens, ce est li presens, li preterites et cil qui est a venir[2] ». La périphrase « cil qui est a venir » est intéressante en ce qu'elle ignore le substantif « l'avenir », apparemment plus récent. On pourrait ainsi se risquer à opposer historiquement deux conceptions du futur : celle, plus ancienne, que traduit le mot « futur » ; le futur, les *futura*, ne peut être pleinement connu, mais il s'inscrit dans un cadre d'intelligence, de prévision et d'action qui est bien assuré, avant tout dans le temps religieux de l'eschatologie ou dans le temps cyclique des rituels et de la liturgie[3]. À quoi s'opposerait la notion moderne d'« avenir », désignant un futur ouvert, complètement imprévisible, dans un temps irréversible, un temps sans Dieu, produit du « désenchantement du monde ». C'est dans le partage entre les *futura* et l'*avenir* que se jouerait le passage du Moyen Âge à la Renaissance, de la pensée religieuse à la rationalité moderne.

1. Sur la conception cyclique du temps dans la pensée religieuse, par exemple dans la liturgie, voir l'étude classique d'Henri HUBERT, « Étude sommaire de la représentation du temps dans la religion et la magie », *in* Henri HUBERT et Marcel MAUSS, *Mélanges d'histoire des religions*, Paris, Alcan, 1909, pp. 189-229. Sur les conceptions concurrentes du temps au Moyen Âge, voir Aaron J. GOUREVICH, *Les Catégories de la culture médiévale*, Paris, Gallimard, 1983.

2. Cf. TOBLER-LOMMATSCH, *Altfranzösisches Wörterbuch*, *s. v.* « Futur ».

3. Un exemple de temps cyclique rituel qui assure la circulation prévisible des épouses et des dots dans une communauté rurale traditionnelle sur un nombre restreint de générations : Pierre LAMAISON, « Les Stratégies matrimoniales dans un système complexe de parenté : Ribennes en Gévaudan (1650-1830) », *Annales. E.S.C.*, 4, 1979, p. 728 (pp. 721-743).

LES USAGES DU FUTUR

On se demandera d'abord comment les actions les plus communes, les plus matérielles sont grosses de futur, dans quels schèmes mentaux — quelles conceptions du temps, quelles attentes, quelles idées de ce qui est possible — s'inscrivent, consciemment ou non, les actions et les décisions des hommes au Moyen Âge.

Les formules des chartes constituent un premier observatoire, même si elles renseignent avant tout sur les modes de pensée des clercs, des lettrés qui les rédigeaient : les chartes de donation — par exemple la donation d'une terre à une communauté monastique — étaient d'ordinaire mises en forme par le destinataire, souvent une communauté monastique, et non par le donateur, le laïc *illitteratus* qui, en échange de ses pieuses libéralités, demandait des prières pour le salut de son âme. Mais leur caractère répétitif et massif témoigne certainement de conceptions largement partagées[1]. Leur formule introductive, presque inchangée d'un acte à l'autre, est éloquente : « Que tous sachent, présents et futurs... », *« Ego Johannes, tam presentibus quam futuris, in perpetuum dedi et concessi... » ; « tam futuris quam presentibus in Christo fidelibus » ; « omnibus hanc paginam inspecturis... » ; « omnibus ad quos iste littere pervenerint »*, etc. : Le donateur peut aussi s'engager par des clauses précises à maintenir sa donation jusqu'à sa mort, *« quod ut ratum et firmum permaneat, presentem paginam sigilli mei*

1. Par commodité, on se référera aux actes reproduits et commentés par Georges DUBY, *L'Économie rurale et la vie des campagnes dans l'Occident médiéval*, Paris, Aubier, 1962, t. II, p. 79 et suiv., notamment n° 79 (d'après le *Recueil des chartes de Cluny*, IV, 3302, daté de 1049-1109), n° 82 (acte de l'abbaye de Chaalis, en 1172), n° 84 *(Cartulaire de Saint-Vincent de Mâcon)* et n° 86 *(Recueil des pancartes de l'abbaye de la Ferté-sur-Grosne*, vers 1160). Autres exemples dans : B. PIPON, *Le Chartrier de l'Abbaye aux Bois (1202-1341)*, Paris, École des chartes, 1996, et dans J. COSSE-DURLIN, *Cartulaire de Saint-Nicaise de Reims*, Paris, Éd. du C.N.R.S., 1991, p. 27. Il serait aisé de multiplier les exemples.

munimine roboravi ». Dans toutes ces formules, c'est le temps humain et celui de l'histoire qui est visé : celui que borne l'espérance d'une vie ou, au-delà, le futur des générations d'une lignée, mais déjà dans une succession des temps qui se veut perpétuelle. Aussitôt, néanmoins, il est question d'un autre futur, quand le donateur invoque la miséricorde divine et en espère la rémission de ses péchés : *« Pro remedio anime mee et uxoris mee et pro animabus fratrum et sororum et omnium tam antecessorum quam successorum meorum... »* Ce qui est visé ici n'est plus la succession des générations dans le temps historique, mais le futur eschatologique du salut pour soi et les siens.

Selon les types d'actes, tel futur prend plus ou moins de relief par rapport aux autres : la concession d'une tenure à une famille précise, que celle-ci tiendra en toute possession « de génération en génération », à condition toutefois de respecter un certain nombre d'obligations : payer tous les ans au terme prescrit un cens recognitif de la propriété éminente du seigneur ; ne pas vendre ni aliéner partiellement la censive ; respecter les droits de justice foncière du seigneur. Dans ce cas, le paiement annuel régulier d'une redevance introduit une autre forme de projection dans le futur : un futur cyclique, rituel, scandé à intervalles réguliers par le retour du même. À plus forte raison pour tel paysan, qui est contraint chaque année, à sept dates différentes, de payer une redevance donnée : à Pâques, à la fenaison, à la moisson, aux vendanges, à Noël, à carême-prenant, à la mi-carême !

Plusieurs futurs différents s'articulent ainsi l'un à l'autre dans ces types d'actes fonciers datés du Moyen Âge central : le futur individuel du donateur, prévisible dans le seul cours de sa vie et borné finalement par sa mort ; parfois, dans ce même cadre, un futur pensé dans les termes récurrents du cycle des années, des dates rituelles, des redevances immuables ; puis le futur d'une histoire plus longue qui est censée devoir se déployer « à perpétuité » ; il sera scandé par la succession des générations, tout au long de la descendance du donateur ; enfin, le futur eschatologique qui fait basculer le temps des hommes dans l'éternité de Dieu ; au-delà du temps des corps s'ouvre le futur des âmes.

Une partie, au moins, de ces conceptions du temps futur n'est caractéristique que du milieu agraire concerné par ces actes et du type particulier d'action que sont ces donations foncières. Car, dès cette époque, les activités commerciales et monétaires introduisent dans les milieux urbains des conceptions et des usages différents du futur : en témoigne tel contrat de change génois stipulant qu'une somme non précisée, reçue en sous de Gênes, sera remboursée douze jours plus tard à Bruges au taux de trente sous pour un florin[1]. Le contrat enregistre une promesse, donc un engagement sur le temps futur. Ce temps est soigneusement mesuré : douze jours. Enfin, ce futur proche est utilisé pour servir un intérêt déguisé, une *usura* : en effet, le taux normal de remboursement est alors de vingt-cinq sous pour un florin ; le prêt pendant douze jours est donc rétribué cinq sous. Désormais, le futur a donc aussi un prix.

CONNAÎTRE LE FUTUR ET AGIR SUR LUI

Sans doute le désir de connaître à l'avance le futur est-il commun à toutes les sociétés humaines : l'inquiétude du lendemain, le souci de savoir s'il est opportun d'entreprendre une action, l'angoisse de connaître l'heure de sa mort, se retrouvent partout et de tous temps[2]. Mais les moyens utilisés pour satisfaire ces désirs varient d'une culture à l'autre, selon les systèmes de croyances et les formes de rationalité qui les caractérisent. On a pu observer, par exemple, l'importance de la divination par le livre dans des sociétés où l'écrit jouit d'usages répandus et d'un statut idéologique privilégié[3]. De même changent, et parfois dans le cours de l'histoire d'une même culture, les

1. G. BRUNEL et E. LALOU (éd.), *Sources d'histoire médiévale (IXe-milieu du XIVe siècle)*, Paris, Larousse, 1992, p. 471.

2. Par exemple chez CICÉRON, *De la divination.*

3. Jean-Pierre VERNANT *et alii, Divination et rationalité*, Paris, Éd. du Seuil, 1974.

objets sur lesquels se fixe de manière plus insistante la préoccupation du futur : ainsi, au cours du Moyen Âge central, l'angoisse de la mort individuelle s'est-elle doublée du souci de savoir quel sort serait réservé à l'âme lors du jugement particulier qui suit immédiatement le trépas. D'où les nouvelles questions posées au futur : quelle sera la durée des souffrances que l'âme devra endurer au purgatoire ? Par quels moyens abréger ce futur *post mortem* dont les hommes cherchent à s'assurer le contrôle afin de faire bénéficier plus vite l'âme des béatitudes éternelles ? La croyance au purgatoire a incontestablement modifié en profondeur les représentations du futur dans l'Occident médiéval[1].

Dans la culture du Moyen Âge, l'observation des signes, des prodiges, des *mirabilia* fut également mise au service de la prédiction du futur. Par exemple, dans la *Vie de l'abbé Maieul* par Odilon de Cluny, l'apparition impromptue d'un loup qu'un chevalier parvient à tuer est interprétée comme le signe d'une prochaine incursion des Sarrasins[2]. C'est également un loup, selon Raoul Glaber, qui s'engouffra un jour dans l'église d'Orléans et saisissant la corde de la cloche fit sonner celle-ci ; non sans raison, les habitants furent terrifiés par l'incident, puisque l'année suivante toute la cité fut ravagée par l'incendie : « Nul ne douta, commente le chroniqueur, que l'événement avait été précédé par un présage, un *portentum*[3]. » C'est le dérèglement soudain du cours ordinaire des choses — par exemple l'apparition d'une comète, une éclipse de soleil ou la naissance d'un veau monstrueux, ou encore l'effondrement inopiné d'un pont, la vision d'un crucifix qui saigne, pleure ou détourne son visage, ou le fait de laisser tomber à terre les saintes espèces durant le sacrifice de la messe, comme Jean de

1. Outre le livre classique de Jacques LE GOFF, *La Naissance du purgatoire*, Paris, Gallimard, 1981, voir son article « Les limbes », *Nouvelle revue de psychanalyse*, XXXIV, *L'Attente*, 1986, pp. 151-173.

2. ODILON DE CLUNY, *De Vita Beati Maioli Abbatis*, dans *P. L.* (142), col. 959-962.

3. RAOUL GLABER, *Historiae*, II, V. 8 (éd. G. CAVALLO et G. ORLANDI, Florence, 1989, pp. 74-77). Le même passage rappelle qu'en 888 un crucifix qui s'était mis à pleurer avait annoncé la destruction de Jérusalem.

Salisbury en fut le témoin[1] — qui fait signe pour l'avenir. Il est habituellement interprété, en mauvaise part, comme un présage funeste annonçant une catastrophe, une invasion, la mort du souverain, etc. Selon la chronique de Waltham (fin du XIIe siècle), le crucifix miraculeux conservé dans cette abbaye aurait tristement baissé la tête quand le roi Harold, à la veille de sa défaite de Hastings contre Guillaume le Conquérant, vint se prosterner devant lui : le fait fut interprété comme un « présage des choses futures » et un « funeste auspice[2] ».

L'interprétation des songes était un autre domaine privilégié de la prédiction du futur. L'abandon de toute volonté consciente dans le sommeil, l'afflux d'images oniriques qui transgressent les règles de la perception commune, l'apparente dissociation provisoire du corps endormi et de l'âme en éveil soutiennent l'idée d'un accès direct et privilégié, grâce au rêve, à la connaissance du futur. Mais, ici encore, le récit de rêve se coule dans des formes narratives convenues, par exemple dans le type hagiographique bien connu du songe de la mère enceinte, interprété *a posteriori* comme l'annonce prophétique de la naissance du saint (les cas de saint Bernard et de saint Dominique sont fameux). Ce modèle narratif se trouve déjà à la fin du XIe siècle dans la *Vita* de saint Thierry : alors que sa mère était enceinte de lui, elle se vit une nuit en rêve revêtue des habits sacerdotaux et en train de célébrer la messe. Consciente de la transgression que représentait, pour une femme, une telle action, craignant d'avoir subi un songe « vain »

1. JEAN DE SALISBURY, *Historia pontificalis*, éd. M. CHIBNALL, Londres, Nelson, 1956, p. 11 : durant une messe pontificale, le sang tomba sur le tapis, dont la partie concernée fut soigneusement découpée et conservée comme une relique. On pensa aussitôt que l'incident annonçait un « grave péril » et cette opinion ne fut pas prise en défaut (« *certe non fefellit opinio* ») puisque, la même année (1147-1148), la croisade du roi des Romains Conrad et du roi de France Louis VII fut défaite par les Sarrasins.

2. *The Waltham Chronicle. An Account of the Discovery of Our Holy Cross at Montacute and its Conveyance to Waltham*, éd. et trad. par L. WATKISS et M. CHIBNALL, Oxford, Clarendon Press, 1994, pp. 46-47 : « *Contigit autem interea miserabile dictu et a seculis incredibile. Nam imago crucifixi que prius erecta ad superiora respiciebat, cum se rex humiliaret in terram, demisit vultum, quasi tristis.* Signum quidem prescium futurorum ! [...] *Visio autem* hoc infausto auspicio, *multo dolore correpti...* » (souligné par moi).

inspiré par le démon, elle se tourna vers une pieuse femme âgée qui la rassura en lui révélant que sa vision était « vraie », c'est-à-dire d'origine divine et qu'elle se « réaliserait » par la naissance d'un fils qui deviendrait prêtre et accéderait à la sainteté[1].

Ces quelques exemples, choisis parmi bien d'autres possibles, montrent tout l'écart qui existe entre le présage et l'événement futur. Le premier annonce le second à qui sait déchiffrer les signes, car il ne le dépeint pas à l'avance d'une manière claire et indubitable. Entre l'un et l'autre s'ouvre l'espace de l'interprétation des « signes », qui est affaire de pouvoir et d'autorité : dans un autre contexte que celui de l'hagiographie, il est aisé d'imaginer que le rêve de la femme vêtue en prêtre eût semblé d'origine diabolique et que la femme fût soupçonnée d'hérésie...

L'Église et les clercs se sont toujours méfiés des devins et, spécialement, des *vetulae* qui prétendaient dire l'avenir et pratiquer l'interprétation des songes. Compilée par saint Augustin *(De doctrina christiana)*, reprise par Isidore de Séville puis par Hincmar de Reims, transmise par le *Décret* de Gratien et le *Policraticus* de Jean de Salisbury[2], la liste des formes illicites de divination constituait une pièce maîtresse du catalogue des « superstitions » condamnées par l'Église. Il faut faire la part, dans ces catégories et leur dénomination, d'une terminologie savante héritée de l'Antiquité et qui n'avait guère de prise sur les réalités : quels étaient les équivalents médiévaux des *magi*, des *nigromantici*, des *hydromantii*, des *incantatores*, des *haruspices*, des *genethliaci* ou des *mathematici*, etc. ? Les nombreuses miniatures illustrant la Causa XXVI de la deuxième partie du *Décret* de Gratien, « *Quidam sacerdos sortilegus esse et divinus convincitur apud episcopum...* », mettent en présence de toute une gamme

1. Michel LAUWERS, « L'institution et le genre. À propos de l'accès des femmes au sacré dans l'Occident médiéval », *Clio. Histoire, femmes et sociétés*, 2 (1995), p. 281 (pp. 279-317).

2. JEAN DE SALISBURY, *Policraticus*, éd. K. S. B. KEATS-ROHAN, Turnhout, Brepols, 1993 (Corpus Christianorum Continuatio Mediaevalis, t. CXVIII), livre I, cap. XII. Dans le livre II, cap. XXVIII, il raconte comment, envoyé chez un prêtre pour être instruit par lui, il découvrit que celui-ci pratiquait les arts magiques et persuadait ses élèves de l'assister dans l'observation d'une boule de cristal.

de techniques divinatoires, par les cartes, l'observation du vol ou du chant des oiseaux *(ill. 20)*, des lignes de la main, des astres, etc.[1]. L'avalanche de termes, comme la variété des images, traduisait avant tout la volonté des clercs de cerner les formes multiples de la divination quand ils ne la contrôlaient pas et d'étouffer le désir sacrilège de scruter les *occulta Dei* dont l'autorité ecclésiastique s'érigeait en seule interprète légitime[2].

La même tension s'observe dans l'usage à des fins divinatoires des « sorts des apôtres » ou des « sorts des saints ». Les clercs n'ont cessé, depuis le très haut Moyen Âge, de fulminer contre l'utilisation « superstitieuse » du psautier, des Évangiles ou des Actes des apôtres qu'on ouvrait au hasard pour lire dans le premier verset qui se présentait l'approbation divine d'un choix ou un heureux présage pour une action à entreprendre. Alain de Lille écrit encore vers 1200 : « On ne doit pas tirer au sort dans des tables ou des manuscrits pour s'enquérir du futur ; que nul n'ait l'audace de tirer les sorts dans l'évangile ou le psautier ou dans d'autres choses, ou d'observer quelque divination que ce soit en quelque chose que ce soit. S'il l'a fait, qu'il subisse une pénitence à la discrétion du prêtre[3]. »

En fait, les principaux utilisateurs des « sorts des apôtres » étaient les prêtres eux-mêmes. Le choix de bien des saints évêques du haut Moyen Âge aurait été sinon décidé, du moins confirmé par ce moyen : ce fut, entre autres, le cas de saint Martin de Tours, suivant le récit que Sulpice-Sévère a donné de son élection. Dans cet usage légitime de la divination, le résultat des « sorts des apôtres » n'était pas censé découler du hasard, mais il passait pour manifester la volonté divine : les hommes pouvaient alors agir avec la certitude qu'ils étaient dans le vrai.

Ils cherchaient en effet à connaître le futur pour y adapter leurs actions ou même agir sur lui, le transformer. La Providence

1. Anthony MELNIKAS, *The Corpus of the Miniatures in the Manuscripts of Decretum Gratiani*, 3 vol., Studia Gratiana, 16-18, Rome, 1975, vol. II, Causa XXVI, pp. 833-862.

2. J.-Cl. SCHMITT, « Les "superstitions" », dans J. LE GOFF et R. RÉMOND, *Histoire de la France religieuse*, t. I, Paris, Éd. du Seuil, 1988 ; pp. 419-551 (spécialement pp. 482 et suiv.).

3. *Ibid.*, p. 486.

n'avait pas fixé une fois pour toutes le cours des choses : l'homme était libre encore de s'amender, de faire pénitence, de se convertir pour changer l'avenir funeste qui lui était promis et se préparer, ici-bas et surtout dans l'au-delà, un futur meilleur. Dans le christianisme, l'homme ne subit pas aveuglément le destin, le *fatum*, comme dans la tragédie grecque. Sans porter atteinte pour autant à la toute-puissance et à l'omniscience de Dieu, il a la faculté d'agir sur son destin, de transformer son futur. L'utilité des songes, des visions, des prophéties est justement de le mettre en garde contre ce qui l'attend s'il n'intervient pas sur son destin : il doit se souvenir qu'il n'est jamais trop tard pour bien faire. Le Livre de Jonas fournit le cas, amplement commenté au cours du Moyen Âge, d'une prophétie rendue caduque par l'action des hommes : le prophète Jonas a reçu de Yahvé l'ordre d'annoncer aux Ninivites la destruction de leur cité s'ils ne se convertissent pas. Comme ils se convertissent, ils sont épargnés d'extrême justesse pour le plus grand dépit du prophète qui, étant sorti de Ninive, s'était mis à l'ombre d'un ricin « pour voir ce qui allait se passer dans la ville ». Une miniature d'un psautier anglais du début du XIIIe siècle dépeint la surprise de Jonas découvrant que sa prophétie ne se réalise pas[1] *(ill. 21).* Mais les commentaires exégétiques du Livre de Jonas, depuis saint Augustin (*Cité de Dieu*, XXI, 24), insistent au contraire sur la réalisation, malgré les apparences, de la volonté de Dieu : la « mauvaise Ninive », celle qui était contenue dans les cœurs endurcis des Ninivites, fut effectivement détruite comme il avait été annoncé puisque les habitants se sont convertis. Jonas n'a eu que le tort d'attendre une destruction matérielle de Ninive. La solution est habile : elle préserve à la fois la toute-puissance de Dieu et le libre arbitre des hommes.

1. Munich, Bayerische Staatsbibliothek, CLM 835, f° 111 v°. La pleine page est divisée en six vignettes ; les deux du registre supérieur représentent l'aventure de la baleine ; les quatre autres la prophétie à Ninive et ses suites : au centre et à gauche, Jonas attend et dort sous le ricin ; à droite, il prophétise la ruine de la cité *(« Jonas hominibus Ninive subversionem civitatis predixit »).* En bas, les habitants de Ninive, vêtus dc sacs et jeûnant, implorent la miséricorde divine. À droite, ils rendent grâce à Dieu dans le décor d'une cité idéale et rachetée qui évoque la Jérusalem céleste.

Il existait d'autres moyens encore d'agir sur le futur : toutes les pratiques religieuses, liturgiques, magiques, mettent en œuvre des moyens symboliques — invocations, gestes rituels, manipulation d'objets — pour intervenir efficacement sur le déroulement du temps, pour influer sur l'avenir dans un sens ou un autre. Dans un sens bénéfique : c'est le cas, par exemple, des litanies qui consistent à invoquer les saints pour provoquer la pluie et amener de bonnes récoltes. Dans un sens, au contraire, maléfique : c'est le cas des formules de malédiction qui, à la fin des chartes, promettent à ceux qui enfreindront leurs dispositions le sort peu enviable de « Dathan et Abiron[1] ».

Enfin, il existait aussi au Moyen Âge des moyens qui se voulaient scientifiques d'agir sur le futur : au XIVe siècle, les papes s'entourèrent de médecins, tel Arnaud de Villeneuve, chargés de découvrir l'élixir qui, en rétablissant l'équilibre des humeurs du corps affaibli par l'âge, leur assurerait la « prolongation de la vie »[2]. Du futur fait aussi partie le désir d'éternité.

LE PROPHÈTE ET LE PRÊTRE

Le futur est un enjeu de pouvoir : si l'oracle est capable de le prédire en interprétant correctement les signes, en connaissant les clefs des songes, en affirmant son don de prophétie, l'oracle se ménage un accès à la cour des rois, obtient l'écoute du pape, met en garde les hommes contre les dangers qui les menacent. Ce pouvoir est par nature surnaturel, puisque le futur, comme le dit saint Augustin, n'est pas encore là. Connaître ce qui n'existe pas encore tient du miracle et revient à empiéter sur le domaine de Dieu. Il n'y a rien d'étonnant, par conséquent, à ce que l'Église, répétant sans cesse que le temps

1. Lester K. LITTLE, *Benedictine Maledictions : Liturgical Cursing in Romanesque France*, Ithaca, Cornell University Press, 1993.
2. Agostino PARAVICINI BAGLIANI, *Le Corps du pape* [1994], trad. fr., Paris, Éd. du Seuil, 1997.

n'appartient qu'à Dieu, ait toujours combattu les « superstitieux » qui prétendaient prédire le futur.

La tension était d'autant plus vive que la dimension eschatologique et prophétique est essentielle au christianisme : Jean Baptiste, le Précurseur, annonce la venue du Messie, en affirmant la réalisation imminente des prophéties vétéro-testamentaires. Pour ses disciples, Jésus vérifie la prophétie d'Isaïe, LXII, 11 : « Dites à la fille de Sion, voici que ton roi vient à toi, modeste il monte une ânesse, et un ânon, petit d'une bête de somme. » Suivant ses ordres, ils lui amènent une ânesse et un âne pour qu'il fasse son entrée à Jérusalem dans les formes attendues du Messie. Par ses paroles mêmes, Jésus prophétise, mais en ne dévoilant qu'une partie du mystère : « En vérité je vous le dis, cette génération ne passera pas que tout cela ne soit arrivé. Le ciel et la terre passeront, mais mes paroles ne passeront pas. Quant à la date de ce jour ou à l'heure, personne ne les connaît, ni les anges du ciel, ni le Fils, personne que le Père » (Mc, XIII, 28-32). Dès l'origine est posée la question essentielle du futur absolu, celle des *futura*, du Jugement dernier, dont même le Fils et, à sa suite, l'Église ne connaissent l'heure, s'opposant donc avec la plus grande force à ceux qui prétendent la prédire. Le prédicateur Étienne de Bourbon s'en prend ainsi aux devins : « *Seducunt homines... isti qui* divinos *se dicunt, cum* nil sciant de futuris[1]. »

La particularité du futur du christianisme et de l'Église est qu'il est déjà connu quant à sa forme, mais demeure inconnu quant à son heure. L'Apocalypse de Jean, ses commentaires innombrables, l'iconographie des tympans et des manuscrits (commentaires de l'*Apocalypse de Beatus* de Liebana, visions apocalyptiques du *Scivias* de Hildegarde de Bingen) ont largement divulgué la connaissance précise de tout ce qu'il adviendra à la fin des temps : seule l'heure reste inconnue. Face à cette situation, il me semble que la stratégie adoptée par l'Église a été triplée.

1. ÉTIENNE DE BOURBON, *Anecdotes historiques, légendes et apologues, tirés du recueil inédit d'Étienne de Bourbon, dominicain du XIIIe siècle*, éd. A. LECOY DE LA MARCHE, Paris, Renouard, 1877, p. 315, n° 357.

1) D'une part, elle a consisté à enfermer au maximum le charisme prophétique dans des limites strictes en se chargeant elle-même, non pas de prophétiser, mais d'enseigner les *futura* par la prédication et par les images : sa pédagogie du futur devait mettre l'accent sur le vieillissement inexorable du monde et donc sur l'urgence, pour chacun, de se préparer au jour du Jugement.

2) D'autre part, elle a consisté à réserver à ses saints une sphère bien circonscrite et contrôlée d'un prophétisme limité, n'ayant prise que sur un futur proche, non sur les fins dernières : le saint prédit l'heure de sa propre mort, telle Christine de Markyate qui, encore fillette, se voit déjà reposant sur son lit de mort, « comme si le futur était déjà présent » *(« Denique prescripsit secum in animo, quasi jam fuisset quod futuram erat, se mortuam exponi »)* ; mais elle prend la précaution de dire que nul ne peut prévoir le lieu de destination de son âme libérée du cadavre sans vie *(« exanimi cadavere, locum exalati spiritus non licere prenosci »)*[1].

Le don de prophétie des saints n'a qu'une sphère d'application limitée : de saint Cuthbert, son hagiographe Bède dit que *« in spiritu prophetaverit »*, mais cela consista seulement à prédire la mort de Boisil, la fin d'une tempête, à annoncer qu'un aigle viendrait le nourrir en chemin ou encore que le diable allait déchaîner un « feu fantastique »[2].

Au pôle prophétique légitime, mais limité, que la sainteté représente au sein de l'institution ecclésiale, l'Église oppose ceux qu'elle nomme les *« faux prophètes »*. Ils abondent, par exemple dans l'*Historia Francorum* de Grégoire de Tours, qui raconte qu'un *quidam* originaire du Berry, rendu fou par un essaim de mouches, s'était mis à prophétiser à Arles pendant deux ans, accompagné d'une femme qui se faisait appeler Marie ; il s'attaqua à l'évêque du Puy qui le fit mettre à mort. Et l'évêque de Tours de commenter en s'appuyant sur IV, Rois, XXV, 5 : « Ainsi tomba et mourut le Christ qu'il vaut mieux

1. C. H. TALBOT, *The Life of Christina of Markyate. A Twelfth Century Recluse*, 2ᵉ éd., Oxford, Clarendon Press, 1959 (2ᵉ éd., 1987), pp. 38-39.

2. BÈDE, *Vita sancti Cuthberti*, dans *P. L.* (94), col. 735-790 (chap. VIII, XI, XII, XIII).

appeler *Antéchrist.* » Le tort des « faux prophètes » est double : d'une part, leur ambition prophétique est bien plus grande que celle des saints eux-mêmes quand ils n'hésitent pas à annoncer la fin du monde ; d'autre part et surtout, ils vaticinent en marge des cadres ecclésiastiques et même contre l'autorité et l'institution de l'Église.

Mais entre les « faux prophètes » et les saints, il est remarquable que se soient glissées plusieurs figures prophétiques, notamment féminines, qui, sans être rejetées par l'autorité ecclésiastique, sont demeurées ambivalentes à ses yeux : la plus connue est Hildegarde de Bingen, dont l'autorité morale, de son vivant, fut très grande puisque ses commentaires visionnaires et théologiques nourris de l'Apocalypse avaient l'oreille de saint Bernard et du pape. Il n'en est pas moins vrai qu'elle ne fut pas, avant longtemps, portée sur les autels.

3) Enfin, les efforts de l'Église ont toujours visé à brider tout millénarisme littéral risquant de s'autoriser des prophéties vétéro-testamentaires et surtout de l'Apocalypse pour appeler à une subversion immédiate de l'ordre social, comme s'il revenait aux hommes de précipiter le cours de l'histoire. L'interprétation, très influente tout au long du Moyen Âge, de la *Cité de Dieu* de saint Augustin fut plus nuancée : les prophéties anciennes, énoncées comme les *ombres* des réalités à venir, sont vraies puisqu'elles ont été vérifiées par la venue du Messie et qu'elles continuent d'être vérifiées par le développement de l'Église[1]. Aussi nous garantissent-elles la réalité de l'accomplissement des *futura*, mais sans que nous puissions en prédire l'heure ni accorder foi aux calculs de ceux qui évaluent à quatre cents, cinq cents ou mille ans le temps écoulé entre l'Ascension et la seconde venue du Christ[2]. Et surtout, sans que nous ayons à donner des prophéties anciennes, soit une interprétation littérale, au premier degré — par exemple la durée de mille ans au terme desquels la Bête doit être relâchée est un

1. Outre le livre XVIII de la *Cité de Dieu*, voir le petit traité sur *De fide rerum quae non videntur* (« La foi aux choses qu'on ne voit pas »), cap. VIII, 11. Pour la postérité d'Augustin, voir notamment le traité de JULIEN DE TOLÈDE, *Prognosticon futuri saeculi*, dans *P. L.* (96), col. 453-524.

2. AUGUSTIN, *Cité de Dieu*, livre XVIII, cap. LIII, et livre XX, cap. VII.

nombre parfait, non une mesure exacte —, soit, au contraire, une interprétation exclusivement spirituelle : la vérité des prophéties occupe, pour ainsi dire, un juste milieu et relève d'une lecture allégorique et morale de leurs significations[1]. C'est ce parti pris qu'a suivi également l'iconographie en rapport avec l'exégèse biblique traditionnelle : par exemple, le *Codex aureus* de Munich de la seconde moitié du IXe siècle[2], montre la majesté du Christ portant un nimbe cruciforme et siégeant dans une mandorle — il s'agit donc du Christ-Juge de la Parousie —, encadrée par un losange dont les quatre angles forment des cercles qu'occupent quatre prophètes de l'Ancien Testament ; ces quatre figures alternent à la périphérie de la page avec celles des quatre évangélistes qui en occupent les angles. La continuité des prophéties vétéro-testamentaires et des Évangiles dans l'annonce eschatologique du retour du Christ à la fin des temps est ainsi mise en scène de manière frappante par la géométrie de la page. Au début du XIIIe siècle, les Bibles moralisées reprennent la même conception, au fond augustinienne, d'un relais néo testamentaire des prophéties vétéro-testamentaires qui ont annoncé non seulement la venue du Messie, mais aussi la gloire actuelle de l'Église, le tout dans la perspective du futur eschatologique : par exemple, le jeune David apaisant le roi Saül « signifie » le Christ rachetant les hommes sur la croix et préparant ainsi leur salut final[3].

Il est sûr, toutefois, que les prudences augustiniennes n'ont pas toujours été entendues et Richard Landes a rappelé récemment avec raison l'efflorescence des spéculations millénaristes autour de l'an mille, chez l'Aquitain Adhémar de Chabannes, comme chez le Bourguignon Raoul Glaber et bien d'autres[4]. Aucun de ces auteurs n'était hérétique. Pas plus que

1. *Ibid.*, livre XVIII, cap. III.

2. Munich, Bayerische Staatsbibliothek, CLM 14000, p° 6 v° (IXe siècle), L'inscription en lettres d'or au sommet de l'image énonce : *« Ordine quadrato variis depicta figuris / agmine sanctorum gaudia magna vident. »*

3. Vienne, Österreichschische Nationalbibliothek, Ms. 2554, f° 38 (Bible moralisée en français, début du XIIIe siècle).

4. Richard LANDES, *Relics, Apocalypse and the Deceits of History. Ademar of Chabannes, 989-1034,* Cambridge, Mass., Harvard University Press, 1995.

Joachim de Flore qui, plus tardivement, proposera une date précise — 1260 — pour la chute de la nouvelle Babylone et l'avènement du règne de l'Esprit. Mais la spiritualisation du futur resta toujours disponible comme un recours pour l'Église hiérarchique et le magistère, chaque fois que le millénarisme prenait la forme insupportable d'un mouvement de subversion de l'ordre ecclésiastique : on le vit bien quand les Spirituels, avec Gerardo di Borgo San Donnino, Gerardo Segarelli puis fra Dolcino, s'inspirèrent de la pensée joachimite pour attaquer directement le siège apostolique[1].

*

Le cadre chrétien de la pensée du futur explique que, tout au long du Moyen Âge, les fins dernières apparaissent comme la projection ultime de l'origine. Sans doute le temps chrétien se déploie-t-il en une histoire, mais une histoire sainte qui, à la manière du mythe, doit finalement faire retour sur soi et s'abîmer dans l'éternité de Dieu dont elle est issue. Même si cette conception religieuse du futur a longtemps imprégné la culture occidentale, on comprend aussi quelle rupture est intervenue avec les Temps modernes. La figure nouvelle que revêt le futur au XVIe siècle est l'utopie, au sens où Thomas More l'a définie et, pour la première fois, nommée. Elle rompt avec l'eschatologie, avec le millénarisme et, même, avec les mythes d'inversion de l'ordre socio-religieux du Moyen Âge, comme le pays de Cocagne[2]. Elle participe en fait d'un temps dont tous les termes se transforment à peu près à la même époque comme

1. Claude CAROZZI, Huguette TAVIANI-CAROZZI (éd. et trad.), *La Fin des temps : terreurs et prophéties au Moyen Âge*, Paris, Stock, 1982, et, auparavant, Bernhard TÖPFER, *Das kommende Reich des Friedens. Zur Entwicklung chiliastischer Zukunfthoffnungen im Hochmittelalter*, Berlin, 1964, et Norman COHN, *Les Fanatiques de l'Apocalypse. Courants millénaristes révolutionnaires du XIe au XVIe siècle*, avec une Postface sur le XXe siècle, trad. fr., Paris, 1962.

2. Arturo GRAF, *Miti, leggende et superstizioni del Medio Evo*, 2 vol., Turin, Loescher, 1892-1893, pp. 229-238 : « Il paese di Cuccagna e paradisi artificiali ». Voir aussi Frantisek GRAUS, « Social Utopias in the Middle Ages », *Past and Present*, 38 (1967), qui distingue le pays de Cocagne des conceptions issues de l'idée antique de l'âge d'or.

l'a montré Krzysztof Pomian : un temps désormais pensé comme absolument irréversible ; un temps, sinon démythifié, du moins déshumanisé dans son origine (le big-bang) et dans son terme éventuel ; un temps quotidien exactement mesuré par l'horloge et la montre individuelle ; un temps dont l'expérience vécue s'allonge tandis que s'accroît l'espérance de vie ; un temps qui ne privilégie plus l'origine (la Genèse) ni les *futura* qui lui répondent, mais bien l'*avenir* : un avenir dont les termes sont définis par les seuls progrès humains, le désir de profit, la recherche d'investissements productifs, le crédit, en un mot « l'éthique protestante » selon Max Weber[1], et par des idéologies politiques sécularisées pour lesquelles ni le passé ni le futur eschatologique ne suffisent à justifier le pouvoir[2].

1. Voir aussi les remarques judicieuses de Marc BLOCH, reprises dans *Histoire et historiens*, éd. Étienne Bloch (Paris, Armand Colin, 1995), pp. 36-37 : « Notre économie "capitaliste" travaille dans un état perpétuel de porte à faux ; elle vit d'attente. C'est ce que nous exprimons en constatant qu'elle vit de crédit. »

2. Krzysztof POMIAN, *L'Ordre du temps*, Paris, Gallimard, 1984.

II
TRADITIONS FOLKLORIQUES ET CULTURE SAVANTE

III
LE SUJET ET SES RÊVES

IV
LE CORPS ET LE TEMPS

DU MÊME AUTEUR

Aux Éditions Gallimard

LA RAISON DES GESTES DANS L'OCCIDENT MÉDIÉVAL, Bibliothèque des Sciences humaines, 1990.

LES REVENANTS. Les vivants et les morts dans la société médiévale, Bibliothèque des Histoires, 1994.

Sous la direction de

L'OGRE HISTORIEN. Autour de Jacques Le Goff (avec Jacques Revel), 1998

BIBLIOTHÈQUE DES HISTOIRES

Volumes publiés

MAURICE AGULHON : *Histoire vagabonde, I, II et III.*
RALPH ANDREANO : *La Nouvelle Histoire économique.*
OSKAR ANWEILER : *Les Soviets en Russie.*
STÉPHANE AUDOIN-ROUZEAU et ANNETTE BECKER : *14-18, retrouver la guerre.*
COLETTE BEAUNE : *Naissance de la nation France.*
JACQUES BERQUE : *L'Intérieur du Maghreb, XVe-XIXe siècle.*
MARC BLOCH : *Les Rois thaumaturges.*
JOHN BOSWELL : *Christianisme, tolérance sociale et homosexualité.*
JOHN BOSWELL : *Au bon cœur des inconnus. Les enfants abandonnés de l'Antiquite à la Renaissance.*
JEAN BOTTÉRO : *Naissance de Dieu. La Bible et l'historien.*
JEAN BOTTÉRO : *Mésopotamie. L'écriture, la raison et les dieux.*
JEAN BOTTÉRO et SAMUEL NOAH KRAMER : *Lorsque les dieux faisaient l'homme.*
JUDITH C. BROWN : *Sœur Benedetta, entre sainte et lesbienne.*
PETER BROWN : *Genèse de l'Antiquité tardive.*
PETER BROWN : *Le Renoncement à la chair. Virginité, célibat et continence dans le christianisme primitif.*
ESTEBAN BUCH : *La Neuvième de Beethoven. Une histoire politique.*
FRANCO CARDINI : *La Culture de la guerre, Xe-XVIIIe siècle.*
JULIO CARO BAROJA : *Les Sorcières et leur monde.*
JULIO CARO BAROJA : *Le Carnaval.*
MICHEL DE CERTEAU, DOMINIQUE JULIA, JACQUES REVEL : *Une politique de la langue. La Révolution française et les patois.*
MICHEL DE CERTEAU : *L'Écriture de l'histoire.*
MICHEL DE CERTEAU : *La Fable mystique, XVIe-XVIIe siècle.*
JOHN CHADWICK : *Le Déchiffrement du linéaire B.*
WILLIAM B. COHEN : *Français et Africains.*
FANNY COSANDEY : *La Reine de France. Symbole et pouvoir (XVe-XVIIe siècle).*
GILBERT DAGRON : *Empereur et prêtre.*
MARCEL DETIENNE : *Les Jardins d'Adonis.*
MARCEL DETIENNE, JEAN-PIERRE VERNANT : *La Cuisine du sacrifice en pays grec.*
ALAIN DEWERPE : *Espion. Une anthropologie historique du secret d'État.*
KICHEM DJAÏT : *La Grande Discorde. Religion et politique dans l'Islam des origines.*
GEORGES DUBY : *Guerriers et paysans. VIIe-XIIe siècle.*
GEORGES DUBY : *Le Temps des cathédrales.*
GEORGES DUBY : *Les Trois Ordres ou l'imaginaire du féodalisme.*
GEORGES DUBY : *Dames du XIIe siècle. I. Héloïse, Aliénor, Iseut et quelques autres.*
GEORGES DUBY : *Dames du XIIe siècle. II. Le souvenir des aïeules.*

GEORGES DUBY : *Dames du* XIIe *siècle. III. Ève et les prêtres.*
ALPHONSE DUPRONT : *Du Sacré. Croisades et pèlerinages. Images et langages.*
ALPHONSE DUPRONT : *Le Mythe de croisade* (4 volumes).
MICHEL FOUCAULT : *Histoire de la folie à l'âge classique.*
MICHEL FOUCAULT : *Surveiller et punir.*
MICHEL FOUCAULT : *Histoire de la sexualité, I, II et III.*
BÉATRICE FRAENKEL : *La Signature. Genèse d'un signe.*
GILBERTO FREYRE : *Maîtres et esclaves.*
FRANÇOIS FURET : *Penser la Révolution française.*
MARCEL GAUCHET : *La Révolution des droits de l'homme.*
MARCEL GAUCHET : *La Révolution des pouvoirs.*
BRONISLAW GEREMEK : *La Potence ou La pitié.*
JACQUES GERNET : *Chine et christianisme. Action et réaction.*
JACQUES GERNET : *L'Intelligence de la Chine. Social et mental.*
CARLO GINZBURG : *Le Sabbat des sorcières.*
AARON J. GOUREVITCH : *Les Catégories de la culture médiévale.*
G. E. VON GRUNEBAUM : *L'Identité culturelle de l'Islam.*
SERGE GRUZINSKI : *La Colonisation de l'imaginaire.*
BERNARD GUENÉE : *Entre l'Église et l'État. Quatre vies de prélats français à la fin du Moyen Âge.*
BERNARD GUENÉE : *Un meurtre, une société. L'assassinat du duc d'Orléans, 23 novembre 1407.*
FRANÇOIS HARTOG : *Le Miroir d'Hérodote. Essai sur la représentation de l'autre.*
E. J. HOBSBAWM : *Nations et nationalisme depuis 1780.*
OLIVIER IHL : *La Fête républicaine.*
PHILIPPE JOUTARD : *La Légende des camisards.*
ERNST KANTOROWICZ : *L'Empereur Frédéric II.*
ERNST KANTOROWICZ : *Les Deux Corps du roi.*
ANNIE KRIEGEL : *Communismes au miroir français.*
JACQUES KRYNEN : *L'Empire du roi. Idées et croyances politiques en France,* XIIIe-XVe *siècle.*
RICHARD F. KUISEL : *Le Capitalisme et l'État en France.*
JACQUES LAFAYE : *Quetzalcoatl et Guadalupe.*
DAVID S. LANDES : *L'Europe technicienne ou le Prométhée libéré.*
JACQUES LE GOFF : *Pour un autre Moyen Âge.*
JACQUES LE GOFF : *La Naissance du Purgatoire.*
JACQUES LE GOFF : *L'Imaginaire médiéval.*
JACQUES LE GOFF : *Saint Louis.*
JACQUES LE GOFF : *Saint François d'Assise.*
EMMANUEL LE ROY LADURIE : *Le Territoire de l'historien, I et II.*
EMMANUEL LE ROY LADURIE : *Montaillou, village occitan, de 1294 à 1324.*
EMMANUEL LE ROY LADURIE : *Le Carnaval de Romans.*
GIOVANNI LEVI : *Le Pouvoir au village.*
MOSHE LEWIN : *La Formation du système soviétique.*
ANDREW W. LEWIS : *Le Sang royal.*

BERNARD LEWIS : *Le Retour de l'Islam.*

BERNARD LEWIS : *Race et esclavage au Proche-Orient.*

CATHERINE MAIRE : *De la cause de Dieu à la cause de la Nation. Le jansénisme au XVIIIe siècle.*

ÉLISE MARIENSTRAS : *Nous, le peuple. Les origines du nationalisme américain.*

HENRI MASPERO : *Le Taoïsme et les religions chinoises.*

SANTO MAZZARINO : *La Fin du monde antique. Avatars d'un thème historiographique.*

JULES MICHELET : *Cours au Collège de France*, I. *1838-1851*, II. *1845-1851.*

ARNALDO MOMIGLIANO : *Problèmes d'historiographie ancienne et moderne.*

ROBERT MORRISSEY : *L'Empereur à la barbe fleurie. Charlemagne dans la mythologie et l'histoire de France.*

CLAUDE NICOLET : *Le Métier de citoyen dans la Rome républicaine.*

CLAUDE NICOLET : *L'Idée républicaine en France.*

CLAUDE NICOLET : *Rendre à César.*

THOMAS NIPPERDEY : *Réflexions sur l'histoire allemande.*

DANIEL NORDMAN : *Frontières de France. De l'espace au territoire, XVIe-XIXe siècle.*

OUVRAGE COLLECTIF (sous la direction de François Furet et Mona Ozouf) : *Le Siècle de l'avènement républicain.*

OUVRAGE COLLECTIF (sous la direction de Jacques Le Goff et Pierre Nora) : *Faire de l'histoire*, I : *Nouveaux problèmes.*

Faire de l'histoire, II : *Nouvelles approches.*

Faire de l'histoire, III : *Nouveaux objets.*

OUVRAGE COLLECTIF (sous la direction de Pierre Nora) : *Essais d'ego-histoire.*

OUVRAGE COLLECTIF (sous la direction de Pierre Birnbaum) : *La France de l'affaire Dreyfus.*

MONA OZOUF : *La Fête révolutionnaire, 1789-1799.*

MONA OZOUF : *L'École de la France.*

MONA OZOUF : *L'Homme régénéré.*

GEOFFREY PARKER : *La Révolution militaire. La guerre et l'essor de l'Occident, 1500-1800.*

MAURICE PINGUET : *La Mort volontaire au Japon.*

KRZYSZTOF POMIAN : *L'Ordre du temps.*

KRZYSZTOF POMIAN : *Collectionneurs, amateurs et curieux. Paris, Venise : XVIe-XVIIIe siècle.*

ÉDOUARD POMMIER : *L'Art de la liberté. Doctrines et débats de la Révolution française.*

DOMINIQUE POULOT : *Musée, nation, patrimoine, 1789-1815.*

GÉRARD DE PUYMÈGE : *Chauvin, le soldat-laboureur. Contribution à l'histoire des nationalismes.*

ROLAND RECHT : *Le Croire et le Voir. L'art des cathédrales (XIIe-XVe siècle).*

PIETRO REDONDI : *Galilée hérétique.*

ALAIN REY : *« Révolution » : histoire d'un mot.*

PIERRE ROSANVALLON : *Le Sacre du citoyen. Histoire du suffrage universel.*

PIERRE ROSANVALLON : *Le Peuple introuvable. Histoire de la représentation démocratique en France.*
PIERRE ROSANVALLON : *La Démocratie inachevée. Histoire de la souveraineté du peuple en France.*
JEAN-CLAUDE SCHMITT : *La Raison des gestes dans l'Occident médiéval.*
JEAN-CLAUDE SCHMITT : *Les Revenants. Les vivants et les morts dans la société médiévale.*
JERROLD SEIGEL : *Paris bohème, 1830-1930.*
CHRISTOPHE STUDENY : *L'Invention de la vitesse. France, XVIIIe-XXe siècle.*
PAUL VIALLANEIX : *Michelet, les travaux et les jours, 1798-1874.*
ALAIN WALTER : *Érotique du Japon classique.*

BIBLIOTHÈQUE ILLUSTRÉE DES HISTOIRES

SVETLANA ALPERS : *L'Art de dépeindre.*
MICHAEL BAXANDALL : *L'Œil du Quattrocento.*
MICHAEL BAXANDALL : *Ombres et Lumières.*
ANDRÉ CHASTEL : *Le Sac de Rome, 1527.*
THOMAS CROW : *L'Atelier de David. Émulation et Révolution.*
FRANCIS HASKELL : *De l'art et du goût. Jadis et naguère.*
FRANCIS HASKELL : *Mécènes et peintres. L'art et la société au temps du baroque italien.*
FRANCIS HASKELL : *L'Historien et les images.*
R. KLIBANSKY, E. PANOFSKY, FR. SAXL : *Saturne et la Mélancolie.*
DAVID S. LANDES : *L'heure qu'il est. Les horloges, la mesure du temps et la formation du monde moderne.*
OUVRAGE COLLECTIF (sous la direction de Pierre Nora) :
Les Lieux de mémoire, I : *La République.*
Les Lieux de mémoire, II : *La Nation* (3 volumes).
Les Lieux de mémoire, III : *Les France* (3 volumes).
OUVRAGE COLLECTIF (sous la direction de René de Berval) : *Présence du bouddhisme.*
ÉDOUARD POMMIER : *Théories du portrait. De la Renaissance aux Lumières.*
SIMON SCHAMA : *L'Embarras de richesses. La culture hollandaise au Siècle d'Or.*
MICHEL VOYELLE : *La Mort et l'Occident, de 1300 à nos jours.*
EDGAR WIND : *Les Mystères païens de la Renaissance.*

Composition Nord Compo
et impression Bussière Camedan Imprimeries
à Saint-Amand (Cher), le 10 avril 2001.
Dépôt légal : avril 2001.
Numéro d'imprimeur : 011717/1.

ISBN 2-07-076079-0./Imprimé en France.